JN410963

동북아 해역과
인문 네트워크

엮은이

부경대학교 인문한국플러스사업단

글쓴이

양궈전(楊國楨, Yang, Guo Zhen) 전 샤먼대학 사학과 교수
정문수(鄭文洙, Jeong, Moon Soo) 한국해양대학교 국제해양문제연구소 소장
강봉룡(姜鳳龍, Kang, Bong Yong) 목포대학교 도서문화연구원장
조세현(曺世鉉, Cho, Se Hyun) 부경대학교 사학과 교수
서광덕(徐光德, Seo, Kwang Deok) 부경대학교 인문사회과학연구소 HK연구교수
마쓰우라 아키라(松浦章, Matsuura, Akira) 전 간사이대학 교수
권경선(權京仙, Kwon, Kyung Seon) 부경대학교 인문사회과학연구소 HK연구교수
장칸(張侃, Zhang, Kan) 샤먼대학 사학과 교수
양민호(梁敏鎬, Yang, Min Ho) 부경대학교 인문사회과학연구소 HK연구교수
이보고(李保高, Lee, Bo Go) 부경대학교 글로벌자율전공학부 교수
자오청궈(趙成國, Zhao, Cheng Guo) 중국해양대학 교수, 해양문화연구소 부소장
천나(陳娜, Chen, Na) 중국해양대학교 박사 과정
공미희(孔美熙, Kong, Mi Hee) 부경대학교 인문사회과학연구소 HK연구교수

동북아 해역과 인문 네트워크

초판인쇄 2018년 10월 15일 **초판발행** 2018년 10월 31일
엮은이 부경대학교 인문한국플러스사업단 **지은이** 양궈전 · 정문수 · 강봉룡 · 조세현 · 서광덕 · 마쓰우라 아키라 · 권경선 · 장칸 · 양민호 · 이보고 · 자오청궈 · 천나 · 공미희
펴낸이 박성모 **펴낸곳** 소명출판 **출판등록** 제13-522호
주소 서울시 서초구 서초중앙로6길 15, 1층
전화 02-585-7840 **팩스** 02-585-7848 **전자우편** somyungbooks@daum.net **홈페이지** www.somyong.co.kr

값 27,000원

ISBN 979-11-5905-310-8 93910

이 책은 2017년 대한민국 교육부와 한국연구재단의 지원을 받아 수행된 연구임 (NRF-2017S1A6A3A01079869).

부경대학교 인문사회과학연구소
해역인문학 연구총서 01

동북아 해역과 인문 네트워크

부경대 인문한국플러스사업단 편

Northeast Asian Sea Region and Humanities Network

소명출판

발간사

부경대학교 인문사회과학연구소와 해양인문학연구소는 해양수산 교육과 연구의 중심이라는 대학의 전통과 해양수도 부산의 지역 인프라를 바탕으로 바다를 중심으로 하는 인간 삶에 대한 총체적 연구를 지향해 왔다. 바다와 인간의 관계에서 볼 때, 아주 오랫동안 인간은 육지를 근거지로 살아왔던 탓에 바다가 인간의 인식 속에 자리잡게 된 것은 시간적으로 길지 않았다. 특히 이전 연근해에서의 어업활동이나 교류가 아니라 인간이 원양을 가로질러 항해하게 되면서 바다는 본격적으로 인식의 대상을 넘어서 연구의 대상이 되었다. 그래서 현재까지 바다에 대한 연구는 주로 과학기술이나 해양산업 분야의 몫이었다. 하지만 인간이 육지만큼이나 빈번히 바다를 건너 이동하게 되면서 바다는 육상의 실크로드처럼 지구적 규모의 '바닷길 네트워크'를 형성하게 되었다. 그리고 이 해상실크로드를 따라 사람, 물자, 사상, 종교, 정보, 동식물, 심지어 병균까지 교환되게 되었다.

이제 바다는 육지만큼이나 인간의 활동 속에 빠질 수 없는 대상이다. 바다와 인간의 관계를 인문학적으로 점검하는 학문은 아직 정립되지 못했지만, 근대 이후 바다의 강력한 적이 인간이 된 지금 소위 '바다의 인문학'을 수립해야 할 시점에 이르렀다. 하지만 바다의 인문학은 소위 '해양문화'가 지닌 성격을 규정하는 데서 시작하기보다 더 현실적인 인문학적 문제에서 출발해야 한다. 그것은 한반도 주변의 바다를 둘러싼 동북아 국제관계에서부터 국가, 사회, 개인 일상의 각 층위에서 심화되고 있는 갈등과 모순들 때문이다. 이것은 근대이후 본격화된 바닷길 네트워크를 통해서 대두되었다. 곧 이질적 성격의 인간 집단과 문화가 접촉, 갈등, 교섭해 오면서 동양과 서양, 내셔널과 트랜스내셔널, 중앙과 지방의 대립 등이 해역海域 세계를 중심으로 발생했던 것이다.

다시 말해 해역 내에서 인간(집단)이 교류하며 만들어내는 사회문화와 그 변용을 그 해역의 역사라 할 수 있으며, 그 과정의 축적이 현재의 상황으로 나타난다고 할 수 있다. 따라서 해역의 관점에서 동북아를 고찰한다는 것은 동북아 현상의 역사적 과정을 규명하고, 접촉과 교섭의 경험을 발굴, 분석하여 갈등의 해결 방식을 모색토록 하며, 향후 우리가 나아가야 할 방향을 제시해주는 하나의 방법이라고 할 수 있다. 개방성, 외향성, 교류성, 공존성 등을 해양문화의 특징으로 설정하여 이를 인문학적 자산으로 상정하고 또 외화하는 바다의 인문학을 추구하면서도, 바다와 육역의 결절 지점이며 동시에 동북아 지역 갈등의 현장이기도 한 해역을 연구의 대상으로 삼아 실제적으로 현재의 갈등과 대립을 해소하는 방안을 강구하고, 나아가 바다와 인간의 관계를 새롭게 규정하는 '해역인문학'을 정립할 필요성이 여기에 있다.

이러한 인식하에 본 사업단은 바다로 둘러싸인 육역陸域들의 느슨한 이음을 해역으로 상정하고, 황해와 동해, 동중국해가 모여 태평양과 이어지는 지점을 중심으로 동북아 해역의 역사적 형성 과정과 그 의의를 모색하는 "동북아 해역과 인문네트워크의 역동성 연구"를 제안한다. 이를 통해 우리는 첫째, 육역의 개별 국가 단위로 논의되어 온 세계를 해역이라는 관점에서 다르게 사유하고 구상할 수 있는 학문적 방법과 둘째, 동북아 현상의 역사적 맥락과 그 과정에서 축적된 경험을 발판으로 현재의 문제를 해결하고 향후의 방향성을 제시하는 실천적 논의를 도출하고자 한다.

부경대 인문한국플러스사업단이 추구하는 소위 '(동북아)해역인문학'은 새로운 학문을 창안하는 일이다. '해역인문학' 총서 시리즈는 이와 관련된 연구 성과를 집약해서 보여줄 것이고, 또 이 총서의 권수가 늘어가면서 '해역인문학'은 그 모습을 드러낼 수 있을 것으로 기대한다. 끝으로 '해역인문학총서'가 인간과 사회를 다루는 학문인 인문학의 발전에 기여할 수 있는 하나의 씨앗이 되기를 희망한다.

부경대 인문한국플러스사업단 단장 손동주

편자 서문

이 책은 부경대 인문한국플러스사업단의 '동북아 해역과 인문 네트워크의 역동성 연구'라는 아젠다 주제와 관련된 연구 논문 12편을 모은 것이다. 사업단의 1차년도 주제인 동북아 해역 형성의 근대적인 계기가 어떻게 마련되고, 또 그것은 어떤 기반에서 시작되었는지에 대해서 점검한 논문들을 중심으로 실었다. 근대시기 동북아 해역은 이전과 비교할 수 없을 정도로 다양한 물적 인적 교류가 이루어졌다. 그것을 가능케 했던 것은 교통수단의 발달이겠지만, 실제 교통이 가능하려면 해도와 지리서 등이 있어야 하고, 또 항만과 같은 인프라도 구축되어야 했다. 교통수단 즉 배를 만드는 조선 기술의 발전은 말할 것도 없고, 항로의 개척도 이루어져야 했다. 이러한 바탕위에 인적 물적 교류가 전개되었고, 그래서 근대 이후 항구는 이러한 교류의 장으로 개발되고 성장하였다. 이 책에서 주목한 것도 바로 근대 동북아 해역에서 전개된 다양한 교류의 양상 곧 교통망의 점검과 함께 이동의 형태에 대한 것이다. 전체적으로 본다면 동북아 해역을 중심으로 문화 교류 그 가운데 지식 교류와 민간의 이주와 정착에 대한 양상을 검토하고 그 속에서 인문 네트워크의 역동성을 파악하는 것이라고 하겠다.

이 책은 전체 3부로 구성되었다. 1부는 동북아 해역 연구의 이론과 방법, 2부는 근대 동북아 해역에서 이동의 양상, 3부는 동북아 해역의 문화접촉과 변용이다. 1부에 실린 논문 4편은 해역을 주목해야 하는 이유의 이론적인 분석 그리고 일찍부터 해양과 관련된 연구를 진행해온 기관의 경험을 바탕으로 한 해역 연구에 대한 제안 등으로 구성되었다. 중국을 대표하는 해양 연구자의 한 사람인 양궈전은 동북아 해양공간의 성격과 그 인문적 특색을 역사적으로 설명하고 있는데, 여기서 사용한 '해양공간'이란 말은 자연공간과 인문공간을 함께 일컫는 것이며, 지역적으로 대륙해안 지역, 도서 지역, 해역을 포함한다. 그런 점에서 '해양공간'은 역사적 공간이 된다. 정문수는 「방법론적 해항도시와 해역 연구」라는 글에서 해역 연구의 의미를 국가 간이 아닌 해항도시 간의 네트워크의 형성과 글로칼리즘의 차원에서 찾고 있다. 특히 인류사의 관점에서 해양을 공공재산으로 간주하는 '글로벌 커먼즈' 개념의 제안은 21세기 해역 연구에서 귀담아들어야 할 지적이다. 장기간 도서 지역에 대한 연구를 진행해온 강봉룡의 글은 10년간 HK사업단을 운영해온 경험과 노하우를 전수해주는 동시에 섬과 바다를 연구대상으로 한 인문학 연구단이 짊어져야 할 과제를 제시해주고 있다는 점에서 의미 있다. 1부 마지막 논문의 필자 조세현은 생소한 해양사 연구 분야에서 많은 연구 성과를 내고 있는 학자로서 「해양대만론을 둘러싼 역사 갈등」은 대만사를 둘러싼 역사논쟁에 대해 '해양대만'이라는 관점에서 분석했는데, 해역의 관점에서 종래의 역사 해석을 반추하고 그것이 지닌 연구시각이나 방법론의 유의미성을 탐문한 점이 돋보인다.

2부에 실린 4편의 논문은 근대 동북아 해역에서 전개된 이동의 양상을 몇 가지 층위에서 살펴보고 있다. 먼저 서광덕은 근대 이후 동북아 해역에서의 인적 이동의 양상 그 가운데 이화양행 등 동북아 해역에서 상인들의 교역과 이주의 양상을 토마스 글로버라는 인물을 중심으로 검토하였다. 이들을 비롯해 동아시아인들의 이동이 어떤 교통망을 통해 이루어졌는지에 대한 자연스러운 물음은 마쓰우라의 논문이 일정하게 해소해 준다. 여기 소개된 논문은 마쓰우라 연구의 극히 일부에 지나지 않는다. 그의 작업에 대한 검토가 필요한 대목이다. 한편 권경선은 동북아 해역의 이동을 노동자 계층을 중심으로 검토하고 있는데, 특히 환황해권이라는 권역을 설정하고 그 안에서 전개된 인적 이동의 양상을 파악한 점에서 해역 연구에서 권역 설정의 유의미성을 제시하였다. 마지막으로 장칸은 근대 한중 간의 인적 교류 가운데 한국 독립운동가들의 중국 푸젠성 샤먼에서의 활동에 대해 사료를 통해 밝혀내고 있는데, 이것은 중국 연구자가 한중 인적 교류의 새로운 측면을 밝혀주었다는 점에서 공동 연구의 가능성을 엿볼 수 있다.

3부 동북아 해역의 문화접촉과 변용이라는 주제하에 양민호는 어촌생활에서 사용되는 바닷가 언어를 대상으로 동북아 해역의 민간에서 언어의 전래와 정착의 과정에 대해서 검토했는데, 일상 언어의 전래와 보급은 민간에서의 문화접촉 양태를 가장 직접적으로 보여준다는 점에서 향후 동북아 해역과 인문 네트워크 연구의 기반이 된다고 할 수 있다. 이보고의 논문은 근대 초기 동북아 해역의 문화접촉에서 중요한 역할을 담당했던 서양 선교사들이 발행한 잡지를 바탕으로 서양문명의 일방적인 전파와 수용을 강조하는 시각에서 탈피하여 문화의 상호 접촉에 의한 융합의 측면을 발견하고 해석해낸 점이 흥미롭다. 그리고 자오청귀의 논문은 하코다테 화교를 중심으로 그들의 이주와 정착에 대해 연구했는데, 그간 요코하마와 고베에 비해 상대적으로 관심을 덜 받았던 하코다테 지역을 대상으로 한 점에서 이주와 디아스포라 연구에서 그 의미가 적지 않다. 마지막으로 공미희의 논문은 일본의 데지마와 부산의 초량 왜관이란 두 공간 성립의 차이가 각각 제국주의 국가와 식민지로 귀결되었다고 설명했는데, 이에 대해서는 검토가 필요하지만 동북아 해역의 이문화의 수용과 정착에 착목한 점은 이 책의 취지에 부합한다.

HK연구교수 서광덕 씀

차례

발간사 003
편자 서문 006

제1부/ 동북아 해역 연구의 이론과 방법

양궈전楊國禎_ 동북아의 해양공간과 인문 특색 _15
정문수_ 방법론적 해항도시와 해역 연구 _29
강봉룡_ HK사업의 목적과 방향 – 목포대 도서문화연구원 사례를 중심으로 _49
조세현_ 해양대만론을 둘러싼 역사 갈등 _91

제2부/ 근대 동북아 해역에서 이동의 양상

서광덕_ 동아시아 해역도시의 문화교류와 인적 네트워크
동아시아 개항장의 서양 상인들의 궤적을 중심으로 _119
마쓰우라 아키라松浦章_ 근대 동아시아 해역의 항운航運
시모노세키와 부산 : 『마관물가일보馬關物價日報』를 중심으로 _149
권경선_ 근대 산둥인의 노동 이동과 해항도시의 객잔客棧 _179
장칸張侃_ 근대 아시아 해양 네트워크와 재중在中 한국독립운동의 전개 _203

제3부/ 동북아 해역의 문화 접촉과 변용

양민호_ 어촌생활어 속에 나타나는 언어 접촉에 관한 연구 _243

이보고_ 19세기 초 중서中西 문화 접촉과 *The Chinese Repository*
기독교 전파 과정에서의 중서中西 언어문화 접촉을 중심으로 _263

자오청궈趙成國·천나陳娜_ 하코다테 중화회관과 근대 중일 교류 _309

공미희_ 일본 근대화의 계기가 된 데지마를 통한 초량왜관 고찰 _337

초출일람 _366
참고문헌 _369
필자 소개(집필순) _379

제1부

동북아 해역 연구의 이론과 방법

양귀전楊國楨_ 동북아의 해양공간과 인문 특색

정문수_ 방법론적 해항도시와 해역 연구

강봉룡_ HK사업의 목적과 방향
목포대 도서문화연구원 사례를 중심으로

조세현_ 해양대만론을 둘러싼 역사 갈등

동북아의 해양공간과 인문 특색

양궈전(楊國楨)

1. 들어가는 글

'해양공간'이란 광의적 개념으로 인간의 물질문명과 자연 속에 공통으로 존재하는 매개체를 일컫는다. 객관적 자연 주체(해양)일 뿐만 아니라 해양 세계에서 인류의 주체적 행위 범주에 속하는 생활(인문활동)까지도 포함한다. 즉 해양공간은 자연 해양공간과 인문 해양공간을 포괄하며 이 두 영역은 불가분의 조합인 것이다.[1] 동북아시아는 하나의 지리적 개념으로 주로 동아시아 북부 지역을 지칭한다.[2] 광활한 동북아 해역에는 4개 경계 해역(오츠크해, 일본해, 황해, 동해)을 가로질러 도서 지역들이 연이어 펼쳐져 있다. 대륙붕, 대륙붕 사면, 해협, 해구, 해항 등

1 楊國楨 等, 「歷史与現實－海洋空間視域下的海上絲綢之路」, 『广東社會科學』, 2018. 2期.
2 楊曉梅・劉宝根, 『東北亞海域空間融合信息与態勢－航天遙感, 信息特征, 戰略區位』, 海洋出版社, 2013, p. 1.

이 병존하여 복잡한 해륙海陸 구조 형태를 띠고 있으며 해양공간의 표기 형식도 세계 대다수 해역들과는 상이한 특수성을 보인다. 전통시대 이래 국가와 민족의 오랜 세월에 걸쳐 이어져 온 영역과 역사 과정에서의 지속 작용은 인문 유형의 개성과 특징이 한층 뚜렷하게 드러날 수 있도록 하였다. 실제 우리가 토론할 핵심인 '인문 특색'은 주로 인문 유형을 창조하는 주체에 초점을 맞춘 것이다. 직접 관련 활동에 종사하는 사회 군체群體가 역사와 현실을 창조해가는 것에 대한 결과물이며 총체이자 승화라 할 수 있다. 따라서 토론 과정에서는 관련 공간 내 존재하는 자연적 속성에 대한 인지와 파악을 포함하여 인문 활동과 자연자원 간의 상호 활동을 융합해야 할 필요성이 존재한다는 사실을 다루게 될 것이다. 본 연구는 구체적 역사 정황과 지리 공간에 근거하여 분석하고 검토할 것이며 더불어 동북아 해양공간을 통한 시각에서 인문 특색을 탐구하는 데 연구 의의를 두고 있다.

2. 다층적 해양공간 구축

과거 학술계에서는 동북아 지역 환경에 대한 인식의 주류[3]가 한반도는 해상과 육상의 경계 지역이며 일본은 해양 지역, 중국과 시베리아는 대륙 지역에 속한다는 것이었다. 이러한 관념은 해양공간에 대한 좁은

3 張曉東, 「隋唐東北亞的地緣环境与政治博弈－以隋唐東征軍事活動爲中心的考察」, 『軍事歷史研究』, 2015.3期.

의미의 이해이며 상당한 편견이 존재하는 것이다.

필자는 앞에서 해양세계의 공간 구조가 대륙해안 지역, 도서 지역, 해역海域으로 구성되어 있다고 지적하였다. “인문학과人文學科 내 해양 지역의 개념은 ‘인문지리 관련 계통’ 즉, 인류활동과 해양 지역 간의 관계를 중요시한다. 인류의 해양활동은 직접적인 것과 간접적인 것의 두 가지 유형이 있다. 직접적 활동은 해양 지역에서 해양자원을 개발하고 이용하는 것을 의미하며, 간접적 활동은 해양자원의 일부분을 개발하고 이용하는 활동이 육상에서 진행되는 것을 의미한다. 따라서 해양 지역은 단순히 해구海區나 해역海域을 지칭하는 것이 아닌 육상 지역 일부를 포함하는 것이다.” “해양 지역의 ‘인문지리 관련 계통’에는 정치적, 경제적, 군사적, 사회적, 법률적, 어문학적, 민족적, 종교적 등 서로 다른 갈래의 소계통小系統들이 존재한다. 계통 상호 간에 ‘경계’가 중첩되거나 불완전하게 일치되기도 한다. 이것은 인류 생활의 다양성에 의해 파생되어진 것이다. 해양학적 의미로 해구海區라 할 수 있으며 개별적 자연조건과 목적에 근거하여 인위적으로 획정한 해양 지역 범위라 할 수 있다.”[4]

구체적으로 살펴보면 동북아 해양공간 내 중국 및 시베리아 지역은 대륙 지역이 아닌 해안지대에 속한다. 여기에서 소위 해안지대라는 것은 해양과 육지가 서로 맞닿은 부분을 가리킨다. 인류가 해양활동에 종사하는 발원지이자 항구이며 광활한 중심 지역 간 교류가 가능하도록 연계되어 있어서 해양문화의 생산 발전 과정 중에 중요한 작용을 담당

4 楊國楨, 「論海洋人文社會科學的概念磨合」, 『厦門大學學報』(哲社版), 2000.1期.

한다. 더욱이 일부 대륙 중심 지역은 해양 경제문화 발전의 바탕이자 원천이 되어 왔다.

남북으로 시베리아(지금의 러시아 극동 지역) 해안지대는 오츠크해와 한반도 동해 연해에 위치한다. 당대唐代 말갈족은 진국震國과 발해국渤海國을 건립하고 국경선이 한반도 동해 서안에까지 이르렀다. 원대元代 빈해濱海의 영명성永明城은 발해시기 중국 동해 지역 교류를 위한 주요 출항지였다. 한반도 동해 연안의 해안만海岸灣에는 아무르만, 우수리만, 동방만, 나홋카만, 포시예트만 등이 있으며 항구는 블라디보스토크항, 나홋카항 등이 있다. 명대明代의 해삼외海參崴는 현재 러시아 극동 지역의 최대 항구인 블라디보스토크의 옛 지명이다.

동북아 해양공간 내 중국 해안지대는 주로 황해, 발해 연안지대를 가리키며 산동반도과 요동반도 사이의 묘도군도廟島群島 등 다수의 크고 작은 섬들과 산호초들을 포함하고 있다. 해당지대는 지질구조 상 화북지대의 동부에 속하며 연안은 기반암석과 모래 해안으로 구분된다. 요동만遼東灣, 래주만萊州灣, 해주만海州灣 등 대형 해안만海岸灣과 그 외 다수의 중소형 해안만海岸灣으로 분포되어 있다. 황하黃河 삼각주는 발해만과 래주만 사이에 위치하는 거대한 부채꼴 형태의 삼각주로 연안에 바닷물이 들어오는 수계水系가 발달하여 육해陸海를 편리하게 이어준다. 신석기시대 이래로 산동반도와 요동반도 사이에서 섬들을 거쳐 가며 이어져 온 항해는 수천 년 항해문화의 발판을 구축하였고 동북아 해양문화 발전의 중요한 분구分區 역할을 하였다.

한반도는 육지와 해양의 경계지대로 해안과 섬의 이중 속성을 모두 안고 있다. 해양공간은 상호 인접한 해역이 맞닿아 있는데 특히 주목할 만한 점은, 대한해협은 동해(일본해)와 한반도, 중국 연해, 동아시아 대륙이 모두 연접하여 반드시 거치게 되는 수로水路라는 것이다. 따라서 매우 중요한 교통적·전략적 지위를 지니며 해륙海陸의 특징이 분명하게 두드러져 나타난다. 이로 인해 한반도 및 동북아 해양공간의 지위도 비견할 데 없이 중요한 의의를 내포하게 된다.

일본이 해양지대에 속하는 건 사실이다. 문제가 되는 것은 동북아가 하나의 같은 해양공간이라는 전제하에 일본이 도서지대에 속한다고 봐야 타당하다는 분석이다. 일본은 도서국가로서 당연히 해양을 분리할 수 없다고 보고 있다. 일본 도서 연안 지역에는 길게 쭉 뻗은 해안지대가 많으며, 수는 적지만 좌세보만佐世保灣 등 몇 개 해안만灣이 중요한 항구 역할을 하고 있다. 이뿐만 아니라 해역 주변에 여러 갈래의 비교적 큰 해협이 분포하고 있는데, 북부 지역은 오츠크해의 타타르韃靼해협, 사할린 남단과 북해도北海島 사이의 소야宗谷해협, 북해도와 혼슈本州 사이의 쓰가루津輕해협, 혼슈와 규슈九州섬 사이의 간몬關門해협, 동해에 연접한 대한해협 등이 포함된다. 도서島嶼에 대해 토론하면서 동시에 해양에 관해서도 관심을 가져야만 역사와 현실에 대한 진정한 가치를 고찰할 수 있는 연구가 될 것이다.

3. 해양공간 구축하의 다원적 인문 특색

한중일 삼국의 해양공간 내에 위치한 육지 부분은 해안지대, 반도지대, 도서지대로 나누어 정의할 수 있다. 그중 인문 활동은 이 세 가지 유형에 기초하여 전통시대부터 최근에 이르기까지 전개되고 있다. 서로 다른 지역의 주민들이 각자의 삶의 터전을 기점으로 타 지역 간 상호 적극적 해양 왕래를 이어가면서 다원적 인문 특징이 나타나게 되었다.

해안지대에 위치한 중국 해양문명은 최초로 동이東夷지역에서 형성되었다. 선진先秦시기 제齊나라는 "발해지리渤海之利"를 최대한 이용하였고[5] 훗날 제나라 환공이 패권을 잡게 되는 경제적 기반이 되었다. 한대漢代에는 군현에 염관鹽官(염전업을 관할하던 관청) 34곳이 세워졌다. 그중 동북아 해역 연안에만 14곳이 있었던 것으로 보아 당시 이 지역에 염전업이 성행하였음을 알 수 있다.[6] 거주민들의 삶이 점차 풍요로워지자 다른 세계를 향한 인간의 욕구와 탐험심도 점점 높아져갔다. 당시 해양 선구자로서 방사方士(고대 수도자, 재판관)들이 가장 먼저 해상海上 선산仙山의 꿈을 싣고 항해를 시작하였다. 서복徐福(진국秦國의 방사로 진시황의 명으로 불로명약을 구하러 항해하였다고 전해지는 인물)이 이곳에서 일본으로 출항했으며, 진시황과 한무제가 동쪽을 순시할 때 수차례 이곳에서 잠시 머물며 바다를 관망하였다고 전해진다. 당대唐代에는 일본, 한반도와의 문화교류와 무역왕래가 활발하였으며 견당사遣唐使(당나라에 파견된 사신)

5 司馬遷, 『史記』 卷8 「本紀第八高祖」, 中華書局, 1982, pp.382~383.
6 曾仰丰, 『中國鹽政史』, 商務印書館, 1998, p.57.

와 상선들이 일제히 등주登州에 입항하였다. 동북아 해양공간은 대외 교류의 중심지로서 중화해양문명의 발전을 이어갔으며, 기타 주변 지역 해양문명의 발전에도 기여하였다. 명나라는 원대元代의 해운海運 방식을 계승하였다. 당시 고려, 일본과 주로 황해를 거쳐 양자강揚子江 입구에서 상륙해 왕래하였다. 이후에 여러 차례 해난海難이 발생하면서 요동에서 발해를 거쳐 등주登州에 상륙해 교역하도록 변경되었다. 명대 중엽 일본에 남북전쟁이 발발하면서 동북아 해양 지역에서 왜란이 점점 격화되었다. 명대 신종神宗시기(1573~1620) 명나라 군대가 조선으로 건너가 왜군과 교전했던 당시 연안 지역의 모든 항구는 군량을 운송하는 기지로 이용되었다.[7] 명대 희종熙宗시기(1621~1627)에도 한 차례 순무대신을 등주에 파견하여 연해 주둔 군대를 통괄하고 도서 지역을 방어하도록 하였다. 그 밖에 명청시기에도 동북아 해역에서 계승되어 온 염전 지역의 전통을 그대로 이어갔다. 명대에 소금 운반을 담당하던 염사사鹽使司 6곳 가운데 장로長芦지역과 산동山東지역이 동북아 해역에 속한다. 청대에 와서 봉천奉天 염전 지역이 추가 배치되었다.[8]

한반도는 동북아 해양공간의 핵심 지역으로 유구한 해양문명 전통을 가지고 있다. 일찍이 상고시대 이래 한반도 부근의 해상 교통은 이미 시작되었다. 이후 제나라가 관할했던 산동 반도와 한반도는 지리적으로 바다를 사이에 두고 마주하게 되었고 양국의 해상 무역은 자연히 성행하였다. 제나라는 주로 한반도 지역에서 모피 등의 특산품을 수입하였다.[9] 이 시기의 해양문명 발전 정도는 여전히 중국 해안 지역과 비

7 『明神宗實彔』卷310「万歷二十五年五月乙巳條」, p.5797.

8 曾仰丰, 『中國鹽政史』, 商務印書館, 1998; 唐仁粤 主編, 『中國鹽業史』, 人民出版社, 1997.

교하여 논할 정도는 아니었다. 삼국시대에 들어서면서 한반도의 해양 전통은 발전을 이어가게 되었다. 이 시기에 한반도는 중국 각 시기의 왕조와 정치적 화합 관계를 유지하면서 해상무역 왕래를 지속해나가는 한편 자국自國이 처한 해양공간의 이점을 활용하여 발전시키는데 적극 나섰다. 해상으로부터 흡수한 문명의 산물들은 주변의 인문 특색과는 다르게 발전해 나갔으며 지금의 민족문화의 기초를 정립하는 계기가 되었다. 수당隋唐 왕조와 한반도 정권 간에는 수차례 전쟁이 일어났다. 전쟁에서 반드시 해상을 거쳐야 하는 것이 큰 걸림돌이었는데, 당시 한반도의 해상 역량은 반도 내부의 정치 변혁을 촉발시켰고 통일을 앞당기는 동력이 되었다. 송원대宋元代 이후 동북아 해양공간이 남쪽으로 확장되면서 한반도와 중국 동남 해안지대의 복건福建, 광동廣東 사이의 해상무역이 번성하였다. 명 왕조와 조선시대 한반도는 해상에서의 왜구 침략에도 함께 대항하면서 비교적 안정적인 해상관계를 유지하였다.

선진先秦시대에 일부 대륙의 대담한 인물들이 한반도를 거쳐 동해 환류를 타고 일본 열도에 도착하였다. 이 시기 일본 열도는 부락 인구가 많았으며 작은 부락국가끼리 서로 침략하고 정벌하는 형국이었다. 일본으로 이주한 대륙인大陸人(절대 다수가 중국에서 건너옴)은 해양으로부터 들여온 생산 기술과 과학문명을 전파하였고 이는 일본 역사 발전에 있어 상당히 진보적 영향을 미쳤다. 그 후 중국 왕조는 분열시기에 들어가지만 중일 양국 간의 해상 교역은 꾸준하게 이어졌다. 당시에 양국 간 교역은 일본이 중국으로부터 주로 수입하는 형태의 특징을 보였다.

9 楊昭全・韓俊光, 『中朝關系簡史』, 遼宁民族出版社, 1992, p.9.

수당시기 일본 조정朝廷 내부에 동쪽 지역을 선망하는 분위기가 한층 고조되었고 '견수사遣隋使', '견당사遣唐使' 등의 사신 왕래가 끊이지 않았다. 대다수 일본인들이 바다 건너 중국에 가서 제도와 문화를 배웠고 적극적으로 교류하였다. 당시에 발해, 고구려와도 친밀한 관계를 구축하였다. 일본은 중국 농업문명의 이기를 대거 흡수하였다. 주류사회에서는 일본에 대해 아시아 대륙의 이단아飛地(행정상 대륙에 속해 있으나 실제르는 대륙에 있지 않은 국가, 일본이 도서국가인 점을 지칭)이며 '허양 수호 일본'이라는 섬나라 의식이 형성되어 있고 정교한 농업 발전을 통해 '정원국가庭園國家' 건설을 이루려는 장기적 목표를 가진 나라로 인식하였다.

4. 인문 활동 영향 아래 해양공간의 변동과 재구성

고대 동북아 지역의 인문 활동은 각자의 해양공간에 의존하였고 이러한 바탕 위에서 서로 다른 인문 특색을 탄생시켰다. 사실상 각각의 인문 유형이 출현한 이후로 시대가 변하고 역사가 발전함에 따라 처해진 해양공간에 대한 인문 주체의 인식이 점차 변화 발전되어 왔고 진일보한 해양 관념이 새롭게 파생되어왔다. 이러한 영향 아래 전통적 해양공간이라는 사고방식도 점차 재구성되어지고 이전의 논리적 인식과 행위 방식과는 다르게 나타나고 있다. 바꾸어 말해서 새로운 해륙 구도 관념은 인류 활동에 재차 영향을 가져올 것이며 이로 인하여 역사의 수레바퀴는 앞으로 나아가게 될 것이다.

동북아 해양공간 중에 도서국인 일본은 역사적으로 해양공간의 재건을 진행하는 과정이 매우 뚜렷하게 나타났다. 전통시대 일본은 스스로 '섬海島' 이라는 형태의 생존 공간에 대한 인식이 분명하였는데, 특히 해양공간 중에 '섬島'의 특질이 더 많이 부각되었다. '해양海'은 단지 외부 세계의 침략으로부터 격리되는 폐쇄적이고 방어적인 공간적 수단에 지나지 않는다고 여겼다. 그러나 대륙문명을 학습하는 과정에서 유가사상, 불교경전, 예술적 조예 등이 뒷받침되어 새로운 제도를 제정하고 문화 형성에 전력을 다하였다. 그 결과 탈세속적이고 무욕적인 '전원적 방식田園式'의 사회 특징과 내성적 사고 성향이 새롭게 형성된 것이다. 이러한 도서화島嶼化의 '대륙 공간 논리'는 오랜 기간에 걸쳐 일본의 역사와 전통에 영향을 미쳤으며 지금까지도 일부 복고수구파 학자들에 의해 여전히 추종되어지고 있다. 근대 이후로 서구 해양문명과 충돌하면서 일본은 비로소 자국의 생존 공간이 '섬島' 이외에 더 중요한 '해양海' 공간으로서의 의미가 있음을 인식하기 시작하였다. 즉 '해양海'이 더 이상 그들의 교통・교류의 수단에 머무는 것이 아닌 생존이 달린 공간이라는 것이다. 이로 인해 '탈아입구脫亞入歐(아시아를 벗어나 유럽으로)'의식이 생겨났으며 끊임없는 영토 확장, 무력 강화, 아시아의 분열을 초래하는 계기가 되었다. 이러한 이념의 고차원적 발전 형태가 소위 '일본해양국가론'이다.

개념상 '일본해양국가론'은 다음과 같다. 일본해양국가론은 서구 해양패권국가의 굴기崛起를 모델삼아 해양 군사력을 중심으로 관련 해양산업 확장을 기반으로 한 동아시아 환태평양 해역 통제를 목표로 하는 해양형海洋型 국가 형태를 말한다. 동북아 해양공간의 역사 과정에서 보면 단계적이고 계획적인 재건이 있어 왔다. 무엇보다 메이지유신明治維新 이래 조선과 중국을 침략하려는 지연정치地緣政治 목표가 확립되어 있었다. 또한 『여청국투쟁방안与清国斗争方案』, 『청국토벌방략清国讨伐方略』에 실린 전략에 따르면, 중국 요동遼東반도와 주산舟山군도, 대만臺灣 등을 향해 칼끝을 겨누고 무력으로 동북아 해양공간 구도를 분할하여 신 동북아 해양 질서를 구축하려는 시도가 있었음을 알 수 있다.

그 후에 청일전쟁과 러일전쟁에서 승리하면서 동북아 해양공간 내 해안지대 일부만으로는 일본 군국주의 식민지 개척 야심을 채우기에 부족했다. 일본은 유럽과 미국에 대항하여 중국 대륙 일부를 정복하였고 동북아를 독점해가는 단계에서 이러한 전략들은 주요 사상이 되었다. 재차 제2차 세계대전이 발발하고 일본은 전진적 해양 전략으로 다시 조정하였다. 전면적으로 남진南進하기 시작하여 동남아와 남반구까지 진군을 시도하였다. 이로써 서태평양 지역의 패권을 확립하고 동아시아, 동남아, 호주, 뉴질랜드, 인도와 주변 해역까지 포함한 '대동아공영권大東亞共榮圈'이라는 해양제국 건설의 최종 목표를 제시하였다. 그러나 제2차 세계대전의 참패로 일본의 남하 해양 전략은 완전한 실패로 끝났고, 이전까지 동북아 해양공간에 기울인 노력은 수포로 돌아갔다. 새로운 시대로 들어서면서 일본은 해외무역과 해양 과학기술 발전에 힘을 쏟아 두 번째 굴기를 이루어 냈다. 해양공간에 담긴 의미에 대해서도 가까운 미래에 공간, 우주, 물에서부터 출발하여 해상, 해저, 남극대륙과 우주 공간까지도 포함하는 광의적 개념의 '해양'으로 다시금 재해석을 내렸다. 또한 인터넷 등 정보 통신 요소까지도 여기에 포함시켰다. 주어진 해양공간에 담긴 심오한 함의를 한층 개방하여 정의를 내리는 데서 강렬한 해양의식을 짐작할 수 있다.

중국사회에 존재하는 다원일체적 문명 체계는 그것이 해양문명이든 대륙문명이든 (농경, 목축) 관계없이 모두 내부에서 파생된 것이다. 또한 그것은 역사운동 속에서 충돌, 융합, 포용되면서 각자의 변화 형태와 지역성을 띤 문명으로 파생되었고 다자 간 침투하여 상호 영향을 주고 받아왔다. 이 같은 전제하에 동북아 해양공간 내에 위치한 중국의 해양지역도 필연적으로 대륙문명의 영향을 깊게 받았으며, 해양공간 내부의 융합과 소통을 통해 주변 지역에까지 영향을 미쳤음을 알 수 있다.

동북아 해양공간 내 위치한 중국의 해안지대는 해양 발전의 전진 기지이자 농업 사회의 경제 중심지로 외연적이고 외부 방사적인(외부와 소통이 이루어지는) 특성을 가진 경계 지역이다. 육지와 해양의 이중 특성을 모두 갖고 있으므로 해양공간이 재구성되는 과정에도 뚜렷한 대륙 문화적 요소를 포함하고 있다. '이해위전以海爲田'이란 개념은 이러한 해양 발전 모델 특성을 잘 보여준다. '이해위전'은 글자 그대로 해안지대의 주민이 바다를 밭으로 개간하여 농사짓는다는 의미이다. 여기에서 모래밭이나 습지인 바다를 개간한다는 의미는 해양 교통과 해양 수산, 해양 무역이 실질적으로 이루어졌음을 암시하는 것이라 할 수 있다.[10] 일찍이 일부 학자들이 농업문화의 '전田' 자字를 빌어 설명하면서 중국에는 발달한 해양농업문화는 있지만 해양상업문화는 없었다고 오도한 적이 있다. 이는 중국 해안지대에서 발생한 해양의식이 대륙 농업문화의 억압을 받으면서 더 이상 사회 주류의식으로 성장하지 못한 것을 설명

10 于運全, 「"以海爲田"內涵考論」, 『中國社會經濟史研究』, 2004.1期.

해주는 단면이라 할 수 있다. 결과적으로 이러한 세력들은 해양활동에 불리한 영향을 미치게 되었다. 명청시기 해금海禁(항해금지령)의 실시는 당시 해안지대 민생뿐만 아니라 해양 안전에도 심각한 영향을 미쳤다.

한편 한반도는 반도 지역으로 해양공간의 변경과 지건에서도 해륙海陸 양자의 특성을 함께 갖고 있다. 아울러 한반도 지역은 중일 양국의 해양공간 발전 과정에서 상대적으로 많은 영향을 받아왔다. 두 나라가 영토를 확장하려 했을 때에는 공간이 제한적으로 축소되었다가 다시 양국의 국력이 쇠퇴해지자 그 기회를 틈타 장대한 발전을 이루며 강한 성명력을 보여 주었다. 수 왕조와 고구려 사이에 네 차례에 걸친 대규모 전쟁이 발발했던 당시 수나라는 고구려를 정벌하고 요동을 통일하기 위해 최대한의 인력과 물자를 퍼부으며 백만 대군을 양성하였다. 당시 건국한지 얼마 되지 않았던 수 왕조는 점차 재원이 고갈되고 국력은 쇠퇴하여 여러 방면에서 제약을 받게 되었다. 결국 두 나라 모두 기대했던 목적을 달성하지 못하였고 이로 인해 정치, 군사, 경제 각 방면에 위기가 발생하면서 결국 왕조가 교체되는 결과를 낳았다. 이후 당나라가 건국되고 점차 한반도 삼국과 종번宗藩(제후로 분봉된 종실)관계가 성립되었다. 당시 고구려는 연개소문의 전정專政하에 있었다. 고구려는 당과의 전정관계를 깨트리고 신라를 공격하였다. 당과 신라는 연합하여 고구려와 백제를 공격하였고 전쟁은 당 태종 정관貞觀 18년(644)에 시작하여 당고종 건봉乾封 3년(668)에서야 끝났다. 고구려는 끝내 멸망하였고 신라는 통일 국가를 세웠다. 허송세월만 보낸 정벌로 인해 두 나라 백성들의 삶은 말할 것도 없이 끝없는 재난의 연속이었다. 이러한 전쟁은 어느 정도 침략성을 띠는 것이라 볼 수 있다. 그러나 장기적으로 보면 전쟁이 끝난

후 이전의 복잡했던 정치 형국은 점차 안정되어갔고 반도와 대륙의 정치, 경제, 문화 방면의 교류는 한층 강화되었다. 전반적으로 동북아 해양공간의 문명 발전을 위한 하나의 새로운 국면이 열리게 된 것이다.

이상에서 주로 동북아 해양공간의 구도 아래에 고대 삼국의 주체적 해양활동과 인류문명에 대한 국가 이익 충돌의 재구성重塑에 관해 살펴보았다. 역사적 진실은 본고에서 다룬 내용보다 훨씬 복잡할 것이다. 근대 이후 세계화의 물결 속에 해양공간 구역의 한계가 날로 모호해지고 구역 밖에 있는 국가의 개입으로 종종 상황의 전개 방향이 바뀌기도 한다. 해양 세계에 지난 이천 년 동안 없었던 대변화 정국이 어찌하여 오늘날 발생하는 것인지 안타까울 따름이다. 앞으로 전통적 해양 인문 특색을 잘 보존하고 더 큰 발전을 이루어내는 것이야말로 우리가 마땅히 연구하고 숙지해야 할 대과제일 것이다.

방법론적 해항도시와 해역 연구

정문수

1. 들어가는 말

한국해양대학교 국제해양문제연구소는 한국연구재단의 지원을 받아 2008년부터 현재까지 인문한국지원사업의 아젠다인 '해항도시 문화교섭 연구'를 수행하고 있다. '해항도시 문화교섭 연구'는 바다를 향해 열린 해항도시seaport city가 주된 연구필드이다. 국제해양문제연구소가 해항도시에 주목하는 이유 중의 하나는 국민국가의 퇴장을 상징하는 '국민국가론'과 '지구화'에 대응하여 한계에 다다른 이른바 '방법론적 국가주의methodological nationalism'를 대체하는 실마리를 해항도시 연구를 통해 찾을 수 있다고 보기 때문이다.[1]

1 자세한 내용은 정문수 · 류교열 · 박민수 · 현재열, 『해항도시 문화교섭 연구 방법론』, 선인, 2014, 19~70쪽 참조.

국민국가를 연구 출발점 또는 기본 관점으로 삼으려는 시도인 '방법론적 국가주의'에 대한 비판은 초국가적인 관점으로의 전환을 반영한 '방법론적 초국가주의methodological trans-nationalism'를 들 수 있다. 초국가주의는 대체로 국민국가의 경계를 가로지르는 사람들 내지 제도들을 묶어주는 다층적인 연계와 상호 작용을 강조한다. 1990년대 이후 초국가주의의 개념을 다룬 연구는 넘쳐났지만, 이 연구들이 사람과 문화의 이동에서 국가보다 크고 작은 단위와 여기에 대응하는 초국가주의 혹은 로컬리즘이 얼마나 중요한 역할을 하는지 충분히 개념화하지 못했다.[2] 따라서 방법론적 초국가주의 등에서 제시되는 공간 개념을 좀 더 정치하게 다루는 작업이 필요하다. '해항도시 문화교섭 연구'는 방법론적 국가주의와 초국가주의의 한계를 보완하기 위한 기법으로 '방법론적 해항도시methodological seaport city'를 제안한 바 있다.

'해항도시 문화교섭 연구'는 국민국가보다 작은 분석 단위인 해항도시를 연구필드로 하여 해항도시가 구성하는 해역sea region, 즉 국가보다 큰 단위의 공간과의 관계를 문제 삼는다. 해항도시는 해역을 구성하는 요소로서 그 자체가 경계이면서 원심력과 구심력이 동시에 작동하는 공간으로, 배후지인 역내의 각지를 연결할 뿐만 아니라 먼 곳에 있는 역외 해역의 거점과도 연결된 광범한 네트워크가 성립된 공간이다. 그렇지만 바닷길의 네트워크를 따라 발달한 해항도시들은 자신들이 속한 국가나 지역사회의 후배지들이 아니라 역외의 해항들과 더 많은 공통점을 지닌다. 달리 표현하자면, 해항도시는 근대자본주의가 선도하는

2 마이클 새머스, 이영민 · 박경환 · 이용균 · 이현욱 · 이종희 역, 『이주』, 푸른길, 2013, 68~69쪽.

지구화 훨씬 이전부터 사람, 상품, 사상 교류의 장으로 기능해 온 유구한 역사성, 국가의 영역에 머무르지 않은 초국가적인 영역성과 개방성, 그리고 이문화의 혼교・충돌・재편으로 인한 잡종성을 사회적 성격으로 가진다.

이와 같은 사회적 성격을 갖는 연구필드인 해항도시를 점點으로 본다면 해항도시와 해항도시를 연결시킨 바닷길은 선線으로 구체화되며, 바닷길과 바닷길을 연결시킨 해역은 면・공간面・空間이 된다. 해역과 해역은 연쇄적으로 연결되어 대륙을 둘러싸고 있다. '해항도시 문화교섭 연구'는 국가와 민족이라는 분석 단위를 넘어서, 해항도시와 해항도시가 구성하는 해역이라는 일정한 공간을 상정하고, 그 해항도시와 해역에서의 문화생성, 전파, 접촉, 변용에 주목하여 문화교섭 통째를 복안적이고 종합적인 견지에서 해명하고자 하는 시도이다.

이처럼 '연구필드로서의 해항도시'는 특정 시기와 공간에 존재하는 구체적인 연구 대상이며, '방법론으로서의 해항도시'는 국가와 국가들의 합인 국제의 틀이 아니라 해항도시와 해역의 틀로 문화교섭을 연구하는 시각과 방법론을 말한다. 따라서 해항도시는 역사적 경험의 장이자 물리적 도시 공간을 의미하면서 동시에 사유의 전환을 위한 인식적 도구의 틀이다.

'방법론적 해항도시'에 기대면, 다음과 같은 시각의 전환이 가능하다.

첫째, 국가 간의 관계를 중시하는 시점에서 도시 간 네트워크 시점으로의 전환.

둘째, 지구화와 지방화를 동시에 반영하는 글로컬 분석 단위의 도입과 해명.

셋째, 중심과 주변의 이분법을 해체하고 정치적인 분할에 기초한 지리 단위들에 대한 투과성과 다공성(porousness)의 부여.

'방법론적 해항도시'에 입각한 이러한 시각의 전환은 부경대학교 인문한국플러스 사업단이 고민하는 해역 연구의 이론과 방법론과 무관하지 않은 것으로 보인다. 여기서는 이러한 시각의 전환에 따른 몇 가지 연구 주제와 개념을 제안하고자 한다.

1. 국가 간의 관계를 중시하는 시점에서 해항도시 간의 네트워크 시점으로의 전환

해항도시의 사회적 특성, 즉 교류의 역사성, 개방성, 잡종성의 세 요소는 상호 유기적으로 연동되었으며, 해항도시는 이러한 관계성 때문에 다른 해항도시와 그 네트워크가 구성하는 해역의 역사적 상황과 연동되어 운명을 같이 해왔다. 그래서 해항도시들의 번성은 관계를 맺고 있는 해항도시들 사이의 공생과 자립의 네트워크가 보장될 때 가능했다. 왜 그렇게 되었을까? 이것을 이해하는 핵심은 네트워크의 속성이다. 네트워크는 결절점node과 관계link로 구성된다. 통상 네트워크는 인적·물적 존재가 망사 모양으로 서로 연결되어 있다는 식으로 사용할 때가 많다. 이 경우 우리는 네트워크를 일정 수의 결절점이 먼저 있고 그것들이 서로 무작위로 연결되어 있는 정적인 것으로 이해하기 십상이다.

그러나 이런 방식으로는 역사와 현실 속에서 관찰되는 네트워크의 역동성을 포착하기 힘들다. 네트워크는 작은 중심 부분에서 출발해 새로운 결절점이 추가됨으로써 성장한다. 일반적으로 새로운 결절점은 관계를 많이 가진 결절점에 우선적으로 연결한다. 그리하여 많은 관계를 가진 결절점은 허브로 성장한다. 또 그러한 허브 중 하나나 몇 개가 소멸하면 네트워크는 변하거나 때로는 해체된다. 다시 말하자면, 새로운 결절점은 어딘가와 관계하거나 혹은 관계를 단절하여 결절점이 성장・소멸하는 형태로 변한다.[3] 이런 이유로 해항도시들 간의 네트워크를 중시하는 시각은 연구필드인 해항도시를 해항도시와 해항도시의 관계, 해항도시와 해역의 관계, 해항도시와 해역의 연쇄 관계를 연동하여 구상하고, 네트워크의 역동성을 포착하기 용이하다.

해역과 해역이 연쇄적으로 연결되어 지구 전체로 연결된 것은 16세기 후반에서 17세기 초에 가능했던 것으로 보인다. 인류가 이른바 '노호하는 40도대roaring forties(태평양과 대서양의 남위 40~50도 사이의 폭풍 해역)'를 넘어 항해하고 세계의 고정된 바람의 시스템을 숙지한 것이 이 즈음이기 때문이다.[4] 지구 전체가 느슨하게 해역과 해역으로 연결된 것이 16세기 후반에서 17세기 초반이지만, 해역이 권역별로 듬성듬성 형성된 것은 훨씬 이전의 시기까지 소급된다. 특히 항해자들이 인도양의 계절풍을 숙지하고 아시아에서 유럽・아프리카에 이르는 해역을 구조화한 것은 8~9세기경이었다. 아마도 각 해역에서 해항도시들이 하나의 체

3 시라이시 다카시, 류교열・이수열・구지영 역, 『바다의 제국』, 선인, 2011, 191~192쪽.

4 Daniel Finamore ed., *Maritime History as World History*, University Press of Florida, 2008, p.30.

제인 독자적인 해역을 형성한 시기는 이보다 훨씬 더 소급될 것이다.

독자적인 해역에서든 전지구적으로 연쇄적으로 연결된 해역에서든, 해항도시는 문화와 경제 융성의 결절점이었다. 이 점에서 필자는 '해항시민seatizen' 내지 '해항시민권seatizenship'의 개념을 가다듬는 작업이 필요하다고 본다. 통상 시민 내지 시민권citizenship은 한 개인과 도시, 국가, 혹은 민족 사이의 정체성을 말하며 그러한 지리적 경계 안에서의 노동하고, 생활하며, 정치적으로 참여할 수 있는 권리를 말한다. 그렇지만 우리가 이 용어를 해역과 해역의 연쇄인 지구적 공동체와 관계 짓는다면, 해항시민권은 한 개인과 해역세계 또는 지구적 공동체 사이의 정체성을 말하며, 그러한 지리적 경계 안에서 노동하고, 생활하며, 정치적으로 참여할 수 있는 권리로 정의할 수 있다. 이 개념은 한 개인의 정체성이 기존의 정치적 경제적 경계를 초월하는 것이며, 그 책임과 권리는 특정 국가나 민족보다는 인류의 구성원으로부터 나오는 것이다. 그렇다고 이 개념이 자신의 국적이나 다른 사람들의 국적 혹은 지방적 정체성을 비난하거나 포기하는 것으로 간주되어서는 곤란하다. 이 개념은 해역세계나 지구적 공동체에 대한 정체성을 우선시하며 자신의 지방이나 국가에 대한 소속감을 부차적인 것으로 상대화시킬 수 있는 것으로 간주되어야 한다.

해항도시에서의 코즈모폴리턴과 코즈모폴리터니즘은 이와 유사한 개념이다. 1990년대 이후 활발히 논의되고 있는 코즈모폴리터니즘, 즉 세계시민주의는 엄격하게 규정된 개념이 아니라 다양하게 해석될 수 있는 여지가 많다. 예컨대 세계시민주의는 국민국가의 경계가 극복된 통치 질서로 보는 입장, 세계국가에 의한 국민국가의 극복을 의도한 것도 아니고 국민국가를 절대화하는 것도 아닌 입장(이 두 가지를 비롯해 여러 통치 차원이 다층적으로 결합된 형태), 그리고 국민국가의 틀을 유지하는 아주 약한 형태의 세계시민주의적 질서로 보는 입장 등이 있다. 국제해양문제연구소가 주목하는 해항도시에서의 세계시민주의는 특정 지역이나 국가에 대한 관심과 충성을 배제하지 않지만, 다양한 동심원들 중 가장 크고 중요한 동심원은 인류 전체라 보며, 인류 전체와 보편적인 도덕적 가치에 대한 충성을 가장 우선시하는 개념을 의미한다. 또 이러한 세계시민주의는 우리가 마주치는 다른 문화의 사람이나 대상에 대해 열린 태도를 유지하고 뭔가 배우고 매혹되길 원할 때만 실현될 수 있다는 의미이다.[5]

지구화시대 해항도시와 해역과 관련된 담론에서 한 개인과 해항도시와 해역세계 내지 더 확대된 지구적 공동체와의 관계는 해항도시-해항도시 네트워크-해역-해역의 연쇄를 상정한 다층적인 차원을 포함한다. 해항시민이나 해항시민권은 이러한 다층적인 관계 속에서 다양한 동심원을 인정하지만 자신이 속한 국가나 민족에 대한 충성보다는 인류 전체의 평화와 행복 추구를 실천적으로 모색하는 개념으로 가다듬어야 할 것이다.

5 박민수, 「지구화시대의 해항도시와 세계시민주의」, 『해항도시 문화교섭학』 12, 한국해양대 국제해양문제연구소, 2015, 248~250쪽.

2. 지구화와 지방화를 동시에 반영하는 글로컬 분석 단위론의 도입과 해명

국민국가의 위상 약화와 지구화의 영향으로 글로컬라이제이션glocalization이 전개되고 있다. 글로컬라이제이션이라는 용어는 지구화와 지방화localization의 합성어로, 글로벌한 기준뿐만 아니라 지방적 기준을 충족시키는 개인, 집단, 조직, 서비스나 제품을 설명하는 개념으로 처음 사용되었다. 1990년 이후에 이 용어는 동시대 정치, 사회, 경제 시스템에서 보편성과 특수성의 동시적 출현, 즉 지구화와 지방화의 동시적인 전개를 설명하는 개념으로 사용되고 있다. 또 이 용어는 지방적 공간에서의 지구화라는 의미, 즉 미시 지구화micro-globalization 혹은 내적 지구화internal-globalization로 정의되기도 한다.[6] 이러한 글로컬라이제이션의 개념들을 지구화시대 해항도시와 해역과 관련된 담론에 적용하면, 해항시민이 스스로 경계(국경이나 해역)를 넘지 않고도 그 공간 안에서 다른 문화들을 다양한 매체를 통해 일상적으로 접하게 될 뿐만 아니라 무역인, 이주민, 망명자, 난민, 여행자와 같은 이방인을 자주 접하게 되는 것을 의미한다.

우리는 이 용어를 지역 단위론 차원에서 국가보다 더 큰 단위의 형성과 국가보다 더 작은 단위의 활성화와 연관하여 사용할 수 있다. 말하자면 이 용어는 '시간과 공간의 압축'에 따른 새로운 지역의 형성과 도시의 자율성 증대를 설명할 수 있을 뿐만 아니라, 경계를 넘는 문화와 이를 수용하는 문화 모두에서 자신들과 다른 문화와 종교에 대한 배타

6 Victor Roudomettof, "Transnationalism, Cosmpolitanism, and Glocalization", Gerard Delanty · David Inglis eds., *Cosmopolitanism* III, Routedge, 2011, p.139.

적인/관용적인 태도를 반영할 수 있다. 특히 해항도시에서의 해항시민권은 타자에 대한 관용적인 태도와 관련된 포용성과 창의성을 대변하는 이념형이라 할 수 있다.

글로컬 분석 단위론의 도입은 주권국가의 집합체라는 틀보다는 국가보다 작은 단위인 해항도시 — 국가보다 큰 단위인 해역 — 해역과 해역의 연쇄를 다층적으로 관계시키는 원리와 다원적인 문화를 상호 공유할 수 있는 기제의 해명을 통해 가능하다. 경제와 관련해서는 초국적 지역의 형성과 동아시아 경제회랑에 주목하는 아시아 지중해(여러 해역으로 분절되어 있는 듯하나 상호 연결된 하나의 해양 회랑)와 같은 은유가 사용된 바 있다. 예컨대 아시아 해역에서는 경계와 특수성을 추구하는 국가 구조가 있는가 하면, 다른 한편에서는 주요 해항도시로 이루어진 군도 경제archipelago economy와 자신을 구속하고 있는 국가 공간으로부터 자유로워지기를 모색하고 있는 해항도시와 이들 해항도시들 간의 구조가 있다.[7] 이런 이유로 아시아 지중해와 같은 은유는 기존의 국가를 주요 분석 단위로 하는 경제, 지리, 국제관계로는 설명할 수 없는 다원적이며 다층적인 아시아를 해명하는 기제로서 제시된 것으로 보면 된다.

또한 행정과 관련해서는 보충성원리subsidiarity principle와 거버넌스와 같은 기제가 제시된 바 있다. 예컨대 중앙 정부와 다양한 하위 지방 정부들 간의 다층적인 관계를 고려한 행정권의 위임을 설명하는 보충성원리는 상위 수준의 정부 권한이 그 하위 정부가 특정 문제에 대응하기 부적절하다고 판단될 때만 실행될 수 있다는 것을 강조하는 개념이다.

7 프랑수아 지푸루, 노영순 역, 『아시아 지중해』, 선인, 2014, 20쪽.

다층적인 협력관계를 말하는 거버넌스도 비슷한 개념이다. 물론 이 글에서는 보충성원리와 거버넌스가 국가보다 큰 단위의 기구가 행정과 정책의 집행에서 국가 차원의 기구들뿐만 아니라 다층적인 지방 차원의 기구들과의 강력한 연계와 다차원적인 협력의 필요성을 강조하는 개념으로 사용될 수 있다는 의미이다.[8]

이와는 달리 문화와 관련해서는 다원적인 관계를 통합적으로 설명할 기제는 사실상 전무한 실정이다. 타자에 대한 관용적인 태도와 문화에 대한 상호 교섭 내지 영향을 설명하는 기제로, 보편다양성diversalité이나 플루리버셜리즘pluriversalism을 해명하는 '해역문화교섭seavilization'을 포착할 필요가 있다. 보편다양성이란 개념은 미국의 전 세계적 패권화를 나타내는 보편성과 구별하기 위해 만든 것으로, 다양성과 타자와의 공존을 존중함으로써 또 다른 방식으로 크레올적 자아가 형성되는 특수성을 말한다.[9] 해항도시와 해역에서의 다양성 속의 통일성을 지칭하는 용어인 보편다양성과 플루버셜리즘에서, 보편성이란 소통과 혼종, 개방과 창조적이고 생명감 있는 분열적 생성의 모습을 말한다. 그리고 이런 모습은 다수가 단순히 병존하는 다원성이 아니라 다수가 교류하고 섞이며 다시금 분열하기를 거듭하는 창조와 생성의 다원성이라 표현할 수 있다.[10]

문명과 문명화civilization process와 대비되는 '해역문화교섭'에서, 문화

8 정문수, 「이탈리아 역사에서의 지방과 중앙의 관계」, 『서양사론』 86, 한국서양사학회, 2005, 116쪽.

9 이송이, 「소설 「텍사코」에 나타난 문화교섭의 공간으로서의 해항도시」, 한국해양대학교 국제해양문제연구소 편, 『해항도시의 역사적 형성과 문화교섭』, 선인, 2010, 234~235쪽.

10 정문수・류교열・박민수・현재열, 앞의 책, 218쪽.

에 대한 관점은 본질주의 혹은 실체주의적 문화 관점과는 다르다. 실체로의 문화 관점은 개별 민족이나 종종 인종 단위의 문화를 상정하고 이런 단위의 문화에서 그 어떤 본질적이고 실체적인 요소들, 즉 지속적인 교류와 그로 인한 변화의 와중에서도 올곧게 유지되는 고유한 불변적인 요소를 상정한다. 반면 필자가 제안하는 '해역문화교섭'은 잡종과 교섭으로서의 문화이다. '해역문화교섭'에서 문화들간의 교섭은 동화냐 대결이냐의 양자택일에 맡겨지는 것이 아니라 창조적 변용 과정이다. 잡종성 개념을 핵심으로 하는 이러한 문화구상은 실체적 정치성을 가진 다수 문화들의 병존을 주장하는 것이 아니라, 기본 관념에서 중심과 주변, 자아와 타자로 분리되었던 것들의 불가분한 상호 혼용과 전이 및 네트워크의 양상에서 포착하는 사유모델을 택한다. 여기에 기대면 문화들을 좀더 복잡한 과정적・가변적 산물, 역사적으로 진행된 상호적 잡종의 산물로 파악하게 된다. 또한 문화・인종・민족 간의 경계를 실체들 사이의 경계라기보다는 문화 형성 주체들 사이의 의식적・무의식적인 의미 부여 행위의 산물로 파악하게 된다.[11] 그러므로 문화들 사이의 경계는 상호 영향과 전이 과정에서 얼마든지 변할 수 있는 것으로 간주된다.

문화교섭을 보편화・동질화・동형화 과정이 아니라 상호 영향과 전이 과정으로 이해한다는 것은 문화를 네트워크 양태로 파악한다는 의미이다. '해역문화교섭'의 공간으로 아시아 태평양 또는 해역 아시아를 이해한다는 것은 국가 통치로부터 벗어나고자 하는 도시권역의 근도

11 위의 책, 180~181쪽.

내에 박혀 있는 해항도시들의 수평적이고 초국적인 네트워크로 이루어진 해역, 즉 열린 체제로 아시아 해역을 자리매김하는 것이며, 나아가 다원적이고 공존적인 새로운 해역 아시아 건설 전망에 이르는 길을 제시하는 것이다. 이러한 전망에 이르는 문화적인 측면에서의 기제로서 보편다양성을 드러내는 '해역문화교섭'의 개념을 정치하게 가다듬을 필요가 있다.

3. 중심과 주변의 이분법을 해체하고 정치적 분할에 기초한 지리 단위들에 대한 투과성과 다공성 부여

해항도시 네트워크는 8~9세기 아프로-유라시아Afro-Eurasia 권역에서 활성화되기 시작하여, 15세기 구대륙과 아메리카대륙 사이의 네트워크로 확장되었다. 이러한 바닷길은 16세기 아카풀코와 마닐라 사이의 태평양으로 연결되고, 17세기 노호하는 40도대를 넘어 오스트랄라시아가 연결됨으로써 전 지구적 네트워크가 된다. 이렇듯 아프로-유라시아의 해항도시 네트워크는 근대 프로젝트에 수렴되면서 환지구적인 해항도시 네트워크가 되었다. 그런데 근대는 세계의 해역들을 상호 연결된 갈등의 공간으로 만들고 국민국가의 정치력과 군사력이 투사되는 공간으로 만들었다. 이리하여 서양의 근대 국민국가가 주도하는 세계체제는 세계를 중심과 주변으로 수렴하였다. 이러한 이분법은 일종의 서양 중심주의의 산물이다. 이는 근대 서양을 하나의 완결된 문명으로 간주한 뒤에, 서양 중심적 세계질서의 보편성을 관철시키면서, 현실에서의 배타성(백인, 기독교)을 특징으로 한다.

그런데 유럽 중심주의를 비판하면서 등장한 아시아주의가 지구화시대 해항도시와 해역 담론을 대변할 가능성은 경계해야 한다. 아시아주의란 서양의 위협에 대항해 인종, 문화, 문명, 저항, 비억압 등을 기초로 하는 '아시아인들'의 연대를 지향하고, 나아가 서양 중심의 세계질서에 대항하여 '아시아' 중심의 질서를 구축하자는 담론이다.[12] 이와 비슷한 맥락에서 중국의 21세기 해양실크로드(일대일로) 담론이 신장 중화주의 내지 아시아 중심주의로 귀결될 가능성은 많아 보인다.[13] 이처럼 유럽 중심주의와 근대 중심주의를 비판하면서 시작된 연구가 중국 중심주의 내지 동아시아 중심주의로 귀결되는 것은 일종의 자기모순이다. 해항도시와 해역 담론에서 요구되는 것은 당위에 입각한 목적론적인 연구를 지양하고, 동시대적 사실에 밀착한, 그리고 경제적 주체에서 동아시아 해역의 정치적, 군사적 패자로 변모한 서구의 의미와 그것이 아시아 사회에 미친 영향을 균형 있게 반영한 새로운 동아시아 역사와 미래 비전 제시이다.[14] '방법론적 해항도시'는 중심과 주변의 이분법 해체를 지향한다는 점에서 서구 중심의 해체를 주장하면서 또 다른 아시아 중심을 설정하는 방법론과는 구별된다.

'방법론적 해항도시'에 근거한 지구화시대 해항도시와 해역과 관련된 담론은 국학에 의해 제한된 영역을 초월하여 국가의 경계를 상대화

12 시라이시 다카시, 류교열 · 이수열 · 구지영 역, 앞의 책, 188쪽.

13 Jeong, Moon Soo, op cit., pp.29~30.

14 이수열, 「동아시아 해역의 근세와 근대」, 이수열 · 현재열 · 최낙민 · 김강식 편저, 『동아시아 해역의 해항도시와 문화교섭』 I, 선인, 2018, 34~35쪽.

시킨다. 물론 견고한 국경을 유연하게 간주하려는 시도들 중에는 지중해나 해역세계라는 틀을 이용하여 과거를 조망하려는 시도[15]와 국가통치로부터 벗어나고자 하는 도시 권역들의 군도 내에 박혀 있는 도시들의 수평적이고 종종 초국적인 '군도 경제'와 같은 시론[16] 등을 들 수 있다. 특히 냉전기 번창했던 지역 연구가 견고한 경계를 포기하고 '과정의 지리학process geography'으로의 변화에 기초를 둔 새로운 지리적 패러다임의 제안한 것은 주목할 만하다.

> 우리들의 주된 권고 : '지역들'은 지도제작, 물질적 또는 문화적 사실들의 객관적 클러스터들이라기보다는, 연구 과정을 포함한, 과정들의 결과로서 간주되어야 할 필요가 있다. "과정"을 강조하면서, 지리학은 더욱 유연하고 다공적인 공간과 덜 순차적이고 덜 누적적인 시간으로 구성되는 '지역들'과 관련되는 시・공간 모두에 접근할 수 있는 새로운 방법을 제안한다.[17]

이상의 시도들은 국가보다 큰 단위인 지역region의 형성과 국가보다 작은 단위인 지자체, 특히 도시의 활성화에 따른 새로운 지역 단위의 모색과 거기에 따른 민족주의의 다양한 변용을 대체할 새로운 정체성 형성의 문제 제기에 대한 대응인 셈이다. 새로운 지역 단위의 모색과 새로운 정체성 규명은 당면한 현안이면서도 미래의 비전을 그려내는 것

15 하네다 마사시 편, 현재열・김나영 역, 『17~18세기 아시아 해항도시의 문화교섭』, 선인, 2012, 16쪽.

16 프랑수아 지푸루, 노영순 역, 앞의 책, 20쪽.

17 Arjun Guneratne・Arjun Appadurai・Jacqueline Bhabha・Steven Collins, *Area Studies, Regional Worlds; A White Papers for Ford Foundations*, The University of Chicago, 1997, p.23.

으로 이론적으로나 실천적으로 해법을 제시하기가 쉽지 않은 난제이며, 이 현안과 난제는 충분히 해명하지 못한 미완의 과제로 남아있다.

반면 '방법론적 해항도시'는 다른 시도들에 비해 국가의 경계를 상대화할 뿐만 아니라 국익을 기본으로 하는 해양국가의 관점에 경종을 울리고 인류사의 관점에서 지구와 지구환경에 대해 종합적으로 생각하는 지구론과 연계할 수 있는 장점이 있다. 이와 관련하여 '글로벌 커먼즈 global commons'나 '코즈모폴리턴 커먼즈'의 개념은 중요해 보인다.[18]

글로벌 커먼즈는 공유재common pool resources가 존재하는 국제적, 초국가적, 그리고 지구적 자원 권역을 설명하는 용어이다. 경제학에서 공유재는 사적재private goods에 대비되는 비경쟁성nonrivality과 비배제성nonexcludability을 특징으로 하는 공공재public goods의 특수한 형태를 지칭하는 용어이다. 이 용법에 따르면, 공유재는 다수의 개인들이 공유한 상태로 사용하며, 경쟁성과 편익감소성subtractability을 지닌 자연적 혹은 인위적 시설물을 말한다. 여기서 편익감소성은 한 개인의 사용량이 증가함에 따라 다른 사용자들이 사용할 수 있는 양이 감소하는 것을 의미한다. 이런 이유로 국가 주권이나 사적 소유가 확립되지 못한 공유재에서는 개인적 합리성에 기초한 개인의 행동이 사회적 합리성을 가져오지 못하게 되는 상황, 이른바 '공유지의 비극'이 발생할 수도 있다고 본다.[19] 그래서 '방법론적 국가주의'를 극복하기 위한 개념으로 글로벌 커먼즈를 둘러싼 주된 현안은 공유지의 비극을 방지할 수 있는 로컬에서 글로벌 수준에 이르는 다양한 사적·

---

18 코즈모폴리턴 커먼즈에 대해서는 노영순, 「초국경 해양실크로드와 코즈모폴리턴 커먼즈」, 『해항도시 문화교섭학』 12, 한국해양대 국제해양문제연구소, 2015, 282~287쪽 참조.

19 공유지의 비극에 관해서는 Garrett Hadin, "The Tragedy of the Commons", *Science* 162, 1968, pp.1243~1248.(http://science.sciencemag.org/content/sci/162/3859/1243.full.pdf 참조)

공적 이해의 복합성을 조정할 수 있는 거버넌스 구조와 운영 시스템을 고안하는 것이다.

이러한 현안은 글로벌 커먼즈가 지구의 공유 자연 자원, 예컨대 심해저, 대기, 대기 밖 우주공간, 남・북극 지역의 천연자원을 지칭하는 용어로 통용되기 때문에 제기된다. 세계자연보전연맹International Union for Conservation of Nature and Natural Resouces은 공유재와 글로벌 커먼즈의 개념을 다음과 같이 정의한 바 있다.

> 공유재란 어떤 공동체의 구성원들에 의해 집단으로 소유한 혹은 공동으로 이용해 온 지대나 수역이다. 글로벌 커먼즈는 국가의 주권이 미치지 않는 공해(생물자원이 존재하는 곳) 혹은 공동의 주권하에 있는 대기와 같은 지구를 구성하는 요소들을 포함한다. 글로벌 커먼즈로 간주될 수 있는 유일한 땅덩어리는 남극이다.[20]

지구화시대 해항도시와 해역 담론과 관련하여 글로벌 커먼즈의 개념은 공해, 심해저 등이 지구환경 문제와 관련하여 국가의 차원을 넘어선 인류 전체의 재산이라는 의미를 담고 있다. 이러한 글로벌 커먼즈의 개념에 따르면, 여러 나라 또는 국민이 글로벌 커먼즈를 이용・개발하는 것에 대해 일정의 의무를 부과하고자 한다. 더 나아가 지금까지는 국가영역 내에서 각종 자원을 각국이 자유롭게 이용・개발할 수 있다

20 International Union for Conservation of Nature and Natural Resources, "Chapter 18, The global commons", *World Conservation Strategy*, IUCU-UNEP-WWF, 1980.(https://portals.iucn.org/library/sites/library/files/documents/WCS-004.pdf 참조)

고 생각해 왔지만 지구론의 관점에서 각국의 주권을 조정 규제할 수 있다는 관점을 글로벌 커먼즈의 개념이 제공한다.

인류의 공동재산이라고 간주되는 심해저와 남극대륙이 이 개념의 단서이며, '생물다양성에 관한 협약Convention on Biological Diversity'과 '남극조약 환경의정서Protocol on Environmental Protection to the Antarctic Treaty'의 전문에는 이 견해가 이미 수용된 바 있다. 전자에서는 생물의 다양성을 보전하고(2조), 그 구성요소의 지속 가능한 이용 및 유전자원의 이용에서 발생하는 이익의 공정하고 공평한 배분을 천명하고 있다. 또한 생물의 다양성 보전이 인류의 공통 관심사라는 것을 확인함과 동시에 여러 나라의 자국자원에 대한 주권과 국경을 넘어 환경오염에 관한 책임을 명시하고 있다(3조).[21] 후자에서는 남극 지역의 환경과 이것에 의존・연관되는 생태계의 포괄적 보호를 목적으로, 남극 지역을 평화・과학에 공헌하는 자연보호 지역으로서 지정하고 있다(2조). 또한 남극조약의정서 발효 이후 50년간 남극 지역에서의 과학적 연구 목적 이외의 광물자원에 관한 어떠한 활동도 금지하고 있다(7조, 25조 5항).[22]

근대 서양이 만든 해양에 대한 국민국가의 정치적 군사적 투사를 제한하면서 아시아 중심주의가 아닌 '유연한 아시아'를 건설하는 길은 글로벌 커먼즈의 개념을 정치하게 만들고 실천하는 것과 무관하지 않다. 그것은 해항도시로 구성된 아시아의 해역이 초국적인 자원공간일 뿐만 아니라 문화교섭의 장이며, 국가, 국제조직, 다국적 기업뿐만 아니라

21 United Nations, "Convention on Biological Diversity", 1992.(https://www.cbd.int/doc/legal/cbd-en.pdf 참조)

22 Secretariat of the Antarctic Treaty, *Protocol on Environmental Protection to the Antarctic Treaty*, 1991.(https://www.ats.aq/documents/recatt/Att006_e.pdf 참조)

해항도시와 해항시민의 다층적 협력 거버넌스 구축을 필요로 하는 공유재이고, 후속세대에게 물려줄 지구환경의 주요 요소라는 것을 개념화하고 실천하는 일일 것이다.

4. 나오는 말

지금까지 '방법론적 국가주의'를 대체하는 하나의 방안으로서 '방법론적 해항도시'의 특징을 소개하였다. '방법론적 해항도시'는 해항도시-해역-해역의 연쇄를 상정하는 바, 경계를 초월하는 문화와 경제의 교섭과 교류에서 국가보다 크고 작은 단위인 해항도시와 해역이 얼마나 중요한 분석 단위인지 가름할 수 있는 몇 가지 개념과 연구 주제를 제기하였다. 먼저 '방법론적 국가주의'에서 통용되는 시민(국민)과 시민권에 대비되는 해항시민과 해항시민권의 개념을 제안하였다. 여기서 해항시민권은 해역세계나 지구적 공동체에 대한 정체성을 우선시하며 자신의 도시나 국가에 대한 소속을 부차적인 것으로 상대화시킬 수 있는 개념이다. 해항시민이나 해항시민권은 해항도시－해역－해역의 연쇄라는 다층적인 관계 속에서 다양한 동심원들을 인정하지만 인류 전체의 평화와 행복 추구를 우선시하는 개념으로 가다듬을 것을 제안하였다. 이러한 해항시민권은 우리가 마주치는 다른 문화의 사람이나 대상에 대해 열린 태도를 유지하고 문가를 배우고 매혹되길 원할 때만 실현될 수 있을 것이다.

두 번째로 보편화・동질화・동형화 과정을 특징으로 하는 문명 내지 문명화 과정에 대비되는 개념으로 해역문화교섭을 제안하였다. 보편다양성을 설명하는 기제로서 해역문화교섭 과정에서 말하는 보편성은 소통과 혼종, 개방과 창조적이고 생명감 있는 분열적 생성의 모습을 말한다. 그리고 해역문화교섭에서 말하는 다양성은 다수가 단순히 병존하는 다원성이 아니라 다수가 섞이며 다시금 분열하기를 계속하는 창조와 생성의 다원성이다. 해역문화교섭에서 문화의 관점은 실체와 본질로서의 문화가 아니라 과정과 혼종으로서의 문화 관점을 취한다. 여기에 따르면 문화들 간의 교섭은 동화나 대결의 양자택일이 아니라 창조적 변용 과정이다.

마지막으로 '방법론적 국가주의'에 입각한 공유재의 비극 이론을 넘어설 수 있는 글로벌 커먼즈의 개념을 정치하게 가다듬을 것을 제안하였다. 지구화시대 해항도시와 해역 담론에서, 글로벌 커먼즈 개념은 공해, 심해저 등이 지구환경 문제와 관련하여 국가 차원을 넘어선 인류 전체의 재산이기 때문에 각 국가들과 국민들이 글로벌 커먼즈를 이용・개발하는 것에 대해 일정 의무 부과와 관리 시스템이 필요하다. 이런 이유로 로컬에서 글로벌 수준에 이르는 다양한 사적・공적 이해의 복합성을 조정할 수 있는 다층적 협력관계인 거버넌스 구조와 운영 시스템의 구축이 곧 다원적이고 공존적인 해역의 건설 전망의 핵심 과제라는 점을 강조하였다.

'방법론적 해항도시'의 구상에도 불구하고, 우리는 실제 연구에서 여러 난제에 봉착하고 있는 것도 사실이다. 국민국가는 여전히 강력한 행위자이며, 국가 단위에서 취합된 자료가 종종 가장 중요한 근거가 된다.

해역이 전 지구적으로 연결된 16・17세기 이후의 시기로 한정하더라도, 상품(면, 향신료, 설탕, 옥수수, 도자기, 고무, 은 등), 사람, 동・식물, 질병과 병균, 음식, 종교, 언어의 이동과 혼종은 국가나 동인도회사와 같은 기업의 자료를 바탕으로 진행되고 있으며 성과를 내고 있기 때문이다.

최근의 문화교섭 연구 동향에서 알 수 있듯이, '방법론적 국가주의'에 감금되어 있는 연구 성과나 자료를 전적으로 무시하는 것도 현실적으로 불가능해 보인다. '방법론적 해항도시'의 시각을 견지한 채 기존의 성과를 재분석하고 재해석하는 노력과 더불어 다양한 지역자료를 발굴하고 활용하는 범학문적인 공동 연구가 당장의 해법으로 보인다. 시기적으로는 동일 해역에서 국민국가 형성 이전의 해역의 형성과 국민국가의 형성으로 그것이 어떻게 교란되었는지, 그리고 21세기 해역 형성의 비전을 비교하는 것이 필요하며, 공간적으로는 타 해역과의 비교 연구가 필요하다. 이러한 시공간적인 연구 성과가 바탕이 될 때 '방법론적 해항도시'와 본고에서 제기한 개념을 가다듬는 작업이 구체화되고 정치하게 될 것이다.

HK사업의 목적과 방향

목포대 도서문화연구원 사례를 중심으로

강봉룡

1. 머리말

HK사업은[1] 대학의 유력한 인문학 연구소를 선정하여 10년 동안 특정 아젠다를 집중 연구하도록 지원하는 사업이다. 2006년에 인문학 위기담론이 폭발적으로 일어난 것이 계기가 되어 2007년에 출범하였고, 2017년에 10년 주기를 맞았다.

지난 10년(2007~2017)간 43개 HK연구소에 지원한 국가 예산은 4,000억 원에 달할 정도로 HK사업은 단일 인문학 지원프로그램으로서는 타의 추종을 불허하는 대규모 사업이다.[2] 그런 만큼 투자대비 효과에 대한 논란

1 HK는 'Humanities Korea'의 약칭이고, 우리말로 '인문한국'이다. 이 글에서는 'HK사업'이라 하고, HK사업을 수행하는 연구소는 'HK연구소'라 칭하기로 한다.

2 HK사업은 2007년부터 총 43개 HK연구소(인문 분야 27개, 해외 지역 분야 16개)에 대한 지원사업을 10년 주기로 시행하고 있다. 이중 16개 HK연구소(인문 분야 13개, 해외 지역학 분야 3개)가 2017년에 사업을 종료하였다.

도 끊이지 않았다. 지원기관의 입장에서는 10년이라는 장기간을 지원했으니 더 이상의 지원은 중단하고 HK연구소들이 저마다 자립적 발전을 모색해 갈 것을 내심 바라는 분위기였다. 그러나 HK연구소의 입장은 달랐다. 장기적 담론 축적이 요구되는 인문학의 특성상 갑자기 지원을 중단한다면 10년간 어렵게 쌓아올린 'HK공든탑'이 자칫 방치되거나 무너질 우려가 있다는 점을 지적하며 HK사업이 연착륙할 수 있는 최소한의 추가・보완적 지원이 불가피하다는 사정을 호소하였다.

결국 양 측은 의견 조율 과정을 거쳐 HK사업을 'HK＋'라는 이름으로 바꾸어 속개하기로 하였고(제1유형 사업), 이와 함께 이미 종료한 기존 HK연구소에 대해서는 우수 연구소를 선별하여 추가 지원하는 보완사업(제2유형 사업)을 병행하도록 하였다.[3] 이로써 HK사업의 실효성에 대한 논란에도 불구하고, 지속할 만한 가치가 있다는 정책적 판단이 내려진 셈이다.

그렇지만 아직도 HK사업의 지원 대비 효과에 대한 의구심은 완전히 가시지 않은 상태이다. 사업의 성공적 지속을 기약하기 위해서는 점검해야 할 사항이 적지 않다고 할 수 있다. 이에 여기에서는 HK사업의 탄생 배경과 사업이 의도했던 목적 및 취지의 타당성을 분석한 연후에, 이를 바탕으로 목포대 도서문화연구원에서 수행한 HK사업의 사례를 중심으로 그 진행 과정에서 경험한 공과와 의의를 복기해 보고, 지나간 문제점과 앞으로의 방향을 점검해 보기로 한다.

---

3 HK＋ 제1유형(본사업)은 2017년에 9개(인문기초학분 6개, 해외 지역 2개, 소외보호 및 창의도전 1개), 2018년에 5개의 HK＋연구소를 선정하여 지원하기로 하였고, 제2유형(보완사업)은 2018년에 종료한 HK연구소 중에서 5개 연구소를 선별하여 지원하기로 하였다.

2. HK사업의 목적

1) HK사업의 탄생–21세기 인문학의 진단과 처방

2000년대 들어 인문학 위기의 조짐은 대학에서 먼저 나타났다. 대학 신입생의 이공계 편중 지원현상이 심화되고 인문계열 지망은 현저히 줄어들어, 인문계 학과의 폐과가 속출하는 현상으로까지 이어졌다. 인간 본연의 문제를 탐구하고 인간다운 삶을 추구하는 인문학의 쇠퇴 조짐이 이렇듯 학문의 전당인 대학에서 먼저 나타나자 각계에서는 이를 심각한 문제로 인식하기 시작했다.

이러한 우려는 2006년에 이르러 선언, 성명서, 혹은 제언 등의 발표로 폭발하였다. 9월 15일 고려대 문과대 교수 전원이 '인문학 위기선언'을 발표한 것을 시작으로, 9월 25일에는 67개 출판사 대표들이 '인문학 출판을 다시 살려야 한다'는 성명서를, 그 다음날엔 전국 93개 대학의 인문대학장들이 '오늘의 인문학을 위한 우리의 제언'을 발표하였다. 이와 함께 인문학자들의 개별적인 의견 개진도 뒤를 이었고, 이공계 학자들도 이에 참여하면서 인문학에 대한 논쟁은 백가쟁명의 양상을 띠며 분출하였다.

인문학은 기본적으로 '틀림'이 아닌 '다름'을 전제로 하는 학문이므로 이러한 백가쟁명의 현상은 자연스런 일이고, 바람직한 현상일 수도 있다. 서로 양립할 수 없을 것만 같은 의견이라도 서로의 생각을 기꺼이 출입하려는 '애정과 공감의 여유'만 있다면, 전혀 새로운 창의적 의견으로 재탄생할 수 있는 것이 인문학의 위력이기 때문이다. 그렇다면 '애정과 공감의 여유'야말로 인문학의 가장 중요한 기저가 아닐까? 이런 생각에서 인문학 위기의 요인을 둘러싼 여러 견해들을 들여다보기로 하자.

견해들은 크게 '내부적 요인론'과 '외부적 요인론'으로 나누어 볼 수 있다. 먼저 내부적 요인론은 다시 두 부류로 나뉜다. 첫 번째 부류는 인문학자들이 지나치게 시류에 편승하여 인문학 본연의 자세를 견지하지 못하는 것을 위기의 요인으로 진단한다. 그리고 인문학의 엄숙주의를 회복하고 기초와 토대의 연구를 튼실히 하는 것에 우선 힘써야 한다고 처방한다. 두 번째 부류는 인문학이 급변하는 시류에 제대로 대처하지 못하는 것을 위기의 요인으로 진단한다. 그리고 지나친 엄숙주의에서 벗어나 현실 진단에 적극 개입하고 다양한 변통의 논리를 제시해 줄 것을 촉구한다. 이러한 두 부류의 견해는 양립할 수 없을 것처럼 보이만, 실제로는 그렇지 않다. 각각은 중점을 강조하고 '지나침'을 경계하자는 것이지 상대의 견해를 전적으로 부정하는 것은 아니기 때문이다. 따라서 '애정과 공감의 여유'가 작동한다면 이들은 얼마든지 양립할 수 있고, 양립해야 할 인문학의 양면적 가치가 된다.

외부적 요인론도 크게 두 부류로 나뉜다. 첫 번째 부류는 과학기술과 산업화의 발전 속도가 너무 빨라 인문학의 기저를 이루는 인간성의 급속한 상실을 초래하고 인문학의 위기로 이어졌다고 진단한다. 그리고 인간성의 상실을 회복하기 위한 인문학 본연의 임무에 충실할 것을 처방한다. 두 번째 부류는 인문학이 급속한 변화 현상을 다분히 부정적으로 인식하여 변화된 환경에 대처할 대안 제시를 게을리 한 것이 위기의 요인이라 진단한다. 그리고 변화에 대처하거나 조율할 인문학적 대안 논리를 적극적으로 제시할 것을 주문한다. 이 역시 양립할 수 없는 견해의 대립처럼 보이지만 실제로는 상호 보완적이고 양립 가능한, '인문학 본연의 보수적 가치'와 '변화된 환경에 조응하려는 진보적 가치'의 두 가치를 대변한다고 할 수 있다.

이러한 인문학 논쟁은 뜨겁게 달아올라 사회적 반향을 불러일으켰고, 자연히 국가적 차원의 대책을 요구하는 데로 나아갔다. 논의에 참여한 인사들은 국가의 관심과 지원을 촉구했다. 인문학에 대한 연구지원을 대폭 늘려야 한다는 의견이 대세를 이루는 가운데, 국가가 잘못 개입하면 인문학을 오히려 왜곡시킬 수 있다는 우려도 일부 있었다. 결국 인문학에 대한 연구지원은 늘리되 어떤 방식으로 지원할 것인가 숙고해야 한다는 것이 모아진 의견이었다. 국가의 연구지원을 총괄하는 한국연구재단(당시 한국학술진흥재단)은 이러한 일련의 논의에 자극받아 인문학의 후자적(진보적) 가치를 강화하기 위한 다양한 지원프로그램을 새롭게 개발・시행하기에 이르렀다.[4] 그중 HK사업은 가장 대표적이고 규모가 큰 인문학 지원사업이다.

2) HK사업의 목적 분석

HK사업은 2007년에 시작되었지만, 편의상 2009년 당시 한국학술진흥재단이 HK사업 신청요강에서 제시한 HK사업의 목적을 예시하면 다음과 같다.

4 HK사업 이외에 시민인문강좌 지원사업, 인문도시 지원사업 등을 들 수 있다.

① '연구소' 중심의 연구체제를 확립하여 연구소 내에 연구주체를 양성함으로써 인문학 연구의 인프라 구축과 국제적 수준의 연구 역량을 구축함.

② 연구소의 연구기능을 강화하여 연구 성과의 학문적·사회적 확산을 도모하고, 세계적 담론 생산과 소통을 주도함으로써 지식기반 고부가가치를 산출함.

③ 학문적·사회적 수요를 반영한 아젠다를 중심으로 기획된 종합적·학제적 연구를 장기적으로 지원, 세계화·지식정보화·다문화 사회에 대한 종합적 이해를 도모하고, 당면 문제의 진단과 해결 방안을 도출하며, 미래의 전망을 모색함.

위에 제시된 문안에는 HK사업의 많은 '세부 목적소'들이 포함되어 있지만, 서로 혼재되어 있어서 HK사업의 목적과 취지를 명료하게 파악하기가 어렵게 되어 있다. 이에 여기에서는 필자의 판단에 따라 이를 다시 크게 4개의 범주로 재분류하고, 각 범주 별로 '세부 목적소'를 추출·배치하여, HK사업이 지향하는 바의 목적을 좀 더 구체적으로 살펴보기로 한다.

(1) 제1의 범주—'신실학新實學'적 인문학의 지향

실학實學이란 조선 후기에 성리학 중심의 관념적 학문 풍토를 비판하고 국가·사회 문제의 해결을 위한 적극적인 개혁 논리를 펼쳤던 실사구시적 학문 경향을 일컫는다. 그런데 21세기에 들어 인문학의 위기 담론이 확산되면서 이를 보완할 새로운 실사구시적 인문학의 필요성이 대두되고 있다. 그렇다면 이를 일러 새로운 실학, '신실학'적 인문학이라 할 수 있지 않을까? 그렇다면 HK사업은 이러한 '신실학'적 인문학을 지향한다고 할 수 있다.[5]

이 범주에 해당하는 HK사업의 '세부 목적소'로는 ① 아젠다 중심의 종합적·학제적 연구, ② 지식기반 고부가 가치 산출, ③ 당면 문제의 진단과 해결 방안 도출 및 미래 전망 모색 등을 들 수 있다. 이를 좀 더 구체적으로 부연해 보자.

첫째, 인문학의 패러다임을 전환한다. 인문학의 전통적 체계는 흔히 문·사·철로 대변되는 이른바 '문사철인문학'이다.[6] 그런데 HK사업은 전통적인 '문사철인문학'의 체계를 해체하여 '아젠다'를 중심으로 재구성하는 '아젠다인문학'을 새롭게 시도한다. HK연구소들은 저마다 각 대학의 학문적 전통과 지역사회의 역사·문화·사회적 여건 등을 고려하여 가장 경쟁력 있고 효용성 있는 최적의 아젠다를 발굴·설정하고, 이를 통해 다양한 인문학의 이슈들을 제기·수렴하고 갈무리하면서 연구소 단위의 경쟁력 있는 인문 특성화를 달성해가도록 한다.[7]

둘째, 인문학의 경계를 넘어서는 융합 연구의 방법론을 채택한다. '아젠다인문학'은 인문학을 중핵core으로 삼아 다양한 학문 분야를 통섭

5 조선 후기의 실학은 오늘날 그 의미가 재평가 받고 있지만, 당시의 관점에서 볼 때 대부분 개인적 차원에 머물러 국가사회적 파급효과는 적었다. HK사업이 추구하는 '신실학'은 국가 차원에서 대학의 인문연구소를 중심으로 추진되는 것이기 때문에 국가사회적 파급효과를 염두에 두면서 실천해 나가는 것이 필요하다.

6 '문사철 인문학'은 그럴듯한 상상의 이야기로 풀어내는 문학, 인간의 삶을 되돌아보고 성찰하는 역사, 사유의 체계를 탐색하는 철학이 핵심을 이룬다. 여기에 미의식의 표현을 중시하는 예술도 인문학의 한 유형에 포함시키기도 한다.

7 그간 인문 분야 HK연구소가 발굴·설정한 아젠다의 키워드를 예시하면 다음과 같다. 한국학, 한국문화, 로컬리티, 탈경계, 인문치료, 고전번역, 글로벌 폴리스, 지리산, 소통, 실학, 감성체계, 해양, 트랜스내셔널, 통일, 섬, 언어, 문자, 마음, 생사학 등.

하는 융합 연구를 진행함으로써 전통적인 '문사철인문학' 체계에서는 시도할 수 없는 획기적이고 실질적인 아젠다 이슈들을 발굴하여 새로운 학문체계로 정립한다. 이른바 '융합인문학'이라 일컬을 수 있겠다.

셋째, 효용성 있는 지식가치의 창출을 추구한다. '아젠다인문학'은 소극적으로는 관념에 빠지기 쉬운 '문사철인문학'을 보완하고, 적극적으로는 인간의 삶과 국가・사회의 체질을 개혁하는 실질적 논리를 제공한다. 여기서 더 나아가 해당 아젠다의 연구성과를 국가 정책에 접목하여 새로운 국가 아젠다로 발전시킴으로써 국가의 싱크탱크, 더 나아가 정책의 컨트롤타워 역할을 감당하는 '정책인문학'의 구현을 지향한다.

(2) 제2의 범주—세계적 대학 인문연구소의 건설

HK사업은 대학과 지역사회에 최적화된 아젠다를 중심으로 세계 최고의 '아젠다인문학'으로 발전시켜 갈 것을 지향한다. 이를 위해서는 그에 부합하는 국제 수준의 연구 기반(인프라)을 구축해야 하고, 세계적 담론을 생산・소통하는 '글로벌인문학'을 추구할 필요가 있다.

이 범주에 해당하는 '세부 목적소'로는 ① 연구소의 연구체제 확립 및 연구주체 양성, ② 인문학 연구의 인프라 구축, ③ 국제적 수준의 연구역량 구축, ④ 세계적 담론의 생산과 소통 등을 들 수 있다. 이는 인문학자의 개별적 연구 지원을 넘어 경쟁력 있는 집단적 연구 단위의 건설을 목표로 한다. 이와 관련하여 몇 가지 좀 더 부연해 보자.

첫째, 연구주체를 지원하여 국제적 수준의 연구역량을 확보하고 연구 인프라를 구축하여 최고의 연구 환경을 조성한다. 연구자에겐 연구소가 지향하는 아젠다의 최고 전문가로 성장하도록 지원하고, 연구소

엔 아젠다 관련 자료의 집적과 유무형 인프라의 구축을 통해 해당 '아젠다인문학' 연구를 위한 최고의 기반과 환경을 확보한다.

둘째, 세계적 담론을 생산 · 소통한다. 해당 아젠다 관련 국제 전문가와 연구기관과의 학술 교류를 촉진하는 것은 물론, 국제 학술조직을 구축 · 선도하고 국제 학술지를 발행함으로써 세계의 학술성과를 수렴하고 세계적 담론의 생산 · 소통을 주도하는 '글로벌인문학'을 구현한다.

(3) 제3의 범주—연구 성과의 확산

HK사업은 연구 성과의 확산을 통하여 '아젠다인문학'의 학문적 · 사회적 대중화를 지향한다.

이에 해당하는 '세부 목적소'로는 '연구 성과의 학문적 · 사회적 확산'을 들 수 있다. 이는 곧 아젠다의 연구 성과의 축적을 통해 신진 학문 분야로 정착시키고 대중들에게 널리 보급하는 일이다.

첫째, 학문적 확산이다. 아젠다에 대한 이론적 · 실증적 연구를 축적하고 연구자들로 하여금 연구에 동참하도록 하여, 해당 아젠다 연구 성과를 신진 학문 분야로 정립한다.

둘째, 사회적 확산이다. 대학 교과 과정이나 대중강좌 프로그램을 통해서 아젠다의 연구 성과를 사회 대중들에게 널리 보급함으로써, 아젠다의 영향력을 확대한다.

(4) 제4의 범주—대학 시스템의 보완

위의 요강에는 이에 해당하는 '세부 목적소'는 드러나 있지 않다. 그렇지만 대학 시스템을 보완하는 일이야말로 HK사업의 궁극적인 목적에 해당한다고 할 수 있다.

현재 우리나라 대학은 학과 일변도의 시스템에 경도되어 있다. 특히 인문계열 학과는 전통적인 '문사철인문학'의 체계로 편제되어 있고, 학과 소속의 교수들은 저마다 파편적・폐쇄적 분과 연구에 안주하는 경향이 강하다.[8] 그렇지만 이 시대의 인문학은 융합 연구의 핵심 역할을 담당함으로써, 통합적 지식체계를 구축하고 창조적 활동을 선도하여 사회의 방향성과 대안 논리를 제시할 것을 요구받고 있다. 인문학의 위기는 대학과 대학 밖 사회 사이에 개재하는 이러한 괴리에서 연원하는 바가 크다고 할 수 있다. 따라서 학과를 중심으로 이루어지는 분과 학문의 연구는 그것대로 더욱 충실하고 치밀하게 진행하되, 연구소를 중심으로 사회의 큰 방향과 대안 논리를 개발하는 융합 연구도 대학에서 병행해 갈 필요가 있다. 연구소에서 융합적 대학원 과정을 운영하는 것도 한 방법일 수 있다.[9]

이러한 역할을 수행할 유력한 인문학 연구소를 건설하는 것이야말로 대학의 편벽성을 지양하고 인문학의 위기를 극복하는 유력한 방안이 될 수 있다. 이점에서 HK사업은 유력 연구소를 중심으로 특화된 주

8 역사학을 예로 들어 보자. 먼저 역사는 세계사와 동양사와 서양사와 한국사로 나뉜다. 한국사는 다시 한국고대사와 중세사와 근대사와 현대사로 나뉘고, 한국고대사는 고조선사와 신라사와 고구려사와 백제사 등으로 더욱 세분된다. 이렇듯 미세화된 역사의 분과 전문 교수들은 서로 간의 출입에 무심하고 기능적인 논문 쓰기에 골몰한다. 학회도 이러한 경향과 궤를 같이 한다. 다양한 분과의 역사학자들이 다양한 담론을 창출해야 할 역사학회는 소외되고, 한국중세사학회나 한국고대사학회, 더 나아가 신라사학회 등으로 세분화된 분과학회가 성황을 누린다. 과거를 통해 인간을 되돌아보고 성찰하는 인문학으로서의 역사학 본연의 임무는 설 자리를 잃어가고 있다.

9 연구소에 전임교수들을 배정하고 대학원 과정을 운영하여 학과 단위에서 수행할 수 없는 융복합의 연구를 수행하는 연구소 시스템은 구미(歐美)의 나라들에서 뿐만 아니라 일본, 중국, 대만과 같은 아시아 국가에서도 보편적으로 작동하고 있다. 우리나라의 대학만이 연구소 부재의, 학과 일변도의 시스템에 안주하고 있다.

제의 아젠다를 설정하여 다양한 교수들이 융합 연구를 진행하게 함으로써, 자칫 파편화・폐쇄화로 흐르기 쉬운 학과제에 활력을 불어넣고 보완하는 기능을 담당할 필요가 있다.

3. HK사업의 사례 – 목포대 도서문화연구원

목포대학교 도서문화연구원은 2009년에 '섬의 인문학 – 공간인식 패러다임의 문명사적 전환'이라는[10] 아젠다로 HK사업에 선정되어, 9년째 사업을 수행해 오고 있다. 이제 약속된 10년 주기 중 1년 남짓 남은 시점에서 그간의 HK사업이 이상의 목적과 취지에 어느 정도 부합하여 진행되었는지 점검하여 발전적 연착륙을 모색할 필요가 있다. 이는 HK사업 전체의 성과를 점검하는 것은 물론 새로 시작되는 HK+사업의 방향을 전망하기 위한 사례 연구의 의미도 될 수 있다고 생각한다.

1) 제1범주 – '新實學' 적 인문학의 지향

(1) 융합인문학 – 인문학 기반의 융합 연구

도서문화연구원의 가장 두드러진 특장점은 초창기부터 융합 연구의

10 원래의 아젠다는 '섬의 인문학 – 문명사적 공간인식 패러다임의 전환'인데, 부제의 부분이 어색하다고 판단하여 여기에서는 '공간인식 패러다임의 문명사적 전환'으로 정정하여 쓰기로 한다.

방법론을 실천에 옮겨왔다는 것이다. 1983년 창립 이래 도서문화연구원은 '1년 1섬 조사'를 주력 사업으로 추진해 왔는데, 당시에 다양한 분야의 교수들은 자신들의 제자들을 거느리고 함께 섬에 들어가, 낮에는 분산적으로 분야별 조사를 수행하고, 밤에는 숙소에 모여 분야별로 각자 조사한 내용을 발표하고 토론하며 각 분야의 관점과 관심사의 차이를 서로 이해하고 출입하려 노력하였다. 도서문화연구원에서 융합 연구는 초창기부터 일상적이었다고 할 수 있다.

이러한 융합 연구의 전통은 10년의 중점연구소 사업을 거치면서 더욱 발전하였다. 당시 중점연구소의 연구교수 4명은 초창기엔 역사학, 민속학, 문화인류학, 지리학GIS 전공자로 구성되었는데, 후반기에 문화인류학과 지리학 전공자가 사회학과 생태학 전공자로 교체되었다. 이렇듯 다양한 전공을 기반으로 했던 연구교수들은 서로의 전공 분야를 교차・출입하면서 도서문화연구원의 융합 연구의 전통을 더욱 구체화하고 심화시켜 갔다.

도서문화연구원의 HK사업은 중점연구소의 연구교수들을 그대로 승계하고 보강하여 융합 연구의 전통을 자연스럽게 이어갈 수 있었다. 여기에서 HK사업 추진 과정에서 인문(문화)학과 생태(생물)학의 두 분야가 융합 연구를 통해 '섬의 인문학'의 새로운 학문적 이슈를 창출해낸 인상적인 사례를 하나 소개하기로 한다.

섬island은 땅land과 그 주위의 바다is=sea를 포함하는 개념이므로, '섬의 인문학'은 섬에 한정하지 않고 '섬－해역 단위'의 공간을 염두에 둔다. 그런데 '섬-해역 단위'의 공간은 분쟁이 일어나기 쉬운 현장일 뿐만 아니라 '고립'과 '개방'이라는 인간의 대립적 인식이 교차하는 복합적 공간으로서, 시대 혹은 지역에 따라 문화의 차별성과 다양성, 복합성이 두드러지게 나타난다. 또한 그러한 섬 문화 서식의 토대가 되는 '섬-해역 단위'의 생태환경 역시 차별성과 다양성과 복합성의 특징을 보인다. 근래에 다양성의 문제가 인문(문화)학뿐 아니라 생태(생물)학 분야에서도 중요한 화두로 떠오르고 있는 가운데, 생물다양성과 문화다양성의 복합 개념인 '생태문화 다양성Bio-cultural Diversity'이 국제 학계의 새토운 핫이슈로 부각되고 있고, '섬-해역 단위'가 그 '생태문화 다양성' 연구의 핵심 공간으로 대두되고 있다. 도서문화연구원도 '섬-해역 단위'의 '생태문화 다양성'이라는 복합 이슈에 주목하고 있다.[11]

(2) 학술용역에서 '정책인문학'으로

융합 연구는 대학의 학문이 분과화 · 폐쇄화 · 관념화되어 가는 추세 속에서 인문학의 위기를 극복할 수 있는 유력한 대안적 방법론으로 거론되고 있다. 인문학이 다양한 학문을 연계하는 융합 연구의 코어core 내지 윤활유 역할을 수행함으로써 그 성과물의 사회적 실용성을 높일 수 있다는 견지에서다. 도서문화연구원 HK사업단은 인문학을 기반으로 다양한 분야의 학문을 연계하는 융합 연구의 장점을 살려 중앙 정부와 지자체가 의뢰하는 관련 학술용역을 적극 수행해왔다.[12]

---

11 홍선기, 「Biocultural diversity and traditional ecological knowledge in island regions of Southwestern Korea」, 『Journal of Ecology and Environment』 34-2, 2011.6; Takahiro Okano · Hiroyuki Matsuda, 「Biocultural diversity of Yakushima Island : Mountains, beaches, and sea」, 『Journal of Marine and Island Cultures』 2-2, 2013.12; 홍선기, 「Biocultural diversity conservation for island and islanders : Necessity, goal and activity」, 『Journal of Marine and Island Cultures』 2-2, 2013.12.

12 2009년 11월 HK사업에 선정된 이후 2017년까지 8년 동안 도서문화연구원이 수행한 도서해양 관련 학술용역은 97건 154억 원(HK사업 9건 89억 원 포함)에 달한다.

도서문화연구원이 융합 연구를 통해 국가 및 지자체의 적절한 정책 방향을 제시한 대표적인 학술용역으로는 '유네스코 생물권보전 지역 관리계획 수립 연구'(2008, 전라남도),[13] '무인도서 실태조사 및 관리유형 지정을 위한 연구용역'(2010~2011, 해양수산부)[14] '전남 갯벌도립공원 지정을 위한 타당성 조사 연구'(2012, 전라남도), '갯벌국립공원 승격을 위한 자연자원 및 타당성 조사'(2015~2016, 전라남도),[15] '섬 자원 데이터베이스 구축 용역'(2015~2016, 전라남도),[16] '신안군 종합 발전계획 수립용역'(2016, 신안군), '생물다양성과 문화다양성의 학제 간 융합 연구를 통한 섬 지식 자원화 방안'(2016~2017, 교육부 한국연구재단) 등을 들 수 있다. 학술용역을 체계적으로 추진하기 위해 도서문화연구원 안에 '도서해양정책연구센터'를 설치하기도 하였다. 이러한 학술용역 수행은 도서문화연구원으로 하여금 도서해양 관련 현안에 대한 정책적 대안을 제시하는 '정책인문학'을 지향하도록 안내하였다.

도서해양 정책인문학으로 나아가기 위해서는 핵심 대상인 섬에 대한 국가사회적 인식과 정책의 추이를 먼저 살펴볼 필요가 있다. 근래에 이르기까지 섬은 고립의 공간, 천시의 대상이었다. 부정적 편견이 작용하였고, 섬에 대한 국가의 정책적 관심도 없었다. 그러다 섬이 국가정

13 이 용역으로 2009년 5월에 신안군 다도해가 제주와 설악산에 이어 우리나라 세 번째로 유네스코생물권보전지역으로 지정되었다.

14 우리나라 무인도에 대한 전면적인 전수조사이다. 도서문화연구원이 우리나라 무인도의 1/2 정도를 조사하였다.

15 두 용역으로 무안과 신안의 갯벌 일부가 전라남도 도립공원으로 지정되었고, 국립공원으로 승격을 준비하고 있다.

16 전라남도의 2,165개 섬을 대상으로 DB구축을 하였다. 유인도(279개)에 대하여는 기본현황, 역사문화자원, 생활문화자원, 환경자원, 생태자원으로 나누어 상세 DB구축을 하였고, 무인도(1,886개)에 대해서는 일반개요, 인문사회환경, 자연환경 생태계 등으로 나누어 DB구축을 하고 사이트(http://islands.jeonnam.go.kr/)를 개설하였다.

책의 대상으로 부각된 것은 1986년에 '도서개발촉진법'이 제정되면서 부터였다. 그리고 이 법에 의거해 1988년부터 '제1차 도서종합개발10개년계획'(1988~1997)이 입안되어 실시되었고, 이후 제2차(1998~2007), 제3차(2008~2017)로 이어졌으며, 2018년부터 4차 10개년계 획(2018~2027)이 시작된다.

이렇듯 관련법을 제정하여 섬 개발정책을 30년 장기간 시행하였고, 앞으로도 10년 단위로 계속할 것으로 예정되어 있어, 섬 정책에 관한 한 획기적인 일이 벌어지고 있다. 그만큼 상당한 성과가 있었고 기대하는 바도 적지 않다. 그렇지만, 한편으로 이러한 섬 정책의 한계를 지적하는 목소리도 작지 않다.[17] 먼저 그 성과로는 섬 지역의 여러 편의시설(연륙·연도교, 선착장 시설, 도로, 둘레길, 마을회관, 공중목욕탕 등)이 확충되었고, 섬에 대한 관심이 일어나 '가고 싶은 섬', '찾고 싶은 섬'으로 가꾸려는 의지가 새롭게 고양되기 시작했다는 점 등을 들 수 있다.

그렇지만 한편으로는 아직 해결해야 할 과제도 많다. 우선 섬 개발정책을 장기간 추진했음에도 불구하고 정작 섬 인구의 감소와 고령화 및 무인도화의 진행 속도는 늦추어지지 않았고, 앞으로도 비관적인 전망이 우세하다는 점이 단적인 예이다.[18] 이와 함께 그간의 섬 개발정책의 문제점도 구체적으로 지적되었다. 먼저 그간의 섬 개발정책이 낙후지와 오지에 대한 시혜적 관점에서 편의시설(하드웨어) 확충에만 집중되는 바람에 섬 주민들의 삶의 질 개선 효과가 크지 않았다는 것이다. 그리

17 박진경, 「주민 삶의 질 개선을 위한 도서개발정책 추진방안에 관한 연구」, 『도서문화』 50, 도서문화연구원, 2017 참조.

18 근래의 연구보고서에 의하면 50년 후에 현 유인도의 6.7%가 무인도화되리라는 암울한 전망을 내놓고 있다.(지방행정연구원, 「섬의 인구변화 분석 및 발전방안 연구」, 2016. 12. 참조)

하여 방치되어 황폐화되어 가는 섬이 있는가 하면 수도권 주위 섬을 중심으로는 난개발의 폐해가 나타나기도 하는 등 갈피를 잡기 어려운 추세에 있다. 근래에 섬 관광이 이슈화되면서 '가고 싶은 섬' 프로그램(섬 관광 소프트웨어)에 대한 관심도 일어나고 있긴 하지만, 노령화 무인도화가 진행되고 황폐화와 난개발이 함께 일어나는 상황에서 관광만이 능사가 아니다. 섬을 살리는 일이 우선 시급하다. 그리하여 도서문화연구원은 '가고 싶은 섬'(관광) 이전에 '살아있는 섬'(생태), '살기 좋은 섬'(경제), '살고 싶은 섬'(문화, 복지)을 만드는 섬 정책이 우선 긴요하다는 것을 제기하며[19] 그 실천 전략[20] 마련에 골몰하고 있다.

이 밖에 '연륙교만이 능사인가'라는 질문을 던지며 광주KBS와 〈섬의 선택, 다리의 두 얼굴〉이라는 다큐멘터리를 공동 기획하여 연륙교의 양면성을 조명하였고,[21] 섬을 육지화 시키고 '섬성'을 상실시키는 연륙교 공사를 신중하게 접근하되, 그 대안으로 연안여객선을 공영화 하여 안전하고 저렴하고 쾌적한 연안여객선 시스템을 안착시킴으로써 섬의 접근성을 개선하는 방법을 고려할 것을 기고를 통해 촉구하기도 하였다.[22]

연안여객선 공영제에 국가가 주저하는 이유는 자명하다. 전인구의 1.63%(2016년 기준)밖에 안되는 섬 주민들을 위하여 막대한 예산이 투여되는 연안여객선 공영제를 실시하는 것이 국가재정 운영상 불합리하다

---

19 강봉룡, 「섬 정책의 미래 비전과 전략」, 『해양수산 정책의 미래 비전-발표 자료집』, 한국해양정책학회 제1회 해양수산 전문가대회, 2017.12.15 참조.

20 실천 전략의 일환으로 국회에서 "다도해 발전전략과 비전"이라는 주제의 정책세미나를 실행하기도 하였다(2014.11.27.).

21 본 기획에는 도서문화연구원의 홍선기, 김경옥, 최성환, 송기태 HK교수 등이 참여하였다. 2014년 9월 17일 KBS보도특집으로 방송되었다.

22 강봉룡, 「연안여객선, 공영제로 전환하자」, 『조선일보』, 2014.4.30; 강봉룡, 「연안여객선 공영제 실시를 다시 주창한다」, 『폴리뉴스』, 2017.8.7 참조.

는 것이다. 연안여객선 공영제를 섬 주민들만을 위한 정책이라 생각하면 확실히 말이 안 되는 것이 맞다. 그렇지만 공영제 실시를 전국민을 위한 정책이라 생각하면 사정은 달라진다. 즉, 공영제는 다음과 같은 상당한 효과가 기대된다. 먼저 섬 주민들뿐 아니라 많은 국민들(외국인 포함)이 안전하고 저렴하고 쾌적한 여객선을 이용할 수 있게 되어 국민들의 '섬-해역 단위'에 대한 향유권이 확대된다. 그러면 섬과 해역은 국민들의 생활공간이 되어 국가 생활영토가 5배(육지1＋해역4) 확대되고, 섬-해역의 관광활성화가 뒤따르는 효과가 발생하게 된다. 그리고 현재 미미한 중소 조선산업이 획기적으로 발전하는 계기가 마련되기도 한다.[23]

결국 섬 정책은 섬 주민들만 대상으로 하는 정책이라는 고정관념에서 벗어나 전국민을 대상으로 하는 정책이라는 방향에서 발상의 전환이 필요하다. 섬에 대한 국민의 부정적 편견을 불식시키고 섬을 실질적으로 살리는 방향으로 정책을 전환하는 것이 필요하다. 이를 위해 도서문화연구원은 '섬의 날'을 국가기념일로 제정할 것을 제안하였다.[24] 또한 이와 함께 도서문화연구원은 섬 정책의 시행 부서가 3원화 혹은 다원화되어 있다는 점을[25] 지적하면서 섬 정책을 책임 입안하고 실행에 옮길 싱크탱크와 컨트롤타워의 필요성을 주창하면서 국가의 섬 정책 싱크탱크로서 (가칭)'섬발전진흥원' 혹은 '섬정책연구원'의 설립을 제안하기도 하였다.[26]

23 강봉룡, 「연안여객선 공영제 실시를 다시 주창한다」, 『폴리뉴스』, 2017.8.7 참조.

24 도서문화연구원의 홍선기 HK교수가 2016년 1월에 기고를 통해서 '섬의 날' 국가기념일 제정을 처음 제안하였다.(홍선기, 「섬의 날 제정을 꿈꾸며」, 『환경데일리』, 2016.1.12)

25 무인도는 해양수산부가 관장하고, 유인도는 행정안전부와 국토교통부가 절반씩 나누어 관장하고 있다. 그리고 여기에 문화체육관광부, 교육부, 보건복지부 등은 섬을 대상으로 각 부서의 관련 정책을 펴고 있다.

목포MBC는 도서문화연구원의 '섬의 날' 제정 제안을 받아 8월 16일에 '섬의 날' 제정을 주제로 창립 48주년 기념 특집뉴스를 꾸렸고, 8월 23일에는 '섬의 날을 제정하자'는 주제로 특집 토론회를 개최하였다.[27] 토론회에 참여한 패널들은 이후 각자의 역할을 충실해 수행했다. 이낙연 지사는 9월 5일 전국시도지사총회에서 안건으로 상정하여 만장일치로 '섬의 날' 제정을 국가에 건의하기로 의견을 모았고, 당시 행정자치부(김성렬 차관)는 이를 이어받아 '섬의 날' 대국민공모(2017.1.25~2.24)에 나섰고, 3월 8일 국회 공청회를 거쳤다.[28] 그리고 2018년 2월 28일 박지원 의원이 대표 발의한, '섬의 날'을 국가기념일로 제정하는 건을 추가하는 '도서개발촉진법 일부개정법률안'이 국회 본회의를 통과하였다. 이어 3월 20일 국무회의 의결을 거쳐 8월 8일이 '섬의 날' 국가기념일로 확정되었다. 제1회 섬의 날은 내년 2019년 8월 8일부터 시작된다.

'섬의 날' 안건이 국회를 통과한 2월 28일 주무 부처인 행정안전부의 김부겸 장관은 "섬의 가치를 재발견하여 섬을 국가의 성장 동력으로 만들겠다"는 메시지를 발표하였다. 이어 국무총리실은 행정안전부의 건의를 받아들여 6월 14일 '섬의 날' 제정 후속 조치로 보도 자료를 배포하여 섬 정책의 통합적 집행 방향과 함께 (가칭)'섬발전연구진흥원' 설립

---

26 도서문화연구원은 이의 실현을 위해 '도서문화연구원 발전방향 모색을 위한 컨설팅'(2017.11.24)과 '도서문화연구원 성과와 발전방향 모색을 위한 워크숍'(11.30), 그리고 "섬 정책연구원' 유치를 위한 로드맵 모색 콜로티움'(2018.2.27)을 잇따라 개최하였다. 그 내용은 특별기획 「연구소 창설 35주년 기념 "도서문화연구원의 성과와 발전방향」이라는 제목으로 『도서문화』 50, 도서문화연구원, 2017.12에 게재하였다.

27 토론에는 이낙연 전남도지사(당시), 박지원 의원, 김성렬 행정자치부 차관, 고길호 신안군수, 강봉룡 원장 등이 참여하였다.

28 필자는 공청회에서 "섬의 날' 어느 날이 좋은가?'라는 주제로 기조발표를 하였다.(국회 도서발전연구회・행정차치부 주최, 국회도서관 소회의실, 2017.3.8)

계획을 발표하였다. 또한 문재인 대통령은 8월 17일 창사 50주년을 맞은 목포MBC에 보낸 축사에서 '섬의 날' 국가기념일 제정에 앞장서준 일을 치하하면서 앞으로 국가 차원에서 섬(다도해)을 국가의 미래자원으로 만들어가겠다는 의지를 피력하였다.

차후 이러한 일련의 노력과 선언들이 실질적인 섬 정책으로 반영할 수 있도록 실천하는 일은 더욱 중요하다. 목포MBC와 도서문화연구원은 8월 8일 '프레 섬의 날'을 맞아 전남 도청에서 글로벌섬토론회 '작은 섬, 큰 이야기'를 개최하였고,[29] 8월 18일에 목포MBC 창사 50주년 특집 100분 토론으로 전파를 탔다. 이 밖에 『남도일보』는 '남도 섬사랑 모임'(일명 '도도애島道愛')을 결성하여 8월 15일 73주년 광복절을 맞아 '항일의 섬' 소안도에서 140여 명이 참여하는 의미있는 '제1회 섬 역사문화기행'을 성료하였고, 여수시는 9월 5~7일에 '제1회 국제 여수 섬관광 포럼'을 진행하였다. 최대의 다도해 해역이 인근에 포진해 있는 목포에서는 시민단체를 중심으로 (가칭)'한국글로벌섬포럼'을 발족하여 섬의 가치와 중요성을 전국으로, 세계로 확산시키는 출발점으로 삼기 위해 준비를 서두르고 있다. 이러한 일련의 활동에 도서문화연구원의 역할이 함께 하고 있는 것은 물론이다.

그간 오지와 낙후지의 대명사로 취급받아 온 섬이 '국가의 성장동력'(김부겸 장관), '국가의 미래자원'(문재인 대통령)으로 주목받기 시작했다. 이는 섬에 대한 발상의 전환이 획기적으로 일어나고 있음을 의미한다.

29 '글로벌섬토론'은 강연과 토론을 병행하는 독특한 포맷으로 진행되었다. 세계적인 섬 학자인 영국 캠브리지대학의 글로리아 풍게티교수, 일본 섬 연구의 리더인 류큐대 히로스 카가즈 명예교수, 행정안전부의 심보균 차관, 전라남도의 박병호 행정부지사, 그리고 필자가 강연 및 토론자로 참여하였다. 필자는 사회까지 맡아 1인 3역을 소화했다.

'섬의 인문학—공간인식 패러다임의 문명사적 전환'이라는 아젠다를 앞세워 꾸준히 '신실학'적 정책인문학의 영역에 도전해온 도서문화연구원의 노력이 정책 분야에서 빛을 발하기 시작하는 것이다. 섬에 대한 문명사적 전환이 일어나고 있는 것이다.

2) 제2범주—세계적 인문연구소의 건설

(1) 연구 인력과 기반(인프라)의 보강 · 확충

도서문화연구원은 2013년에 목포캠퍼스의 본관 건물을 원사로 이전 · 확보하여 단독 캠퍼스와 독립 건물을 갖게 됨으로써 일단 하드웨어 상으로는 연구원의 기본 골격은 갖추게 되었다. 이제 연구 기반의 실질적인 내용을 채우는 것이 문제다.

가장 중요한 것은 전문 연구진의 확보다. 도서문화연구원은 35년 섬 연구에 매진하였고, 그중 10년의 중점연구소 사업과 10년의 HK사업을 수행하면서 분야별 최고의 섬 전문가들이 성장하였다. 현재 HK교수, HK연구교수 8명이[30] 연구원의 핵심 연구진을 구성하고 있는 가운데, HK일반연구원 14명이[31] 참여하고 있다. 여기에 비非HK연구위원 9명과 연구원 3명,[32] 그리고 HK보조연구원[33] 9명이 힘을 보태고 있다.

---

30 HK교수는 한국사 2명, 민속학 1명, 생태학 1명으로, HK연구교수는 경관학 1명, 설화학 1명, 관광학 1명, 생활문화사 1명으로 구성되어 있다.

31 HK일반연구원은 주로 목포대의 학과 교수들이 중심을 이루고, 외부 대학의 학과 교수 및 박사급 연구자가 일부 참여한다.

32 외부 전문가 중에서 박사급은 연구위원에, 그 이하는 연구원에 위촉하여 HK 이외의 연구 사업에 참여하도록 하였다.

33 HK보조연구원은 도서문화연구원이 주도하는 '도서해양문화학' 전공 대학원 협동 과정 재학생들이 중심을 이룬다.

다음으로 중요한 것은 연구 자료의 확보라 할 수 있다. 이를 위해 도서문화연구원은 2개의 문헌자료실과 1개의 비문자자료실(일명 '섬박물관')을 운영하고 있다. 제1문헌자료실은 섬 관련 일반 문헌자료를 수집・비축함으로써 연구를 위한 기초 자료를 제공하고 있고,[34] 제2문헌자료실은 우리나라 섬 연구의 선구자라 할 청석 최덕원 선생의[35] 기증자료 일체와 도서문화연구소 7대 소장을 역임한 나승만 교수의 기증도서 등을 관리한다. 그리고 비문자자료실은 그간 수집해온 1,000여 점의 섬 생활도구를 관리하고, 앞으로 지속적인 수집과 연구를 병행하면서[36] '섬박물관island museum'으로 발전시켜갈 것을 기약하고 있다.

기본은 갖추었다고 할 수 있지만, 도서문화연구원이 '섬의 인문학'을 주도하는 세계적인 연구소로 발돋움하기 위해서는 연구 인력의 보강과 연구 인프라의 확충 작업이 여전히 절실하다. 이를 위해 위에서 논급한 국책 '섬 정책연구원'의 실현이 반드시 필요하다.

(2) 세계적 담론의 생산과 소통

도서문화연구원이 HK아젠다의 국제화를 위해 가장 심혈을 기울였던 일은 영문국제학술지의 발간이었다. 2년 여의 준비 끝에 2012년 6월 마침내 『Journal of Marine and Island Cultures』(이하 '저널'이라 칭함) 창간

---

34 제1문헌자료실 소장 도서는 목포대 중앙도서관과 통합전산 시스템으로 등록되어 관리되고 있다.

35 청석 최덕원선생(1935~2011)은 1960대 이래 섬 민속 연구에 선구적으로 매진해 오신 분이다. 도서 자료는 물론 유고와 연구 노트, 사진, 녹음 및 동영상 테입 등의 자료 일체를 도서문화연구원에 기증하였다,

36 현재 『섬 사람들의 삶과 도구』 시리즈 7권과 『다도해 사람들의 생활도구 도록』 3권을 출간하였다.

호를 발간하였다. 국제적으로 저명한 학술지 전문 출판사인 네덜란드 Elsvier를 통해서였다. 저널 창간을 주도한 홍선기 HK교수와 영국 캠브리지대의 저명한 섬 학자 글로리아 풍게티Gloria Pungetti 교수가 공동 편집위원장을 맡고, 20여 개국 45명의 저명한 학자들이 편집위원으로 참여하였다.

이후 저널의 발행은 연 2회 순조롭게 진행되었고, 창간된 지 2년 만인 2014년 12월에 SCOPUS에 등재되는 쾌거를 올렸다. 당시 SCOPUS 심사위원회는 "발행 초기부터 최상의 논문들을 게재한 틈새 학문 분야의 최고 저널"로 평가하였다. 2015년 12월 15일에는 Directory of Open Access JournalDOAJ에 가입하여 저널의 국제 확산력을 강화하였고, 2017년 6월호부터는 편집의 자율성을 살리기 위해 Elsvier와의 계약을 해지하고 호주의 PLATE MEDIA와 계약을 체결하여 웹 저널 형태로 출간을 이어오고 있다.[37]

저널이 도서문화연구원 '섬의 인문학' 아젠다의 세계적 담론을 주도적으로 생산 · 소통하는 창구가 되고 있다면, '동아시아도서해양문화포럼'(이하 '포럼')은 동아시아권(한 · 중 · 일 · 대만)의 소통 · 공유를 책임지는 기제가 되고 있다. 2013년 3월 동아시아 4국의 섬 · 해양 관련 연구기관 대표들이 창립 30주년을 맞은 도서문화연구원을 축하하기 위하여 모인 자리에서 도서문화연구원이 제안한 동아시아도서해양문화포럼에 찬동하고 결성을 결의하였다.[38] 이후 포럼은 5회에 걸쳐 개최되었

37 홈페이지는 http://jmic.online/.

38 포럼의 취지는 대략 이러하다. "동아시아의 도서해양은 국제정치적 갈등과 대립의 온상이 되어 왔다. 동아시아 도서해양학문화학자들이 갈등과 대립의 완충지대 역할을 할 필요가 있다. 동아시아도서해양문화포럼의 결성이 필요한 이유다." 포럼 창립 멤버로는 한국의 목포대 도

〈표 1〉 동아시아도서해양문화포럼 역대 진행 내역

회차(연도)	주최	기간	주제	발표수	답사
제1회 (2013)	일본 가고시마대학 태평양도서연구센터	11.10~14	Challenges for Future in the Asia-Pacific Islands	21	세계자연유산 야쿠시마
제2회 (2014)	중국 상해해양대학 해양문화연구소, 절강해양대 해양문화연구소	10.8~12	Asia-Pacific Islands Culture and Social Development	29	주산군도
제3회 (2015)	한국 목포대 도서문화연구원	11.12~15	Traditional knowledge and its applications in Archipelagos	26	진도
제4회 (2016)	국립대만해양대 해양문화연구소	10.3~7	Coastal Areas and Island Cultures	35	대만 지룽~일란
제5회 (2017)	일본 가나가와대 국제상민문화연구소	12.3~7	해양문화와 다양성	40	시마나미(海道)
제6회 (2018)	중국 광동해양대 해양문화연구소	12.3~7 (예정)	(미정)	(미정)	(미정)

고, 6회 포럼은 2018년 12월 초에 중국 광동해양대학 해양문화연구소에서, 그리고 2019년에는 한국에서 개최될 예정이다. 포럼은 학술포럼(발표와 토론), 친교, 답사로 진행되는데, 그간 진행되어온 포럼의 내역을 정리하면 다음과 같다.

도서문화연구원은 세계적 담론의 생산과 소통에도 관심을 기울였다. 하나의 사례를 들면, 2012년 제주에서 개최된 제5회 세계자연보전

서문화연구원과 국립해양문화재연구소, 중국의 중국해양대 해양문화연구소, 절강해양대 해양문화연구소, 광동해양대 해양문화연소과 천주해외교통사박물관, 일본의 가고시마대 태평양도서연구센터, 류큐대 국제오키나와연구소, 대만의 대만국립해양대 해양문화연구소 등이 참여하였다. 이후 중국 상해해양대 해양문화연구소, 일본 가나가와대 국제상민문화연구소 등이 추가로 참여하였다.

연맹IUCN 총회WCC에서 홍선기 교수가 중심이 되어 "아시아 태평양 섬-연안 지역 전통생태지식 보전을 통한 생물문화다양성의 확산"이라는 주제의 발의안을 제기하여 채택되는 쾌거를 거두었다. 이후 도서문화연구원은 IUCN의 공인하에 우리나라 환경부와 공동으로 발의안에 대한 국제적 연구와 활동을 지속해오고 있다. 이는 인문학과 생태학의 섬 융합담론을 개발·주창하여 세계적으로 소통시킨 대표적인 사례라 할 수 있다.

또 하나의 사례로는 목포의 대표 극단인 갯돌과 공동으로 '문순득 표류국가 상생 프로젝트'를 2016년부터 3년째 지속해 오고 있다는 것이다. 이는 최성환 HK교수의 문순득 표류 연구가[39] 그 발단이 되었다. 문순득은 19세기 초 흑산군도에서 표류하여 오키나와에 도착했고, 오키나와에서 다시 표류하여 필리핀에 도착했으며, 필리핀에서 마카오를 거쳐 마침내 3년 만에 고향 우이도로 귀환한 홍어장수였다. 파란만장한 그의 표류담은 마침 흑산도-우이도에 유배 중이던 손암 정약전에 의해 기록으로 남겨졌고, 최성환 교수가 이 기록을 전거 삼아 문순득의 표류담을 역사로 되살려 낸 것이다. 극단 갯돌은 드라마틱한 문순득의 표류담을 뮤지컬로 극화하여 장기 공연으로 이어가고 있고, 더 나아가 도서문화연구원과 공동으로 문순득의 표류국인 오키아와, 필리핀(비간), 마카오 등과 '문순득 표류국가 상생 프로젝트'라는 이름으로 국제학술문화예술교류를 진행하고 있다. 도서문화연구원이 생산한 도서해양의 담론이 국제적 문화예술교류의 계기를 만들고 확산·소통된 또

39 최성환, 『문순득 표류 연구―조선 후기 문순득의 표류와 세계인식』, 민속원, 2012.

하나의 사례라 할 것이다.

이 밖에 국제교류에도 적극 나섰다. 먼저 'Esland Conference'[40] 및 'Island Dynamics'[41] 등과 같은 국제 섬 연구기구와의 교류는 물론, 우리 측 연구자를 해외에 파견하거나[42] 외국의 연구자가 우리 연구원에 내방하여[43] 상호 공동 연구에 참여하게 하는 인적교류도 적극 시도하였다. 이러한 국제교류의 성과는 Scopus 등재지 『Journal of Marine and Island Cultures』의 발간과 성공적 운영의 배경이 되었다.

---

40 'Esland'는 유럽인의 정체성과 가치를 가지고 있는 문화유산인 지중해 섬 경관을 연구하고 크기가 다른 섬들이 가지고 있는 문화유산의 이해를 증진하고자 설립된 국제기구이다.

41 'Island Dynamics'는 국제회의와 프로젝트를 통하여 섬에 대한 다양한 정보를 공유하고자 하는 국제 네트워크이다.

42 대표적인 사례 두 건만을 소개한다. 먼저 홍선기 HK교수는 2015년 3개월 동안(7.1~9.30) 일본 히로시마대학 대학원 국제협력연구과에 방문교수로 파견되어 대학원 수업과 세미나 등을 통하여 우리나라 다도해의 생태와 문화를 소개하고, 일본 세토내해 다도해를 답사하면서 일본의 섬의 자원과 활용에 대한 연구 자료를 수집하였다. 송기태 HK교수는 2017년 3개월 동안(2017.11.1.~2018.1.29) 일본 국립민속박물관의 '외국인초빙연구자'로 방문하여 일본의 해양민속 연구자들과 공동연구를 진행하면서, 일본 각지의 어촌민속과 신앙 등을 공동 조사하였고, 일본 도쿄만과 한국 전남 남해안의 김양식 문화를 비교 연구하는 성과를 거두었다.

43 역시 대표적인 사례 두 건만을 소개한다. 먼저 중국해양대학 해양문화연구소 조성국 교수는 1년 동안(2009.6~2010.5) 도서문화연구원의 방문교수로서 아젠다 '섬의 인문학' 연구 수행과 관련해서 한국과 중국의 도서해양문화에 대한 비교 연구를 수행하였다. 특히 추자도 공동조사연구에 참여하여 추자도 수산업과 관련하여 해양자원의 활용에 대한 문제를 중국 사례와 비교하여 발표하기도 하였다. 다음에 중국 절강해양대학 펑딩슝(馮定雄) 교수는 3개월 동안(2013.11.1~2014.1.31) 방문교수로 도서문화연구원에 머무르며 공동 연구에 참여하였다. 본 연구원의 콜로키움에서 「명청시기 서양열강과 주산군도의 관계」라는 논문을 발표하였고(『도서문화』 42, 도서문화연구원, 2013), 섬 공동 답사에도 참여하기도 하였다. 이들은 이후 중국해양대 및 절강해양대와 지속적인 학술교류를 진행하는 데 중요한 매개체 역할을 감당하고 있다.

3) 제3범주–연구 성과의 확산

(1) 학문적 확산 노력

도서문화연구원은 '섬의 인문학' 아젠다의 연구 성과를 확산시키려는 노력을 두 방향으로 진행하였다. 첫 번째는 학문적으로 확산시켜 '도서해양문화학'이라는 학문 분야로 정립하려는 시도이고, 두 번째는 사회적으로 확산시켜 성과를 대중화하려는 시도이다. 먼저 학문적 확산 노력부터 살펴보자.

영문학술지 『Journal of Marine and Island Cultures』가 '섬의 인문학' 아젠다의 세계적 담론을 생산·소통하는 대외적 학술 창구라면, 『도서문화』는 국내의 섬 연구 성과를 수렴·소통하는 대내적 학술 창구이다. 『도서문화』는 1983년에 창간한 이래 연 2회 발간하고 있고, 2010년 12월에 한국연구재단 등재지로 선정되어 아젠다 '섬의 인문학'에 기반을 둔 국내의 독보적인 학술지로 발돋움했다. 국내 학계에서 '도서해양문화학'의 학문적 정체성 정립과 확산에도 큰 기여를 하고 있다.

'동아시아도서해양문화포럼'이 아젠다의 세계적 확산과 소통을 위한 기제라 한다면, '전국해양문화학자대회'(이하 '대회')는 아젠다를 국내 학계와 공유하고 확산하기 위한 장치라 할 수 있다. 대회는 2009년 목포(도서문화연구원)에서 시작하여 전국의 해양도시를 순회하면서 개최되어 왔다. 2010년 한 해만 건너뛰었을 뿐, 2회 삼척(2011), 3회 여수(2012), 4회 여수(2013), 5회 경주(2014), 6회 목포(2015), 7회 당진(2016), 8회 군산(2017)으로 이어졌고, 9회는 안산(2018)에서 개최되었다. 대개 첫날 전체회의, 둘째 날 분과회의와 융합토론, 셋째 날 답사로 구성되는 역대 대

표 2〉 전국해양문화학자대회 개최 내역(도서문화원 주최)

회차 (연도)	개최지	일시	전체주제	참여기관	분과 수	발표 수	답사지
제1회 (2009)	목포(목포대, 신안비치호텔)	10.22~23	연구자 네트워크 구축을 위한 해양문화학자대회	장보고기념사업회, 전라남도	7	101	증도 (1)
제2회 (2011)	삼척(강원대 삼척캠퍼스)	8.4~7	이사부, 장보고 해양활동과 독도	한국이사부학회, 독도연구소, 동북아역사재단, 강원도민일보, (재)해상왕장보고기념사업회, 삼척시, 울릉군, 강원발전연구원	9	133	울릉도, 독도 (2)
제3회 (2012)	여수(전남대 여수캠퍼스)	8.2~4	살아있는 바다, 숨 쉬는 연안	여수 지역사회연구소, 전남대 지역사회발전연구소, 동북아역사재단, 국립해양문화재연구소, 여수세계박람회 조직위원회, 여수상공회의소 여수시	13	165	금오도 (1)
제4회 (2013)	여수 경도리조트	8.22~24	바다와 섬, 소통과 교류 그리고 지속가능성	여수 지역사회연구소, 국립해양문화재연구소, (사)장보고기념사업회, 동북아역사재단, 여수시	9	108	개도 (1)
제5회 (2014)	경주(동국대 경주캠퍼스)	8.21~23	해양실크로드와 항구, 그리고 섬	동국대 신라문화연구소, 국립해양문화재연구소, 경상북도, 해양수산부	14	149	경북 동해안
제6회 (2015)	목포(목포대)	8.20~23	섬의 시대, 바다의 시대를 열다	국립해양문화재연구소, 국립해양박물관, 전라남도	15	156	흑산도, 홍도 (2)
제7회 (2016)	당진(세한대 당진캠퍼스)	7.7~10	환황해권 해양교류와 미래	국립해양문화재연구소, 세한대 산학협력단, 충남연구원, 충남역사문화연구원, 충청남도, 당진시, 국립해양박물관, 한국해양재단	17	200	난지도, 당진 및 내포 지역 (2)

회차(연도)	개최지	일시	전체주제	참여기관	분과수	발표수	답사지
제8회 (2017)	군산(군산대)	7.6~8	동북아 해양문물 교류의 허브, 새만금	군산대 박물관, 국립해양문화재연구소, 새만금개발청, 전라북도, 군산시, 한국해양재단	18	214	선유도, 새만금, 금강 유역 (1)
제9회 (2018)	안산(한국농어촌공사 인재개발원 국제회의실)	7.5~7	서해와 시하호, 지속가능한 발전과 환경(예정)	국립해양문화재연구소, 안산문화원, 한국해양재단, 한국수자원공사, 안산도시개발, 안산도시공사(예정)	18	190	대부도, 안산시 일대 (예정)

회의 내역을 간략히 소개하면 다음과 같다.

학회 및 타 연구소와의 공동 학술회의 역시 아젠다의 학문적 확산에 유효한 방법으로 활용되었다. 2011년 9월 2~3일 '해남화원 초기청자 가마터의 성격과 해양교류'라는 주제로 역사문화학회와, 2012년 1월 12~14일 '바다 · 삶 · 무속'이라는 주제로 한국무속학회와,[44] 2012년 8월 16~17일 '한국고전문학과 바다'라는 주제로 한국고전문학회와,[45] 2012년 11월 16~18일 '동아시아 섬의 인문학, 그리고 여성'이라는 주제로 비교민속학회와, 2013년 5월 23일 '섬, 문명교류와 탈경계'라는 주제로 역사문화학회와, 2013년 8월 19~20일 '해항도시와 섬'이라는 주제로 한국도시사학회와, 2015년 10월 2일 '해역의 세계-교역과 항해술, 그리고 해양방어'라는 주제로 호남사학회와, 2017년 6월 2일에는 '고 · 중세시기 도서(섬) 정책과 인식의 변화'라는 주제로 국민대 한국섬역사연구소와 학술회의

44 학술회의 결과는 『바다 · 삶 · 무속』(민속원, 2015)이라는 단행본으로 출간.(도서해양학술총서 33)

45 학술회의 결과는 『고전문학과 바다』(민속원, 2015)라는 단행본으로 출간.(도서해양학술총서 32)

를 공동 개최하였다. 그리고 2018년 6월 8일에는 한국도서학회와 공동학술회의를 개최하였다.

2011년 이후 개최해온 국내 항구도시 소재 5개 대학 연구소와의[46] 공동 국제학술회의 역시 아젠다의 확산에 상당한 기여를 하였다. 학술회의 주제는 2011년 '동아시아 개항도시의 형성과 네트워크'(인하대 한국학연구소 주관), 2012년 '동아시아 해항도시의 문화와 예술'(부산대 한국민족문화연구소 주관), 2013년 '섬과 바다, 그리고 해항도시－공간인식의 새로운 모색'(목포대 도서문화연구원 주관), 2014년 '해역세계의 이주와 커뮤니티'(부산해양대 국제해양문제연구소 주관), 2015년 '해양문화콘텐츠－원류, 인간, 교류'(제주대 탐라문화연구소 주관), 2016년 '해항도시, 축적된 과거와 매리의 발굴'(인하대 한국학연구소 주관) 등이다.

목포 소재 국립해양문화재연구소는 전국해양문화학자대회뿐만 아니라 국제학술회의도 2009년 이후 매년 공동 주최하는 등 도서문화연구원과는 학술 '혈맹'의 관계를 유지해오고 있다. 공동으로 주최해온 국제학술회의의 주제를 일별해 보면 2009년 '고대 동아시아의 바닷길', 2010년 '아시아 해상실크로드와 교역항', 2011년 '고려의 난파선과 문화사', 2012년 '동아시아 표해록과 표류의 문화사', 2013년 '중세 동아시아의 해양방어시설', 2014년 '중세 동아시아의 해상교통과 조세운송체계', 2015년 '동아시아 전통선박의 항해술과 신앙', 2016년 '아시아 태평양 네트워크와 수중문화유산' 등이다.

46 5개의 대학 연구소는 목포대 도서문화연구원, 부산대 한국민족문화연구소, 부산해양대 국제해양문제연구소, 인하대 한국학연구소, 제주대 탐라문화연소이다.

(2) '도서해양문화학'의 학문 정체성 정립 시도

1983년 이래 섬 연구에 매진해온 도서문화연구원은 2009년 HK사업을 시작한 이후, 다양한 분야의 학자들이 모여 섬을 연구한다는 이제까지의 막연한 시도를 넘어서, 아젠다 '섬의 인문학'을 중심으로 새로운 학문 분야를 정립하는 '아젠다인문학'의 대열에 합류하였다. 이를 위해 세부 연구 분야를 역사고고, 문학예술, 종교철학, 사회문화, 생태지리, 정책응용의 6개로 나누고, 각 분야 별로 HK연구진을 배치하여 개인별, 분야별로 연구를 진행하면서 '섬의 인문학'으로 수렴・융합하는 2중의 과정을 밟고 있다. 그 과정에서 섬은 섬과 주위의 바다를 포함한다는 관점에서 '도서해양'라는 하나의 복합 개념을 설정하고, 이를 중심으로 연구와 교육을 병행하면서 '도서해양문화학'을 새로운 학문 분야로 정립해 가기로 하였다.

이에 따라 먼저 도서문화연구원의 HK연구진은 저마다 '도서해양'이라는 개념을 염두에 두고 연구를 진행하여 개인 혹은 공동 연구의 성과를 논문으로, 혹은 '도서해양학술총서',[47] '도서해양교양문고',[48] '도서해양문화연구자료총서'[49] 등의 저서로 발간하고 있다.[50] 그리고 이러한

---

47 현재 '도서해양학술총서'는 총 35권 발간되었다. 처음에는 주로 개별 연구의 성과를 총서로 발간하였으나, 최근에는 공동 기획과 학술회의 등을 거쳐 공동저서로 발간하는 것을 병행하고 있다. 공동저서의 대표적인 사례로는 『섬 공간의 탈경계성과 문화교류』, 민속원, 2015; 『경제활동 공간으로서의 섬』, 민속원, 2015 등이 있다. '최근에는 특정의 섬을 대상으로 하여, 공동기획, 공동조사, 학술회의, 공동저서의 과정을 거쳐 총서로 발간하는 준비를 하고 있다. 청산도(완도군), 소안도(완도군) 등이 조만간 총서로 발간될 대상 섬이다.

48 '도서해양교양문고'는 현재 총 9권 간행되었다. 이 중 공동 작업을 통해 간행한 교양문고로는 『섬과 바다의 문화읽기』, 민속원, 2012; 『섬과 인문학의 만남』, 민속원, 2015; 『섬을 열다』, 크레펀, 2015 등을 들 수 있다.

49 '도서해양연구자료총서'는 '신안군 도서문화유적지표조사 및 자원화 연구' 시리즈 13권을 포함하여 현재 총 24권을 발간하였다.

50 이 밖에 '섬 생활도구 시리즈'(민속원) 총 7권, 도록 '다도해 사람들의 생활도구' 총 3권, '한국

연구 성과를 교육 과정에 적용하는 등, '도서해양문화학'을 정식 학문 분야로 정착시키기 위한 다양한 노력을 기울였다. 즉, 학부 전공과목으로 '도서해양의 역사와 문화'를 사학과에, '도서해양의 인류학'을 문화인류학과에 개설하였고, 학부 핵심교양 과목으로 '도서해양의 이해'를 개설하였는가 하면, 2012년부터는 '도서해양문화학' 전공 대학원 석사과정을 협동 과정으로[51] 개설・운영하고 있다. 2017년부터는 석사학위명을 기왕의 '문학석사'에서 '도서해양문화학석사'로 바꾸어 '도서해양문화학'의 학문적 정체성을 강화하고자 하였다.

도서해양문화학을 독자적인 학문영역으로 확립하려는 노력은 다각도로 이루어졌다. 먼저 2012년에 도서문화연구원이 창간한 국제영문학술지의 이름을 'Journal of Marine & Island Cultures'로 정했다. 국내외의 포럼이나 연구모임의 이름을 작명하는 과정에서도 '도서해양문화'를 강조하였다. 2013년에 도서문화연구원이 주도하여 '동아시아도서해양문화포럼'의 이름으로 결성한 것이나, 2015년에 '도서해양문화연구회'(회장 임흥빈 의원)를 전라남도 의회에 결성하도록 안내했던 것 등이 그 대표 예이다. 2015년 목포에서 열린 제6회 전국해양문화학자대회의 전체 주제의 타이틀을 '섬의 시대, 바다의 시대를 열다'로 정함으로써 '도서해양'의 중요성을 강조하기도 하였다.

'도서해양문화학'의 학문 정체성을 확립하기 위한 노력은 앞으로도

의 섬 시리즈'(지리와역사) 총 13권, 그리고 기타 저역서 총 30권 및 다수의 보고서 등을 간행하였다. 지금까지 도서문화연구원에서 간행한 단행본은 총 231권에 달한다.(보고서 제외)

51 '도서해양문화학' 협동 과정은 도서문화연구원을 중심으로 사학과, 국어국문학과, 고고학과, 문화인류학과(이상 인문대), 지적학과(사회과학대), 생명과학과(자연과학대) 등 3개 단과대 6개 학과가 참여하고 있다.

계속될 것이다. 그중 『도서해양문화학개론』을 편찬하는 작업은 가장 손쉬운 일이 될 것이다. 그리고 조금 욕심을 부린다면 '도서해양문화학' 대학원 과정에 박사 과정을 첨설하고 더 나아가 전문대학원으로 발전시키는 일을 추진하고, 궁극적으로는 '도서해양문화학'을 한국연구재단 학문 분야 분류표에 정식 등재할 수 있도록 하려 한다.

(3) 사회적 확산과 대중화 노력

아젠다의 사회적 확산을 위한 본격적인 시도는 출판과 언론 활동을 통해서 이루어졌다. 먼저 HK연구진은 도서해양문화학 교양서 편찬기획에 나서, 2012년에 첫 번째 교양문고 『섬과 바다의 문화읽기』를 발간하였다. 그리고 2012년 4월 28일부터 7월 23일까지 『교수신문』에 「섬 이야기」 35편을, 이어서 2014년 4월 2일부터 10월 15일까지 『무등일보』 아트플러스에 14편을 연재하였고, 이를 재편집하여 2015년에 네 번째 교양문고 『섬과 인문학의 만남』으로 발간하였다. 이 두 권의 교양문고는 목포대 핵심교양 과목으로 개설된 '도서해양의 이해'의 교재로 활용하여 아젠다 확산의 대표 주자가 되고 있다.

공동 기획을 통한 방송 다큐 제작 참여 역시 아젠다의 사회적 확산에 유효한 방안이었다. 먼저 2013년에 목포MBC와 〈섬은 살아있다 2〉 3부작 다큐를 공동 기획하였고, KBC와 섬 지역 천일염전의 개발 과정을 다룬 〈소금 꽃이 피었습니다〉의 다큐를 공동 기획하였으며,[52] 2014년에는 광주KBS와 섬의 연륙교 문제를 다룬 '섬의 선택, 다리의 두 얼굴'의

52 최성환 HK교수의 논문 「비금도 천일염전 개발 과정과 사회적 확산」, 『도서문화』 40, 도서문화연구원, 2012은 다큐 제작의 기초가 되었다.

다큐를 공동 기획하였다.

아젠다의 사회적 확산을 꾀하기 위해 '찾아가는 섬 포럼'이나 '섬의 인문학 콘서트' 등을 실행하기도 하였다. '찾아가는 섬 포럼'은 모든 연구진이 매년 1개 섬을 조사하여 그 성과를 섬 주민과 공유하고 주민들의 의견을 수렴하기 위해 섬으로 찾아가는 프로그램이다. 연구진이 주민들과 어울리는 과정에서 일종의 축제의 장이 연출되기도 한다. 2013년 신안군 암태도에서 시작된 포럼은 2014년 신안군 장산도, 2016년 완도군 청산도, 2017년 소안도로 이어지고 있다.

그리고 섬의 독특한 문화를 대학이나 사회에 알리고 확산하기 위해 '섬의 인문학 콘서트'를 기획・실행하였다. 2014년에 비금도의 유점자 선생(전라남도 무형문화재 제52호)을 목포대에 초청하여 청중들을 상대로 씻김굿을 시연하게 하고, HK연구진들과 함께 가벼운 토론을 거쳐 그 의미를 청중들에게 전달하는 순서로 진행했다. 2017년에는 김경자 감독을 초청하여 그녀의 다큐 영화 〈소안의 노래〉를[53] 상영하고, 그 의미를 해설하는 토크 콘서트를 진행하기도 하였다.

아젠다의 사회적 확산을 위해 지자체나 중앙 정부와의 협력 사업을 추진하기도 하였다. 먼저 전라남도의 의뢰를 받아 2013년에 시작한 '다도해명소화사업'은 직접 여행객을 모집하여 1박 2일 내지 2박 3일의 섬 여행을 시범적으로 시행하는 프로그램이었다. 준비하고 진행하는 과정에서 '섬 스토리북'을 제작하고, '섬 밥상'을 기획하는 등 섬의 매력을

53 일제강점기 소안도 사람들은 일제에 항거하며 민족해방가, 독립군가, 애국가 등의 노래를 지어 불렀는데, 김경자 감독이 소안도 어르신들의 기억 속에 잠재해 있던 그 노래들을 불러내 〈소안의 노래〉라는 다큐 영화로 제작하였다.

여행객들에게 온전히 전달하고자 했다. 그 정성이 통했던지 상당한 관심과 인기를 끌었다. 그렇지만 2014년 4월 16일의 세월호 사고로 인해 중단되어 11개 섬 여행에[54] 그칠 수밖에 없었던 것은 '아쉬움'으로 남는다. 2015년에는 전라남도의 의뢰를 받아 섬 주민들을 대상으로 하여 '섬 관광 코디네이터 양성사업'을 진행하여[55] 그 '아쉬움'을 달래고자 하였으나, 이것마저 1회에 그쳐 아쉬움을 더 키운 셈이 되었다.

다음에 교육부의 지원을 받아 목포시, 목포시교육지원청, 국립해양문화재연구소 등과 협력하여 2015년부터 3년 동안 추진한 '인문도시사업'을 들 수 있다. 이는 도시의 역사문화적인 정체성을 드러내고 공유하여 시민들로 하여금 자부심과 자신감을 회복할 수 있도록 안내하는 도시 단위의 인문 프로그램이다. 도서문화연구원은 '다도해의 모항 목포의 희망 만들기 인문담론'이라는 주제를 내세워 다양한 인문 프로그램을 진행하여 그간 목포 시민들이 잊어왔던 섬과 다도해에 대한 기억을 다시 불러내는 일을 진행하였다.[56]

마지막으로 2016년부터 '휴가철 찾아가고 싶은 섬 33선'을 선정·발표하는 사업을 섬 정책 주무 부서인 행정안전부와 공동으로 추진해 오고 있다. 놀 섬, 맛 섬, 쉴 섬, 미지의 섬, 가기 힘든 섬의 5개 범주로 나누

---

54 11개 섬은 신안군 안좌도, 여수시 사도, 보성군 장도, 신안군 임자도, 목포시 삼학도와 고하도, 완도군 청산도, 진도군 조도, 여수시 금오도, 신안군 비금도와 도초도, 여수시 거문도, 신안군 흑산도 등.

55 코디네이터 양성사업은 46명의 섬 주민들이 참여하여 2015년 7월 8일부터 24일까지 진행되었다.

56 도서문화연구원이 진행한 인문도시사업의 상세 내용은 인문도시 목포 카페와 다음 두 논문을 참조할 것. http://cafe.naver.com/humanitmokpocity; 강봉룡, 『인문도시 목포–다도해의 모항 목포의 희망 만들기 인문담론』, 『시민인문학』 33, 경기대 인문학연구소, 2017; 김경옥, 「'인문도시목포'를 통해 본 대학의 기능」, 『인문사회21』 8-3, (사)아시아문화학술원, 2017.

어 33개 섬을 선정하여 발표하는 이 사업은 전국적인 반향을 일으키며 섬에 대한 관심을 확산시키는 계기가 되었다.

이렇듯 아젠다 '섬의 인문학'의 사회적 확산이 어느 정도 효과를 내게 되면서, 국민들에게 섬에 대한 관심을 지속적・본격적으로 확산시키기 위한 적극적인 방안으로 '섬의 날' 국가기념일 제정 필요성이 도서문화연구원 안에서 자연스럽게 제기되었다. 그리고 마침내 2018년 2월 28일에 '섬의 날'(8월 8일) 국가기념일이 확정되었다. 그 과정은 앞에서 소상히 살핀 바 있다.

4) 제4범주–대학 시스템의 보완

HK사업의 중요 목표 중의 하나는 현 학과 일변도의 대학 시스템을 보완하는 것에 있다. 대학에는 학과 중심의 보수적인 분위기가 여전히 지배하고 있어, 다양한 분야의 학과 교수들의 융합적 공동 연구의 장으로서 연구소가 꼭 필요하다는 주장은 아직은 대학 구성원들에게 받아들여지기 쉽지 않은 상황이다.

도서문화연구원 HK사업단 역시 상황은 마찬가지이다. '섬의 인문학' 아젠다의 연구와 확산을 통해 전국적으로, 세계적으로 상당한 성과를 쌓아왔다고 자부하지만, 내년(2019) 8월 31일 HK사업이 종료된 이후의 운명에 대해서는 장담하기 어려운 상황이어서, 대학 시스템의 보완이라는 HK사업의 목적 실현은 아직 해결해야 할 부분이 많은 과제로 남아 있다.

도서문화연구원은 대학 시스템을 보완하는 연구소로 연착륙하고 발전을 지속하기 위하여 세 단계의 과제를 모색하고 있다. 첫 단계는 HK사업의 차원에서 대학 구성원의 협조를 이끌어내 HK사업 최대의 난제인 HK교수의 전임화 약속을 이행하고 HK+ 제2유형으로 진입하는 일이다. 그리고 두 번째 단계는 대학 차원에서 여러 학과 교수들과의 '융합 연구'를 조율하여 학과 일변도의 대학 시스템을 성공적으로 보완하는 일이다. 그리고 세 번째 단계는 국가 차원에서 아젠다 관련 정책의 적실한 방향과 논리를 제시하는 '정책인문학'의 전당으로 본격 들어서는 일이다.

도서문화연구원은 세 단계의 길을 순서에 따라, 혹은 동시다발적으로 실천해 갈 작정이다.

4. HK사업의 반성과 방향—맺음말에 대代함

크게 4개의 범주로 나누어 HK사업의 목적을 분석해 보고, 이에 조응하여 목포대 도서문화연구원의 활동 내역을 정리해 보았다. 필자가 제시한 HK사업 목적의 4대 범주는 ①'신실학'적 인문학의 지향, ② 세계적 인문연구소의 건설, ③ 연구 성과의 확산, ④ 대학 시스템의 보완 등이다. 이제 HK사업의 방향을 모색할 차례인데, 그에 앞서 먼저 HK사업 10년의 문제점을 되돌아 봄('반성')이 필요하다. 나름대로 반성을 정리하면 다음과 같다.

첫째, 범주 ②와 범주 ③의 목적은 그간 선언적으로나마 반복적으로 강조되어 왔으나, 범주 ①과 범주 ④의 목적은 논의의 밖에서 서성거린 감이 있었다는 점이다. 범주 ②의 '세계적 연구소의 건설'과 범주 ③의 '연구 성과의 확산'은 확실히 HK사업의 중요한 목적임에 분명하다. 그간 HK연구소들은 저마나 아젠다 관련 국제적 학술활동을 주도적으로 전개하였고, 연구 성과를 축적하고 확산・대중화하는 데 큰 성과를 냈으니, 이는 범주 ②와 범주 ③의 목적 성취에 해당한다. 이러한 성과는 크게 어필하여 HK+ 사업으로 이어질 수 있게 하였고, 차후 HK사업을 추진하는 데 좋은 자양분이 될 것으로 확신한다. 다단 인문학을 통해 국가사회적 방향과 대안을 제시한다는 범주 ①과 HK연구소를 대학 시스템에 안착시킴으로써 지속가능한 발전을 도모한다는 범주 ②의 목적은 HK사업이 추구하는 본질적인 목적에 더욱 더 부합함에도 불구하고 홀시한 감이 있었으니, 아쉬운 대목이 아닐 수 없다.

둘째, 10년 장기사업에서 말미암은 문제이다. 흔히 장기사업의 경우 처음 설계할 때의 방향과 목적, 취지가 진행 과정에서 훼손되거나 무시 혹은 경시되는 경향이 생겨나기 마련이다. HK사업 역시 시행 주체인 교육부와 한국연구재단의 책임자와 담당자가 수시로 바뀌면서 초창기의 취지가 다소 흐려진 면이 있었다. 다만 HK사업의 경우 이러한 문제를 예상하고 미연에 방지하기 위한 최소한의 장치는 다련하였다. 연구책임자가 HK사업단장과 연구소(원)의 소장(원장)을 겸직하고, '가능하면' 10년간 바꾸지 않게 한 것이 그것이다. 그러나 '가능하면'이란 단서는 의무조항이 아니므로 연구책임자(단장, 소장)가 수시로 바뀌는 경우가 허다했으니, 이는 결과적으로 아주 유효한 장치가 되지는 돗했던 셈이다.

셋째, 위의 두 가지 문제점이 착종하여, 그동안 HK사업의 문제점을 점검하고 본연의 목적을 달성하기 위한 방향 모색의 고민이 치열하게 이루어지지 못했다는 점이다. 교육부와 한국연구재단은 HK교수 전임화 문제의 해결에만 관심을 집중하였고, 대학 내의 복잡한 컨센서스 형성 과정은 전적으로 사업단장의 부담으로 넘겼다. 물론 HK교수를 HK연구소의 전임인력으로 확보하는 일은 HK사업에서 가장 중요한 일임에 분명하다. HK연구소의 지속가능성을 보증하기 위해서는 HK교수의 전임화가 필수적이기 때문이다.

그렇지만 HK교수의 전임화를 위해서는 대학 내의 콘센서스가 필수적이다. 그런데 이를 위해서는 지원주체가 HK교수의 전임화를 책임질 것을 독려하는 것에만 머무르지 말고, HK연구소가 그 대학에 꼭 필요한 내용과 요건을 성공적으로 갖추어가고 있는가를 점검하고 공유하는 작업도 병행했어야 했다. 예를 들어 해당 대학에 최적화된 인문 아젠다를 중심으로 다양한 학과의 교수들과 함께 융복합 및 정책 연구까지 수행할 수 있을 것이라는 전망과 신뢰 같은 것 등. 그런 의미에서 그간 교육부, 한국연구재단, HK연구소, 대학의 구성원 대표 등이 한자리에 모여 HK연구소가 대학에 반드시 필요한 존재임을 치열하게 따지고 논의하면서 확인하는 자리를 제대로 마련하지 못한 것은 역시 못내 아쉬운 대목이다.

이제 HK사업이 지향해야 할 방향을 제시하는 것으로 논고를 마무리하기로 한다.

첫째, HK연구소의 미래에 대한 진지하고 치열한 숙의가 필요하다.

10년 사업으로 축적된 HK사업의 성과는 4,000억 원의 투자가 아깝지 않을 정도로 그야말로 방대하다. 그런데 여기에서 지원을 거두면 어렵게 쌓아온 HK의 공든탑이 방치되고 무너질 우려가 있다. 인문학의 동력은 성과의 축적과 지속적 담론을 통한 재축적이 반복적으로 이루어질 때 힘차게 작동하는 속성을 가지기 때문이다. 이 점에서 10년 졸업한 HK사업단을 연장 지원하는 HK+ 제2유형을 시작하기로 한 것은 다행스런 일이다.

그러나 언제까지나 한국연구재단의 지원에만 의존할 수는 없는 노릇이다. HK연구소가 스스로 동력을 작동할 수 있는 자생의 노력을 겸행해야 하는 이유가 여기에 있다. 이런 면에서 각 HK연구소는 인문학에만 머물고 고집할 것이 아니라, 인문학을 코어 내지 윤활유로 삼아 다양한 학문 분야를 융합하여 각 아젠다 별로 국가사회의 방향을 제시할 수 있는 융합 연구, 정책 연구의 영역으로 나아가는 열린 용의와 능력을 보여줄 필요가 있다는 것을 제안하고 싶다. 이것은 또한 HK사업의 범주 ①의 목적에 부합하는 일이다.

둘째, HK연구소가 대학에 안착할 수 있도록 대학마다의 다양한 변수들이 있다는 것을 인정하는 융통성이 필요하다. 정도의 차이는 있겠지만 HK연구소는 대학 내에서 고립되어 있다. 이는 HK사업단장의 정치력 부재와 무능력만으로는 설명이 곤란하다. 현실을 보자. 교육부와 한국연구재단은 '고자세'로 HK교수 전임화 책임지기만을 채근한다. 대학본부와 대학 구성원들은 HK사업을 '그들만의 리그'로 취급하기 일쑤다. HK연구소와 대학이 상생·공영할 수 있다는 신뢰의 연결고리가 아직은 명료하게 형성되어 있지 않다. 그 연결고리는 결국 'HK사업의 목적'

성취라는 원론에서 찾지 않으면 안 된다. 즉 각 대학마다 HK사업의 목적을 성취해 나가는 노정路程이 다양하게 나타날 수 있다는 점을 인정하면서, 각 대학의 HK사업단들이 저마다의 노정에서 힘겹게 터득해온 창의적인 경험들을 허심탄회하게 나누려는 탄력적인 배려와 여유가 필요한 것이다.

셋째, 같은 맥락에서 HK교수의 임용과 운용은 다양성을 인정하고, 합목적성에 기초하여 판단할 필요가 있다. 도중에 국공립대학에 한하여 HK교수를 '공무원교수'가 아닌 '기금교수'의 임용으로도 가능하다는 것을 허용했는데, 이것은 전임교수의 재원이 국가로부터 나오는 국공립대학의 특수성을 염두에 둔 배려라 생각한다. 물론 HK교수의 임용과 운용에서 다양성을 무차별적으로 인정하면 자칫 온갖 잘못된 편법이 난무할 가능성도 있다. 실제 그런 사례도 없지 않다. 여기에서 잘못된 편법을 판단하는 기준이 중요할 것인데, 그 기준은 HK사업의 목적과 취지에 부합하는가의 여부, 즉 합목적성에 두어져야 한다고 생각한다.

HK교수의 전임화는 그 자체가 목적이기도 하지만, 궁극적으로는 HK사업의 목적을 성취하기 위한 필수적인 수단이기도 하다. 목적의 성취와 무관하게 의무 방어적으로 수단의 성취 여부만을 기계적으로 체크하는 것은 HK사업의 합목적성에 반할 수 있다. HK교수의 전임화라는 형식적인 기준은 갖춘 것처럼 포장했으나, 실제로는 HK사업의 목적과는 거리가 먼 경우도 있을 수 있기 때문이다. 엄정한 법을 따지는 재판의 과정에서도 합목적성의 여부를 가리는 '법리'를 중시하는 것을 염두에 둘 때, 더욱이 인문학 기반의 HK사업에서 합목적성과 무관하게 HK교수의 전임화라는 의무 방어적인, 획일적인 잣대만을 내세우는 것은 이상한 일이다.

궁극적으로 연구소 교수는 학과 교수와 대등한 지위를 인정받으면서 각기 다른 임무를 수행하면서 생생하는 대학의 양축이 되도록 하는 것이 중요하다. 즉 학과 교수는 자신의 전공 분야를 연구하고 이를 교육하는 일에 방점을 둔다면, HK사업을 통해서 탄생할 연구소 교수는 자신의 전공을 기반으로 다양한 학과 교수들과 연대하여 융합 연구와 정책 연구를 시도하는 일에 방점을 두어야 한다. 더 나아가 학과 교수와 연구소 교수가 서로 임무를 교환하는 교류 시스템이 정착·작동된다면 더욱 바람직할 것이다. 이것이 HK교수 전임화의 합목적성에 해당한다고 할 수 있다. 실제 많은 국가에서(구미의 국가는 물론, 일본, 중국, 대만에서조차) 학과 교수와 연구소 교수 간에 상생의 시스템이 힘차게 작동하고 있다는 것을 유심히 들여다 볼 일이다.

해양대만론을 둘러싼 역사 갈등

조세현

1. 중국지방사에서 대만사로

오늘날 대만臺灣이라는 지역은 중화민국中華民國이라는 국가에 의해 통치되고 있다. 여기서 중화민국은 청조淸朝의 멸망과 함께 1912년에 건국되어 37년간 중국을 지배하다가 1949년 중국공산당 세력에 패퇴하여 대만으로 옮겨 왔는데, 오랜 기간 동안 중국대륙의 통치권이 자신들에게 있다는 논리를 가지고 대만을 통치하였다. 중화인민공화국中華人民共和國과 중화민국은 실질적으로는 중국대륙과 대만 섬을 각각 지배하고 있지만, 명분상으로는 양자가 모두 대륙과 대만을 자국의 영토라고 선언하고 있다. 하지만 최근에는 대륙을 지배하는 중화인민공화국의 실체를 인정하고 중화민국으로서 통치범위를 대만으로 한정하거나 혹은 중화민국은 이미 중국의 일부가 아니라 대만일 뿐이므로 독립해야 한다는 주장까지 나온다. 그래서인지 우리는 언제부터인가 지역 명칭에 불과했던 대만이란 이름을 국가명과 구분하지 않고 부르고 있다. 어쩌면 국제사회에서 중화인민공화국의 영향력이 확대되면서 세계 대부분의 국가들이 공식적으로 중화민국의 국호를 인정하지 않기에 더욱 '중국과 대만'이란 구도로 이해하는지도 모른다.[1] 이런 중화민국과 대만 사이에는 역사 정체성과 관련한 뿌리 깊은 문제가 숨겨져 있다.

그렇다면 대만이라는 나라는 중국일까 아닐까?[2] 우리가 보통 대만은 중국의 일부라고 믿는 상식과 달리 요즘 다수의 대만인들은 자신을 중국인이라고 생각하지 않는다. 이와 같은 대만인의 민족 정체성에 대한 전환은 이미 소수의 견해가 아니라 국가권력 차원에서 이루어지기에 더욱 놀랍다. 대만사회에서 자신이 대만인이라고 여기는 비율은 지속적으로 증가하고 중국인이라고 여기는 사람은 감소하지만, 여전히 중국으로부터 독립보다는 현상유지를 원하는 사람이 다수를 이루고 있다. 비록 대만사회 내부에서조차 중국과 대만이라는 명칭 갈등상황을 돌파하지 못하고 있지만, 우리가 대만을 바라볼 때 깊이 새겨야 할 것은 중국(대륙)이냐 대만이냐의 이분법을 넘어서 좀 더 넓은 시야를 가지고 접근하는 태도이다.

---

1 민두기, 「대만사의 소묘－그 민주화 역정」, 『시간과의 경쟁』, 연세대 출판부, 2001, 221쪽; 김영신, 「머리말」, 『대만의 역사』, 지영사, 2001; 김한규, 『동아시아 역사 논쟁』, 소나무, 2015, 211쪽 등 참고.

2 '중국(中國)'이란 명칭은 고대부터 사용되었지만, 국호로서 법률상의 의미를 처음으로 가지게 된 것은 1911년 청조가 망하고 중화민국이 들어서면서부터이다. 곧 '중화민국(中華民國)'의 약칭으로 쓰였던 것이다. 그리고 '대만(臺灣)'이란 명칭은 원래 네덜란드인이 17세기 대만 섬 남쪽에 주둔하던 곳(지금의 대만 안평(安平))을 네덜란드어로 'Tayouan'(한자로 대원(大員))으로 부른 데서 유래한다는 것이 다수설이다. 그것이 간혹 '臺員' 또는 '臺灣'으로 표기되었는데, 나중에 대만 섬 전체를 부르는 명칭으로 확대되었다.(백영서, 「우리에게 대만은 무엇인가」, 『대만을 보는 눈』, 창비, 2012, 32～34쪽)

과거 대만학계 역사 연구에서 중국 중심주의는 대륙정권보다 더욱 보수적이고 심지어 국수주의적인 경향까지 띠고 있었다. 하지만 1980년대 후반을 전후해 민족 정체성의 위기를 겪으면서 역사 연구의 흐름에 큰 변화가 있었는데, 중국사를 '지우고' 대만사를 '새로 쓰는' 것이 관심사로 부각되었다. 1990년대부터 대만학계에서는 대만사에 대한 연구가 폭발적으로 증가했으며, 이것이 거꾸로 의미하는 바는 대만사회에서 차지하는 중국사의 위상이 크게 약화되었다는 사실이다.

좀 더 부언하자면, 대만학계는 1980년대 이전까지만 해도 대륙학계처럼 현재 중국을 구성하는 여러 민족의 조상들은 모두 중국인이었고, 그들이 형성한 역사는 중국 사이며, 현재 중국의 영역에서 이루어진 역사는 모두 중국의 역사라는 생각이 지배적이었다. 대만사 연구의 경우도 초기에는 한족 중심의 사관에 따라 명말·청대의 대만 연구나 일제시대 항일운동사 분야가 연구의 주류를 이루었다. 하지만 1980년대 이후 대만 정치민주화와 본토화운동의 영향으로 새로운 대만주체사관臺灣主體史觀이 출현하면서 적지 않은 학자들은 한족 중심주의에 대해 '대한족大漢族쇼비니즘'이라고 맹렬하게 비판하면서, 독자적인 '대만의 중국사관을 세우자'고 역설했다. 심지어 일부 대만학자들은 대만은 예로부터 중국 영토가 아니었으며, 대만은 과거 모두 외래정권에 의해 통치되었고, 대만인이 스스로 주인이 된 적이 없다는 주장을 펴면서 대륙과는 전혀 다른 입장을 제시하였다. 대만사에 대한 역사인식의 차이는 역사논쟁을 넘어 양국(양안)의 정치현안이 된지 오래다.

대만사는 오랫동안 중국 연구의 영향을 받아서 중국변강사의 하나로 인식되었지, 독립국가의 역사로 여기지 않았다. 대만은 중국과 불가분의 관계이자 일부분이란 인식이 지배적이었던 것이다. 실제로 대만사란 용어는 1970년대 이전에는 사실상 존재하지 않았다. 대만학계의 본토화 경향은 1970년대 이후부터 나타난다. 중국을 대표하는 공식 정부로서 국민당의 국제적 지위가 상실되면서 지식인사회에선 자신들의 정체성을 재정립하려는 시도가 나타났다. 바로 사학계의 청대 대만사회에 대한 '토저화土著化'(이하 '토착화'로 표기)[3]와 '내지화內地化'에 대한 논쟁이나 문학계의 '향토문학鄕土文學'에 대한 논쟁 등이 좋은 사례이다.

대만주체 관점의 출현 과정을 좀 더 살펴보면, 우선 1970년대 말부터 사회과학적 문제의식이 대만사 연구에 수용되어 토지개간사, 족군族群[4]사 및 법제사 등 다양한 방면에 큰 영향을 끼쳤다. 이에 따라 대만사 연구는 점점 한족 중심주의에서 다족군多族群사회 관점으로 바뀌어 평포족사, 족군관계사 및 객가客家연구가 나날이 증가하였다. 다음으로 정치적 환경이 대만사 연구에 결정적인 영향을 미쳤는데, 1980년대 이후 대만 정치민주화와 본토화운동의 영향으로 대만주체의식을 강조하는 연구가 갈수록 많아졌다. 결국 1990년대 이후부터는 대만의식, 중국의식 등의 구호 대신 대만 정체성이 중심화제가 되었고, 이와 관련해 대만사 '새로'쓰기가 주된 관심사로 부각되었다. 한편 1995년 대만사 연구자들이 만든 대만역사학회臺灣歷史學會는 원래 있던 중국역사학회中國歷史學會와 서로 대응하며 대만 연구의 독립의지를 분명히 했으며, 이에 따라

3 토저(土著, native)는 두 가지 의미를 담고 있다. 하나는 '대만본토'로 외래의 사람과 사물에 상대되는 뜻이고, 다른 하나는 '대만원주민'으로 한족 후예인 중국인과 상대되는 뜻이다.

4 보통 '족군(族群)'으로 번역되는 종족은 대만사회의 집단적 정체성을 이해하는데 핵심적인 단어이다. 일반적으로 대만사회는 원주민(原住民), 객가인(客家人), 민남인(閩南人), 외성인(外省人) 등 이른바 4대족군(大族群)이 있다고 믿는다.(한지은, 「타이완에서 장소를 둘러싼 정체성과 기억의 정치」, 『문화역사지리』 26-2, 한국문화역사지리학회, 2014, 110쪽)

대만향토사 및 지역사 연구가 더욱 활발해졌다.

실제로 2005년 말에 출간한 『대만은 중국이 아니다—대만국민의 역사臺灣, 不是中國的—臺灣國民的歷史』에서는 '중국'이나 '중화민족'이란 용어는 역사적으로 볼 때 국가나 민족을 의미한 적이 없으며, 근대에 이르러 새로 만들어진 개념일 뿐이라고 주장했다. 이 책에 따르면 대만은 고대에 중국에 속하지 않았고, 청대에도 통치범위가 대만 섬 전체에 미치지 못했을 뿐만 아니라 역사, 거주민, 문화, 정체성, 및 국제법상으로 독립된 국가라고 했다.[5] 친민진당 계열의 대만독립파의 주장이 주변의 저항담론에서 중심의 지배담론으로 자리를 옮기면서 세력이 강화되자 이에 대한 비판논의들도 제기되었다. 이른바 친국민당 계열의 통일파는 중국이 대만에서 사라지는 것을 문제 삼아 정치적으로 통독統獨논쟁[6]을 일으켰는데, 역사학 분야에서도 중국사와 대만사의 분열로 나타났다.

오늘날 대만 연구자들은 대만의 독특한 역사전통, 즉 대만역사와 중국역사의 차이점으로 해양문화, 다족군사회, 이민사회(외래정권) 등을 강조하며 이런 주제들에 주목한다.[7] 이를 간단하게 소개하면 다음과 같다.

첫째, 대만사는 중화문화의 연장이라고 한 때 주장하던 저명학자 조영화曹永和는 1990년 '대만도사臺灣島史'의 개념을 제안하면서, 대만역사

5 薛化元・戴寶村・周美里, 『臺灣, 不是中國的—臺灣國民的歷史』, 群策會, 2005 참고.

6 대만학계의 통독논쟁(統獨論爭)에 대해서는 김한규, 『동아시아 역사 논쟁』, 소나무, 2015, 211~296쪽에 잘 정리 분석되어 있다. 이 책에서는 통독논쟁을 한마디로 요약하여 대만이 중국과 다른 별개의 역사공동체로 존재해왔는가라는 문제에 대한 논쟁이었다고 평가한다.

7 戴寶村에 따르면 대만역사는 ① 해양도국 풍토, ② 다원족군 문화, ③ 이민사회 역사, ④ 식민통치 경험, ⑤ 역사적 단절과 괴리(나중에 현대화 국제화의 사회로 바뀜) 등의 특징을 지닌다고 한다. 張炎憲에 따르면 대만사회는 ① 이민사회, ② 정권변동 빈번, ③ 자본주의화, ④ 다원문화 체제 등의 특징이 보인다고 한다. 그리고 李筱峰에 따르면 ① 정권교체 빈번, ② 해양성 문화, ③ 이민사회 등의 특징이 나타난다고 한다.

의 해양성 특색을 강조하고 대만은 일종의 해양문명을 대표한다고 주장했다. 그의 해양문명론은 정치문제와 관련시키지 않으면서도 해양사와 다족군사회의 특징을 결합해 연구하자는 것이다.[8] 중국 고대사 연구자 두정승杜正勝도 대만이 동중국해와 남중국해의 중심점임을 강조하며 해양국가의 특성을 강조한다. 중국학계에서 대만을 대륙의 일부분이라 얘기하지만 명청대 이전의 대만은 그저 군대나 상인들이 잠시 쉬어가는 휴식처였을 뿐 결코 대만은 중국의 일부분이 아니었다는 것이다.[9] 대만사 연구자 오밀찰 역시 대만을 중심으로 한 새로운 동아시아의 지도를 그릴 것을 제안하면서, 역동적인 해양대만을 정체된 중화제국과 역사적으로 대비시킨다.[10] 이처럼 해양이야말로 대만역사에 가장 큰 영향을 주었고, 해외의 정치세력이 대만 역사 변천에 주요한 동력이라는 주장은 설득력을 얻고 있다.

둘째, 한족 중심주의에서 다족군사회로 관점이 바뀌었다. 대륙학계에서 대만의 민족 구성을 한족이 97% 이상이라며 나머지 2% 정도를 고산족高山族이라고 취급하는데 반해, 대만학계에서는 원주민 민남인 객가인 외성인 등 4대족군으로 나누어 설명한다. 뿐만 아니라 대만의 복잡한 사회구성을 이해하기 위해 "주변에서 한인사회와 문화를 바라보자"는 주장도 제기되었다. 한인문화의 특색이 무엇인지 알려면 마땅히 한인문화의 중심에서 벗어나 그 주변, 즉 일본, 한국, 베트남 및 중국 서부 북부 등의 소수민족의 관점에서 바라보아야 한다는 것이다.[11] 일부

---

8 曹永和, 「多族群的臺灣島史」, 『歷史月刊』, 聯合報系, 1998.10, pp.93~95.
9 杜正勝, 「海洋臺灣一個漸漸覺醒的性格」, 『走過關鍵十年(1990~2000)』, 麥田出版, 2000, pp.167~172.
10 吳密察, 「以臺灣史畫東亞地圖」, 邱文彥 編, 『海洋與臺灣－過去現在未來, 海洋文化與歷史』, 胡氏圖書, 2003, pp.1~10.

대만학자의 글에서는 중화민족이란 용어는 손문孫文 등이 만든 새로운 근대적 민족 개념에 불과하다고 보아 사용하지 않으며, 이에 대응해 대만민족주의를 제창한다.

셋째, 이민사회와 외래정권의 특색을 서로 맞물려 있다. 앞서 소개한 대만사회가 이민사회에서 본토사회로 바뀌었다는 토착화의 논리 역시 같은 맥락에서 전개된 것이다. 그리고 통치자의 빈번한 교체를 강조하는 논리 또한 그러하다. 혹자는 네덜란드도 외래정권이고, 정씨 왕조도 외래정권이며, 청조도 이족정권이라고 한다. 나아가 일본이 외래정권인 것은 물론 국민당조차도 대륙에서 도망 온 외래정권으로 본다. 한마디로 대만은 스스로가 주인인 된 적이 없었던 특수한 역사 경험을 했다는 것이다.[12] 대만주체사관을 주장하는 역사학자들은 대륙학자들이 정치적 통제 아래 '하나의 중국'이라는 이데올로기에 부합하기 위해 중국본위의 관점에서 대만을 관찰한다고 비판한다.

요컨대, 대만사가 오랫동안 중국 연구의 영향을 받아서 중국사 가운데 지방사의 하나였지 독립국가의 역사로 인식된 것은 아니었다. 하지만 최근 중원 중심의 국가관을 해양국가관으로 대체하려는 것이나, 한족 중심의 편견을 버리고 다족군사회라고 보는 것이나, 정권교체가 빈번한 이민사회라고 보는 현상은 결국 새로운 대만사를 건립하려는 목적과 맞물려 있다. 이 글에서는 '해양대만론'을 둘러싼 역사 갈등에 대

11 黃應貴・葉春榮 編, 『從周邊看漢人的社會與文化－王崧興先生紀念論文集』, 中央研究院民族學研究所, 1997에 실린 논문 참고.

12 계엄해제 이후 대만사 연구는 뚜렷하게 변화하는데, ① 새로운 영역의 개척, ② 연구금지 분야의 돌파, ③ 역사해석의 변화 등이 나타났다. 평포족군과 일본 통치시기 대만사 연구의 개척이 1)의 예이며, 2・28사건의 연구가 ②의 예이다. ③은 여러 가지 형태로 나타났다.(王晴佳, 『臺灣史學50年(1950～2000)－傳承, 方法, 趨向』, 臺北 : 麥田出版社, 2002, p.165)

해 개괄적으로 살펴보고자 한다.

2. 해양을 통해 본 대만사

해양사는 간단히 말하면 사람과 바다의 관계를 주축으로 삼는 역사인데, 사람이 바다에 대해 이해하고 이용한 역사로 인문학적인 측면을 중시하는 연구라고 말할 수 있다. 이런 해양사는 대륙형 문화모델의 연구 시각과 달리 바다와 밀접한 인류활동과 역사 경험을 중시하여 세계사와 지역사 연구의 성격을 동시에 가진다. 특히 유럽의 해양사 연구는 초기 대항해시대의 제국주의적 색채가 강한 유럽확장사European Expansion의 경향에서 근래에는 다원적인 해양사Maritime History 연구로 변화하고 있다.[13] 1980년 중엽 이래 대만사 연구가 체계화되고 세밀화되면서 연구 성과가 축적되자 대만학계는 세계학계의 영향을 받아 해양사라는 새로운 연구영역이 등장했는데, 해양사의 관점에서 대만사를 보면 대만의 역사와 세계사의 흐름을 함께 바라볼 수 있는 장점이 있었다.[14]

그런데 대만해양사의 범주를 정의하는 문제는 생각보다 까다롭다. 대만은 섬나라이므로 대만해양사란 분야 가운데 '대만사'의 의미를 강조하면 그 범주가 지나치게 방대해질 수 있으며, 거꾸로 '해양사'의 특성을 강조하면 어디까지가 대만해양사인지 그 범주가 모호해질 수도

13 戴寶村, 『近代臺灣海運發展－戎克船到長榮巨舶』, 玉山社, 2000, pp.15~16.
14 陳國棟, 「臺灣史與東亞海洋史」, 『臺灣的山海經驗』, 遠流出版公社, 2005, p.31.

있다. 왜냐하면 특정 국가와 지역을 가리키는 대만사는 국경과 영해를 넘나드는 해양사 고유의 개방성과 충돌할 가능성이 있기 때문이다. 단지 분명한 점은 대만사 연구의 폭발적 증가로 말미암아 대만을 중심으로 한 동아시아 해양사 연구가 풍부해졌다는 사실이다.

중앙연구원 소속 삼민주의연구소三民主義研究所에서 1983년부터 '중국해양발전사 연구계획'을 준비하면서 대만 내 해양사 연구의 서막을 열었다. 이 작업을 실질적으로 주도한 사람은 중앙연구원 원사인 조영화曹永和(1920~2014)였다. 그는 자타가 공인하는 대만학계 해양사 연구의 상징적인 인물인데, 중국해양사뿐만 아니라 대만해양사 연구의 기초를 세운 학자이다. 앞서 언급했듯이, 조영화는 1990년 '대만도사'라는 개념을 학계에 제안할 때, 대만사의 해양성 특색을 강조하면서 대만은 일종의 해양문명을 대표한다고 주장했다. 그의 생각의 요점은 사전史前시대부터 서로 다른 종족 언어 문화의 인군人群이 대만 섬에서 활동했으며, 그들이 이곳에서 창조한 역사가 모두 대만사라고 보았다. 따라서 대만사를 건립하려면 대만도사를 기본적인 공간 단위로 삼아 섬 안에 산 사람들을 연구의 주체로 삼아야 한다는 것이다.

대만학계는 중국은 대륙형 문화여서 폐쇄적이고 보수적인 반면, 대만은 해양형 문화여서 변화와 새로운 것을 구하는 문화라고 대만역사의 특징을 강조한다. 이에 반해 대륙학계는 중국은 대륙국가에 그치지 않고 해양국가이기도 하다면서 해양중국의 대표사례로 대만을 포섭하여 대만역사를 중국지방사의 일부분으로 흡수하려 한다. 이런 관점차이는 대만의 역사 전반에 걸쳐 상이한 해석을 낳고 있는데, 대만 내 통일파와 독립파 사이에서도 유사한 논쟁이 일어났을 뿐만 아니라 역사

교과서를 둘러싸고 분쟁을 불러와 흥미롭다. 아래에서는 해양의 관점에서 대만사를 간단히 정리하였다.

1) 조기 대만시기

대만은 사면이 바다이어서 본래 섬에는 사람이 없었고, 모두 외부로부터 온 이주민들로 이루어진 전형적인 해양이민의 나라이다. 원주민은 남도어계로 유라시아대륙의 동남쪽에서 대략 6,000년 전 바다를 건너 대만에 건너온 것으로 추정한다. 이러한 남도어계민족은 연해와 연하 지역에 거주하면서 수력자원을 이용하여 생활했다. 초기에 산으로 이주한 일부 민족을 제외하고는 대부분 평원과 연해에 살았으며, 그들 중 일부는 지금도 여전히 해양민족의 특색을 지니고 있다. 대만 해역을 흐르는 해류를 흑조黑潮, Kuroshio라고 부르는데, 필리핀 연해와 대만 동쪽 연안과 대륙붕을 지나 북상하여 일본에 이른다. 이 해역은 풍부한 어장을 형성하여 오래전부터 한인어민들이 흑조를 따라 대만에 오곤 했다. 또한 대만은 지리적으로도 동남아와 동북아가 교차하는 지점이자 대륙연안과 연결되는 지점에 있다.[15] 대륙학계에서는 대만 섬에 거주하던 고산족의 기원을 중국 화남 지역에서 이주한 고인류로 보지만, 대만학계에서는 원주민의 서래설를 바대하고 동남아에서 이주한 남래설을 지지하는 경향이 강하다.

송원대를 전후해서 해상항운과 무역을 매우 발달하여 서아시아 남

15 戴寶村, 「導言」, 『臺灣的海洋歷史文化』, 玉山社, 2011.

아시아 동남아시아의 상인들이 범선으로 중국무역을 하였다. 그러나 당시 중국을 왕래하던 범선은 주로 중국대륙 해안을 끼고 항행했기 때문에 극소수만이 대만 섬과 접촉할 기회를 가졌을 뿐이다.[16] 명대부터는 해금정책을 실행하여 과거의 영화를 누리지 못했고, 오히려 유구가 동북아 동남아 중국 동남연안 해상무역의 중심이 되어 작은 섬이지만 왕국을 이루어 번성했다. 이 시기 대만이 거의 알려지지 않은 까닭은 국제무역에서 매력적인 상품이 없었고, 동아시아 무역 네트워크에서 벗어나 있었기 때문이다.

그런데 16세기 중엽이후 대만의 국제적 지위가 갑작스레 바뀌면서 이른바 조기早期대만시기(보통 대만역사의 출발을 알리는 네덜란드·스페인 통치시기와 정씨鄭氏통치시기를 지칭함)가 시작되었다. 서유럽 해양제국들이 동쪽으로 진출하면서 대만은 동아시아와 유럽 간 중요한 무역노선에 위치하게 된 것이다. 포르투갈과 스페인이 전 세계를 대상으로 식민지와 해상무역의 이권을 놓고 다툴 무렵, 후발주자인 네덜란드는 정부의 전폭적인 지원 아래 1602년 동인도회사를 만들고 해상무역의 독점권과 군대를 조직해 전쟁할 수 있는 권리를 얻었다. 동인도회사가 중국과 일본무역을 전개하는 과정에서 1624년 대만의 동남부 일부 지역을 점령하였다. 이를 견제하기 위해 스페인은 1626년 대만의 동북부 일부 지역을 점령해 식민지를 만들었으나, 1642년 네덜란드의 공격에 패배하여 물러났다. 네덜란드 통치시기는 해양대만의 특징을 이해하는 핵심적인 시대로 최근 들어 연구성과가 많이 나온다.

16 曹永和, 「荷蘭與西班牙占據時期的臺灣」, 『臺灣早期歷史研究』, 聯經, 1979, p.26.

네덜란드·스페인인들이 대만을 동아시아 중계무역거점으로 만들었다면, 정성공鄭成功은 반청복명의 깃발아래 네덜란드인을 몰아내고 대만을 반청의 근거지로 삼았다. 처음 정성공이 대만으로 왔을 때 원주민과 한인이 무조건 환영한 것은 아니며 적지 않은 저항도 있었다. 정성공 사후 정경鄭經이 대만 최초의 한인정권인 동녕東寧을 건국하였다. 그 후 해양입국의 정씨 왕조는 일본 나가사키와 대만 및 복건 광동 연해의 해상무역을 장악하여 명실상부한 동아시아와 남양의 해상무역왕국을 건립하였다. 바다를 매개로 잠시나마 경제적 풍요를 이루었으나 청제국 연해에 영향력을 미치고 무역이익을 보려는 시도가 오히려 망국을 초래하였다.[17] 정씨 왕조와 관련해서는 전통적인 제국주의식민, 한인개척의 해석입장에서 많은 연구가 이루어졌다. 특히 정성공을 민족영웅으로 묘사하며 찬양하는 글들도 적지 않았다. 하지만 대만사와 해양사 연구가 꾸준히 늘어나면서 정씨 왕조의 의의를 과장하기보다는 대만과 세계의 접촉을 강조하고 대만 섬 내 족군의 움직임을 주목하는 방향으로 연구가 선회하였다.[18]

대만학계는 대체로 조기 대만시기 네덜란드와 스페인의 통치를 경험하면서 사회구조가 단시간 내에 비약적인 혁신이 있었을 뿐만 아니라, 유럽 아시아 여러 국가의 경쟁으로 말미암아 세계무역체계에서 불가결한 구성원이 되었다고 평가한다. 이렇듯 대만은 국제화된 해양국가였음에도 불구하고 1683년 정씨 왕조의 몰락과 1684년 청조의 대만통치 이후 해금정책으로 말미암아 바다와 멀어졌다는 것이다. 대륙학

17 薛化元·戴寶村·周美里, 앞의 책, pp.54~59.
18 林琮舜, 「海洋史研究之回顧」, 『臺灣與海洋亞州』, 臺灣大學歷史系, 2015.

계의 시각에 따르면, 17세기 20년대 초 네덜란드와 스페인 식민주의자들이 차례로 대만에 들어오고, 17세기 초 동북지방의 만주족이 40년대 초 중원에 들어와 청군은 정성공이 장악한 복건과 네덜란드인이 점령한 대만과 대립하였다. 정성공은 항청운동이 실패하자 새로운 항청기지를 찾고자 대만으로 건너와서 네덜란드 식민주의자들을 내쫓고 대만을 수복한 민족영웅이라고 본다.[19] 하지만 대만을 정복한 청의 수사제독 시랑施琅 역시 국가영웅으로 평가함으로써 논리적인 자기모순에 빠진다.

2) 청조 통치시기

청조는 천계령遷界令, 해금海禁, 초무招撫 등을 비롯해 무력을 동원하여 대만을 점령했으며, '대만을 방어하기 위해 대만을 통치한다'는 방침에 따라 대만을 다시는 외부인의 손에 넘어가는 것을 막기 위한 통제정책을 실시하였다. 한인들이 대만으로 이주하는 것을 엄격히 제한하자 불법적으로 대만으로 건너가다 선박이 난파해 죽는 경우가 비일비재하였다. 게다가 남자들만 건너가다 보니 성비의 불균형이 심각해져 사회가 불안해졌다. 1717년 청조가 모든 남양무역을 금지시키자 대만의 해외무역은 단절되었다. 1727년 청조가 다시 남양무역을 개방했으나 대만을 대외무역항으로 지정하지는 않았다. 청의 통상항구로 하문과 광주가 정해지자 한 세기가량 번영하던 대만의 해외무역은 침체에 빠졌으

19 陳在正, 「引言」, 『臺灣海疆史研究』, 廈門大學出版社, 2001, p.7.

며, 중국 연해 항구와의 교역 정도로 규모가 축소되었다. 청 제국의 육권통치사상은 해양지리적 특징을 가진 대만이 다시 동아시아와 유럽의 주요 무역거점이 되는 것을 막았으며, 상인기질이 강한 복건상인들조차도 보수적인 정치체계 속에서 자신들의 특색을 발휘하지 못했다. 이 때문에 중상적인 해양성격은 점차 농업대만으로 바뀌어갔다. 혹자는 대만이 중국에 가까웠기 때문에 중국인이 유일하게 해상으로 진출해 식민지를 만들고 판도 내에 넣은 것이지, 만약 대만이 중국과 거리가 멀었다면 대만으로 이주한 한인들은 마치 동남아 화인거주지와 마찬가지로 변했을 것이라고 예측하였다. 즉 서양제국주의 식민지가 되었지 한인사회로 성장하지는 못했을 것이라는 생각이다.[20]

청조 통치시기 대만 원주민과 한인과의 세력관계는 오랜 세월동안 끊임없는 논쟁거리였다. 한인이주민이 수적으로나 문화적으로 대만사회의 주류집단이 되면서 원주민, 특히 귀화한 원주민인 숙번熟蕃의 토지는 대량으로 한인의 손에 넘어갔다. 숙번지권의 상실과 변천 과정은 1980년대 원주민사가 흥기할 때부터 주목받은 문제였다. 초기에는 한인개발사의 각도에서 원주민을 관찰하여 상대적으로 단순하게 그들이 토지를 잃어 가난에 처했다든지 다른 곳에 이주할 수 없어 한인의 문화와 제도를 받아들였다는 정도였다. 1990년대에 들어와 원주민의 입장에서 한인이 경계를 넘어 토지를 개간한 사실을 탐구한 연구들이 나타났다. 원한관계는 경우에 따라서는 해양사와도 밀접한 관련이 있다. 비록 청대 대만은 국제무역망에서 벗어나 있었지만 시간이 흐름에 따라

20 湯錦台, 『大航海時代的臺灣』, 如果出版社, 2011.(앞의 책 서두에 실린 추천사에서 재인용)

대만과 대륙의 범선무역이 증가하면서 양 지역 간의 분업관계가 나타났으며, 대만과 동남아무역도 일정 정도 유지되었다. 대륙학계에서는 대만 원주민과 대륙에서 이주한 한족과의 관계를 우호적으로 보면서 대만 평지에 거주하던 평포족平埔族을 대체로 한족으로 분류하지만, 대만학계에서는 이런 분류에 동의하지 않으며 '잃어버린 포모사부락의 역사'를 회복하는 차원에서 평포족 연구가 한창이다.

1860년 영프연합군이 북경을 점령한 후 맺은 천진조약의 영향으로 1865년 대만이 개항하면서 기존 무역관계에 근본적인 변화가 나타났다. 대만의 장뇌樟腦 차 설탕 등이 주요 무역품이 되면서 수출량이 대폭 증가했을 뿐만 아니라, 대만의 경제제도나 항운무역에도 큰 변화가 찾아왔다. 이런 상품들은 중국뿐만 아니라 전 세계를 시장으로 삼았다. 이것은 19세기의 제국주의가 대만을 다시 세계시장체제 내에 편입시킨 것이다.[21] 통상을 시작한 이래『대만통사臺灣通史』에도 묘사되었듯이 '대만해국臺灣海國'의 모습을 띠었는데, 지리적 이점을 살려 상업무역으로 동서문화 교류의 창구 역할을 담당하였다. 대만에서 합법적으로 해외무역을 한 항구는 다섯 곳이었다. 그 가운데 두 곳은 안평安平(고웅高雄을 포함)과 담수淡水(기륭基隆을 포함)였는데, 이 두 항구는 외국선박에도 개방되었다. 그밖에 창화彰化일대의 녹항鹿港과 해풍항海豐港, 선란宜蘭일대의 오석항烏石港 등이 있었다. 이 세 항구는 단지 중국범선의 출입만을 허락하였다.[22] 청대 대만과 대륙 간의 상업 활동이 빈번해지자 범선Junk항운이 융성했

21 吳密察, 앞의 글, p.8.
22 陳國東, 「臺灣歷史上的貿易與航運」, 邱文彦主編, 『海洋與臺灣－過去現在未來, 航運貿易新趨勢』, 胡世圖書, 2003, p.25.

으며 연해 항구도시가 흥기하였다. 따라서 항구 연구는 청대 대만해양사뿐만이 아니라 경제사 연구의 중요 주제이다.

그런데 대륙학계의 경우, 개혁개방 이전에는 청조나 제국주의에 대한 투쟁만을 강조하던 시각에서, 개혁개방 이후에는 청의 대만건성臺灣建省과 근대화 노력을 높이 평가하는 쪽으로 바뀌었다. 그 배경에는 청조를 중심으로 하는 통일적 다민족국가론을 정당화하고 여기에 대만을 하나의 지방사로 포섭하여 대만의 중국 귀속여부를 당연시 여기려는 의도가 엿보인다.

3) 일본 통치시기

1895년 청조는 청일전쟁의 패배에 따라 일본과 맺은 「시모노세키조약」에 의거하여 대만과 팽호를 일본에게 할양하였다. 일본의 식민지배정책은 본국의 군사적 경제적 필요에 따라 대만을 일본의 해양무역체제 안에 넣었는데, 이로 인해 대만인들은 해양국가의 식민지라는 새로운 체험을 하게 되었다. 대만이 일본의 해양문화 범주에 포함되면서 일본 정부 주도 아래 대만 고유의 해양생태와 문화체계에 대한 조사 연구가 이루어졌다. 그 후 "농업의 대만, 공업의 일본"이란 구도가 설계되어 산업분업화가 이루어지면서 대만은 일본제국의 산업구조 속에 재편되었다. 이런 구상은 1930년대에 새로운 제국정책으로 인해 재조정이 이루어졌다. 이 시기 일본제국은 동남아 지역으로의 진출을 위하여 대만의 지리적 이점을 이용하고자 대만을 남진정책의 전진기지로 삼았다.

동남아 지역을 제국의 범주 내에 넣기 위해서는 대만 산업을 육성할 필요를 느낀 것이다. 이에 일본은 대만의 중공업을 육성시키기 위해 일본의 자본과 대만의 노동력 및 풍부한 자원을 이용하였다. 이에 다라 1930년대 이후 대만의 신흥공업도시들은 급속하게 발전하였다.[23]

대만학계의 일본 통치시기에 대한 연구는 1980년대 이전에는 권위주의 정치체제로 인해 거의 대부분 민족주의관점에 의거해 대만할양의 시말과 무장항일운동에 주목하였다. 1990년대에 들어와 일본 통치시기에 대한 정치적 금기가 해제되면서 대만사 연구의 새로운 화두로 떠올랐다. 널리 알려졌듯이, 대만학계는 한국과는 달리 이른바 식민지적 근대성colonial modernity에 대한 적극적인 평가가 시도되었다. 일본 통치시기에 대한 연구가 항일사관에서 벗어나 식민통치를 연구한 것은 불과 20여년을 넘었을 뿐이다. 민족주의적 관점에서 이루어진 연구에 대한 분석하면서 이 시기에 대한 편견을 수정하고 있지만, 그렇다고 해서 식민통치를 긍정하는 것은 아니다. 식민성과 근대성의 중층구조를 신중하게 탐색하고 있는데, 이 점은 해양사 분야도 예외는 아니다.

일본이 대만을 점령한 후 청조 통치시기와는 달리 해양관련 분야에서 괄목할만한 발전이 있었다는 사실은 부정하기 어렵다. 우선 해운 분야를 살펴보면, 일본 정부는 대만을 남진정책의 발판이자 화남진출의 거점으로 인식해 대만해운업에 대한 적극적인 지원을 아끼지 않았다. 강력한 통제정책으로 서양 상인의 해운업 진출을 막았으며 동시에 정부보조금으로 윤선공사가 일대日臺항선을 만들도록 고취하였다. 이에

23 吳密察, 앞의 글, pp.9~10.

대일항선, 대만연해항선, 중국항선, 남양항선 등이 구축되었으며, 기본적으로 대만무역은 대륙이 아닌 일본을 향하게 되었다. 일본이 대만을 식민통치한 50년간 해운은 새로운 발전단계에 접어들었는데, 현대화된 증기윤선이 구식범선을 대체했고, 대만과 일본 간에 밀접하고 빈번한 해운왕래가 이루어졌으며, 점차 대만과 중국대륙 연해는 물론 동남아 항운무역도 상당히 발전하였다. 일본 통치시기 대만의 어업은 비약적으로 발전하였다. 이것은 일본 본토가 어업자원에 의존하는 바가 컸기 때문으로 일찍부터 근대 어업기술을 받아들여 육지자원에서 해양자원으로 눈을 돌렸다. 식민 정부는 대만에서 어업을 발전시키고자 적극적으로 수산조사와 수산실험을 실시하여 어업기술을 개량하고 어업법규를 제정하였다.

중국학계는 일본 통치시기를 항일운동 연구의 연장선에서 연구하며, 대륙과 대만동포의 상호 협력을 강조한다. 대만동포의 항일투쟁을 칭송하고 일본의 제국주의를 전면적으로 부정하면서, 일본의 식민 통치가 대만에 거대한 재앙을 가져왔으며 어떠한 진보적 의의도 없다고 했다. 하지만 대륙학계 역시 명청시기 대만사와 달리 일본 통치시기 대만사의 연구에 특수한 상황이 있다는 사실을 인정한다. 해운업이나 수산업 분야 등을 포함해 열강의 중국에 대한 식민침략에 약탈성과 선진성이 공존하는 이중적 성질을 띠듯이, 일본의 대만 50년 식민 통치도 예외는 아니라는 것이다.

4) 중화민국 통치시기

제2차 세계대전 후 중화민국 정부는 군사적으로 일본 식민지 지배아래에 있던 대만을 접수하였다. 1949년 국공내전에서 패배한 국민당은 대만으로 철수했으며, 대만해협을 사이에 둔 양안의 정치적 냉전은 대만사회에 새로운 해금시대를 열었다. 장기간의 계엄시기에 일반인들에게 바다는 쉽게 접근할 수 없는 금지구역이 되었다. 그러나 신흥공업국으로 발전하면서 산업발전에 따른 수출입의 필요성은 대만의 해운체계를 세계적인 수준으로 끌어올렸으며, 항만운수업은 장족의 발전이 있었다.

전후 국민당의 계엄정책이 대만인을 해양과 단절시켰다면, 1987년의 해엄解嚴은 해양과의 새로운 관계를 설정하는 계기가 되었다. 그 후 대만사회에서는 이른바 '해양문화'담론이 출현하여 학계뿐만 아니라 사회 각 분야에 퍼져 신문 잡지 방송 등 대중매체에서 유행하였다. 허신량許信良 여수련呂秀蓮 등과 같은 정치가부터 여영시余英時 등과 같은 저명학자에 이르기까지 저서와 논문을 써서 대만 해양문화의 역사와 전통을 선전하였다. 이런 전방위적인 해양문화 열기는 사회 각계의 해양문화에 대한 관심을 불러일으키면서 상당 정도 관련 분야의 발전을 가져왔다. 그러나 이런 열기 뒤에는 홀시할 수 없는 문제가 숨어 있는데, 해양대만과 대륙중국 간의 문화적 관계를 끊으려는 경향이 바로 그것이다. 해양문화가 대만과 중국을 구분하는 기준이 될 수 있느냐의 문제는 이미 오래 전에 제기되었다. 대만 언론의 개방이 가속화되자 대단의 해양문화에 대한 논의가 증가하였고, 정치문제와 연계되어 대만독립론자들은 이 관점을 고취시켰다. 대만민주화 운동 과정에서 해양문화의 주장은 민주와 개혁의 또 다른 대명사가 되자 일부 지식인들은 국민당 권위체제를 비판하는 무기로 이용하였다.

2000년 대만의 정권교체가 대만사 연구의 열기를 고조시킨 것은 분명하지만 그대로 해양사 연구 붐으로 이어진 것은 아니다. 대만사 연구자의 광범위한 연구 성과 가운데 바다와 관련 있는 것들을 해양사의 범주에 넣을 수 있는지는 다소 애매하다. 그런 글들을 쓴 대만사 연구자 스스로 자신이 해양사를 연구한다고 생각하는지 여부도 불투명하기 때문이다. 실제로 해양사의 범주를 엄격하게 적용할 경우 대만학계의 해양사 연구자는 별로 많지 않다. 당시 대만독립파가 해양문화를 제창하는 것은 '중국을 버리려는'의 시도의 하나라고 볼 여지가 있는데, 이에 반발하는 측에서는 그들이 '중국에 대한 인연'을 방기하는 과정에서 일본제국주의와 식민주의를 찬양하고 있다고 비판하였다. 실제로 해양교육과 관련한 역사교과서 수정 과정에서 양자 간의 갈등이 일어났다.

민진당 정부 아래서 역사교과서를 만들 때인 2007년 교육부는 대만역사학회에 위탁하여 '해양교육과 교과서용어 검토계획海洋教育與教科書用詞檢核計劃'이라는 조사 연구를 진행시켰다. 이 프로젝트는 교과서 중에 적당하지 않은 용어를 찾아내어 수정함으로서 앞으로 역사교과서 제정 기준을 합리화시키는 데 주안점을 둔 사업이었다. 대만역사학회가 최종보고서(380쪽)를 제출하자 교육부는 행정명령으로 그중 5천개의 부적당한 용어를 초등학교부터 고등학교까지 교과서를 출판하는 출판사에 전달하여 반드시 이 표준지침을 참고해 교과서를 만들도록 했다. 예를 들어, '국부國父'를 '선생先生'으로 고치고, '국자國字'를 '중국자中國字'로 고치고, '국력國曆'을 '양력陽曆'으로 고치고, '광복光復'을 '전후戰後'로 고치고, '귀주성貴州省'을 '중국귀주성中國貴州省' 등으로 고치도록 했다. 이것은 반대파의 눈에는 해협양안의 역사와 관련된 각종 용어와 서술을 삭제하여 당시 민진당 정부의 '탈중국화去中國化'와 '일변일국一邊一國'의 양국론을 합리화하기 위한 방안으로 비쳐졌다.

'해양교육과 교과서용어 검토계획'은 국민당의 마영구를 비롯한 정치가는 물론 통일파계열 학자들의 격렬한 항의를 받았다. 비판론자들은 대만역사학회는 1995년에 만들어진 학회로 "대만을 하나의 주권독립 국가로 만드는 것"을 목적으로 역사학자들이 만든 단체라고 했다. 그들은 대만이 해도국가海島國家인데, 과거의 교육이 시종일관 "중국대륙문명을 주체로 삼았기"에 학생들이 해양문화에 대한 전체적인 인식을 가질 수 없었다고 생각해, "대만을 주체로 삼는" 역사관을 건립하기를 추구한다고 보았다. 따라서 그들은 대만의 다원문화와 대만민족주의를 강조한다는 것이다.[24] 이런 발상은 위헌이자 민주질서에 맞지 않는 블랙박스黑箱이며, 대독국가의식을 강행하는 것으로 계엄시기로 돌아가려는 시도라고 비판하였다. 실제로 이 프로젝트를 진행한 소속 대만역사학회 소속 대보촌戴寶村은 대만독립파로 분류할 수 있는 대만해양사 전문가였다.

2008년 다시 국민당이 집권한 다음에는 기존 민진당정권이 해양문화 정신을 계승 발전시킨 것이 아니라, 오히려 보수적인 '평원문화平原文化'보다도 낙후한 '도국문화島國文化'로 전락시켜 버렸다는 비판에 직면하

24 黃智賢, 「蔡英文不要逃! 黑箱製造臺獨娃娃兵」, 『黃智賢世界』 페이스북, 2015.8.3.

였다. 여기서 도국문화란 대륙문화에 비해 더욱 폐쇄적이고 고립적이라는 부정적 의미를 내포한다. 이에 다시 국민당 정부 아래서 해양문화의 의미에 대해 새롭게 해석하려는 시도가 있다. 예를 들어, 중국문화를 폐쇄적인 대륙문화로 보는 시각은 편협한 것이며, 중국 고대사의 경우 해양적 성격과 대륙적 성격이 혼재되어 있는 역사라는 것이다. 따라서 대만의 해양문화도 중국 해양문화의 연장선상에서 바라보아야 하며, 단지 특수한 지리적 위치로 말미암아 대륙 연해 지역에 비해 외래문화를 흡수할 기회가 많았다는 해석이다. 이 점은 최근 대륙학계의 해석과도 어느 정도 일맥상통한다.[25] 그러나 2016년의 총통선거 결과 채영문蔡英文의 민진당정권이 다시 집권하면서 새로운 해양문화론의 출현도 관심을 가지고 지켜볼 일이다.

3. 하나의 역사, 복수의 역사학

시대별로 '해양대만'의 특징을 요약하면 다음과 같다. 조기 대만시기史前(1683)는 네덜란드의 대만 식민통치와 이를 이은 정씨 왕조의 통치시기로 동아시아 해상무역이 활발했던 때여서 가장 해양대만의 특징이

25 대만의 해양문화는 다원일체의 중국문화의 일부분이라는 중국 측 주장이 있다. 근래 들어 대륙학계는 역사적으로 중국대륙도 오랜 해양문화 전통이 있고 해양문화는 중국문화의 주요 구성 부분이라며, 대만 해양문화 역시 중국복건 해양문화가 대만으로 연장된 결과이므로 양안문화는 불가분의 밀접한 관계라고 한다. 이른바 대만문화가 해양문화라는 것이 중국대륙문화와 본질적으로 다르다는 논리는 학술적으로 성립할 수 없다는 주장이다.(陳思, 「略論臺灣海洋文化的歷史與現實」, 『臺灣研究集刊』, 2011.5期, p.15)

잘 드러난 시기이다. 청조 통치시기(1684~1894)는 해금정책이 기본적인 국가정책이었으므로 해상무역보다는 대만 내 토지개발이 활발한 시기였다. 토지개척을 둘러싼 원주민과 한인과의 모순과 갈등이 첨예해 이른바 원주민-한인관계가 중심이다. 하지만 청말 대만이 개항하면서 서양열강과 일본의 진출이 활발해지자 다시 해양이 주목을 받았다. 일본 통치시기(1895~1945)는 식민지화와 근대화가 각종 논의의 핵심이다. 요즘 대만사 연구의 흥기와 더불어 사료가 상대적으로 풍부한 이 시기 해운과 항구를 비롯한 각종 해양문화 관련 연구가 한창이다. 중화민국 통치시기(1946~현재)는 2・28사건과 백색테러시기를 넘어 산업화와 민주화가 이루어진 시기이다. 비록 대륙과의 갈등으로 국제적으로 고립된 측면도 없지 않지만 바다를 통한 수출입무역을 통해 현재의 경제발전을 이루었다.

본문에서 살펴보았듯이, 대만사 연구의 흥기 과정에서 해양사 분야는 역사논쟁에서 빼놓을 수 없는 주제이다. 서양학계의 해양사 연구의 출발이 '해양'이라는 지리적 시각으로 정치사를 대체하려는 의도였던 것과는 달리, 대만 해양사 연구가 자의든 타의든 대만의 통독문제와 관련해 정치적으로 해석될 여지가 있다는 사실은 주목할 만하다. 실제로 조영화의 대만도사관은 대만 중심주의 역사관을 건립하는 데 깊은 영향을 미쳤다. 대만도, 동아해양, 전지구적 시야의 해양사 연구 등의 표현은 대만 중심주의를 확립하여 동아시아사 맥락의 '대만학'을 건립하려는 시도였다. 그리고 일반인들에겐 해양대만, 해양문화, 해양국가 등의 용어로 전달되었다. 임만홍林滿紅에 따르면, 중국 국영방송의 '하상河殤'과 같은 프로그램에서 나타나듯이 황하를 중심으로 하는 내륙문명은 중국을 해양문명으로 발전하기 어렵게 만들었다고 한다. 하지만 대만은 매우 다행스럽게도 해양문명에 속하지 내륙문명은 아니라고 한다. 게다가 중국 동남연해의 해양문명 뿐만 아니라 대만도 원주민을 계승해 동남아로부터 이입된 해양문명이기도 하다는 것이다. 그녀는 대륙문명이 대만문화 근원의 하나임을 기꺼이 인정하지만 동시에 중국 위주의 역사사고에서 벗어날 것도 강조한다. 그리고 세계를 틀로 삼아서 중국문화에 빠진 대만인의 역사기억을 중건하자고 주장한다.[26]

해양대만 연구는 대만사회에 자극을 주어 대만사를 독립영역으로 구축하는 데 상당한 도움을 주었다. 대만인들은 수천 년 동안 섬으로 집을 삼았고, 바다로 길을 삼았다면서 자신들이 고도의 개방성과 포용성을 지닌 까닭은 역사 발전이 해양과 불가분의 관계를 가졌기 때문이라고 말한다. 17세기 대항해시대에 네덜란드나 스페인이 대만을 점령한 것이나, 일찍부터 대륙한인들이 바다를 건너와 원주민을 밀어내고 대만의 주요 족군이 된 것이나, 일본이 대만을 식민지로 삼아 섬나라문화를 이식시킨 것 등 모두 해양도서의 지리적 특징을 지닌 대만의 운명이라는 설명이다. 대만학자 대보촌의 견해에 따르면, 오랫동안 이루어진 교육은 대만인의 마음속에 대륙국가의 사유방식을 심었는데 지금까지도 이를 쉽게 제거할 방법이 없다고 한다. 하지만 대만은 본래 해양지리적 위치와 해양역사의 발전 과정에 맞추어 자신의 해양사관을 건립할 필요가 있다고 본다. 해양역사 연구를 추동하여 대만해양의 역사상을 중건하고 대륙국가 사유체계로 만들어진 문화체계를 반성해야만,

26 林滿紅,『晚近史學與兩岸思維』, 麥田出版, 2002, pp.157～158.

비로소 사면이 바다로 둘러싼 현실로 돌아갈 수 있다고 주장한다.[27]

이와 달리 대만해양사를 연구하는 대륙학자 진사陳思의 판단에 따르면, 대만 해양문화의 원류가 대륙에 있으며, 발전 과정에서도 대륙영향을 많이 받고 있다. 대만의 발전 과정은 중국 해양문화권의 중요한 구성 부분이고, 대륙 해양문화가 대만에 연장된 것이다. 따라서 대만 해양문화와 대륙 간의 관계를 끊을 수 없다는 것이다. 진사는 대만학계의 해양문화에 대한 연구는 대만 해양문화의 주체성과 특수성을 강조하고, 중국 해양문화와의 공통성이나 관련성 문제를 홀시하며, 중국 대륙문화와 대만 해양문화를 대조시켜 대륙정권이 대만의 해양성을 억압했다고만 주장한다고 본다.[28] 이런 해양문화에 대한 해석 차이는 다족군사회, 이민사회, 외래정권 등과 같은 주제로 이어져 대륙과 대만 간의 역사논쟁을 불러왔고 대만학계 내에서도 광범하게 논쟁이 벌어졌다. 순수학술논쟁이라고 보기에는 정치문제가 너무 깊이 개입되어 있어 쉽게 해결될 수 있는 사안은 아니다.

정리하자면, 대만을 둘러싼 역사논쟁은 독립파와 통일파 사이의 논쟁은 물론 대만독립파 내부에서도 전선이 형성되었고, 대륙학계 역시 이 논쟁에 가세하여 중국의 대만사학자와 대만의 독립파학자 간에서도 논쟁이 이루어졌다. 여기서는 다루지 못했으나 중국애국주의와 대만민족주의를 모두 비판하며 제3의 길을 모색하는 소수의 학자들도 있다. 해양대만론을 둘러싼 역사 갈등의 사례에서도 확인되듯이, 대만사회에서 대만

27 戴寶村,『臺灣的海洋歷史文化』, 玉山社, 2011 참고.

28 陳思,『臺灣傳統海洋文化與大陸』, 楊國楨 編,『中國海洋文明專題研究』 9, 人民出版社, 2016, pp.6・237.

사라는 하나의 역사에 복수의 역사학이 공존하며 갈등하는 상황은 중화민국사와 대만사 사이에서 방황하는 대만지식인의 심리를 잘 보여준다.

제2부

근대 동북아 해역에서 이동의 양상

서광덕_ 동아시아 해역도시의 문화교류와 인적 네트워크
동아시아 개항장의 서양 상인들의 궤적을 중심으로

마쓰우라 아키라松浦章_ 근대 동아시아 해역의 항운航運
시모노세키와 부산 : 『마관물가일보馬關物價日報』를 중심으로

권경선_ 근대 산둥인의 노동 이동과 해항도시의 객잔客棧

장칸張侃_ 근대 아시아 해양 네트워크와
재중在中 한국독립운동의 전개

동아시아 해역도시의 문화교류와 인적 네트워크

동아시아 개항장의 서양 상인들의 궤적을 중심으로

서광덕

1. 이끄는 말

현재까지 근대화 과정에 대한 연구는 일국一國을 단위로 진행되었다. 하지만 근대화 과정의 주요한 형태인 국민국가의 수립 자체가 각 국가나 지역 간의 교류에 의해 시작된 것처럼, 일국의 근대화 과정을 단순히 일국만에 국한된 것으로 볼 수는 없다. 동아시아 지역의 각국의 근대화 역시 예외는 아니다. 아울러 근대적 국가의 경계 내에 포섭된 각 지역(방)의 근대화 역시 중앙(정부)에 의해서 모두 통제된 것은 아니었다. 이러한 문제의식은 '국민국가비판'과 함께 이미 지난 세기말부터 국내의 학계에서 활발한 논의가 이루어졌고, 세계사적으로는 냉전이 종식되고 난 이후 일국을 넘어 '지역연합'이니 국민국가의 경계를 최소화하는

'로컬리티' 등의 용어가 유행한 것처럼 지역에 대한 관심이 급증했던 것과도 연결된다. 그리고 지역과 관련된 이런 논의는 미국 중심의 지역학과 연동하면서 새로운 연구주제로 부상하였다.

한국에서도 '동아시아'라는 용어가 등장하여 이 지역 연구자들의 주목을 끌고 다양한 연구가 전개된 지도 오래되었다. 특히 최근의 영토분쟁 등과 같은 동아시아 국가 간의 대립은, 동아시아라는 지역을 대상으로 한 그간의 논의가 궁극적으로는 상호 이해와 연대의 초석을 놓기 위한 방안을 마련할 실천적인 연구로 이어질 것을 절실하게 요청하고 있다. 이에 부응하여 지금까지 일국을 넘어 동아시아 지역 전체의 근대화 과정을 탐문하는 연구가 다양한 분야에서 진행되어 왔고, 이처럼 다양한 분야에서의 연구는 이미 인문학이나 사회과학과 같이 종래의 분과학문 체계에 기초한 연구가 아닌 학제 간 연구의 성격을 띠고 있다.

이런 연구사적 배경에 기초해, 이 글은 근대 이후 개항된 동아시아 지역의 해역도시를 배경으로 그 항구를 자유롭게 왕래하면서 동아시아 근대화의 일익을 담당했던 서양인들, 예를 들어 서양 관리, 선교사, 상인, 전문가 등의 활동에 대해 검토하고자 한다. 특히 근대 동아시아에서 서양 상인들의 인적 교류에 대해 주로 살펴봄으로서 근대 초기 동아시아라는 공간에 대해 사고해보는 계기를 마련하고자 한다. 즉 동아시아 해역도시의 외국인 거류지에서 살아간 서양 상인들의 교류가 어떻게 전개되었는지 인적 네트워크를 중심으로 살펴보고, 해역도시의 형성 과정에서 외국인 거류지(조계지)가 지닌 문화사적 의미에 대해 탐문해보고자 한다. 이를 통해 본 연구는 해역도시 간의 문화교섭이 근본적으로 물적 그리고 인적 교류라는 차원에서 이루어진다는 자명한 전제를 확인하고, 나아가 이런 인적 교류에서 드러나는 일상성과 혼종성은 종래 소위 '동양 대 서양', '충격과 저항' 또는 '수용과 전파'라는 추상적인 대립구도에 입각해 상호 문화교류를 해석해온 방식을 비판적으로 넘어서는 시각을 제공해 줄 것으로 기대한다.

2. 근대적 무역과 서양 상인의 출현

오래전부터 동아시아 지역에서의 역내 교역은 중국을 중심으로 이루어졌다. 가까이 청대 중국에서 시행된 책봉정책 즉 조공관계는 근대 이전 동아시아 지역의 교류를 대표하는 것이다. 그런데 이 조공관계는 현재의 국민국가 시스템의 관점에서 보는 그런 지배-종속의 관계가 아니었다는 것이 최근의 연구관점이다. 이런 조공관계는 단순히 정치(외교)적 관계만이 아니라, 물자의 교류 즉 무역(관무역)의 성격도 함께 갖고 있었기 때문에 조공무역체제라고 불리기도 한다.[1] 이와 같은 무역은 사무역과 해상무역 등과 함께 동아시아 지역의 중요한 무역의 방식이었다. 여기서 무역의 중심지는 교통수단에 따라 내륙의 도시가 되기고 하

1 하마시타 다케시(浜下武志)의 『近代中國の國際的契機—朝貢貿易システムと近代アジア』, 東京大學出版會, 1990 이후, 조공체계와 관련해서는 최근 많은 논자들에 의해 거론되고 있다. 특히 '체국'과 '제국주의'에 대한 논란과 연동하여 더욱 주목을 받고 있는 주제이다. 예를 들어, 조공관계는 무역과 평화를 보장하는 나라 간 시스템으로, 만약 이것을 '제국'으로 간주한다면, '제국주의'는 먼저 상대방을 주권국가로 승인한 뒤 그들을 자본주의 경제로 편입시키고 나아가 문화적 층위에서도 동화를 진행한다. 서양 열강은 "'제국'에 종속된 여러 국가를 해방시킨다'라는 빌미로 그들의 지배를 강행한 것이라는 지적 등이 나오고 있다. 향후 전개될 새로운 논의에 주목할 필요가 있을 듯하다.

고, 강의 포구가 되기도 하고, 바다의 항구가 되기도 했지만, 역시 주된 곳은 내륙의 도시였다. 그런데 근대 이후 동아시아 지역의 이러한 형태의 무역은 장거리 항로를 개발한 서양 상인들에 의해 변화하게 되었다.

19세기까지 중국을 중심으로 한 동아시아 지역의 전통적인 조공무역체제는 이후 아편전쟁의 발단에서 알 수 있듯이 상인들을 앞세운 서구의 교역 요구에 의해 동요하기 시작한다. 무역을 위해 문호개방을 요구한 서구는 먼저 전통적인 무역형태를 준수할 것을 중국 등으로부터 강요받자 폭력적인 방식으로 동아시아 각국의 문호를 개방토록 압력을 가한다. 이후 불평등조약을 맺으며 자유롭고 공정해야 할 무역이 불평등하고 폭력적인 형태로 전환하게 되고, 이런 조약을 계기로 해안 지역에 개항장이 형성되면서 동아시아 지역에서는 종래 보기 어려웠던 해역도시가 다수 형성되게 된다. 조선의 부산, 인천, 원산, 군산 등, 중국의 광주, 상해, 천주泉州, 하문夏門, 영파寧波 등, 일본의 가나가와神奈川 요코하마橫濱와 나가사키長崎, 하코다테函館 등은 모두 이처럼 개항을 계기로 형성된 해역도시들이다. 이 해역도시는 전통과 서구가 공존하는 특이한 장소이자 동아시아 근대의 표본이다. 이런 해역도시는 서구 상인들의 무역을 위한 부대시설이 마련된 개항장 일대를 중심으로 그 지역의 상인을 비롯한 원주민들이 사는 곳과 그 밖의 지역들로 구성된다.

동아시아 개항장에는 무역을 위해 서양 상인들이 출입하고, 또 이들과의 교역을 위해 한국, 중국, 일본인들이 상호 왕래했으며, 그리고 개항장의 현지인들이 이런 교역에 종사하는 말 그대로 다양한 인간과 물자가 넘나드는 시끄럽고 복잡한 국제적인 시장이었다. 그리고 이 개항장에는 인간과 물자의 교류를 타고 상이한 지역의 문화들이 교통하는 공간이 형성되는데, 바로 그리스도교와 같은 외래 종교를 전파하려는 선교사들도 있었고, 또 의사와 같이 특수한 기술을 가진 전문가들 그리고 상인들의 권익을 보호하기 위해 파견된 각국 정부 관료와 군인들이 거주하고 있었다. 이들은 자주 그들만의 장소에서 파티를 열고 서로 이국의 설움을 달래기도 했고, 또 일상을 개항장에서 보내면서 자신과 다른 민족과 연애를 하거나 결혼도 했으며, 이를 통해 자신과 다른 문화를 수용하며 동화가 이루어지기도 했다. 이런 과정에서 자국으로 돌아가지 못하고 개항장에서 죽은 사람들은 그곳에서 묻히기도 했다. 이것이 현재 서울과 인천이나 요코하마, 하코다테와 나가사키 그리고 상하이萬國公墓 등지에 남아 있는 외국인 묘지다. 이것은 최근 근대 건축물 복원에 대한 찬반양론을 일으킨 외국 공관이나 상관商館과 같은 서양식 건축물들에 비해 주목을 받지 못했던 것이기도 하지만, 인천의 경우처럼 새롭게 조성하는 인천가족공원묘지에 이장하기로 결정되면서 외국인 묘지에 대한 역사적 복원이 이우러질 전망이다. 본 연구의 출발은 바로 이 외국인 묘지에서 시작된다.[2]

2 이 글은 몇 년 전 인천시의 외국인 묘역(화교묘역 정비 포함) 정비 사업의 용역을 수임하기 위해 행했던 일차적인 조사의 연계선상에서 작성되었다. 인천시는 2009년 '인천방문의 해'를 기점으로 인천국제도시축전 등의 전시성 행사를 기획하면서 인천의 근대사 복원에 대한 실제적인 작업을 진행하지 못한다는 비판을 받았지만, 현재 근대 건축물을 비롯한 외국인 거류지와 묘지 등에 대한 역사적 고증과 복원을 시의 정책 가운데 하나로서 진행하고 있다. 이 논문은 이런 흐름과 관련하여 20세기 초 인천을 비롯한 동아시아 개항장과의 네트워크가 어떻게 진행되었는지 인적 교류를 중심으로 살펴보려는 것이다.

3. 조선의 개항과 서양 상인

인천의 외국인 묘지는 남구 도화동의 화교 묘지義莊地, 중구 율목동의 일본인 묘지, 북성동의 외국인 묘지로 나뉘어져 있었다. 그 가운데 북성동의 외국인 묘지는 120여 년 전 이역만리 조선을 찾아온 외국인들이 잠들어 있던 곳이다. 인천 개항과 뿌리를 함께한 북성동에 자리잡았던 외국인 묘지는 애초 약 8천 평에 달하는 광활한 묘지였다. 최초의 매장이 1883년 7월로 되어 있는 이 묘역은 1914년 조계가 철폐되자 각국 영사관에서 관리를 하다 1941년 3천여 평만 남긴 채 5천 평은 철도 부지로 수용된다. 나머지 부지도 6·25때 파괴되거나 유실당해 1965년 연수구 청학동 4천여 평의 새 묘역으로 이전하였다. 1932년에 발간한 『인천부사仁川府史』에는 이 외국인 묘역에 영국인 21기, 미국인 14기, 러시아인 7기, 독일인 6기 등 모두 11개국 59명의 외국인이 묻혀 있었다고 한다.[3] 현재는 총 66명이 묻혀 있는데, 미국 17, 독일 11, 영국 9, 러시아 5, 이태리 3, 호주 2, 네덜란드 2, 프랑스 / 캐나다 / 스페인 / 폴란드 / 체코 / 중국 각 1기, 미확인 11기로 여기서 중국인 1명과 스페인 1명은 오례당吳禮堂 내외다.[4] 이 외에 중국인과 일본인은 한 사람도 없다.

이 묘지에는 개화기 조선의 근대에 있어서 중요한 인물이 많이 묻혀

3 인천광역시 역사자료관 역사문화연구실, 『근대문화로 읽는 한국최초, 인천최고』, 2005.

4 영국 8명, 미국 11명, 러시아 2명, 프랑스 3명, 이태리 3명, 호주 2명, 독일 6명, 캐나다, 중국, 스페인, 폴란드, 체코 각 1명씩이고, 신원 미상이 26명이라는 설도 있다. 『인천신문』의 기사에는 "미국 14, 영국 21, 독일 6, 인도 1, 오스트리아 1, 그리스 1, 네덜란드 2, 중국 1, 러시아 7, 프랑스 2, 이태리 3"이라고 했다. 국가와 인원에서 차이가 있는데, 인천가족공원으로 이장하면서 정비될 듯하다. 인천 외국인 묘역 명단을 수록해놓은 사이트(http://www.macoree.com/CimetiereInternational.html) 참고.

있는데, 이미 언급한 청나라 외교관 출신으로 세관에서 일했던 오례당, 인천에서 무역상으로 활동하며 많은 이익을 챙긴 독일 무역회사 세창양행의 헤르만 헹켈, 미국 타운센드 상회의 월터 타운센드, 자유공원 아래 병원을 세우고 어려운 사람들을 많이 고쳐줘 '약대인藥大人'이라는 이름으로 칭송받았던 미국인 랜디스 박사 등 개항 이후부터 1950년대까지 인천에서 활동했던 외교관, 통역관, 선교사, 상인, 의사 등 한국의 근대사 연구에서 빼놓을 수 없는 인물들이 많이 묻혀 있다.

이 글에서는 위에서 거론한 한국의 근대화에 있어서 중요한 역할을 했던 인물들과는 달리 그다지 이력을 잘 알 수 없는 인물에 주목하고자 한다. 바로 인천 외국인 묘지에 묻혀 있는 하나 글로버 베네트Hana Glover(1873~1938)의 무덤이다.[5] 이 인물에 주목하는 이유는 그녀와 연관된 인적 네트워크 때문이다. 하나 글로버 베네트라는 이 여성의 이름에서 알 수 있듯이, 결혼전의 성姓인 글로버와 결혼 후 남편의 성인 베네트의 결합으로 이루어져 있다. 여기서 아버지 성인 글로버는 바로 일본의 근대화에 크게 기여한 토마스 글로버를 가리키고, 남편인 베네트W. G. Bennett는 인천에서 영업을 했던 베네트상회(광창양행)의 상인이다. 하나 글로버 베네트가 1938년 이국땅에 묻히기까지 조선에 언제 들어와 어디서 살았으며 또 어떤 삶을 살았는지에 대해서는 자세히 알 수 없다. 다만 우리는 이 여성을 중심으로 연결된 인적 네트워크 그리고 이 인적 네트워크를 중심으로 무역 네트워크를 파악해 볼 수 있고, 당시 동아시아 해역도시의 외국인 거류

5 하나 글로버와 관련해서는 『인천신문』에 기고된 짧은 글이 있다. 손장원, 「'나비부인' 딸 인천에 살았다」, 『인천신문』, 2009.7.15.(http://www.incheonnewspaper.com/news/articleView.html?idxno=44619)

지의 형태 그리고 이들의 무역행위를 통해 동아시아 근대 해역도시의 문화교섭에 대해 엿볼 수 있을 것이다.

당시 조선은 오랜 쇄국정책이 발목을 잡아 세계사적 흐름을 막고 있었고, 또 외교사 연구자들이 지적하듯이 지형적으로 '오지'에 해당하는 관계로 상대적으로 서구인들에게 주목받지 못하였다. 게다가 개항의 과정 또한 같은 동아시아권의 국가 일본에 의해 시작되었다는 역사적 성격으로 인해 조선의 외국 상인과 교역 역시 제한적일 수밖에 없었다. 일본에 의해 개항된 이후 전통적으로 교역관계에 있었던 청을 제외하고 차례로 서구 열강과 조약을 맺은 뒤, 수도 서울과 가장 가까운 인천은 외국인 거류지(조계)가 설치되어 서구, 중국, 일본인 거류지라는 3가지의 대표적인 외국인 거류지가 형성되었다. 하지만 1910년 한일병합이 이루어지고 나서 외국인 거류지는 일본인 거류지가 대다수를 점하는 형태로 바뀌게 된다. 이 사이에 중국과 서양 상인들은 그 영업망을 넓히기 어렵게 되면서 점차 조선땅에서 철수하게 되었다.[6]

인천이 개항하자 처음 조선에 진출한 서구 상인들은 바로 이미 중국과 일본에 진출해 있던 서구의 상사들이었다. 그것은 서양에 문호를 개방한 이후 개항장의 경우 외국인들에게 직접투자를 원칙적으로 허용한 결과였지만, 조선은 서구 상인들의 진출로 인해 중국과 일본의 근대적인 해역도시와 네트워크를 갖게 되었다. 개항 초기에는 주로 유럽과 미국에서 진출한 상사들이 사업 규모나 내용에 있어 압도적 지위를 갖고 있었다. 일본인들이 운영하던 회사 중 비교적 규모를 갖춘 것은 은행,

6 이헌창, 「개화기 한국과 중국 · 일본의 경제교류」, 단국대 동양학연구소 편, 『개화기 한국과 세계의 상호 교류』, 국학자료원, 2004.

운송회사, 정미소 등이었으며, 대부분의 일본인들은 여관이나 소규모 상점을 운영했다. 또한 중국인들이 운영하던 회사나 상점도 일본인들이 운영하던 것과 비슷한 수준이었다. 즉 서양인들은 자신들의 자본과 기술력을 바탕으로 양질의 대규모 사업을 운영했으나, 일본인이나 중국인들이 운영하던 업체는 중소 규모에 불과했던 것이다. 유럽계 상사로는 이화양행, 세창양행, 홈링거양행 등이 있었고, 미국계 상사로는 타운센드상회가 대표적인 회사였다. 한편, 우리나라 상인들도 순신順信상회, 대동大同상회, 대평상회 등 여러 개의 상회를 운영했다. 순신상회는 순신창이라고도 했으며, 1885년 타운센드에게 인수됐다. 순신창을 인수한 타운센드는 서상집을 대리인으로 내세워 미곡무역에 종사했다. 인천에 진주한 최초의 서양인 상사는 독일계 상인자본으로 인천조계에 설치된 세창양행이었다. 이 상사는 조선에서 홍삼과 지금을 수출했고, 면포 철기 및 인쇄기계 등을 수입했다. 아울러 광산채굴권을 조선 정부에 요구해 허가를 얻어 채굴을 시행했지만, 큰 성공을 거두지는 못했다. 무역방면에서는 성공을 거두어 상해, 홍콩, 천진까지 거래처를 확장시켰다. 그리고 인천-상해 간 정기항로를 개척하고 홍삼의 독점 수출을 기도한 일이 있는데, 이는 조선에 영향력을 행사했던 중국의 저항을 받았다.

이화양행Jardine Matheson & Co.은 1832년 스코츠 윌리엄 자딘Scots William Jardine과 제임스 매디슨James Matheson이 중국 광저우에 설립한 상사로 중국에서는 이화양행怡和洋行과 사전양행渣甸洋行으로 불렸다. 우리나라에는 1883년 인천시 중구 중앙동에서 영업을 시작한 것이 시초로 우피무역에 종사했으며, 당시 이화양행은 폐선을 인천항 중국인 거류지 앞 바다에 띄워 놓고 이를 사무실 겸 창고로 사용했다고 한다. 1884년에는 묄렌도르프의 주선으로 조선 정부와 협약을 맺고 상하이에서 나가사키長崎, 부산을 경유해 인천에 이르는 정기항로를 개설하고 화물운송을 담당했다. 이후 이화양행은 미첼을 시켜 금화, 금성 등을 답사하는 등 조선의 광산채굴에 힘을 기울였지만 성과를 거두지 못하다가 1884년 12월말 인천에서 철수했다. 개방의 물결을 타고 조선에 들어온 영국계 상사로는 하나 글로버의 남편이 경영하던 광창양행과 홈링거양행이다. 이 두 영국계 상사는 다른 서양 상사가 광산채굴에 관심을 보인 것과 대조적으로 전자는 상하이에서 수입된 영국제 면직물을 인천에 재수입해서 판매하고 있었지만 영업이 부진했다. 후자는 조선에서 비교적 활발히 활동을 벌였던 회사인데, 조선에는 밀가루, 설탕, 총포 및 면직물을 수입해 왔으나, 러시아계 동보기선회사의 대리점을 맡고 조선산 미곡의 블라디보스토크 수출에 주력했다.[7]

이상의 서양 상회 가운데 이 글의 주제와 관련해 주목할 것은 바로 영국계 상사이다. 하나 글로버의 남편인 베네트는 원래 홈링거양행에서 일했다. 그는 나가사키에 본점을 두고 있는 홈링거양행에서 1891년부터 근무했다. 하나가 교육을 마치고 나가사키로 돌아와 부모와 함께 살던 때인 1894년에 베네트를 처음 만났고, 이들은 1897년 1월에 결혼했다. 다음 해에 베네트가 홈링거 상회 인천지점의 영업책임자가 되었기 때문에 조선으로 떠나게 되었다. 이리하여 그들의 조선생활이 시작되었다. 베네트는 1902년 일본인과 합작해서 일영무역상회를 설립했다.

7 이상은 송규진, 「개화기 한국과 서양의 상호 교류」, 『민족문화논총』 28, 영남대 민족문화연구소, 2003.

이후 1904년 베네트는 독립 준비를 위해 퇴사하고 그 뒤 광창양행(베네트상회)를 설립하였다. 그리고 베네트는 1915년 제1차 세계대전 중 일시 폐쇄되었던 영국영사관의 명예영사직을 수행하기도 했다.[8] 베네트와 하나의 조선에서의 생활은 1938년 하나가 세상을 떠나기 전까지 계속되었다. 이들의 조선생활에 대해서는 기록이 많지 않은 관계로 잘 알 수는 없지만, 하나가 죽은 뒤 베네트는 태평양전쟁 발발 직전에 영국으로 돌아가 1944년 런던에서 죽었다. 하나 부부에게는 4명의 자식이 있었는데, 모두 인천에서 태어났고, 이 항구의 거류지에 있는 벽돌로 지은 집에서 부유한 생활을 보냈다고 한다. 4명의 아이들은 학업을 위해 일본과 미국으로 유학을 떠났는데, 장녀인 이데스만 인천의 부모 곁에서 남아 하나의 임종을 지키고, 이후 아버지 베네트와 함께 영국으로 돌아갔다고 한다.

하나 글로버와 베네트가 조선에서 약 40년에 가까운 세월을 보냈는데, 그들이 조선에서 생활한 공간은 주로 영국영사관과 그들의 집, 그리고 베네트가 운영하던 광창양행을 중심으로 이루어졌을 듯하다. 기록에 의하면 광창양행이 있었던 자리는 해안동 4가 1번지(현 신포공영주차장)이며, 현 인천중동우체국과는 도로를 사이에 두고 마주 보고 있었다. 모임지붕 2층 건물로 2층 창문에는 오르내리창을 설치했던 것으로 보인다.[9] 베네트 가족이 살았던 집 역시 외국인 거류지인 해안가에 벽돌로 지은 대저택이었다고만 전한다. 당시 인천에는 다양한 형태의 양관洋館들이 건축되었는데, 그 가운데 하나일 거라고 추측할 수 있을 따름

8 최성연, 『개항과 양관역정』, 경기문화사, 1959.
9 손장원, 「개항장 인천의 외국인 상사들」, 『기호일보』, 2007.12.17.

이다. 처음에 베네트 부부는 회사의 사옥에서 신혼살림을 시작했다고 하고, 또 어떤 기록에는 베네트 가족이 1915년부터 1935년까지 지금의 파라다이스 호텔 터인 영국 인천영사관에서 살았다고 하는데, 확인할 수는 없다.[10] 덧붙여 베네트 집안과 무관하지 않은 홈링거양행의 인천 지점의 최초 위치는 중구 해안동 1가 7-9번지 부근으로 보인다. 사옥은 1898년 8월에 완공된 것으로 사바찐Afanasij Ivanobich Seredin Sabatin, 1860~? 이 설계했다. 대지면적 2천237m², 연면적 553m²인 벽돌조 2층 건축물로 1층은 반복아치로, 2층은 페디먼트로 장식했다. 페디먼트는 러시아 건축가 사바찐이 설계한 러시아 서울영사관 전망탑, 러시아 인천영사관 정면, 제물포 구락부 등에서도 사용된 장식이다. 지붕은 우진각지붕이고 1층 전면부 외랑은 균일한 7개 아치로 장식했다. 2층에서는 1층의 외랑상부를 발코니와 지붕에서 돌출시킨 페디먼트 난간을 설치했다.

인천의 외국인 조계지에는 국적에 상관없이 그들의 이국땅에서의 삶을 영위하기 위해 다양한 기구와 건물들이 들어섰으며, 베네트 집안 역시 이 조계에서 편안한 삶을 살았던 것으로 보인다. 기록에 남아 있는 여러 양관들에 대한 연구는 일찍이 한 차례 이루어진 바가 있지만, 외국인 조계지와 양관에 살았던 인물들에 대한 연구는 이제 보다 세밀하게 이루어질 필요가 있을 듯하다. 베네트 집안과 관련하여 재미있는 사실은 미국인 데쉴러이다. 그는 미국계 광산이던 운산광산의 재정책임자로서 일본식 가옥과 서양식 가옥을 동시에 짓고 일본식 정원을 꾸

---

10 최성연은 영국영사관이 항동 로타리 서북쪽 낮은 언덕위에 붉은 벽돌집이 영국영사관이 있었다고 한다. 1897년에 청사를 건축하여 1950년 6·25동란 때 소실되었다고 한다. 최성연, 앞의 책, 77~78쪽. http://www.kihoilbo.co.kr/news/articleView.html?idxno=273582 참고.

민 것으로 유명한데, 그의 부인은 나가사키 출신의 일본인이었다. 1923년 나가사키로 돌아간 데쉴러는 55세인 1927년에 일본에서 죽었는데, 요코하마의 야마테 공원 내 묘지에 묻혔다고 한다.[11] 베네트가 데쉴러와 직접 교류를 가졌는지에 대해서는 알 수 없지만, 베네트와 하나 부부 역시 나가사키에 연고를 두고 있었다는 점, 그리고 뒤에서 설명하겠지만 하나의 어머니가 일본인이었다는 점은 많은 동질성을 가진다. 베네트 집안이 1938년까지 어떻게 살았는지 구체적으로 알 수 없지만, 하나 글로버와 베네트 부부를 통해 홈링거양행을 연결시킬 수 있고, 나아가 홈링거양행이 본점을 둔 나가사키에서의 영업 그리고 링거 일가의 일본에서의 생활도 확인할 수가 있다. 그리고 이들이 일본 나가사키에 정착한 과정 그리고 이후의 무역활동이 갖는 다양한 네트워크를 파악함으로서 일본의 근대화 과정에 대해 이해할 수 있다. 한편 역으로 일본의 중국의 해역도시의 조계지에 대한 인적 교류를 연구함으로서 인천의 개항장 특히 외국인 조계에 대한 철저한 고증의 필요성이 제고될 것이며, 이 작업은 이후 종합적으로 동아시아 개항장에서 활동했던 외국인들 간의 인적 네트워크를 파악하는 계기가 될 것으로 기대할 수 있다.

---

11 위의 책, 126~128쪽.

4. 〈나비부인〉의 변주와 나가사키

세계사의 성립을 가능케 한 근대는 서구인들의 비서구 지역과의 접촉과 함께 시작되었다. 이 과정에서 진보한 것이라고 강요된 서구 근대 문명을 전파시키면서 이러한 우월적 지위를 활용해 무역에서도 자신들의 이익을 최대한 확보하는 방식으로 세계화를 진행하였다. 그런데 이러한 서구 국가들의 지원을 등에 업은 서양 상인들은 동아시아 각국의 개항장을 자유롭게 왕래하면서 무역을 했고, 이들의 족적은 동아시아 각국의 개항장에 유적으로 남아 있다. 그 흔적은 지금 해역도시의 유적이자 관광상품으로서 정비되어 있다. 한국의 경우도 예외는 아닌 것이 최근 인천 등의 해역도시를 중심으로 근대 건축물의 복원 프로젝트가 그 대표적인 예다. 일본의 경우는 이미 이러한 근대 역사의 복원과 그것의 상품화가 진행된 지 오래되었다. 그리고 단순히 건축물을 복원하는 것을 넘어서 그 건물에 역사와 이야기를 담고 있다. 즉 건축물에 담긴 서양인들의 삶을 복원하고 그것을 이야기화함으로써 동과 서라는 이국적인 문화속에서 살아왔던 이들 간의 만남과 교류의 실상을 보여주고 있는 것이다.

원양무역 즉 멀리가면 갈수록 더 큰 부자가 될 수 있다는 꿈을 안고 고향을 떠나 아시아의 땅을 밟았던 서양인들은 그곳에서 뿌리를 내리고 살다가 꿈에 그리던 고향으로 돌아가지 못하고 자신의 생을 마감한 뒤 그 낯선 이국땅에 묻힌 사람들이 적지 않았다. 실제로 그동안 이들에 대해 관심을 쏟지 않았던 동아시아 각국은 이제 조금씩 자신의 역사

의 일부이자 동시에 문명교류사의 측면에서 외국인묘역에 대한 정비를 시행하고 있다. 동아시아에서 가장 먼저 이런 작업을 실행한 일본을 차치하고도 한국에서는 인천에서 동일한 작업을 진행하고 있다. 인천 청학동에 있는 외국인 묘역과 화교인들의 무덤이 있는 시립공동묘지의 정비가 그것이다. 앞서 말한 하나 글로버 역시 이곳에 묻혔는데, 그녀는 남편 베네트 못지않게 그의 아버지 토마스 글로버르 인해 유명하다. 영국인 토마스 글로버는 바로 일본의 근대화에 있어 중요한 역할을 한 인물인데, 하나 글로버는 바로 토마스 글로버가 일본인 야마무로 쓰루淡路屋ツル와의 사이에 낳은 외동딸이다. 일본의 나가사키長崎에 가면 '글로버 정원'이라는 관광명소가 있다. 이 명칭의 글로버가 바로 토마스 글로버Thomas Blake Glover(1838~1911)다.

'글로버 정원'은 오우라大浦천수당, 원폭자료관, 신치新地의 차이나타운, 네덜란드 상인들의 거류지 데지마出島 등과 함께 나가사키를 대표하는 관광지의 하나이다. 지금은 규슈지방의 작은 도시로 전락했지만, 위에서 열거한 유적지에서 알 수 있듯이 일본 근대화의 역사를 고스란히 간직하고 있는 곳이 바로 나가사키다. 그것은 동아시아의 다른 해역도시처럼 19세기 중반 이후 서구라는 외세에 의해 강제로 개항된 곳이 아니라, 1550년 포르투갈 선박이 처음 내항한 이후부터 자발적으로 외국과의 교류를 시작하였고, 메이지기 이후로도 근대의 풍경을 가장 먼저 보여준 곳이자 근대화에 커다란 공적을 세운 인물을 배출한 곳이며 동시에 일본이 따라 배운 서구 근대의 가장 극적인 형태인 전쟁의 상처를 고스란히 받아 폐허가 된 곳이기 때문이다.[12] 메이지 이전 나가사키의 해상무역은 네덜란드와 중국인들을 중심으로 이루어졌다. 당시 청淸을 거부한 중국인들은 자신을 당唐이라고 불렀고, 이들이 무역을 하고 잠시 거류했던 곳이 바로 신치新地였다. 반면 네덜란드인들은 처음 히라도平戶에서 주로 교역을 했으나, 이후 포르투갈인들이 물러나고 난 뒤 데지마出島에서 무역을 했다. 따라서 나가사키는 근대 이전에 이미 중국인과 네덜란드인 등 외국인들과 해상무역이 활발한 항구였다. 이후 네덜란드 동인도회사를 이어받은 영국 동인도회사가 광동廣東 등 중국과의 무역에 나서고, 그 무역을 동아시아 전 지역으로 확대하게 되면서, 네덜란드인들을 대신해 영국인들이 동아시아의 개항장에서 활약하게 되었다.

토마스 글로버는 바로 이런 시기에 등장한 스코틀랜드계 상인이었다. 그가 고향을 떠나 처음 도착한 곳이 '아편무역'으로 악명이 높은 이화양행의 본점이 있는 중국(광주)이었다는 것도 바로 이런 연유이다. 경제사 또는 교역사의 측면에서 볼 때, 근대는 바로 나가사키나 광저우와 같이 그 교역의 주도권을 중국이나 일본의 당시 정부 즉 청황실이나 막부를 대신한 자국의 행상이 아니라, 국가의 지원을 받은 서양 상인들이 갖게 되면서 시작되었다고 해도 될 듯하다. 보충하자면 광주 13행이 무너지고, 서방 국가의 무력을 등에 업고 아편무역을 빌미로 불평등한 교역조건을 형성해서 막대한 이익을 올린 서양 상인들에 의해 교역이 주도되는 시대가 바로 동아시아 근대의 서막을 연 것이다.

토마스 글로버는 이러한 시대에 일본에 도착했다. 그의 이름을 딴 '글로버 정원'은 바로 〈나비부인〉이란 오페라 때문에 더 유명해졌다. 이탈

12 나가사키가 지닌 국제도시로서의 위상과 관련해서는 유중하, 「나가사키 차이나타운—신치-일본의 차이나타운들 2」, 『플랫폼』 5, 인천문화재단, 2007 참조.

리아 작곡가 푸치니의 오페라로 잘 알려진 〈나비부인〉은 그 내용과 배경은 달라졌지만, 현재까지도 〈미스 사이공〉이나 〈M. 버터플라이〉 등의 뮤지컬로 재창작되어 변주되고 있다. 〈나비부인〉이 서양 남자(미국인 해군장교)와 동양 여자의 사랑이라는 당시로서는 보편적이지 않은 주제에 담긴 다양한 의미망, 예를 들어 주인공인 서양 남자와 동양 여자가 대변하는 서양과 동양문명의 상징 즉 힘을 바탕으로 한 공격적인 근대문명의 서양과 떠나버린 서양 남편을 기다리는 동양 여성의 운명에서 드러난 수동적이고 정적인 동양문명의 정서를 표현한 점에서 애절한 사랑이야기를 넘어서 지금까지 화제의 작품으로 거론되어왔다. 〈나비부인〉의 이러한 주제와 구성은 등장인물과 배경을 달리하면서 지금까지도 다양한 작품에서 표현되고 있는 것이다.

푸치니의 오페라로 세계적으로 유명한 작품이 된 〈나비부인〉은 원래 소설에서 출발했다. 프랑스 작가 로티Pierre Loti(1850~1923)[13]가 1887년에 발표한 여행기 『마담 크리상테마お菊さん』을 제재로 하여 미국 소설가 존 루터 롱John Luther Long(1861~1927)이 중편소설 『나비부인蝶蝶夫人』으로 다시 편한 것[14]을 브로드웨이의 유명한 프로듀서 데이빗 벨라스코David Belasco(1853~1931)가 뮤지컬로 만들었고, 이것을 푸치니가 오페라로 만들어 세계를 매료시켰던 것이다. 오페라 〈나비부인〉과 그 이후 계속된 〈나비부인〉을 모태로 한 다른 작품들의 성공은 허구인 〈나비부인〉의 창작배경에 대한 관심을 유도하고, 이러한 관심은 자연스럽

13 프랑스 해군장교로서 세계각지를 돌아다니다, 그 항해 중에 방문했던 지역을 제재로 한 소설과 기행문 그리고 그 지역 여성과의 연애체험을 토대로 한 로맨틱한 소설을 많이 발표했다.

14 존 루터 롱은 그의 누이 사라 제인 코렐이 일본(나가사키의 미나미야마테(東山手))에 체류할 때 들은 얘기를 바탕으로 이 소설을 썼다고 한다.

게 '나비부인'이란 인물 그리고 작품의 배경이 된 나가사키에 대한 관심으로 연결되었다. 작품이란 측면에서 본다면, 배경이 꼭 나가사키가 아니어도 된다. 변주된 다른 작품에서도 알 수 있듯이, 그곳은 아시아의 어느 곳이면 되는 것이다.

이에 일본은 〈나비부인〉의 유명세와 이 작품의 등장인물과 배경에 대한 세계적인 관심을 발빠르게 파악하고 이를 관광상품화하는 작업을 시도했다. 그 대표적인 것이 1970년 나가사키시에서 주도한 '나가사키 메이지 타운長崎明治村' 프로젝트다. 이것은 나가사키에 흩어져 있던 메이지시기의 건물들을 외국인 거류지였던 미나미야마테南山手로 이전하여 하나의 마을을 만드는 계획이었다. 이러한 계획은 원폭투하를 입은 곳으로서 평화를 희구하는 상징적인 도시로서의 이미지를 갖고 있는 나가사키의 또 다른 면모를 보여주는 것이기도 했다. 지금 나가사키시의 유명한 관광지의 하나가 된 '글로버정원'은 바로 이 프로젝트에 의해 건설된 것이다.[15]

여기서 '글로버정원'은 1863년 나가사키 항을 내려다볼 수 있는 산 위에 지어진 영국인 상인 토마스 글로버의 서양풍의 집을 모태로 한다. 글로버의 집 주변에 살았던 올트William J. Alt(1840~1908)[16]와 링거Frederick Ringer(1838~1907)[17]의 집을 시에서 사들여 보수하고, 그 주변에 흩어져

15 일본의 이러한 정책은 몇 년 전 인천을 비롯한 국내의 근대 역사 유적을 보존하는 문제를 둘러싸고 한 차례 논란이 있었던 것과 대비하여 검토할 필요가 있다고 본다.

16 영국 런던 출신의 상인으로, 1859년에 나가사키에 들어와 '올트상회'를 열고, 주로 중고선과 철제품, 직물을 수입하고, 차와 그 밖의 제품을 수출했다. 특히 중고선을 수입하는 일을 했기 때문에 미쓰비시의 창시자 이와사키 야타로(岩崎彌太郎, 1834~1885)와 관계가 깊었다.

17 영국의 노리치출신 상인으로, 젊을 때 차 무역에 종사하였고, 중국 차 생산의 중심지였던 구강(九江)에서 차엽 검사관으로 일하다 1865년 나가사키에서 급성장하고 있던 글로버상회의 요청으로 도일하여 차 제조와 수출을 감독하였다. 1868년 링거는 동료 에드워드 Z 홈와 독립

있던 그 밖의 서양인 거주자들의 집들도 글로버의 집 주위에 옮겨 배치한 뒤, 연못과 정원을 꾸미고, 입구와 출구를 새로 내고 또 길을 새로 만들고 게다가 언덕을 올라와야 하는 관광객의 수고를 덜어주기 위해 에스컬레이트를 설치하는 등 하나의 서양인 마을을 만들어 1974년 9월에 개원하였다. 명칭은 190여 개의 안중에서 결국 '글로버정원'이라고 하였다.

미국에 의해 강제적인 개항된 일본의 다른 항구도시와 달리 나가사키는 막부 시절부터 네덜란드와 포르투갈 상인들이 고역을 위해 내왕하던 곳이었다. 특히 서양 외국인들과의 교역을 위해 제공된 지역이 바로 데지마出島인데, 이곳에서의 서양과의 교류가 일본의 근대화에 기틀을 놓은 것은 잘 알려진 사실이다. 메이지시기 이후 나가사키에 본격적으로 무역을 위해 찾아온 이들이 바로 앞에서 말한 글로버정원에 살았던 글로버, 올트와 링거 등이었다. 그런데 이들은 단지 일본(나가사키)에서만 영업을 한 것은 아니었다. 이들 가운데는 동아시아 지역의 개항장 여러 곳에서도 자신의 영업활동을 벌였다. 때문에 이들의 가계와 족적을 살핀다면, 동아시아 지역 개항장의 네트워크를 어느 정도 파악할 수 있을 것으로 예상할 수 있다.

〈나비부인〉의 테마를 아는 관광객들을 위해 마치 나비부인이 그곳에 살았던 것처럼 포장된 곳인 글로버의 집은 이 집안의 가계도를 살펴보면, 〈나비부인〉의 등장인물과 같은 구성을 가진 점에서 그 포장이 틀린 것이 아니라는 생각을 갖게 한다. 그것은 바로 토마스 블레이크 글

하여 글로버상회의 차 무역을 인수하여 '홈링거상회'를 세웠다.

로버의 부인 때문이다. 글로버에게 두 명의 여자가 있었는데, 이 모두 일본인이었다. 야마무로 쓰루淡路屋ツル(1848~1899)라는 부인에게서 낳은 자식은 뒤에서 다시 설명하겠지만, 발트 베네트Walter Bennett(1868~1944)와 결혼한 하나 글로버라는 딸뿐이었던 반면에, 마키加賀マキ(1844~1905)라는 일본여자에게서 난 자식으로는 구라바 토미사부로倉場富三郎(1870~1945)라는 일본인 이름으로 활동한 아들이 있었다. 글로버가의 가업을 이끌고 간 이 역시 아들인 구라바였다. 이와 같은 가족의 구성이 미국인 남편 벵카트와 일본 여인 나비부인이란 〈나비부인〉 작품의 등장인물과 맞아 떨어지는 점이 글로버의 집을 마치 나비부인이 살았던 집인양 상상하도록 만든 것이다. 게다가 글로버의 집은 미나미야마테라는 언덕위에 있어서 나가사키 항구를 내려다볼 수 있는 전망이 좋은 곳에 위치해 있었던 것이, 3년 뒤에 돌아오겠다는 미국인 남자를 오매불망 항구를 바라보며 기다리는 나비부인의 모습과 너무 안성맞춤인 집인 탓이기도 했다.[18]

하지만 이러한 추측 역시 실증에 근거한 것은 아니다. 또 글로버의 아들 즉 구라바에게는 자식이 없었고, 딸인 하나는 2남 2녀를 두었지만, 큰아들인 토마스 베네트Thomas Bennett(1897~1984)에게만 아들 둘이 있었는데, 이 손자들은 자신의 외할머니가 일본인과의 사이에 낳은 혼혈이었다는 사실을 전혀 모르고 있다가 아버지 토마스의 유품을 정리하다가

18 당시 나가사키의 외국인 거류지는 데지마를 비롯해 오우라-미나미야마테-히가시야마테 등지에 형성되었다. 해안에서 가까운 곳으로부터 상등지, 중등지, 하등지로 구분했고, 임대료가 비싼 상등지에는 외국인의 상관과 창고, 그 배후의 중등지에는 호텔이나 은행, 병원, 오락시설을 하등지는 일반주택이나 영사관, 성당 등을 세웠다. 1899년 외국인 거류지가 폐지되었으나, 그 후에도 양관이 남아 나가사키거리에서는 아직도 이국적인 정취를 느낄 수 있다. 나가사키의 외국인 거류지와 관련해서는 濱崎國男, 『長崎異人街誌』, 葦書房, 1993.

알게 되었다고 한다. 그런 점에서 글로버 집안에서 일본인 부인의 존재는 그다지 내세우고 싶지 않은 일이었기에 위와 같은 생각은 훗날의 얘기인 셈이다. 그리고 증조부인 글로버의 일본인 부인과 관련하여 떳떳하지 못하다고 생각했던 후손들의 의식 속에는 근대 이전 일본의 유일한 개항장이었던 나가사키의 역사가 반영되어 있다. 그것은 유곽에서 서양인들이 모여 있는 데지마로 보낸 유녀游女(즉 기녀)들이었다. 데지마라는 협소한 공간에서 살고 활동하도록 제한한 막부정권의 감시속에서 그들이 유일하게 만날 수 있던 이들이 유곽에서 온 유녀들이었던 것이다. 그래서 글로버처럼 젊은 나이에 일본에 온 서양인들은 너무도 자연스럽게 유곽의 일본 유녀들과 연애를 하거나 살림을 차리게 되었다. 하지만 이들은 정식으로 결혼을 할 수도 없었고(국제결혼을 법적으로 인정한 것은 1873년부터), 서양인 남자들이 본국으로 돌아가더라도 함께 따라갈 수도 없었다. 당시 막부 정부는 일본인들의 출국을 허가하지 않았기 때문이다. 그리고 1859년 조약항으로서 나가사키가 개항한 뒤에도 마루야마丸山지역의 유곽에는 서양인들을 위해 유녀를 두었고, 이 유녀들만이 외국인 거류지에 거주할 수 있었다. 이런 역사적 배경하에 〈나비부인〉 역시 탄생한 것이라면, 글로버 가의 두 일본인 부인의 출신에 대한 구체적인 검토가 있어야겠지만, 이러한 추측 역시 가능할 듯하다.

그렇다고 하더라도 일본인 부인이었다는 것외에 구체적인 연고도 없는 글로버의 집이 어떻게 〈나비부인〉의 배경으로 변했던 것인가. 근대 일본의 가장 오래된 양관洋館인 글로버의 집이 일본의 근대사와 연동하고 있기 때문인데, 일본이 패망한 1945년 9월 미군이 나가사키에 상륙한 뒤 글로버집을 접수하여 1951년 철수할 때까지 다수의 미군이 살았는데,

마지막의 집주인이 나가사키 군정반軍政班의 경제부장인 죠셉 C. 콜즈비 대좌大佐와 그의 처 바바라였다. 바바라는 이 집을 둘러싼 풍경에 매료되어 자신이 마치 〈나비부인〉의 주인공처럼 몽상한 나머지 이 집을 '마담 버터플라이 하우스'라고 명명하고, 심지어 1948년 8월 자 『마이니치신문』에 이 집을 자신의 사진과 함께 소개하였다. 실제로 1939년 글로버의 아들 구라바가 미쓰비시三菱에 매각했고, 전쟁이후 돌려받은 미쓰비시는 게스트하우스로 사용하다가 이후 책과 잡지, 관광팜플렛 등에 '마담 버터플라이 하우스'라고 소개되기 시작하면서 자연스럽게 〈나비부인〉과 연고를 맺게 되었던 것이다. 〈나비부인〉의 세계적 성공은 이처럼 아무런 연관도 없는 한 외국인 상인의 집을 그것의 배경으로 만들어버렸다. 하지만 〈나비부인〉을 연기한 최초의 일본인 소프라노 가수 미우라 타마키三浦環(1884~1946)가 종종 나가사키를 방문하고, 이와 함께 소설 『나비부인』 원작자의 누이(즉 존 루터 롱의 누이)가 미나미야마테에 있는 올트의 집에 찾아가고, 1960년대 이후에는 글로버의 집 주변에 이 일본인 가수의 동상과 푸치니의 동상 그리고 나비부인이 그의 아들과 함께 미국인 남편을 기다리는 모습의 동상 등이 만들어져 이곳을 완전히 〈나비부인〉의 발상지로서 관광상품화해 버렸다. 일본의 근대화를 위해 노력한 글로버가는 죽고 난 뒤 지금까지도 일본을 위해 큰 기여를 하고 있는 셈이다.

5. 일본의 근대화와 글로버가家

앞에서 이미 말했듯이, 1859년 스코틀랜드 출신인 토마스 글로버는 이화양행[19]으로 알려진 자딘 메이슨 상회의 사무원으로서 21살의 젊은 나이에 처음 나가사키에 왔다. 그 전에 글로버는 영국 애버딘Aberdeen의 유명한 양모제품제조회사 Crombies of Grand home의 대리인으로 중국으로 건너갔다. 다수의 스코틀랜드인들이 북미나 기타 영국령으로 이주하고, 모험심이 강한 젊은이들이 그 외의 지역으로 떠나는 당시의 풍조에 비춰본다면 글로버는 그런 젊은이들 가운데 하나였던 셈이다. 특히 애버딘은 극동무역과 밀접한 연관이 있는 중요한 조선업의 중심지였다. 이 조선업은 일본에 온 글로버가 이후 담당했던 무역업의 주된 분야가 된다.

동아시아의 근대화 과정에서 이화양행이 차지하는 범위는 작지 않다. 아편전쟁을 통해 동아시아 지역 특히 중국과의 무역을 장악한 영국은 그 이전부터 청 정부에서 외국과의 무역을 담당하도록 허가한 광주廣州의 13행에 한정된 청국과의 무역을 진행해오면서 늘어나는 무역적자 그리고 자신의 상품 판로를 확대하기 위한 발판을 마련하기 위해 불법적인 아편무역을 실행했었다. 그 과정에서 막대한 이익을 챙긴 영국

19 이화양행과 관련해서는 LeFevour, Edward, *Western enterprise in late Ch'ing China : A Selective sureyof Jardine, Matheson and Company's Operations, 1842 ~1895*, Cambridge, Mass. : Harvard University Press, 1970(중역본 勒費窩, 陳曾年・乐嘉書 譯,『怡和洋行－1842～1895年在華活動概述』, 上海社會科學院出版社, 1986); Robert Blake, *Jardine Matheson : traders of the far east* The Orion Pub. 1999(중역본 羅伯・布雷克, 張青 譯.『怡和洋行』, 臺北 : 時報出版, 2001) 등을 참조할 수 있다. 이화양행을 중심으로 이 글에서 다룬 나가사키와 인천에서의 직간접적인 무역행위와 인적 물적 네트워크를 살펴보는 작업이 하나의 연구 과제가 될 수 있다.

은 아편밀수를 방지토록 광주에 파견한 청 정부 관료와의 마찰을 기회로 전쟁을 벌인 것이 바로 제1차 아편전쟁이었다.[20] 그 이후의 역사적 전개는 이미 잘 알려진 사실인데, 우리가 주목할 것은 바로 이 시기에 아편무역을 담당하면서 자신의 이익을 챙긴 이들이 바로 이화양행이었던 점이다. 영국이 아편전쟁에서 압도적인 승리를 거두자, 이화양행은 영국의 식민지였던 홍콩에 본사를 두고 1844년에 상해의 공동조계지에 거점을 옮기고 중국무역을 주도했다. 이 이화양행은 조선과 일본에까지 지부를 두고 있는 말 그대로 당시로서는 동아시아의 가장 큰 무역상이었던 셈이다.[21]

일본의 근대화에 큰 공헌을 하고 이후 일본인들에 의해 존경을 받았던 글로버 역시 이화양행과 관련이 있었다. 글로버가 나가사키로 건너갈 때 스코틀랜드 상인 맥켄지Kenneth Mackenzie(1801~1873)에게 보내는 추천장을 갖고 있었다. 맥켄지는 이화양행의 대리인이며, 개항 수개월 전에 나가사키에 이 상회의 지점을 개설하기 위해 내일來日해 있었다. 당시의 극동에서 스코틀랜드계 주민의 강고한 가족적 유대 나아가 긴밀한 연대의식을 고려한다면, 토마스가 중국에 체류하고 있던 같은 나라 사람의 소개를 통해서 맥켄지와 접촉했을 것이라고 추측할 수 있다.[22]

이화양행의 나가사키 지점의 대리인이었던 맥켄지는 인도와 중국의 항구에서 인생의 대부분을 보낸 스코틀랜드의 모험적인 상인이었다.

---

20 리궈룽, 이화승 역, 『제국의 상점』, 소나무, 2008.

21 이화양행의 조선 무역 및 내부 인적 네트워크와의 관계에 대해서는 백지운, 「식민지의 기억 그 재영토화를 위하여－존스턴 별장을 통해 본 동아시아 조계(租界)네트워크」, 『중국현대문학』 43, 한국중국현대문학학회, 2007 참조

22 Brian Burke-Gaffney, 『グラバー家の人々』, 長崎文獻社, 2003.

1861년에 맥켄지가 나가사키를 떠나 한구漢口로 가자 글로버는 오우타大浦해안 거리의 맥켄지사무소로 이전하여 이화양행의 대표권을 인수받았다. 동시에 맥켄지와 함께 한구로 떠난 에반스E. H. Evans의 일도 인수하여 중국에 거점을 둔 대형 무역상사 덴트상회[23]의 대리인이 되었다. 이렇게 하여 약관 23세의 글로버는 신거류지의 외국인상사 가운데 가장 걸출한 존재가 되었다. 또 글로버는 1861년 거류지가 미나미야마테까지 확장되자 임대를 할 때, 맥켄지가 사들인 미나미야마테 1번지의 산중턱의 땅에 대한 차지권借地權을 인수받았다. 일본에서 가장 오래된 양풍건축 글로버 집은 뒤에 그가 확보한 미나미야마테 3번지에 세워졌다.

처음 맥켄지의 조수로서 일을 시작한 글로버는 맥켄지로부터 독립할 것을 권유받고, 1861년에 독립하여 다음해 글로버상회를 창립했다. 독립한 해에는 나사사키 주재 외국인들과 함께 일본 최초의 상업회의소를 창설했다. 일본차, 장뇌, 각재 등을 수출하고, 일본 남서부의 각번이 요구하는 증기선, 기계, 총기 등을 수입하였다. 글로버는 근대기술을 일본에 소개하고 이것과 관련된 기계류를 수입하고 영국의 전문가들을 고용했다. 나가사키에서 가까운 고스게小菅에 일본 최초의 수선소와 일본초기의 근대적인 탄광을 다카시마高島에 세우는 데 일조했다.

23 중국에서 아편전쟁을 유발한 아편무역상인 이화양행에 이은 2위의 상사로서, 두 상사 모두 일본이 개국한 뒤 바로 요코하마에 지점을 내고 대일본무역을 이끈 상사들이다. 이렇게 보면 1800년대 청에 진출한 외국계 상사들을 중심으로 동아시아 근대 무역의 계보를 작성해볼 필요가 있을 듯하다. 이 글에서 다룬 토마스 글로버 역시 개인적인 상회를 운영했다고 하더라도 결국 문을 닫게 된 것이 이화양행의 투자금 회수 때문인 데서 알 수 있듯이, 이화양행의 일본 지점에 불과했기 때문이다, 그리고 이화양행이 아편무역으로 막대한 부를 쌓고 또 결과적으로는 전쟁을 통해 중국을 세계시장으로 이끌어낸 점에서 부정적이지만 중국을 비롯한 동아시아 근대화의 서막을 열었다는 점은 주목할 필요가 있다. 아울러 이화양행과 함께 홍콩에서 아편무역으로 막대한 수익을 올린 유태인 영국계 상인 '삿슨 상회'도 함께 검토할 필요가 있다. 陳舜臣, 『實錄アヘン戰爭』, 中央公論新社, 1971.

또 거류지인 오우라해안 거리에 철도를 부설하고, 소형의 증기기관차를 달리게 하여 이를 보기 위해 온 일본인들을 놀라게 했다. 나아가 스코틀랜드 기술자를 고용하고, 일본 최초의 등대를 건설했으며 일본에 처음으로 조폐기를 홍콩으로부터 수입하는 중개를 담당했다. 그밖에 일본시장에서 맥주의 성장성에 주목한 글로버는 '스프링 밸리 양조장'을 매입하고 1885년에는 'Japan brewery company'를 창업하였다. 3년 뒤에는 신제품을 시장에 선보였다. 뒤에 이 회사는 미쓰미시에 매각되어 '기린맥주주식회사'로 회사명이 바뀌어 지금에 이르고 있다.

이와 같은 글로버의 수출입 무역의 주요 항목에서 알 수 있듯이, 그가 들여온 것은 일본이 근대화하는 과정에서 대단히 중요한 품목이었다. 즉 선박 및 무기 등의 제조를 가능케 하는 설비와 기계의 수입은 이후 일본의 근대사에서 청일전쟁이나 러일전쟁 그리고 이어지는 태평양전쟁과 같이 국가주의에서 제국주의로 나아가는 군사적 기틀을 마련케 하였다. 특히 조선업은 나가사키항에 거점을 두었던 일본 굴지의 선박 제조사인 미쓰비시 중공업과 글로버와 관계에서도 엿볼 수 있다. 글로버가 무기와 탄약을 일본 서남부의 번사들에게 팔았던 초기에 각 번에서 나가사키에 파견한 젊은 무사들 가운데 토좌번土佐藩 출신의 미쓰비시의 창시자인 이와사키 야타로岩崎弥太郎(1834~1885)가 있었다. 직접적인 교류와 관련해서는 기록이 없지만, 당시 나가사키의 외국인 상인들과 각 번의 젊은이들의 무역 교류 그리고 이후 글로버가 죽기 전까지 미쓰비시사와의 관계를 보건대 두 사람 간의 교류는 충분히 짐작할 수 있다. 1873년 이와사키 야타로가 '미쓰비시상회'라는 이름으로 독자적인 영업을 시작한 이후 당시 해운업에서의 눈부신 발전으로 인해 막대한 수익을 얻고 일본상공업계의 리더로 부상하였다. 그렇지만 글로버는 단순한 장사꾼만은 아니었다. 앞서도 말했듯이 나가사키 거류지 내의 외국인 상인 연합인 상업회의소와 포르투갈명예영사 등도 맡았다. 막부말기 삿초薩長[24]의 젊은 무사들을 비밀리에 외국으로 출국시켜 영국 유학도 도와주었다. 이런 인물들 가운데에 초대 총리대신이 되는 이토 히로부미伊藤博文도 포함되어 있었다. 성장일변도에 있었던 글로버상회는 1870년에 거액의 부채를 지고 도산하였다. 스폰서인 이화양행이 투자원조를 중단한 것이 도산의 원인이었다. 일본에 남은 글로버는 도쿄로 가서 미쓰비시사의 고문이 되었고, 이후에도 급속히 발전하는 일본의 근대산업과 지속적으로 연관을 맺었다.

1908년 메이지 정부는 글로버의 공적을 높이 사 일본에 공헌한 외국인 특히 상인에게는 이례적으로 훈2등욱일중광장勳2等旭日重光章을 수여했다. 1911년 도쿄에서 사망했고, 나가사키시의 사카모토坂本국제묘지에 이장되었다. 장사꾼으로서 철저하게 자신의 이익에 준하여 활동한 것이지만, 그의 이러한 무역활동이 서양식 근대화를 향해 달려가던 일본의 정책과 맞아 떨어졌고, 그로 인해 일본의 근대화 속에 깊은 인상을 남겼으며 또 귀국하지 않은 채 일본 땅에 묻혀 이후 일본의 근대화를 지켜본 글로버였지만, 태평양전쟁으로 철의 보급이 긴요했던 1940년대 일본에서 그가 묻힌 국립묘지의 철조망이 뽑히고 또 원폭이 투하됨으로서 피해를 당했던 사카모토국제묘지의 무덤에 누워 있었던 그의 운명 또한 예사롭지 않았던 셈이다.

---

24 사츠마한(薩摩藩, 현재 큐슈섬 가고시마 지역)과 조슈한(長州藩, 현재 혼슈섬 서일 서쪽)을 합쳐 부르는 말.

한편 토마스 글로버가 나가사키의 외국인 거류지에서뿐만 아니라 일본 전체에서 유명한 인사가 되었지만, 앞에서 말했듯이 그의 사업은 일찍이 문을 닫았다. 토마스 글로버를 대신하여 나가사키의 최대 상인이 되었던 이가 바로 홈링거양행의 링거였다. 이 링거는 글로버의 집안과는 막역한 관계에 있었던 영국계 상인으로, 하나 글로버의 남편이 일했던 곳이기도 하고, 그녀의 배다른 형제인 구라바 토미사부로와도 인연이 깊다. 구라바 역시 홈링거양행에서 일했기 때문이다. 하지만 제2차 세계대전이 발발한 뒤, 링거 집안은 적대국의 국민이 되었고, 그래서 일본군의 감시가 심했다. 일본의 근대화를 위해 공헌했던 링거 집안은 이제 토마스와 함께 전해 준 배와 총 등이 오히려 그들과 그들의 국가를 위협하는 군수품으로 둔갑하여 그들의 목을 옥죄고 있었으니, 나가사키를 자신의 제2의 고향으로 생각하고, 나름대로 터전을 닦고 생을 유지했던 그곳이 바로 고통을 받고 생을 마감해야 했던 곳이 되고 말았던 것이다. 토마스 글로버의 아들 구라바 토미사부로 역시 일본인과 영국인의 혼혈이란 이중성이 자신의 활동에 제약을 주기도 했는데, 이 또한 이러한 서양인들의 삶이 마냥 행복한 것은 아니었음을 보여준다. 이들은 모두 나가사키의 외국인 묘지에 묻혔다. 하나 글로버의 4자녀[25]를 제외하면 토마스 집안의 후손들은 없기 때문에 이들의 기억 속에 자신들의 조상이 어떻게 존재하는지는 알 수 없지만, 뚜렷하게 상기해야 할

25 하나 글로버와 베네트 사이에는 토마스(Thomas, 1897), 헐버트(Herbert, 1899), 이디스(Edith, 1901), 마벨(Mabel, 1903) 등 4명의 자식이 있었으나, 장남인 토마스만 아들 하나를 뒀는데, 그 아들로날드(Ronald)는 또 두 명의 아들 랜달(Randal)과 데이빗(David)을 뒀는데. 지금 현재 토마스 글로버의 후손으로는 이 3명과 데이빗의 아들(Cyrus)를 합쳐 모두 4명뿐이다. Brian Burke-Gaffney, 앞의 책.

과거로는 생각지 않는 듯하다.

6. 맺는 말

동아시아의 근대는 일반적인 근대 역사에서 기술하고 있는 것보다 훨씬 다양한 면모를 갖고 있다. 보통의 역사 기술이라는 것이 기록에만 의존하기 때문에 여기서 제외된 것은 역사에 수록되지 않아서, 동아시아 근대의 모습을 풍부하게 살피고 이를 바탕으로 동아시아의 근대성을 심도있게 고찰하기 위해서는 다양한 방면의 모색이 시도되어야 한다. 특히 근대 초기 동아시아 근대가 시작되었다고 할 수 있는 개항장(해역도시)을 다양한 자료와 기록을 통해 그 모습을 입체적으로 구성해 보는 작업이 필요할 듯하다. 이 개항장의 모습에는 다양한 인간과 물자의 교류 그리고 이에 의한 대립과 갈등 그리고 다양한 문화 현상이 담겨있을 것이다. 이러한 현상을 어떻게 복원해서 검토할 것인가 하는 것이 본 연구의 출발점이었다.

선교사가 종교를 전파하기 위해 위험을 무릅쓰고 동아시아를 찾아온 것이라면, 상인은 자신의 이익을 위해 온다. 그 과정에서 동아시아의 해역도시에서 일상생활을 영위하고 또 그곳의 근대화를 위해 기여하기도 했다. 일본 나가사키의 경우는 글로버를 비롯한 서양 상인들이 그 역할을 담당했다. 중국은 일찍이 명대부터 서양 상인들이 지속적으로 관심을 갖고 있던 교역의 대상이었고, 그 주도권을 서양 상인들이 잡기 위해 서구의 근대적 국민국가가 배후에서 노력을 기울였다. 따라서 동아시의 개항과 외국인 거류지의 형성 및 이를 바탕으로 한 문화교섭은 중국(특히 광주)을 필두로 하여 일본의 나가사키로 이어지는 연쇄적인 과정이라고 할 수 있다. 그리고 동아시아 역내의 조공무역에 이은 근대적 교역 또한 서양 상인들과의 무역이면에서 활발하게 전개되고 있었다. 대륙 중국의 해역도시와 타이완 등에서 그 흔적을 찾을 수 있으며, 일본의 경우는 나가사키의 현재 차이나타운에서 확인할 수 있다. 이에 해역도시 간의 문화교섭 형태를 검토하려면 각 해역도시의 외국인 거류지에 대한 연구가 선행되어야하는 할 것이다.

본 연구에서는 영국계 상인들의 네트워크를 중심으로 동아시아 해역도시의 문화교섭에 대해 검토했지만, 향후 그 범위를 확대하여 전체 서양 상인들 간의 문화교류 그리고 현지인들과의 교류에 대해서도 살펴볼 것이다. 이를 위해 특히 한국의 해역도시(개항장) 외국인 거류지의 서양 상인들의 구체적인 삶의 형태에 대해서 일차적인 복원 작업 역시 필수적이라고 판단된다. 향후 연구과제로 남긴다.

근대 동아시아 해역의 항운航運

시모노세키와 부산 : 『마관물가일보馬關物價日報』를 중심으로

마쓰우라 아키라(松浦章)

1. 서언

일본 혼슈本州의 최서단에 위치하는 시모노세키下關는 동해 혹은 규슈 현해탄방면에서 그리고 세토우치瀨戶內 해운의 분기점으로서 범선해운의 중요한 위치에 있었다. 명화明和4년(1767)에 나가사키에 공무출장 중 시모노세키에 들린 이바라키현茨城県 미토水戶의 나가쿠보 세키스이長久保赤水는 시모노세키에 대하여 다음과 같이 적었다.

> 당지(當地)는 아카마(赤間)를 관문이라 할 수도 있고 모지(門司)를 관문이라 할 수도 있다. 인가(人家) 수천 가옥, 평상시 입항 선박 수백 척, 변화하기가 오사카와 비슷하다.[1]

1 長久保赤水, 『長崎行役日記』.

이렇게 기록하고 있듯이 시모노세키는 매일 많은 선박이 기항하는 항구였다.

에도막부말기의 『관주번영록關湊繁栄録』에서도 시모노세키에 대해 아래와 같이 기록했다.

> 아카마세키 항구의 번영을 바탕으로, 하루 수천 척의 여객선이 출입하여, 많은 화물 그리고 시세가 오르고 내릴 때의 전후를 잘 따져 이익을 꾀하며, 거래가 자유로운 점을 명심하고, 물품의 도착 날짜를 틀리지 않게 하며, 매매 전에 이렇게 해두면 편리한 점이 아주 많다.[2]

라고 하여 시모노세키 항구에 출입하는 선박은 수 천 척에 이르며 상업 활동이 대단히 활발했다고 한다. 그 상업 활동의 활발함을 나타내는 것으로서 시모노세키에 있었던 상업관계의 조직에는 도매업자, 가다랑어포 중개업, 주류揚酒업, 주조酒造, 전당포, 목재업, 중개업, 옷감, 도자기, 생선/곡물 도매업, 기름 짜는 일, 보부도매, 중국수입품판매업, 약재, 당일 전세선船 등 15종의 업종이 존재했다고 알려져 있다.[3]

이처럼 근세의 시모노세키는 많은 선박의 출입에 의해 번영했는데, 그 번영의 일단을 에도막부 말기의 니시즈미 야진西隅野人의 『관주번영록』에서도 엿볼 수 있다.

그래서 메이지 13년(1880) 시모노세키에서 발간된 『마관물가일보馬關物価日報』라는 상황商況 신문을 통해 메이지 전기의 시모노세키의 동아시

2 西隅野人, 『關湊繁榮錄』.

3 重山禎介, 「赤間關商業慣例取調書」, 『下關二千年史』, 關門史談會, 1915.10, p.529.

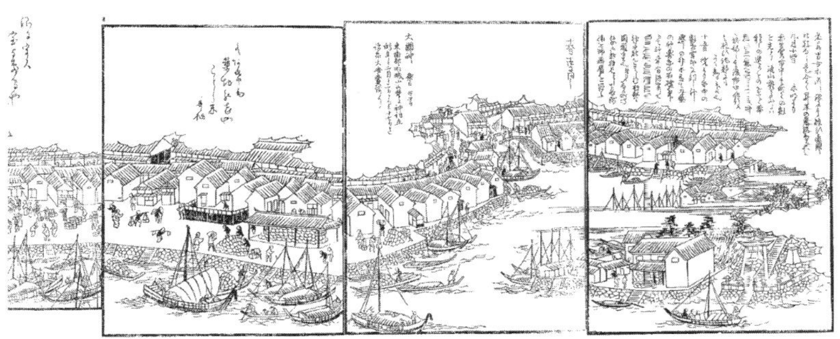

〈그림 1〉 에도막부 말기의 시모노세키(西隅野人, 『關湊繁栄録』, 야마구치현립도서관 소장)

아 물류거점 도시로서의 모습 그리고 부산과의 관계에 대하여 살펴보고자 한다.

2. 메이지 초기의 시모노세키의 항운과 물류

에도시대 동안 세토우치 해운과 동해의 해운, 나아가 북규슈의 허운의 요충지였던 시모노세키가 메이지 이후에는 어떠한 모습이었는가에 대해서는 메이지15년(1882)에 출판된 『서남제항보고서西南諸港報告書』에 자세히 기술되어 있다. 이 책에서는 시모노세키가 아니라 아카마세키(시모노세키의 옛 이름－역자 주)에 대해서 적혀 있다.

아카마세키항(赤間關港)

야마구치현에 속한 나가토노쿠니(長門國)의 아카마세키는 영토의 서쪽에 있으며 남쪽으로 바닷길로 겨우 반리(半里)를 사이에 두고 후쿠오카현 부젠노쿠니 키쿠군과 마주하며, 예로부터 소위 아나도(관문해협의 옛 이름 —역자 주)라고 해서 바다 물살이 가장 빠른 곳이었다. 수심이 깊어 선박정박에 편리하며 대략 5월에서 9월에 사이에 선박의 출입이 가장 많다. — 각 지방에 전수(재차 판매)하는 대구, 청어 알, 다시마, 비료용 청어 등은 북해도에서 수입하여, 대구, 청어 알, 다시마는 대부분 규슈에 전매, 비료용 청어는 대체로 시코쿠에 수출했다. 야마구치현의 이와쿠니, 미타지리 등 각 지방에 전매하는 분량이 있지만, 그 양이 근소하여 기재하지 않아도 될 정도이다. 잘게 썬 담배는 시모노세키항의 유명한 특산물로 1년 수출의 양이 대략 11만 8천 260근, 금액으로는 대략 4만 5천 엔을 밑돌지 않는다. 또 미곡을 산요, 산인, 사이카이, 히가시야마, 호쿠리쿠 등에서 수입하는데, 총액 대략 20만 석 정도이며 시모노세키의 소비는 대부분 산요의 쌀이고 사이카이의 쌀이 그 다음이다. 이것은 많을 때도 대략 3, 4만 석에 지나지 않았다. 그 외 잡곡, 술, 기름, 종이 등은 아래의 수출입표에 자세히 나와 있다. 북해도의 비료는 야마구치현의 아사군 모토야마 근처에서 이것을 약간 사용하였으나 그 양은 극히 적었다. 주변 지역에서 사용한 상황이 없으므로 이 경우의 경제상황을 알 수가 없다.

수출입물품을 취급하는 도매상은 244호, 그중 북해도 물품 취급을 주로 하는 곳은 30호이며, 다만 중개상은 없다.

늘 정박하는 기선이 3척, 그 톤수는 123톤, 서양형 바람범선 2척, 이것의 톤수는 189톤이며, 일본형 선박 3백석적 이상 5척, 이하 94척, 총계 104척이었다. 출입선박의 수는 300석적 이상이 1만 4천 500척이고, 300석적 미만이 2만 2천 300척이었다. 그중 북해도에 항해하는 것은 일본선 300석적 이상,

서양형 바람범선을 합쳐 대략 1천 300척이며, 시모노세키항에서 운송하는 물품은 대개 소금, 생랍 등이 많았다. 다만 서양형 범선은 시모노세키항의 정기 정박선이 아니므로 그 톤수를 알 수 없다. 또 시모노세키항의 정기 정박선은 북해도에 항해하는 배는 없었다. 북해도에 가서 돈벌이를 하는 인원은 미상이다.[4]

메이지 15년(1882) 당시 시모노세키를 거점으로 하는 123톤의 소형기선이 3척 있었으며, 서양형 범선이 2척으로 189톤, 전통적인 일본범선 중 300석적(약 50톤)이상의 배가 5척, 그 이하가 94척, 합계 104척이었다. 그러나 시모노세키에 출입하는 선박은 변재선(대형목재범선－역자 주)이 300석적 이상, 서양형 범선도 포함하면 14,500척, 300석적 이하는 22,300척에 이르렀다. 이 가운데 북해도에는 1,300척이 운항하고 있었다. 1년을 평균하면 매일 100회 이상의 출입이 있었다.

메이지 13년(1880)에 북해도에서 시모노세키에 들어온 물품과 북해도로 이출된 '메이지 13년 북해도수출입표'가 같은 책에 기재되어 있다.

북해도에서 시모노세키로 반입된 물품은 다음과 같다.

동비(청어), 청어비료, 머리와 꽁지를 떼어내고 반으로 갈라 달린 청어, 청어 알, 사사메 청어, 생선분말(浮子粕), 대구포, 대구의 난소(대구내장 젓), 미츠이시 다시마, 테시오 다시마, 리시리 다시마, 잡 다시마, 자르지 않고 건조시켜 접은 다시마, 건해삼, 말린 전복, 어유(魚油)[5]

4 『西南諸港報告書』開拓使藏版, 1882.2, p.529.
5 위의 책, pp.531~533.

등이며, 청어, 청어 알, 대구, 다시마 종류가 대부분을 차지하고 있었다.

이것에 반해 시모노세키에서 북해도로 반출된 물품에는 다음과 같은 것이 있었다.

> 반지(습자 지), 휴지, 백설탕, 흑설탕, 소금, 돗자리, 살(잘게 썬)담배[6] 등이었다. 수량이 많은 것은 소금과 흑설탕이었다.

이들의 판로에 대해 앞의 같은 책에서는 다음과 같이 기록하고 있다.

> 북해도산 물품을 적재한 선박이 도매상에 물건을 팔고, 그 물품은 규슈 또는 세토우치, 오사카부터 시모노세키에 이르는 내해에 도착한다. 시코쿠 등의 상선으로 이것을 도매상으로부터 사들여 수출한다. 따라서 매매는 쌍방의 도매상이 가격을 정하고 바로 거래를 하는 바, 가격의 차이가 날 도리가 없다. 그러나 석탄이나 기름 같은 것은 업자가 이것을 매수하여 도매, 소매 등으로 반출하는 것이라면 반출지의 가격에서 다소간의 차이를 남길 수 있다.[7]

이상과 같이 시모노세키를 기점으로 하는 해운은 북해도에 이르는 동해해운, 그리고 오사카까지의 세토우치해운, 또 규슈, 시코쿠로의 해운이 전개되고 있었다.

---

6 위의 책, pp.531~522.
7 위의 책, p.538.

시모노세키로부터의 수송 지역에 관한 자세한 내용은 같은 책 '각지방기선편도운임개표各地方滊船片道運賃概表'에 의하면, 오사카, 도쿄, 하코다테, 오타루, 니이가타, 후시키, 카나이와(카나자와)[8] 등의 지명이 알려져 있다. 또 에도시대 이후의 일본선의 항운에 대한 기록도 있어, '각항화선편도운임개표各港和船片道運賃概表'에는 하마다, 마츠에, 이나바, 미야즈, 사카이坂井, 나나오, 사도 오기, 쇼나이 사카타, 노시로, 난부, 오타루, 이키 카츠모토, 카고시마, 히로시마, 오노미치, 오사카, 미츠하마, 오키 메누키, 사카이境, 타지마 츠이야마, 오바마, 카나이와(카나자와), 후시키, 니이가타, 아키타 츠치자키, 츠가루, 하코다테, 하카타, 고토오, 나가사키, 오이타, 토모노우라, 효고, 센슈 사카이, 타도츠, 츠시마 이즈하라[9]와 같이 북쪽으로는 동해 연해의 아키타의 노시로, 야마가타의 쇼나이 사카타, 니이가타, 사도 오기, 토야마의 후시키, 노토의 나나오, 와카사의 오바마, 타지마의 츠이야마, 돗토리의 사카이미나토, 시마네의 마츠에, 오키노시마 등 혼슈本州 동해 쪽의 주요 항을 망라한 '키타마에부네北前船'의 기항지[10]이며, 세토우치는 오사카, 센슈 사카이, 사누키의 타도츠, 토모노우라, 오노미치, 히로시마 등이 기항지이고, 규슈는 오이타, 하카타, 나가사키, 고토오, 이키 카츠모토, 츠시마 이즈하라, 카고시마 등의 규슈해운과 관계가 깊었음을 알 수 있다.

일본 국내의 교역항으로 발전했던 시모노세키였지만 메이지 개국에 의한 외국선박의 기항에는 약간의 시간이 걸렸다. 그것은 외국선의 기

---

8 위의 책, p.534.

9 위의 책, pp.534~544.

10 牧野隆信, 〈키타마에부네 기항지 그림〉, 『키타마에부네의 시대 근세이후의 동해 해운사(北前船の時代近世以後の日本海海運史)』(5쇄), 教育社, 1988.6, p.93 참조.

항에는 여러 가지 수속이 필요했기 때문이었다. 그 사례를 살펴보자.

메이지 15년 2월에 대장성이 구입한 미곡수송을 위해 영국 상선 할튼호(선장 클란틴)가 시모노세키항의 기항 허가를 대장성으로부터 외무성에 요청하고 있다.[11] 또 메이지 16년(1883) 5월, 대장성은 저장했던 미곡을 수출하기 위해 영국기선 윈도버호의 시모노세키항 입항을 외무성에 요청했다.[12] 메이지 17년(1884) 4월에 대장성은 수출미곡의 선적을 위해 영국기선 오크휠트호의 시모노세키항 입항을 외무경 이노우에 카오루井上馨에게 요청했다.[13]

이 보다 앞선 메이지 8년(1875)에 미츠비시 우편기선회사가 요코하마와 상하이 간 정기항로를 개설하자 시모노세키항도 고베와 함께 기항지가 된다. 그 시모노세키에 미츠비시 우편기선회사가 빌린 미국기선 네바다호가 귀항한 것에 대해서 1876년 7월 31일 자로 영국 정부의 특명전권공사 파쿠스가 다음과 같은 불만을 표출하였다.

> 서한을 드려 말씀드립니다만, 이달 13일 자 귀측의 서한에서 미국 기선 네바다호(인용문의 원문이 "子バダ號"라고 되어 있어 논문 저자는 원문그대로 인용하였다고 하지만, "네바다호"로 번역함—역자 주)가 개항항구가 아닌 시모노세키에서 정기적 상업 활동을 하는 것은 모두 위 선박을 차입한 미츠비시 상선의 요청과 함께 귀 정부에서 윤허한 것이 서로 맞물려 이루어진 바, 만약 귀국의 사람이 개항하지 아니한 곳에서 상업 활동을 하기

11 記00627100(國立公文書館 소장).
12 B-3-1-1-6_2(外務省外交史料館 소장).
13 B-3-1-1-6_2(外務省外交史料館 소장).

위해 영국선을 빌리고 국내고용주가 그 취지의 출원을 한다면 영국선에도 마찬가지의 허가를 받을 수 있다는 서한의 내용을 잘 알고 있습니다. ― 해당 항(요코하마)과 상하이 간의 합중국 우편 왕복을 위해 미츠비시 회사에 차입된 미국기선 네바다호는 P.&O.회사의 기선 오릿사호와 거의 동시에 지난 5월 22일에 해당 항에 도착하였습니다. 따라서 네바다호는 태평양 우편선 회사의 기선, 시티 오브 페킹호에 옮겨 실어야 할 화물이 많았던 까닭에 고베항에서 다수의 여객을 태우지 못한 바, 이 중 약 300명 정도는 겨우 오릿사호에 태울 수 있었고, 오릿사호가 당항(요코하마)에 입항하였을 때, 결국 순사(경찰)가 타고 있는 많은 작은 배들이 본선을 둘러싸서 본선에서 나오는 여러 작을 배를 세워 한 곳에 모아 여객의 서류를 검사하였습니다. 이러한 상황은 바람직하지 않으며 난폭하다고 말하지 않을 수 없습니다. 삼가 그 행위를 여쭙는 바, 미국 기선에서 나온 배는 1척도 제지당하지 않았고 또한 어떠한 검사도 없었습니다. 결국 이러한 취급이 있음으로써 P.&O.기선으로 도항하는 사람이 사라진 것은 언급할 필요도 없습니다.[14]

미츠비시 우편기선회사가 빌린 미국 네바다호와 피오회사 즉 영국의 P. &O.회사 오릿사호와의 시모노세키에서의 화물과 여객의 취급 및 요코하마 항에서의 여객에 대한 내용을 외무경 테라시마 무네노리寺島宗則에게 불만을 표출한 것이다.

위와 같이 메이지 초기에도 시모노세키는 해운을 중심으로 한 물류의 중요한 거점이었다.

14 B-3-6-3-16(外務省外交史料館 소장).

3. 근대동아시아 물류 거점 시모노세키와 항운

1) 시모노세키와 『마관물가일보馬關物価日報』

일본에서 가장 오래된 상황商況전문지로서 출판된 것이 현재의 『일본경제신문日本經濟新聞』의 전신에 해당하는 메이지 9년(1876) 12월에 창간된 『중외물가일보中外物價日報』이다. 옛 쵸후長府의 가신이었던 마츠노 부자에몬松野武左衛門 등이 시모노세키에서 간행한 것이다.[15]

현재 알려진 『마관물가일보』의 가장 오래된 것은 야마구치 현립 도서관이 소장하고 있는 제60호이다. 이것은 메이지 13년(1880) 3월19일 간행이다. 기사는 다음과 같이 구성되어 있다.

정례우송면허

『마관물가일보』 제60호 메이지 13년 3월19일 금요일

음력2월9일

한난계 기온 정오63도

(한난계는 화씨온도. 섭씨온도로 고치면 약17.2도－역자 주)

마관미상회 현황

오늘 북동풍, 흐림, 선물거래의 결제 달과 상관없이 거래를 하려고 하였으나, 재고 미(現米)가 약간 습기가 차 있어 거래가 막 시작됨. 북쪽 지방에서 매일 주문이 들어오고 또한 3월(또는 3개월) 정도는 해당 지역 대량매매

15 『下關市史・藩制－市制施行』, 下關市, 2009.3, pp.403～403.

가 있지만, 4, 5월은(또는 4, 5개월 후가 되면) 사정이 다르고 오사카 지역의 작황, 수급사정 등이 원활하지 못한 것이 영향을 미쳐 지속적으로 가격이 오름세에 있는 현황. 또 재고 미(現米)의 상황과 여러 주문을 우선함.

아카마세키 미(米)상회소 쵸슈(長州)의 좋은 쌀(上米) 선물거래

여러 전보

여러 알림

금일 현황

○ 금일 재고 미(現米), 여러 물품 중국출하실가(實價)

○ 어제 오후 완성품

제 물가

사고(社告)

본지, 매일발행, 정가 1매 5리, 1개월분 선금12전, 시외별도 우송료 1대 1전, 2매 이상 2전.

축일 및 일요일 휴무

편집장 쿠와타 후미스케(桑田文輔)

인쇄인 마츠노 부자에몬(松野武左衛門)

야마구치현 아카마세키구 히가시난부쵸 100번지 가본국

바칸붓카닙포사(馬關物價日報社－마관물가일보사)

이상이 제60호의 구성이다.

제60호에 비해 현재 야무구치현립고문서관이 소장하고 있는 메이지 21년(1888) 5월 3일 자 제2,454호가 되면, 지면의 내용은 다음과 같이 증가하고 있다.

아카마세키 측후소기상일표

전보

상황(商況)

아카마세키 쌀상회소

금일물품거래

수입개수

금일 시모노세키 물가

상미(上米) 잡곡 비료 가다랭이포 생랍 조면신(操綿新) 설탕 다시마 유류

선철(銑鐵) 잡품(雜品)

여러 나라의 상황(商況)

광고

사고(社告)

야마구치현 아카마세키 니시바타쵸 27번지

발행소 물가일보사

발행인 겸 편집인 마츠노 부자에몬

인쇄인 노부하라 아라키치

○ 본지 매일 발행 정가 1전8리 1개월분 선금 18전 반년 분 선금1원

1년분 선금 1원76전 시외는 별도우송료1장1전 1개월분 금26전

2장 이상 16돈까지2전 축일 및 일요일 휴간

이상과 같이, 『마관물가일보』는 시모노세키의 경제정보를 중심으로 기술된 신문이었다. 다음은 이 『마관물가일보』에 게재된 선박정보를 중심으로 살펴보고자 한다.

2. 근대 동아시아 물류거점 시모노세키의 선박출입

시모노세키의 물류상황의 일단은『마관물가일보』에서 볼 수 있는 선박정보를 통해 알 수 있다. 현재 알려진 메이지 13년(1880) 4월 29일부터 6월 26일까지의 선박정보에 관한 기술을 정리한 것이 다음의 '1880년 4~6월 시모노세키항 출입 선박 수 일람1880年4~6月下關港出入船舶数一覧'이다.

〈표 1〉 1880년 4~6월 시모노세키항 출입선박수 알람(단위 : 척)

호수	월일	선행지					출항선	하항선	내항지
		규슈	북해도 방면	이즈모	이나바	조선			북해도 방면
93	4.29	78		12			146	84	1
102	5.10	62					96	100	2
103	5.11	53			1		123	74	1
104	5.12	26	16				76	145	6
106	5.14	88		3			162	21	1
107	5.15	206	3	17			58	86	5
109	5.18	80	1	3			96	118	2
110	5.19	73					109	165	13
111	5.20	58	1				42	103	4
112	5.21	98					73	83	2
113	5.22	86	9				156	36	2
114	5.24	119				2	223	43	4
115	5.25	153					73	46	4
116	5.26	83				2	58	39	6
117	5.27	73				1	86	93	2
118	5.28	42					73	228	16

호수	월일	선행지					출항선	하행선	내항지
		규슈	북해도 방면	이즈모	이나바	조선			북해도 방면
119	5.29	37					63	83	4
121	5.31	98	13			1	49	142	7
122	6.02	22	19			2	96	68	
123	6.03	63	8				67	86	
124	6.04	86	32				128	168	5
125	6.05	61					135	162	10
126	6.07	28	56				85	143	20
134	6.16	38	32				153	73	7
135	6.17	86	25			2	163	78	
136	6.18	58	3				16	86	2
138	6.21	69	3	13			78	128	5
139	6.22	43					75	89	13
140	6.23	21	1				64	103	7
141	6.24	35						85	18
143	6.26	73					116	31	8

〈표 1〉에서 시모노세키를 거점으로 산인(지금의 돗토리현과 시마네현 지역－역자 주), 호쿠리쿠(지금의 후쿠이, 이시카와, 도야마, 니이가타현 지역－역자 주), 북해도방면의 항로인 '키타쿠니 상행', '키타쿠니 하행', '이즈모 상행', '이나바 하행'과 에도시대의 키타마에선 항로를 계승하는 항운이다. 여기에 비해 두드러지는 것이 '규슈 상행'이다. 시모노세키에서 모지, 고쿠라, 하카타, 이키, 츠시마, 나가사키 등의 항로가 아주 활발했음을 알 수 있다.

이와 같은 국내 항로에 비해서 배의 수는 많지 않지만 한반도와의 항운관계가 존재하고 있었음을 이 『마관물가일보』의 기술에서 명확하게 알 수 있다. 그러면 한반도와의 운항지는 어디였을까. 참고가 되는 것이 영사 보고 자료로 알려진 『통상휘편通商彙編』의 기사이다.

3. 1880년대의 부산항

메이지 14～19년(1881～1886)에 간행된 『통상휘편』에 보이는 인천, 부산, 원산의 보고에서 당시 선박의 기록을 알 수 있다. 〈그림 2〉는 1881～1884년 사이에 부산에 입항한 선박수를 나타낸 그래프이다.[16]

같은 시기의 인천・부산・원산에 입항한 선박수를 비교한 것이 다음 표이다.[17]

이 그래프에서도 분명하듯이 부산・인천・원산을 비교해 보면 부산으로의 입항선박수가 많음을 알 수 있다. 그러나 위 세 항구 모두 증기

〈그림 2〉

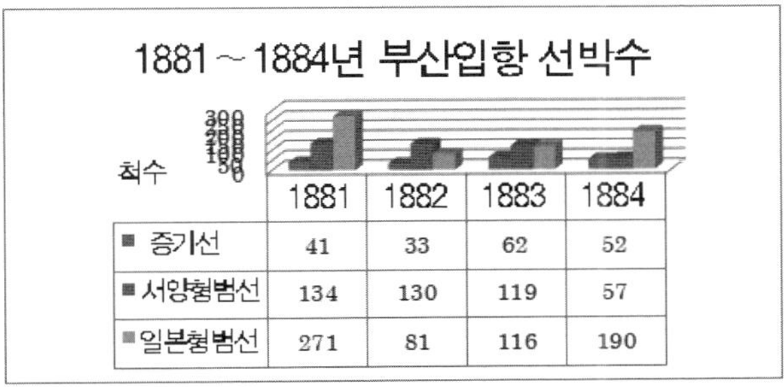

	1881	1882	1883	1884
■ 증기선	41	33	62	52
■ 서양형범선	134	130	119	57
■ 일본형범선	271	81	116	190

16 『통상휘편』 외무성, 1881, 154쪽; 1882, 258쪽; 1886.상, 134쪽; 1886.하, 251쪽; 1887.상, 216쪽; 1887.하, 328쪽을 참조하여 작성.

17 위의 책, 1883.상, 134쪽; 1883.하, 251쪽; 1884.상, 118・231쪽; 1885.하, 544쪽.

〈그림 3〉

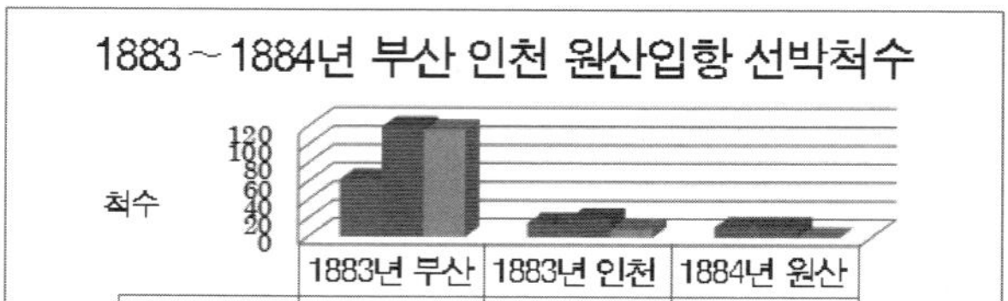

1883∼1884년 부산 인천 원산입항 선박척수

	1883년 부산	1883년 인천	1884년 원산
■ 증기선	62	15	11
■ 서양형범선	119	20	11
■ 일본형범선	116	9	0

선 수는 적으며 서양형 범선과 일본형 범선이 주류를 이루고 있었다.

부산도 1881년 당시는 빈번하게 선박이 입항하는 상황은 아니었다. 『통상휘편』 메이지 14년 3월 자의 재부산일본영사관在釜山帝国領事館 보고 제22호에 다음과 같은 기술이 있다.

> 부산 본항 무역, 점점 증진, 양 삼년간을 비교하면 이러한 상황이 일변하고 있음은 매월 보고하였습니다. 一 일위대수(一葦帯水)의 거리인 마관(시모노세키)・나가사키에서도 매월 1회 혹은 2회의 부정기 우편선을 기다리는 것 외에, 왕래 현실과 맞지 않는 풍주선(風走船)에 맡겨 통신을 기대하고만 있습니다. 거류상인의 불편은 이루 말할 수 없습니다. 다만 미츠비시회사의 기선 정기항로에 관해서는 전편 보고에서 말씀드렸지만, 다행이 3월부터 오사카부의 평민 스미토모 키치자에몬 소유의 증기선 안네이마루호가 매월 2회 정기적으로 오사카에서 고베・시모노세키・하카타・나가사키・츠시마를 거쳐 통운하기로 한 바 있기 때문에 미츠비시 기선 외에 위에서도 말한 우편 이용을 할 수 있다면, 여러 회사 특히 거류상인들은 최상의 편리를 얻을 수 있을 것으로 사료되는 바, 문제가 없다면 위에서 말한 안

네이마루호에도 우편을 이용할 수 있도록 해당관계부서와 잘 협의하여 주시기를 말씀드리는 바입니다.

메이지 14년 3월 9일 재부산포영사 곤도 마스키(近藤眞鋤)

외무경 이노우에 카오루(井上馨) 귀하[18]

이것을 보면, 부산과 근거리인 일본 시모노세키와 나가사키(원문에는 '長隻'이나 지명 '나가사키'의 오자로 판단됨 – 역자 주)와의 운항도 매달 1회 혹은 2회 정도이며 그것도 정기적이지 않았다. 부정기적으로 부산에 내항하는 미츠비시 회사의 기선이 있었는데, 그 불편을 해소하고자 스미토모 키치자에몬住友吉左衛門(원문에는 '住友吉左右衛門'이라고 나와 있으나, 住友吉左衛門의 잘못으로 판단됨 – 역자 주)이 본인 소유의 배 안네이마루安寧丸호를 매월 2회, 오사카 · 고베 · 시모노세키 · 하카타 · 나가사키 · 츠시마를 경유하여 부산에 입항하는 정기운항을 함으로써 우편우송 등에도 편의를 제공하게 되었다.

4. 일본발 부산행 선박

『마관물가일보』의 광고 가운데 시모노세키에서 부산 등 한반도로의 출항 광고를 중심으로 살펴보겠다.

18 『통상휘편』, 외무성, 1881, 131쪽.

『馬關物價日報』 메이지 13년(1880), 메이지 14년(1881) 선박 출입정보

제293호, 메이지13년 12월 30일 광고

오는 1월 1일, 서양형 범선 히로토쿠마루, 조선 부산포로 출항합니다. 또한 화물이 있으시면 알선을 해드리니 많은 이용 부탁드립니다. 아카마세키 진구시쵸 12월 30일 후지모리 모헤이

이상은 메이지 14년(1881) 1월 1일에 서양형 범선인 히로토쿠마루가 부산을 향해 출항하므로, 탑승 손님이나 화물의 적재를 알선하는 안내였다. 그 광고주가 후지모리 모헤이라는 사람이다.

이어서 제294호, 메이지13년 12월 31일 이후 다음의 광고를 볼 수 있다.

광고(제293호와 같은 광고 있음)

제358호, 메이지 14년 3월21일 광고

이번 달 25일 범주선 히로토쿠마루가 조선 부산항으로 출항을 하는 바, 해당 항에 운송하실 화물 및 여행을 하실 분이 계시면 가능한 한 운임 등을 저렴하게 알선을 해드리니 많은 분들을 모실 수 있기를 바라는 바, 이에 광고를 합니다.

바칸 하나노쵸 3월 21일 노가미야 야우에몬

(제359호, 메이지 14년 3월 22일 같은 광고 있음)

제382호, 메이지 14년 4월 18일 광고

이번 달 20일, 범주선 히로토쿠마루가 조선 부산항으로 출항을 하는 바, 해당 항에 운송하실 화물 및 여행을 하실 분이 계시면 가능한 한 운임 등을

저렴하게 알선을 해드리니 많은 분들을 모실 수 있기를 바라는 바, 이어 광고를 합니다.

바칸 하나노쵸 4월 18일 노가미야 야우에몬

(제383호, 메이지 14년 4월19일 같은 광고 있음)

이상과 같이 서양형 범선 히로토쿠마루가 시모노세키에서 부산에 거의 1개월마다 1회의 운항을 하고 있음을 알 수 있다.

그 후 시모노세키에서 간행된 『마관매일신문馬關每日新聞』에서도 부산행의 선박정보를 볼 수 있었다. 『마관매일신문』은 메이지 24년(1891) 1월 31일에 창간되었는데, 야마구치현립도서관소장의 가장 오래된 『마관매일신문』 제3652호, 메이지 36년(1903) 6월 2일 4면 하단에 다음과 같은 광고가 있었다.

일본 우선(郵船)주식회사 기선 출항 광고

○ 코사이마루(弘濟丸) 2일 오전 11시 고베 요코하마행

○ 이세마루(伊勢丸) 2일 오후 3시 나가사키 부산 원산 성진 블라디보스토크 행

○ 사도마루(佐渡丸) 4일 정오 12시 상해 홍콩 싱가포르 마르세유(원문에는 '塞'이나 '馬耳塞' 즉 '마르세유'의 탈자로 판단됨 – 역자 주) 런던 앤트워프 행

○ 다이렌마루(大連丸) 4일 정오 12시 고베 행

○ 사이쿄마루(西京丸) 4일 오후 3시 지룽 행

○ 사가미마루(相模丸) 5일 오후 1시 오노미치 고베 셋츠(=오사카, 원문

에는 '捷津'이나 '摂津'의 오자로 판단됨 – 역자 주) 요코하마행

○ 에이죠마루(榮城丸) 3일 오후 3시 부산 인천행

○ 치후마루(芝罘丸) 5일 오후 3시 치후(芝罘) 타아쿠(太沽)행

○ 코쿠라마루(小倉丸) 6일 정오 12시 고베행

시모노세키 지점

오사카 상선(商船)주식회사 기선출항 광고

○ 타이난마루(臺南丸) 매월 11일 26일 오후4시 출항 지룽 직행

○ 타이난마루(臺南丸) 매월 5일 20일 정오 출항 고베 직행

○ 타이츄마루(臺中丸) 매월 7일 오후 3시 출항 나가사키 지룽 평후 아비라 가오슝행

○ 타이츄마루(臺中丸) 매월 24일 오후 3시 출항 우지나 고베 요코하마행

○ 타이페이마루(臺北丸) 매월 20일 오후 3시 출항 나가사키 지룽 평후 아비라 가오슝행

○ 타이페이마루(臺北丸) 매월 8일 오후 3시 출항 우지나 고베 요코하마

○ 후쿠오카마루(福岡丸) 3일 오후 3시 지룽 아비라 가오슝행

○ 스마마루(須磨丸) 4일 오후 4시 나가사키 부산 목포 인천 진남포행

○ 시라카와마루(白川丸) 3일 오후 4시 부산 □[19]산 목포 군산 인천행

○ 헤이안마루(平安丸) 2일 오후 10시 센자키 하기 에사키 하마다온천 키츠키 사카이행

○ 핫코오마루(八綱丸) 4일 오후 10시 하기스사 하마다온천 츠사카이 요

19 불명. 이하 □는 불명 표기.

나고 야스기행

○ 진세이마루(鎮西丸) 5일 오후 10시 하카타 나가사키 미스미(三角) 카고시마행

○ 오오이가와마루(大井川丸) 3일 오후 5시

○ 텐류가와마루(天竜川丸) 2일 오후 5시 미타지리 무로츠 야나이 쿠카□□ 미야지마 우지나 쿠레 온도(音戸) 나가하마 타케하라 타다노우미(忠海) 이토자기 오노미치 토모노우라 타도츠 타카마츠 고베 오사카행

○ 헤이죠마루(平壌丸) 2일 오전 9시

○ 케이죠마루(京城丸) 5일 오전 9시 고베 오사카행

○ 치쿠고가와마루(筑後川丸) 9일 오전 9시

○ 마츠야마마루(松山丸) 2일 오후 2시 타도츠 고베 으사카행

○ 반자이마루(萬歲丸) 4일 오후 2시 타도츠 고베 오사카행

○ 테도리가와마루(手取川丸) 6일 오후 2시 하카타 이즈하라 부산행

○ 테도리가와마루(手取川丸) 2일 오전 10시 오노미치 고베 오사카행

○ 헤이죠마루(平壌丸) 8일 오후 4시 부산 목포 인천행

○ 코오요마루(高洋丸) 2일 오후 4시 인천 진남포행

○ 토오요마루(東洋丸) 8일 오후 3시 미스미 지룽행

아마가사키(尼崎) 기선 시모노세키 출항 광고

○ 신덴신마루(新電信丸) 3일

○ 다이이치덴신마루(第一電信丸) 2일

○ 신운유마루(新運輸丸) 4일

모지 신카와(新川) 미타지리 쿠다마츠 무로즈미 히라오(平生) 무로츠 카미노세키 야나이 이와쿠니 미야지마 히로시마 쿠레 온도 나가하마 타케하라 타다노우미 미하라 오노미치 토모노우라 타도츠 타카마츠 사카테 고베 오사카행

○ 다이산소케이마루(第三崇敬丸) 3일후 하카타 카라츠 요부코(呼子) 이마리(伊万里) 히라도 사세보 나가사키 시마바라 미스미 오오카와행

○ 다이산소케이마루(第三崇敬丸) 2일전 미츠가하마(三津ヶ濱, 원문에는 '三ヶ濱'이나, '三津ヶ濱'의 오자로 판단됨－역자 주) 이마바리(今治) 타도츠 고베 오사카행

○ 다이니덴신마루(第二電信丸) 4일후 일본 츄고쿠(中國)지방 경유 타도츠 타카마츠 고베 오사카행

○ 니호시마마루(仁保嶋丸) 매일 정기 4회 코쿠라행 하나노쵸(岬之町) 해안에 기항

취급 : 시마다 선박운송점(嶋田回漕店)

전화 124번 신세이샤(新盛舍)

토모에구미(巴組) 취급 출항선 광고

○ 죠오반마루(常磐丸) 3일 오후 하카타 카라츠 히라도 사세보 나가사키 시마바라 미스미 오오카와

○ 마사요시마루(正義丸) 5일 오후 하카타 □□□ 나가사키 미스미 카고시마행

○ 고토부키마루(壽丸) 6일 오후 하마다온천 츠(津) 키츠키 요나고 야스기행

○ 다이니타이코마루(第二太湖丸) 3일 오후 미츠가하마 이마바리 타도츠 효고 오사카행

○ 다이니타이코마루(第二太湖丸) 3일 오후 미츠가하마 이마바리 타도츠 효고 오사카행

○ 토사마루(土佐丸) 5일 오후 일본츄고쿠(中國) 각항 경유 오사카행

○ 아이세이마루(相生丸) 3일 오후 일본 츄고쿠(中國) 각항 경유 오사카행

시모노세키 서남부 해안 (전화 特46번)

모지시 미나토마치 1쵸메(門司市港町一丁目) (전화 特245번)

토모에구미 합자회사 동 출장소

『馬關每日新聞』 제3677호, 메이지 36년 7월 1일

일본우선주식회사 기선출항 광고

○미카와마루(三河丸) 1일 오후 1시 후시키 니이가타 하코다테행

○빈고마루(備後丸) 2일 정오 12시 상하이 홍콩 싱가포르 페낭 콜롬보 수에즈 포트사이드 마르세유 런던 앤트워프행

○ 요코하마마루(橫濱丸) 3일 오전 11시 고베행

○ 다이렌마루(大連丸) 3일 정오 12시 고베행

○ 타테가미마루(立神丸) 3일 오후 3시 (중국) 즈푸(芝罘) 타이구(太沽)행

○ 나가토마루(長門丸) 3일 오후 3시 우지나 고베행

○ 오타루마루(小樽丸) 3일 오후 1시 오노미치 고베 셋츠(=오사카) 요코하마

○ 사이쿄마루(西京丸) 4일 오후 3시 지룽행

○ 카가마루(加賀丸) 5일 오전 11시 홍콩행

시모노세키 지점

오사카상선주식회사출범광고

◯ 타이난마루(臺南丸) 매월 11일 26일 오후 4시 출항 지룽 직행

◯ 타이난마루(臺南丸) 매월 5일 20일 정오 출항 고베 직행

◯ 타이중마루(臺中丸) 매월 7일 오후 3시 출항 나가사키 지룽 펑후(澎湖) 아비라 다고우(打狗=가오슝)행

◯ 타이중마루(臺中丸) 매월 24일 오후 3시 출항 우지나 고베 요코하마행

◯ 타이베이마루(臺北丸) 매월 22일 오후 3시 출항 나가사키 지룽 펑후 아비라 가오슝(打狗)행

◯ 타이베이마루(臺北丸) 매월 8일 오후 3시 출항 우지나 고베 요코하마

◯ 게이세이마루(京城丸) 2일 오후 4시 나가사키 이즈하라 부산 목포 인천 진남포행

◯ 마츠야마마루(松山丸) 1일 오후 10시 센자키 하기 에사키 하마다온천 키츠키 사카이행

◯ 핫코오마루(八綱丸) 3일 오후 10시 센자키 하기 에사키 하마다온천 키츠키 사카이행

◯ 반자이마루(萬歲丸) 2일 오후 10시 하기 스사 하마다온천 츠 사카이 요나고 야스기행

◯ 킨류유마루(金龍丸) 4일 오후 10시 하기 스사 하마다온천 츠 사카이 요나고 야스기행

◯ 오오쿠라마루(大蔵丸) 1일 오후 10시 하기 하마다 미호노세키 하시즈(橋津) 카로노하마(加露濱) 사카이행

○ 토네가와마루(利根川丸) 2일 오후 5시

○ 카가와마루(香川丸) 1일 오후 5시 미타지리 무로츠 야나이 쿠카 이와쿠니 미야지마 우지나 쿠레 온도 나가하마 타케하라 타다노우미 이토자키 오노미치 토모(노우라) 타도츠 타카마츠 고베 오사카行

○ 치쿠고가와마루(筑後川丸) 7일 오전 9시 고베 오사카行

○ 스마마루(須磨丸) 10일 오전 9시 고베 오사카行

○ 시나노가와마루(信濃川丸) 3일 오전 9시 고베 오사카行

○ 욘쿄오도마루(四共同丸) 1일 오후 2시 타도츠 고베 오사카行

○ 에이코마루(永康丸) 3일 오후 2시 타도츠 고베 오사카行

○ 진세이마루(鎭西丸) 2일 오후 2시 타도츠 고베 오사카行

○ 테도리가와마루(手取川丸) 6일 오후 2시 하카타 이즈하라 부산行

○ 스미다가와마루(隅田川丸) 1일 오후 4시 부산 원산行

○ 헤이죠마루(平壤丸) 6일 오후 4시 부산 목포 인천行

『마관매일신문』은 매호마다 시모노세키를 출발 또는 입항하는 기선의 여행지 등의 정보를 제공하고 있었다.

오사카 상선회사의 메이지 36년(1903)의 『오사카상선주식회사항로안내大阪商船株式會社航路案內』에 의하면 부산에 대하여 다음과 같이 기술하고 있다.

부산은 이즈하라에서 69리, 목포까지 192리 반

— 부산은 오사카 진남포선, 오사카 인천선, 마산 군산 경유 오사카 인천선, 오사카 원산선의 기항지로, 오사카 부산선의 종점지이다.

— 부산은 한국남단의 무역항으로, 예부터 츠시마도주 소오씨와 통상하였고, 항만은 넓고 좋으며, 사계절 내내 파도도 잔잔하며, 대형배가 정박하는 일도 많고, 육지에서는 현재 공사 중인 경부철도가 있다. 거리는 일본인에게 적합하며 인구 7천여, 일본 영사관을 비롯해, 여러 관공서, 은행, 회사, 학교, 병원, 신문사, 수도, 전신, 전화 등 제반시설이 정비되지 않은 것이 없으며, 내지(内地 : 일본)의 거리와 조금도 다르지 않다.

○ 지점 또는 화물여객 취급점

오사카상선주식회사 부산지점 한국부산본정1정목[20]

이후 기선정박장, 교통, 여관요리점, 물산명물, 명소유적지를 싣고 있다.

같은 책에 부록으로 실린 '오사카 상선주식회사 기선 발착 일람표大阪商船株式會社滊船發着一覧表'의 '오사카 부산선(자유정기)'에서도 오사카에서 부산까지의 일정을 볼 수 있다. 이 항로는 매월 3회 운항되었다.

20 하라다 와사쿠(原田和作) 편, 『大阪商船株式會社航路案內』駸々堂, 메이지 36(1903).4.30, 366(全 424)쪽.

〈표 2〉 오사카 부산선(자유정기) 매월 3회

왕(往航)		복(復航)	
오사카(大阪) 출발 오전 5시	1일	부산 출발 오후 10시	4일
고베(神戸) 도착 오전 7시 출발 8시		이즈하라 도착 오전 5시 출발 11시	5일
오노미치(尾道) 도착 오후 9시 출발 10시		하카타 도착 오후 8시 출발 11시	
시모노세키(下關) 도착 정오 출발 오후 2시	2일	시모노세키 도착 오전 5시 출발 7시	6일
하카타(博多) 도착 오후 7시 출발 10시		오노미치 도착 오후 9시 출발 오후 10시	
이즈하라(嚴原) 도착 오전 7시 출발 오후 10시	3일	고베 도착 오전 11시 출발 정오	7일
부산 도착 오전 5시	4일	오사카 도착 오후 2시	

대한제국의 광무光武 10년(1906)부터 융희隆熙 3년(1909)까지의 한국의 수출입가액항별輸出入價額港別의 기록[21]을 보면, 한국의 수출입 상위의 인천과 부산이 이어지는 진남포, 군산, 원산을 압도하고 있기 때문에 인천과 부산에 한정해서 정리한 것이 다음 표이다.

〈표 3〉 1906~1909년 한국수출입가액 인천 · 부산항별 비교(단위 : 엔)

	1906년	1907년	1908년	1909년
인천수출	1,872,017	4,905,283	2,554,220	3,316,493
부산수출	2,848,722	4,408,493	4,471,349	5,155,983
한국총수출		16,973,574	14,113,310	16,248,888
인천수입	14,135,494	20,751,854	17,892,584	13,350,584
부산수입	7,938,024	8,722,805	9,258,086	8,307,944
한국총수입		41,387,540	41,025,523	36,648,770

21 『한국재무통계요람』 융희 2년(1908)도, 度支部大臣官房統計課, 융희 3년(1909) 서(序), 18~19쪽; 『한국재무통계요람』 융희 3년(1909)도, 度支部大臣官房統計課, 융희 4년(1910) 서(序), 18~19쪽.

〈그림 4〉

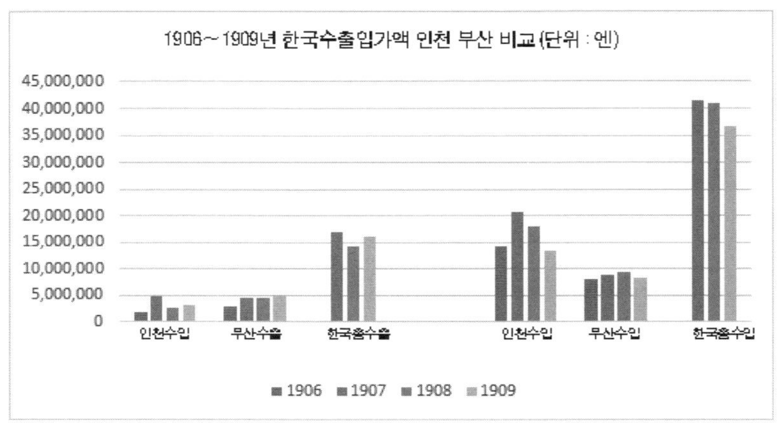

이것을 표시하면 다음 〈그림 4〉과 같다.

위의 표와 그림에서 보듯이, 인천, 부산 두 항의 수출입액은 한국전체의 거의 반을 차지하고 있고, 수입에서는 거꾸로 인천이 부산에 앞서 부산은 제2위를 차지하고 있음을 알 수 있다.

4. 소결小結

메이지 15년(1882) 당시의 일본 해운 상황에 대해 『조야신문朝野新聞』 메이지 15년 7월 16일 자 '해운업의 현황'에서 다음과 같이 말하고 있다.

전국 선박의 통계에 대해서 이것을 조사하면 서양형 배는 메이지 초기부터 매년 그 수가 증가해, 메이지 5년에는 증기선은 96척에 그 톤수는 23,364톤이고, 바람범선은 35척에 그 톤수 8,322톤이며, 메이지 14년에 이르러서는 증기선 312척에 그 톤수 42,463톤, 바람범선은 394척에 그 톤수 44,588톤이 되었다. 이것을 지난 메이지 5년에 비하면, 증기선은 216척, 톤수19,999톤(실제로는 42,463톤－23,364톤＝19,099톤이 증가한 것임－역자 주)이 증가하였고, 바람범선은 359척, 36,268톤(실제로는 44,588톤－8,322톤＝36,266톤임－역자 주)이 늘어났다. 그러나 이처럼 선박수의 증가에도 불구하고, 연해에서 배로 물건을 실어 나르는 일은 드디어 몹시 번거롭고 바쁜 일이 되고 점차 해상의 운임이 치솟는 것은 왜 그러한가. 생각건대 선박의 증가가 선적화물의 증가를 따라가지 못하고 선박의 공급은 선적화물의 수요에 미치지 못함에 의한 것이라고 인정해야한다.[22]

메이지 14년(1881)의 일본 해운력海運力은 증기선이 312척, 톤수 42,463톤으로 증기선 1척당 136톤이며, 바람범선이 394척, 톤수 44,588톤, 1척당 약113.2톤의 상황이었다. 증기선, 범선을 합쳐도 9만 톤에 미치지 못하였고, 1913년에 일본 선박의 화물적재총량이 150만 톤[23]으로 알려진 것을 보아도 1881년의 해운력은 아직 발전도상의 상황이었다.

앞에서 말한 『마관물가일보』에서 볼 수 있는 1880년대의 시모노세키의 선박출입수를 당시의 일본 해운력으로 엿보아도 한 지방의 상황을 넘어서는 번영상황을 확인할 수 있을 것이다. 이렇게 『마관물가일

22 『메이지뉴스사전』 2(제7쇄), 매일커뮤니케이션즈, 1989.3, 101쪽.

23 中川敬一郎, 「兩大戰間の日本海運業－その経營史的考察」, 中川敬一郎 編, 『兩大戰間の日本海運産業』, 中央大學出版部, 1985.2, p.5.

보』를 통해 당시의 시모노세키와 부산을 연결한 해운의 실태와 일단을 살펴볼 수 있다.

시모노세키와 가장 가까운 외국이 대한제국의 부산이며, 부산은 한국 남단의 무역항으로서, 예부터 일본의 대마도주 소오씨와 통상하는 등 일본과 관계가 깊었다. 또한 부산항은 항만으로서 사계절 내내 파도가 잔잔하며 대형선박의 정박에도 적합했다. 그러한 부산과 메이지 전기의 일본은 초기에는 범주선이라는 범선으로 항행航行을 하였지만, 메이지 후기가 되면 오사카 상선회사 등의 기선회사에 의한 정기운항이 이루어지고, 20세기 초기에는 매달 3회의 오사카 부산선이 운행되었다.

근대 산둥인의 노동 이동과 해항도시의 객잔客棧

권경선

1. 들어가며 — 근대 산둥인의 이동과 객잔의 등장

20세기 전반 동북아 해역의 해항도시는 배후지와 역외 지역을 잇는 교통의 결절이자, 폭발적으로 증가한 인적·물적 이동의 거점으로 기능했다. 이 시기 중국 연해의 산둥성山東省은 높은 인구압과 잦은 재해 등으로 주민의 성외省外 이동이 두드러지던 지역이었다. 산둥성 주민(이하 산둥인으로 표기)의 성외 이동은 바다를 사이에 두고 마주한 지금의 중국 동북지방과 한반도 황해 연안 지역을 중심으로 이루어졌다. 현재 중국 동북지방 주민과 한반도의 화교의 원적原籍 중 산둥성이 많은 것은 이 시기 산둥인이 성외로 이동한 결과로서, 근대 동북아 해역 이주의 현대적 변용 사례라고 할 수 있을 것이다.[1]

산동반도山東半島와 발해渤海를 끼고 마주하고 있던 중국 동북지방은 중화민국시기(1912~1949) 매년 20만 명에서 100만 명 이상의 산둥인이 유입되던 지역이었다. 산둥성과 동북지방 사이의 인구 이동은 교통 지리 조건과 육로 이동 시의 규제 등에 의해 주로 해로를 통해 이루어졌으며, 이 과정에서 산둥반도와 랴오둥반도遼東半島의 해항도시들은 산둥인의 고향과 동북지방의 목적지를 잇는 결절로 기능했다. 이 도시들은 항구와 철도로 각지를 연결하는 교통상의 결절이자, 주민의 이동을 촉진하거나 용이하게 한 제도와 정책이 시행되고 이동의 중계기관 역할을 하던 객잔客棧의 거점이 되면서 이동의 비물리적 결절로도 기능했다.

당시 산둥인 이동의 거점은 산둥성의 고향－교제철도膠濟鐵道(青島-濟南 간 철도)의 주요 역을 비롯한 산둥성 내륙의 교통 중심지(濟南, 青州, 濰縣 등)－산둥반도의 주요 해항도시(青島, 煙臺, 龍口)－랴오둥반도의 주요 해항도시(大連, 營口, 安東)－남만주철도南滿洲鐵道(이하 만철)의 주요 역을 비롯한 동북지방 내륙의 교통 중심지(瀋陽, 長春, 哈爾濱)－동북지방의 목적지로 나타낼 수 있다. 산둥인의 이동에 관여한 객잔은 이들 거점 지역을 중심으로 분포하며 연락망 체계를 갖추고 있었다. 동북지방에서의 노동을 목적으로 한 산둥인의 이동은 대개 객잔의 네트워크 위에서 이루어지고 있었으며, 특히 해항도시의 객잔은 객잔 네트워크의 중추적인 역할을 하고 있었다.

1 본고에서 쓰이는 용어에 대해 간단히 설명하고자 한다. 먼저 산둥인은 기본적으로 산둥성 출신의 한족(漢族) 주민을 가리킨다. 중국 동북지방은 랴오닝성(遼寧省), 지린성(吉林省), 헤이룽장성(黑龍江省) 일대를 의미한다. 근대 산둥인의 동북 이동은 경제적 요인으로 인한 노동이동은 물론, 전란, 자연재해 등으로 인한 난민에 이르기까지 다양했고, 영주이민과 장·단기적 이동이 혼재하고 있었다. 이 글에서는 주로 노동을 목적으로 산둥성 출신지와 동북지방의 노동현장을 왕래하던 산둥인들을 다루고자 한다.

본래 객잔이란 설비가 조출한 중국 재래의 숙박시설을 가리키는 것으로 창고업이나 운송업을 겸하는 경우도 있었다. 근대 산둥반도의 칭다오青島, 옌타이煙臺, 룽커우龍口, 웨이하이威海와 랴오둥반도의 다롄大連, 잉커우營口, 안둥安東(지금의 단둥丹東), 허베이성河北省의 톈진天津 등 황해와 발해 연안 해항도시의 객잔은 연해 주민의 성외 이동에 관여하고 영리를 취하는 이민의 중계기관 혹은 보조기관으로 기능하고 있었다.

산둥반도와 랴오둥반도의 각 해항도시에 객잔이 등장한 것은 산둥인의 이동이 급증한 19세기 후반 이래로 추측된다. 청조의 봉금封禁(만주족의 발상지를 보호한다는 명분으로 동북지방에 류조변柳條邊을 세워 이민족의 유입을 금하던 정책) 정책하에서도 지속적으로 이루어지던 산둥인의 동북지방 유입은, 19세기 후반 이래 산둥반도와 랴오둥반도 연해 지역의 개항, 철도와 증기선의 보급, 러시아의 남하에 대처하기 위한 청조의 이민 장려 정책, 러시아의 동청철도東淸鐵道 부설과 동북지방 개발, 러일전쟁 이후 일본의 관동주關東州 조차와 만철 연선 개발을 배경으로 급증했다. 이와 같이 산둥인의 이동이 활발해지면서 산둥반도와 랴오둥반도의 연안에서 정크 항운과 연계하여 여객의 운송과 숙박을 취급하던 업자가 증가하는 증기선 이용객의 승선 수속을 대행하며 성장한 것을 해항도시 객잔의 기원으로 볼 수 있다.[2]

톈진조약天津條約에 의해 개항한 산둥반도의 옌타이와 랴오둥반도의 잉커우는 일찍부터 객잔이 등장한 지역이다. 19세기 중반의 개항 이후 옌타이와 잉커우는 역내 여객화물의 주요 출입항으로 성장했고, 이들

2 「支那人勞動者」, 『滿洲日日新聞』, 1919.4.14~24.

〈그림 1〉 근대 산둥성과 중국 동북지방 간 인구 이동의 거점

도시를 경유하는 여객의 증가와 함께 객잔업 역시 크게 성장했다.[3]

19세기 말 러시아와 독일은 각각 랴오둥반도의 관동주와 산둥반도의 자오저우 만膠州灣 일대를 점령, 조차하고, 다롄[4]과 칭다오[5]를 건설했

3 객잔업의 발전은 객잔 조합의 결성으로 이어졌다. 옌타이에 경찰청의 인가를 받은 객잔공회가 설립된 것은 1916년이지만 그 이전부터 조합 형태의 조직이 존재했고, 잉커우 지역에 객잔공회가 등장한 것은 1907년 무렵이다. 大東公司, 『滿洲國內及北支各地に於ける客棧業者調査書』, 大東公司, 1937, pp.162~187.

4 동북지방의 관문에 해당하는 다롄에 객잔이 등장한 것은 일본이 관동주를 조차한 후인 1907년 무렵으로 알려져 있다. 당초 다롄에는 소규모 여인숙 형태의 객잔 몇 개가 있었으나, 다롄을 경유하여 동북지방 각지로 이동하는 여객이 증가하면서 객잔업자 역시 급증했다. 위의 책, p.151.

다. 도심 건설과 함께 철도항만 건설이 연계되면서 두 도시는 배후지와 역외 지역을 잇는 화물과 여객의 출입구이자 중계지로 급성장했고 잉커우와 옌타이의 입지를 위협했다.

그밖에도 산둥반도 북서부의 룽커우에서는 황현黃縣(지금의 룽커우시 일대), 예현掖縣(지금의 萊州), 창이昌邑 등 동북지방으로의 이주 전통이 있는 배후지를 중심으로 여객이 몰려들면서 객잔업이 성장했다. 랴오둥반도의 북동부이자 한반도와의 접경도시인 안둥에서는 러일전쟁 이후 청조의 상부商埠 개방과 일본의 '부속지' 건설이 진행되고 철도항만의 건설과 함께 산둥성으로부터의 여객 유입이 활발해지면서 객잔업이 점차 성장했다.

이들 산둥반도와 랴오둥반도의 객잔은 각지에서 모여든 이용객이 각 해항도시에 도착하여 승선할 때까지 숙박할 곳을 제공하고, 승선권 및 승차권의 구입을 비롯한 승선・승차 수속을 대행했다. 특히 산둥인의 주요 송출항이었던 옌타이, 룽커우, 칭다오의 객잔들은 여비를 빌려주거나 이용객의 고향과 노동현장 사이를 잇는 연락기관으로서의 역할을 했다.[6]

이 글은 해당시기 산둥인 이동의 다수를 차지하던 노동자를 중심으

5 자오저우만 일대를 조차한 독일은 칭다오 시가지를 건설한 후 도시 번영책의 일환으로 칭다오를 통해 동북지방과 시베리아 및 블라디보스토크로 이동하는 배후지 출신 노동자의 유치에 힘썼다. 이와 함께 교제철도와 증해운회사들도 이용객 유치를 위해 운임 할인이나 대우 개선 등의 수단을 강구했다. 이후 칭다오를 통해 이동하는 산둥인의 수가 급증하면서 객잔업도 성장하기 시작했다. 青島守備軍民政部,『山東研究資料』1, 青島守備軍民政部, 1919, p.6.

6 그에 반해 당시 육로 이동의 주요 관문이었던 산하이관(山海關)은 승선의 필요가 없는 경유지였으므로 객잔과 이용객 사이에 해항도시의 그것과 같은 관계는 보이지 않았다. 산해관의 객잔은 주로 상인을 대상으로 영업했고, 노동자는 악천후나 철도 사정으로 인해 부득이하게 숙박할 수밖에 없는 경우에만 객잔을 이용했다. 吉田美之,「山東河北出稼移民發航地事情」,『勞動時報』61, 南滿洲鐵道株式會社總務部勞動課, 1934, p.138.

로, 산둥인의 동북지방 이동과 주요 송출항인 옌타이, 룽커우, 칭다오의 객잔과의 관계를 확인하고, 지역별・시기별로 어떠한 차이점과 유사점을 가졌는지를 파악한다. 더불어 객잔을 매개로 한 산둥인의 이동 프로세스를 살펴보고, 나아가 해항도시와 배후지의 관계를 고찰함으로써 근대 동북아 해역 인적 이동의 기반과 양상을 확인하는 주요한 사례로 제시하고자 한다.

2. 산둥인의 출신지별 이동 양상과 객잔의 관계

19세기 말에서 20세기 초 산둥성과 동북지방을 오가던 산둥인 노동자들은 대개 수십 명이 한 무리를 이루어 동향同鄕의 파두把頭[7]나 경험자의 인솔하에 이동하거나 또는 객잔・객두客頭의 권유에 응하여 이동하는 경우가 많았다. 이들은 대개 옌타이, 룽커우, 칭다오 등지에서 배를 타고 다롄, 잉커우, 안둥으로 들어간 뒤, 다시 철도나 도보, 하운河運을 이용하여 내륙 각지로 이동했다. 그러나 같은 산둥성 출신이라도 주민의 이동 원인과 양상은 시기와 지역에 따라 각기 다른 특징을 보였다. 이는 산둥인의 주요 송출항인 옌타이, 룽커우, 칭다오를 통한 이동 양상에 반영되었고, 각 도시의 객잔 경영에도 영향을 미쳤다.

7 파두는 과거 어떠한 업종에 종사하는 행방(行幇)의 우두머리를 일컫던 말이다. 행방은 동종업종이나 동향관계를 기반으로 결성된 조직으로, 방의 규칙에 근거하여 파두와 구성원 간의 관계가 규정되어 있었다. 각종 산업이 발전하고 노동력 수요가 높아지면서 파두는 점차 노동력 청부업자의 성격을 띠게 되었다.

엔타이와 룽커우는 산둥인 동북 이동의 최대 송출지였던 산둥반도 북부 지역 출신자의 주요 송출항이었다. 이 지역은 랴오둥반도와 가까워 18세기부터 주민의 이동이 활발했으며, 19세기 중엽 옌타이 항의 개항 이래 대규모 이동이 가능한 교통 조건이 구비되면서 더욱 많은 이동이 발생했다.

20세기 전반 이 지역 출신자들의 이동 경향을 보면 매년 정월正月을 전후로 단신單身의 남성이 산둥성과 동북지방을 오가는 경우가 많았다. 이러한 남성들은 대개 동북지방에 본업을 두고 고향과 노동현장을 왕래했고, 나머지 가족들은 고향에서 농업과 부업에 종사했다. 이와 같은 이동 패턴은 직업구성에도 반영되어 있었다. 1936년의 자료에 따르면 해당시기 옌타이, 룽커우를 통해 이동하는 산둥반도 북부 지역 출신자의 과반이 제조업 종사자나 소상인, 점원 등이었다.[8] 제조업 종사자나 점원 등은 농업과 비교하여 고용관계가 안정적이고 날씨 등 자연환경의 영향을 적게 받아 안정적인 노동이 가능했다. 산둥반도 북부 출신자들은 이러한 지리적 근접성, 노동 이동의 전통, 직업적 특성을 바탕으로 산둥성과 동북지방을 주기적이고 안정적으로 왕래할 수 있었던 것으로 보인다.

이러한 경향은 이들의 주요 송출항인 옌타이와 룽커우를 통한 이동 양상에도 반영되었고, 이 지역의 객잔에도 영향을 미쳤다. 옌타이나 룽커우를 통해 고향과 동북지방을 왕래하던 노동자 중에는 친인척 또는 동향의 파두나 경험자를 따라서 이동하는 경우가 많았다. 옌타이와 룽

8 위의 글, p. 210; 高岡熊雄・上原轍三郎,『東亞經濟研究』II－北支移民の研究, 有斐閣, 1943, p. 28.

커우의 객잔주는 대개 배후지 출신자로, 객잔의 이용객 역시 객잔주의 동향인이 많았다. 옌타이와 룽커우의 객잔들은 동향의 파두나 촌락 전체의 보증을 받아 여비를 빌려주는 등 동향의 이용객에게 각종 편의를 제공했다. 산둥반도 북부 주민의 이동은 오랜 기간 동안 비교적 안정적으로 이루어졌으므로 객잔 역시 혈연과 지연 등을 바탕으로 이용객을 안정적으로 확보할 수 있었던 것으로 보인다. 옌타이와 룽커우의 객잔은 혈연과 지연을 바탕으로 한 이용객과의 신용관계 속에서 경영되는 측면이 강했고, 여비 대출 등 서비스 내용에서도 기타 지역의 객잔과는 다른 특징을 보였다.

칭다오는 산둥성 전역과 장쑤성江蘇省 북부 일부 지역에서 동북지방으로 가는 주민의 주요 송출항으로, 옌타이 및 룽커우의 배후지 출신자 중에서도 칭다오를 통해 이동하는 경우도 있었다. 칭다오를 통해 이동하는 산둥인은 교제철도 연선 및 산둥성 서부 내륙과 남부 출신자가 많았다. 산둥성 내륙부로부터의 이동은 20세기에 들어 증가하기 시작했다. 서부 운하 경제의 쇠퇴, 계속되는 천재 및 인재 등으로 새로운 생계수단을 모색하고 있던 주민들은, 교제철도・진포철도津浦鐵道(톈진과 장쑤성 푸커우를 잇는 철도)・칭다오항 등 교통망의 구축, 외부에서의 노동력 수요 증가를 배경으로 성외 지역으로 이동하기 시작했다. 그러나 이 지역은 산둥반도 북부와 비교하여 성외 이동의 역사가 짧고 거리나 운임 면에서 연해 지역보다 접근성이 떨어지는 면이 있었다. 따라서 동북지방에 일정한 직업을 두고 이동하는 주민이 적고, 고향에서 농업에 종사하다가 재해나 농작 상황에 따라 일시적으로 이동하는 경향이 강했다. 동북지방에서의 직업분포도 이를 반영하여 고용관계가 불안정하고 자연환경의 영향을 많이 받는 농업이 높은 비율을 차지했다.

이러한 경향은 주요 송출항인 칭다오를 통한 이동 양상과 칭다오 지역 객잔업에 영향을 미쳤다. 주민의 이동이 우발적이고 일시적으로 이루어지는 경우가 많았으므로 칭다오를 통한 산둥인의 이동 구모는 옌타이 등과 비교하여 변동의 폭이 컸고, 칭다오의 객잔은 옌타이나 룽커우의 객잔처럼 주기적으로 이동하는 이용객을 안정적으로 확보하기 어려웠다. 따라서 많은 객잔들이 산둥성 내 교통거점에 지점이나 분점을 설치하거나 농촌 지역으로 점원을 파견하여 이용객을 모집했다. 칭다오의 객잔은 이용객과의 신용관계를 통해 객잔을 경영하기 보다는 이용객의 모집에 경영의 중점을 두었으므로 그 주요 수익원에서도 옌타이, 룽커우와 차이가 있었다. 옌타이, 룽커우의 객잔이 승선권 구매 대행 뿐 아니라 여비의 입체에서 많은 이익을 얻은 것과 달리, 칭다오의 객잔은 승선권 구매 대행을 중심으로 영리를 추구했다.

이와 같이 산둥반도 각지의 객잔은 주요 이용객의 이동 양상에 영향을 받아 경영 방식 등에서 각기 다른 경향을 보이고 있었다. 그러나 이것은 어디까지나 각 지역의 전반적인 경향으로 지역별로 객잔들이 동일한 경영 방식을 취하고 있었던 것은 아니었다. 칭다오의 객잔들도 당초 신용관계를 바탕으로 영업하는 경우가 많았고, 이용객 모집이 일반화된 이후에도 여비 입체를 취급하는 객잔이 있었다. 또한 시간의 추이에 따라 객잔 경영 방식에 변화가 발생하여 옌타이와 룽커우에서도 칭다오와 같이 점원을 파견하여 이용객을 모집하는 경향이 점차 강해져 갔다. 다음 장에서는 각 해항도시 객잔의 영업 상황을 상세하게 살펴보겠다.

3. 산둥반도 내 객잔의 영업 상황

1) 옌타이의 객잔

옌타이는 산둥반도 내에서도 객잔이 일찍부터 등장한 지역이었다. 1900년대 초반 옌타이에는 약 200개의 객잔이 영업을 하고 있었다. 그러나 칭다오와 룽커우의 발전에 따라 옌타이를 통한 이동의 비중이 점차 줄어들고, 제1차 세계대전의 영향으로 선박 부족 문제가 발생하면서 1910년대 후반에는 전성기의 절반에 해당하는 약 100개의 객잔이 영업을 하고 있었다. 객잔의 숫자는 그 이후로도 비슷한 수준을 유지하여 1934년의 조사에 따르면 약 5,000명을 수용할 수 있는 117개의 객잔이 영업을 하고 있었다.[9] 비록 칭다오와 룽커우의 성장으로 비중이 감소했다고 해도 옌타이는 산둥반도 북부 출신 노동자의 최대 송출항으로 기능했고, 이것은 이 지역 객잔업의 발전에도 큰 영향을 미쳤다. 룽커우, 칭다오와 비교하여 오랜 역사를 가진 옌타이의 객잔은 일찍부터 조합을 조직하여 동업자의 이익을 보호했다. 1930년대 각지의 객잔과 객잔공회가 재정적 문제에 직면해 있었을 때에도 옌타이의 객잔공회는 탄탄한 재정적 기초를 갖추고 있었다.[10]

앞서 서술한 바와 같이 옌타이를 통해 이동하는 산둥인은 가까운 배후지 출신자가 많았고, 객잔은 이들 지역의 객잔과 밀접한 연락망을 갖추고 있었다. 옌타이는 지리적으로 다롄과 가까워 동북지방의 해항도

9 吉田美之, 앞의 글, p.221.
10 大東公司, 앞의 책, p.190.

시 중 다롄에 가장 많은 연락 객잔을 두었고, 안둥에도 적지 않은 연락 객잔을 두었다.[11]

옌타이의 객잔주는 산둥반도 북부 출신자들이 대다수를 차지했다.[12] 이들은 자신의 고향에 일정한 세력 기반을 가지고 있었기 때문에 옌타이를 통해 움직이는 노동자는 항상 동향인이 경영하는 객잔을 이용했다.

1910년대 후반, 옌타이 최대 객잔은 순취잔順聚棧이었다. 이 객잔은 지모卽墨 출신자가 경영하고 있었으므로 이용객 중에서도 지모 출신자의 비중이 가장 높았다. 지모 출신자들은 주로 동북지방의 푸순 탄광撫順炭鑛 등지에서 채탄에 종사했는데, 푸순 탄광에서 일하는 지모 출신의 파두 및 노동자라면 한번쯤은 이 객잔을 이용했다고 한다. 또한 룽커우의 배후지 출신자 중에서도 동향인이 경영하는 객잔을 이용하기 위해 옌타이를 통해 이동하는 경우가 있을 정도로 객잔과의 관계가 긴밀했다.[13]

옌타이의 객잔과 이용객의 관계는 대개 지연에 의한 신용관계를 바탕으로 했다. 옌타이의 많은 객잔들은 동향의 이용객에게 각종 편의를 제공하고 여비를 빌려주기도 했다. 여비를 빌린 이용객들은 귀성 시에 빌린 원금에 이자를 붙여 변제했는데, 이것은 객잔의 주요 수입이 되었다. 1930년대 옌타이 최대 객잔이었던 풍순잔豊順棧은 객잔주의 고향인 하이양海陽 출신자를 주요 대상으로 여비를 빌려주었는데, 연간 취급 금액이 대양大洋 20만 원에 달했다고 한다.[14]

11 위의 책, p.12.
12 吉田美之, 앞의 글, pp.222~224.
13 「支那人勞動者」, 앞의 책.
14 吉田美之, 앞의 글, pp.224~225.

2) 룽커우의 객잔

옌타이와 함께 산둥반도 북부에 위치한 룽커우는 랴오둥반도의 다롄, 잉커우를 통해 이동하는 노동자의 주요 송출항으로 객잔업이 활발한 지역 중 하나였다. 그러나 룽커우의 객잔은 옌타이나 칭다오와 비교하여 크게 발전하지는 못했다. 그 이유로는 개항 및 지역 개발이 옌타이에 비해 늦어지면서 배후지 주민 중에 옌타이를 통해 이동하는 경우가 많았던 점과,[15] 종래 룽커우를 통과하던 핑두平度 등지의 노동자가 도로의 발달에 따라 칭다오를 통해 이동하는 경우가 늘어났기 때문이다.[16]

룽커우와 랴오둥반도 간의 교통은 주로 다롄, 잉커우 두 지역에 집중되어, 룽커우의 객잔은 모두 이들 지역 내 객잔들과 밀접한 연락관계를 맺고 있었다. 룽커우와 안둥 간의 교통이 완전히 단절되어 있었던 것은 아니나 왕래자가 적어 안둥 내 객잔과 연락을 맺고 있던 객잔은 소수에 불과했다.[17]

1910년대 후반 룽커우의 객잔주와 이용객은 배후지 출신자가 가장 많았고, 이러한 경향은 1930년대에도 이어졌다.[18] 룽커우의 객잔 또한 옌타이처럼 동향 출신의 노동자를 주요 대상으로 편의를 제공하고 여비를 빌려주었다. 1930년대 초 여비 입체 평균 금액은 1인당 10원 이내로 노동자는 귀성 시에 이자를 붙여 원금의 두 배를 변제했다.[19]

---

15 위의 글, p.229.
16 大東公司, 앞의 책, p.12.
17 위의 책, pp.11~12.
18 「支那人勞動者」, 앞의 책.
19 吉田美之, 앞의 글, p.229.

3) 칭다오의 객잔

독일의 자오저우만 조차 이래, 교통망의 구축과 독일총독부의 정책, 철도 및 해운회사의 이용객 유치 방안을 배경으로 독일 조차 말기에는 연간 약 9만 명이 칭다오를 통해 동북지방으로 이동했다. 칭다오를 통과하는 이동 인구가 늘면서 이 지역의 객잔업도 성장하기 시작했다.

1914년 말 일본이 칭다오를 점령한 후 잠시 주춤했던 칭다오를 통한 산둥인의 이동은 전후복구와 일본 통치 당국의 정책, 현지 해운회사의 여객 유치 활동을 통해 다시 증가했고 객잔 영업도 활발해졌다. 그러나 이와 함께 운임을 둘러싼 해운회사와의 마찰, 이용객에 대한 폭리 행태 등 현지 객잔업의 폐해가 사회문제로 떠오르기도 했다.[20]

1922년 칭다오 및 교제철도 연선이 중국에 반환된 이후에도 칭다오를 통한 산둥인의 이동은 계속되었다. 객잔업의 발전과 함께 그 폐해가 더욱 심각해지면서, 1924년 9월에는 칭다오 시내 객잔업자들이 모여 칭다오시객잔동업공회青島市客棧同業公會를 설립했다.[21] 객잔공회는 해운회

---

20 앞서 서술한 바와 같이 칭다오를 통해 이동하는 산둥인 중에는 내륙부 농촌 출신자가 많아 농작물의 작황 등에 따라 이동 규모가 달라지는 측면이 있었다. 이것은 칭다오 내 객잔업에도 큰 영향을 미쳤다. 예를 들어 1917년에는 계속된 가뭄에 따른 흉작으로 인해 산둥성 밖에서 일자리를 찾고자 하는 산둥성 내륙 농촌 지역 출신자가 증가한 동시에, 전쟁특수로 인한 동북지방 노동력 수요의 증가, 대전 연합국의 화공 모집이 상응하면서 칭다오를 통해 이동하는 산둥인의 수가 급증했다. 전쟁의 영향으로 선박이 부족한 상황에서 많은 산둥인이 칭다오로 유입되면서 승선을 기다리는 많은 이용객들이 칭다오 시내 객잔에 체류하면서 만원상태에 이르렀고, 객잔의 폭리 행태가 두드러졌다. 青島守備軍民政部, 앞의 책, p.13. 대전 종식이 가까워지면서 유럽에서의 화공 수요는 줄어들었고 1919년 1월부터 유럽 내 화공의 귀국이 시작되면서 동북지방으로 나가는 산둥인의 수가 더욱 증가했다. 같은 해 봄 노동자의 출발시기에도 선박 부족으로 칭다오 시내에 체류하며 승선을 기다리는 사람들이 적지 않았는데, 객잔 중에는 이를 틈타 폭리를 취하는 경우가 많아 단속을 요구하는 목소리가 높아지기도 했다. 青島實業協會, 『青島實業協會月報』 16, 青島實業協會, 1919, p.34.

21 공회에 가입한 객잔은 공회 규정에 따라 영업할 의무가 있었다. 칭다오시객잔동업공회의 규정을 요약하면 다음과 같다. 월 회비는 객잔 당 6원이고, 각지의 선박 운임은 공회가 협정하

사와의 교섭을 통해 협정운임을 실시하고 기타 요금에 대해서도 협정 가격을 정했으나, 협정운임 파기 및 이용객에 대한 폭리 행태는 근절되지 않고 계속적인 문제가 되었다.

1930년대 전반 산둥인의 동북 이동이 감소하면서 칭다오도 그 영향을 받았다. 칭다오는 옌타이나 룽커우와 비교하여 현지를 통과하는 이동 인구의 규모가 사회 상황의 변화에 큰 영향을 받고 있었으므로 이 지역을 통과하는 산둥인의 규모는 기타 지역보다 크게 감소했다. 특히 '만주국'의 입국 제한과 중국 정부의 동북 이동 저지 움직임은 칭다오를 통한 이동을 더욱 감소시켰다. '만주국'의 사증 발급으로 칭다오를 통한 이동이 감소하는 가운데, 중국 정부가 칭다오 객잔 이익의 원천인 승선권 판매를 중단시키면서 객잔의 영업상황은 급격히 악화되었다.[22] 이후 상황은 조금씩 호전되었으나 1936년 다롄수항회 등의 설립으로 승선권 구매 대행 이익이 급감하면서 칭다오의 객잔업은 다시 위기에 봉착했다.

며, 부정행위를 하는 회원은 제명한다. 객잔이 발행하는 교환권(승선권)에 공회의 도장이 없는 것은 무효로 하며, 공회는 교환권 한 장마다 은 2선의 수수료를 징수한다. 특히 문제가 되었던 기선 운임에 대해서는 협정운임을 적용하도록 결정되었으나 해운회사 간의 경쟁에 따라 이후에도 실제 운임에는 변동이 있었다. 青島日本商工會議所, 『山東勞動者の移動狀況』, 青島日本商工會議所, 1928, pp.41～42.

22 吉田美之, 앞의 글, p.190. 1934년 3월 19일 칭다오공안국이 중국인 노동자의 동북지방 도항을 저지한 후, 같은 해 4월 8일에는 대동공사 칭다오사무소가 '만주국' 입국사증 업무를 시작했다. 그 후 칭다오시 정부는 '국부(國富)와 국권(國權)의 유지'를 들어 같은 해 5월 26일부터 칭다오항과 동북지방의 각 항 간을 운항하는 선박의 승선권 판매를 중지시켰고, 이로써 칭다오 내 33개의 객잔 중에서 약 20개가 도산 직전에까지 이르렀다. 영업 악화로 실제 도산하는 객잔이 발생하면서 칭다오시객잔공회는 승선권의 판매를 허가하여 객잔의 도산을 막을 수 있도록 칭다오시 정부에 재차 청원하는 등 대책을 강구했다. 칭다오시객잔공회는 칭다오시 정부에 1934년 7월 13일 자로 「關于請准售銷船票以維營業而免倒閉的呈文」를 제출하였으나 거부당한 후, 7월 28일에 다시 「關于再請准售銷船票以維營業而免倒閉的呈文」를 제출했다. 재차에 걸친 요구에도 불구하고 칭다오시 정부는 「關于不准客棧同業公會售銷船票的指令」을 통해 객잔공회의 승선권 판매를 금지했다.

칭다오는 산둥성 내 해항도시 중에서도 이용객의 모집 경쟁이 가장 격렬한 지역이었다. 칭다오의 객잔 수는 옌타이와 비교하여 많지 않았으나 규모가 큰 객잔이 많아 수용인원이 많았고 이용객의 출신지와 이동 목적지에 빈틈없이 연락망을 두어 이용객을 모집했다.[23] 1930년대 중반, 칭다오와 랴오둥반도 각지 간의 선박 운항은 다롄, 안둥, 잉커우의 순으로 빈번하였다. 객잔의 연락망 역시 이를 반영하여 칭다오 내 객잔 32개 중 30개가 다롄의 객잔과 연락망을 갖추고 있었고, 안둥에 19개, 잉커우에 9개의 연락 객잔을 두고 있었다. 칭다오는 옌타이 및 룽커우와 달리 동북지방 내륙 각지의 객잔과도 연락을 맺고 있었는데, 창춘長春에 11개, 하얼빈에 8개의 연락점을 두고 있었다.[24]

옌타이나 룽커우의 객잔주가 주로 산둥반도 북부 출신자로 구성되었다면, 칭다오의 객잔주는 산둥성 각지 출신자로 구성되어 있었다. 칭다오의 객잔 경영도 초기에는 신용관계를 중심으로 성장했다. 독일 조차기 칭다오의 객잔은 이용객의 승선권・승차권 구매 및 관련 수속을 대행하는 동시에, 여비가 부족한 이용객에게는 객잔과 신뢰관계가 있는 파두나 구객舊客의 보증을 받아 여비를 빌려주고 노동자의 귀성 시에 이자와 함께 돌려받기도 했다.[25] 칭다오를 통한 산둥인의 역외 이동이 급증한 1910년대 후반, 칭다오에는 옌타이에 본점을 둔 풍순잔豊順棧의 분점을 포함하여 십여 개의 객잔이 있었다.[26] 이 시기 칭다오 내 객잔의

23 1928년의 자료에 따르면 당시 칭다오에는 30개 이상의 객잔이 있었으며, 1930년대에 들어서도 그 수에는 큰 변동이 없었던 것으로 보인다. 1920년대 후반 칭다오의 객잔은 대개 한 채당 20개 정도의 객실에 약 400명을 수용할 수 있었으나, 이용객이 많을 시에는 정원을 초과하여 수용했다. 青島日本商工會議所, 앞의 책, p.38.

24 大東公司, 앞의 책, p.12.

25 青島守備軍民政部, 앞의 책, p.6.

영업 방식은 파두나 구객이 이용객을 데리고 오는 경우도 있었으나, 주로 점원을 파견하여 이용객을 모집하는 형태로 이루어졌고 이들을 대상으로 한 승선권・승차권 구매 대행이 주요 수입원이 되었다.

이와 같이 산둥반도 내 객잔의 경영 방식을 지역별로 보면, 옌타이와 룽커우의 객잔은 동향관계를 중심으로 경영되는 경향이 강했고, 칭다오의 객잔은 그보다 이용객의 모집에 중점을 두는 경향이 있었다고 할 수 있다. 한편 시기별 경영 방식을 보면 세 개의 해항도시 모두 초기에는 동향관계 등을 바탕으로 한 신용관계에서 시작하여 점차 적극적으로 이용객 모집에 나서는 형태로 변화했다. 다음에서는 이와 같은 객잔의 경영 방식을 보다 구체적으로 살펴보도록 하자.

4. 산둥반도 내 객잔의 경영 방식

1) 동향관계를 바탕으로 한 경영 방식

동북지방으로 이동하는 산둥인 노동자들은 크게 일정한 직업이나 직장 등의 기반을 두고 고향과 노동현장을 왕래하는 경우와, 생계를 위해 처음 이동하는 경우로 나눌 수 있었다. 전자는 상당한 노동 이동의 경험과 충분한 여비를 가지고 이동했으나, 후자는 경험은 물론 여비도 부족했으므로 타인의 힘을 빌릴 수밖에 없었다. 산둥성은 관습적으로

26 「支那人勞動者」, 앞의 글.

자본가나 유력가가 이민을 직접 모집하지 않았으므로, 처음 동북지방으로 나가는 노동자들은 대개 동향인이 경영하는 객잔이나 객두의 도움을 받았다.[27]

객잔은 동향관계의 객두와 상통하고 있었다. 객잔은 객두나 점원이 모집해 온 노동자를 투숙시켜 숙박료를 취하는 외에, 해운회사로부터 승선권을 저렴하게 구입하여 수수료를 붙여 객두나 이용객에게 되팔았다. 특히 승선권 판매를 통해 매번 2~3할의 이익을 취할 수 있었으므로 이는 숙박보다 중요한 영리의 원천이 되었다. 객잔은 동향의 이용객에 대해서는 객두나 고향 마을 전체의 보증을 바탕으로 여비를 빌려주는 경우도 있었다. 특히 일찍부터 동북지방으로의 출가出稼가 이루어졌던 옌타이나 룽커우의 객잔은 승선권 구매대행 수수료와 함께 여비의 이자가 주요 소득원이 되었다.

객두는 자신의 고향을 중심으로 동북지방으로 나가고자 하는 지원자를 모아 노동현장까지 인솔하는 일종의 이민 알선업자였다. 객두는 필요 시 이용객의 신원 보장에서부터 여비의 입체, 이동 목적지까지의 안내를 맡았고, 목적지에 친인척이나 지인이 없는 사람에게는 현지 노동현장의 파두를 소개하는 경우도 있었으며, 고향에 남은 이용객의 가족을 돌보기까지 했다. 객두는 매번 30~40명 정도의 지원자를 모아 일년에 3~4회 정도 동북지방으로 인솔해갔다. 객두의 수입은 노동자에게 빌려 준 여비의 이자가 주를 이루었다. 객두는 노동자의 출발 당시 산둥성 모집지의 통용 은銀으로 여비를 빌려주고, 상환금은 노동현장

27 滿蒙產業研究會 編, 『滿洲產業界より見たる支那の苦力』, 滿蒙產業研究會, 1920, p.53.

의 높은 시세로 받았으므로 두 곳의 시세를 이용하여 차액을 챙길 수도 있었다. 해로로 이동하는 경우에는 해항도시의 객잔으로부터 승선권을 받아 일정 정도의 수수료를 붙여 노동자에게 되팔았는데, 이 수수료 수입 역시 적지 않았다. 객잔으로부터 넘겨받은 승선권의 정산은 객두가 동북지방에서 일처리를 마치고 돌아오는데 3개월 정도가 소요되었기 때문에 보통 4개월 단위로 이루어졌고, 신용 여하에 따라서는 보증 없이 객잔으로부터 승선권을 넘겨받는 경우도 있었다.[28] 객두는 노동자를 목적지까지 인솔하고 귀성할 때 그곳의 노동자들이 고향으로 부치는 서신이나 송금을 청부하여 수수료를 얻기도 했다. 1910년대 말 송금 수수료는 100원 이상은 원금의 4~5푼, 20원 이하는 5푼에서 1할 정도였다. 그밖에도 객잔에 납부할 승선권 비용이나 노동자들이 가족에게 보내는 돈을 일시 융통하여 이자를 얻는 경우도 있었다.[29] 이와 같이 객두는 노동자의 이동의 전 과정에 관여하며 이익을 얻는 동시에, 노동자의 고향과 노동현장을 잇는 연락책으로서의 역할을 하고 있었다.

산둥성의 객잔과 객두의 관계에 대해서는 아직 불명확한 점이 많다. 객잔과 객두가 상호 밀접한 관계를 맺고 있었던 것은 분명하나, 독립적인 경영체로 존재한 것인지 아니면 객잔에 객두가 소속되는 측면이 있었는지가 명확하지 않다. 점원을 파견하여 이용객을 모집하는 객잔의 경영 방식에서 이들 점원이 대개 자신의 고향을 중심으로 이용객을 모으고 이동 과정 중의 인솔자 역할을 했다는 점에서 산둥인 이동 규모가 커지고 객잔 경영 방식 및 객잔 간 연락망이 체계화되면서 객두가 객잔

28 위의 책, p.55.
29 위의 책, pp.54~55.

으로 흡수되었을 가능성도 고려해 볼 수 있을 것이다. 이와 같은 관계에 대해서는 앞으로 자료 보충과 함께, 객잔, 객두를 통한 이동이 많았던 중국 남부의 사례와 비교하며 고찰해 나갈 필요가 있을 것이다.[30]

2) 이용객 모집을 중심으로 한 경영 방식—칭다오를 중심으로

칭다오의 객잔은 산둥성 내륙의 농촌으로부터 이용객이 모여드는 교제철도 연선과, 산둥성 남부 및 장쑤 성 북부에서 출가자가 모여드는 스쥬쉬石臼所, 하이저우海州 등지에 분점을 두거나 농촌에 점원을 파견하는 방법으로 이용객을 모집했다. 이용객의 모집을 위해 칭다오의 각 객잔은 열 명 이상, 많을 경우에는 수십 명의 점원을 고용했는데, 1920년대 후반에는 100명 이상의 점원이 칭다오의 각 객잔에 고용되어 있었다고 한다.[31] 이들 점원은 보통 산둥성 출신자로 자신의 고향에 일정한 세

30 객두와 객잔은 19~20세기 동남아 이민의 큰 조류를 이루었던 남중국 조주인(潮州人)의 이민에서도 보이는 시스템이다. 19세기 전반 많은 조주인이 장림(樟林)을 통해 동남아 각지로 이동했을 때, 이 지역에는 이민 관련 상인인 객두(혹은 帶客)가 있었다. 생계 모색을 위해 동남아로 향하는 조주인들 중의 다수가 이들 객두 조직을 통해 이동했고, 이미 동남아 각지에서 자리를 잡은 조주인들은 객두에게 자신의 가족이나 지인을 데리고 와 줄 것을 위탁했다. 객두는 조주에서 온 화교와 고향에 있는 가족 간의 서신이나 송금을 대행하였고, 일설에 따르면 매달 객두가 가져오는 송금액이 4만 원에 달했다고 한다. 제2차 아편전쟁에서 중국이 패하면서 1861년 산두(汕頭)가 통상항으로 개항되었고, 청조가 자국민의 해외 이동을 승인하면서 산두항은 동남아 각지로 나가는 중국인 노동자의 중요 송출항이 되었다. 이 시기 산두에는 객잔 혹은 객두행(客頭行)이라는 이민과 관련한 특수한 업종이 등장했다. 이 지역의 객잔들은 북중국 해항도시의 객잔들과 마찬가지로 숙박은 물론, 배표 구매를 대행하여 여객의 편의를 도모했다. 이러한 객잔업은 19세기 중후반에서 1920~1930년대에 이르기까지 번성했다. 陸集源, 「水客, 客頭和客棧」, 『交通世界』 4期, 交通部科學研究院, 1994.

31 青島日本商工會議所, 앞의 책, p.40. 1934년 칭다오의 유객꾼의 처우를 보면 급료는 매월 5~30위안으로 숙식은 객잔 측이 부담했고, 이용객 모집 시에는 여비와 함께 모집인원 1인당 20선 정도의 수수료가 지급되었다. 吉田美之, 앞의 글, p.193.

력과 신용을 가지고 동향의 이용객을 모집했다.[32] 아래에서는 1930년대 칭다오의 객잔을 이용한 산둥인의 이동 과정을 살펴보도록 한다.[33]

칭다오의 객잔은 정월 이후 동북지방의 해빙기가 되면 점원들을 산둥성 각지로 파견하여 이용객을 모집했다. 파견된 점원들은 교제철도 연선에서 농촌 각지로 들어가 자신이 속해있는 객잔을 통해 이동할 것을 권유하는 동시에, 그에 응한 이용객이 고향을 떠날 때부터 동북지방의 입항지에 도착할 때까지의 인솔을 맡았다. 이용객들은 객잔번호屋號가 들어간 표찰을 가슴 혹은 수하물에 달고 다른 이용객들과 함께 무리를 지어 칭다오로 이동했는데, 표찰을 달고 있는 이용객에 대해서는 타 객잔이 포섭하지 않는 것이 관습화되어 있었다.

칭다오에 도착한 이용객들은 랴오둥반도 각지로 운항하는 선박에 승선할 때까지 이용 객잔에 투숙했다. 1934년의 조사에 따르면 칭다오 내 객잔의 숙박비는 하루 20선仙 정도였는데 이용객들이 객잔에 지불한 요금에 포함되어 있었다. 객잔의 설비는 지극히 단순했으며, 성수기에는 좁은 방에 20명이 혼숙하여 객잔마다 보통 700~800명을 수용했다. 옌타이나 룽커우의 객잔이 동향 출신의 이용객에게 식사를 제공했던 것과는 달리, 칭다오의 객잔은 식사를 취급하지 않았고 따뜻한 물 정도는 제공했다. 칭다오의 객잔 중에도 여비를 빌려주는 곳이 있었으나, 옌타이, 룽커우와 비교하여 일반적이지 않았던 것으로 보인다.

객잔 이용객은 객잔과 해운회사와의 교섭이 성립한 후, 점원의 인솔하에 객잔이 계약을 맺은 선박에 승선할 수 있었다. 선박 승객 중에는

32 위의 글, p.193.
33 이 부분은 별도의 표기가 없는 한 다음을 참고했다. 위의 글, pp.193~196.

객잔 이용객 외에 개인적으로 이동하는 노동자 이른바 '산쿨리散苦力'가 있었다. 해운회사는 계약 객잔의 이익을 보호하기 위해 이들에게는 객잔과의 협정가격 이상의 운임을 징수했다. 따라서 객잔의 이용객이 아닌 경우에도 운임을 어느 정도 낮추고 승선과 관련한 각종 편의를 제공받기 위해 객잔을 통해 승선 수속을 밟았다. 객잔의 점원은 이용객의 승선 시에 인솔자로 동승했는데, 각 객잔별로 보통 한 명의 점원이 탔으므로 선박마다 20~30명의 점원이 있었다.[34] 이용객은 객잔이 발행한 승선권을 가지고 승선한 후, 점원의 알선하에 해운회사의 표로 교환했다. 항해 중 이들 이용객은 낮은 등급의 갑판승객의 대우를 받았고, 식사는 일반적으로 휴대한 만두饅頭로 자족하고 객잔의 알선으로 따뜻한 물을 제공받을 수 있었다.

선박이 랴오둥반도의 각 항구로 들어가면 이용객들은 객잔 점원의 인솔하에 연락 객잔으로 갔다. 객잔 간의 인수인계가 끝나면 이용객은 현지 객잔의 손님이 되어 점원의 인솔하에 동북지방의 내륙 각지로 이동했고, 그중에는 다시 내륙 각지의 연락객잔에 인계되어 최종 목적지로 이동하는 경우도 있었다. 1930년대 칭다오에서 다롄으로 이용객을 인솔해 온 점원은 다롄의 연락객잔으로부터 이용객 1명 당 10~15전의 수수료를 지급받았고, 칭다오로 돌아갈 때에는 다롄의 연락객잔에 투숙하는 칭다오행 이용객을 인솔해 가는 것이 일반적이었다.[35]

34 이용객과 함께 승선하는 점원 중에는 이용객의 쟁탈, 상습적 화물 밀수, 부녀자 유괴 등의 문제를 일으키거나 선내에서 도박판을 벌여 이용객의 금품을 노리거나 이용객에게 부당요금을 강요하는 경우가 있어 큰 논란이 되기도 했다. 大東公司, 앞의 책, p.16. 앞서 밝혔듯 해운회사는 이들 객잔 점원에 대해서는 무임승선을 허가했으나, 1936년 다롄과 잉커우의 해운회사가 배표를 직접 판매하면서 칭다오와 이들 지역 간을 운항하는 기선에 승선할 경우에는 점원 역시 운임을 지불해야 했다.

이와 같이 19세기 후반 이래 등장한 산둥성 각 해항도시의 객잔은 고향과 동북지방을 오가는 산둥인 노동자의 증가와 함께 그들의 이동을 중계・보조하는 역할을 했다. 산둥반도 북부 출신자의 주요 송출항이었던 옌타이와 룽커우의 객잔은 동향관계를 중심으로 경영되었다. 칭다오를 통한 이동은 우발적 요인에 의해 발생하는 경향이 컸으므로 주기적이고 항상적인 이동의 성격이 강하지 않았고, 동향관계를 바탕으로 하기보다는 점원을 파견하여 이용객을 모집하는 방식이 주로 채용되었다. 시간이 흐르면서 옌타이와 룽커우의 객잔도 칭다오와 같이 적극적인 이용객 모집에 나섰으나 기존의 경향과 관습도 크게 작용하고 있었다.

5. 나오며

이상 20세기 전반 산둥인 노동자의 동북지방으로의 이동과 해항도시 객잔과의 관계를 살펴보았다. 만성적인 노동력 과잉 문제와 잦은 재해로 인해 18세기부터 이루어졌던 산둥인의 이동은 19세기 후반 이래 각 해항도시의 개항, 철도와 증기선이라는 획기적인 교통수단의 등장, 청조의 이민 정책, 러시아와 일본에 의한 동북지방 개발을 배경으로 급증했다. 이 과정에서 산둥반도와 랴오둥반도의 각 해항도시에는 이들을 대상으로 숙박을 제공하고 승선 수속을 대행하던 객잔이 등장했다.

35 大東公司, 위의 책, p.16.

이들 객잔은 주로 산둥성과 동북지방을 오가는 산둥인, 특히 노동자를 대상으로 영업을 했으므로, 이들의 이동 양상은 객잔업의 성쇠와 직결되어 있었다. 이 시기 객잔의 규모와 경영방식은 다양했으나, 자본의 출자관계, 고용인, 이용객에 이르기까지 모두 혈연・지연관계를 바탕으로 하고 있었다는 것이 특징이었다. 객잔은 승선권 구매대행, 숙박뿐 아니라 다양한 서비스를 통해 영리를 추구했다. 객잔업의 팽창에 따라 객잔들은 타지 객잔과 연락을 취하면서 경쟁력을 키우고자 했고, 이 과정에서 산둥인의 이동 경로와 동일한 노선으로 이루어진 객잔 네트워크가 형성되었다.

산둥인의 주요 송출항인 산둥반도의 옌타이, 룽커우, 칭다오의 객잔은 동북지방으로 이동하는 산둥인의 연락기관이자 중계기관으로 기능했다. 지역과 시기에 따라 차이가 있던 산둥인의 이동 양상과 성격은 객잔의 경영 방식 및 영업 상황에도 반영되었다. 일찍부터 주민의 이동이 시작된 산둥반도 북부의 객잔은 동향 관계를 바탕으로 다양한 서비스를 제공하면서 이용객을 안정적으로 확보했고, 주기적이고 안정적인 주민 이동의 양상은 이러한 경영 방식의 유지를 가능하게 했다. 그와 비교하여 칭다오의 객잔은 우발적이고 일시적인 이동 양상을 보이던 산둥성 내륙부의 주민이 주로 이용하면서 안정적인 고객의 확보가 어려웠고, 따라서 산둥성 각지에 분점을 내거나 점원을 파견하여 이용객을 모집하는 경영 방식을 취했다. 옌타이와 룽커우의 객잔이 동향관계를 바탕으로 경영되는 경향이 강했다면 칭다오의 객잔은 그와 같은 성격은 약한 편이었다. 그러나 한편으로 지연관계가 가장 옅었다고 보이는 점원을 이용한 이용객 모집 역시 결국 점원의 고향을 중심으로 이루어졌다는 점에서 지연 관계가 당시 산둥인 이동의 근저에 존재하고 있었음을 알 수 있다.

글머리에서 간단히 언급한 바와 같이 근대 산둥인의 성외 이동은 동북아 해역 내 인구 이동의 큰 줄기를 이루고 있었고 지금의 사회문화에도 영향을 미치고 있다. 해당 시기 산둥인 이동의 기반이 되는 객잔 네트워크는 동북아 해역 이동 네트워크를 고찰할 수 있는 중요한 소재로서, 산둥인의 이동 프로세스와 노동력 수급을 둘러싼 산둥성 및 둥베이 지방의 관계는 물론, 동북아 해역 내 인적 이동과 사회문화적 영향력을 구명하는 실마리가 될 것이다.

근대 아시아 해양 네트워크와 재중在中 한국독립운동의 전개

장칸(張侃)

해양아시아Maritime Asia는 근년 해양사학계에서 해양이라는 시각으로 아시아의 역사적 면모를 드러낸, 사용빈도가 비교적 높은 용어이다. 시바 요시노부는 '해양아시아' 담론과 분석을 어떻게 전개할 것인지에 대해서, '해양海洋아시아사 = 해사海事아시아사'라는 관점에 동의한다. 그는 역사적 사항과 역사적 과정을 통해 해양으로부터 연결되어 이루어진 아시아 각국 및 지역 사이의 '상호 의존도'와 '역사적 현상의 공생성共生性'을 이해한다.[1] 이른바 '공생성'과 '의존도'는 모두 하마시타 다케시가 인식하는 '해역海域의 융합'으로 이해될 수 있는데, "연해沿海의 작용성은 국가 위주의 지역관계와 달리 해역 위주의 관계이다", "해역융합 위주의 관념으로 아시아의 역사를 설명하는 것은, 과거 토지 위주의 관

1 斯波義信, 「海洋亞洲史的"海事中國"探討」, 何世鼎譯 · 張偉主 編, 『浙江海洋文化与經濟』, 海洋出版社, 2007, p.1.

념에 비해 더 많은 지역을 커버할 수 있고 또 상이한 내용을 드러낼 수 있다고 이해한다."[2] '해양아시아'의 논역論域틀 속에서, 하마시타 다케시는 '조공체제'를 가지고 '해양아시아'의 주체적 내함과 그 연속을 조사한다. (해양아시아는－역자) "아시아 민족이, 조공체제 내부로부터, 공동으로 조공이념朝貢理念을 가지고 산출한 것이다. 이는 위성조공권衛星朝貢圈 형성의 근거일 뿐 아니라, 아시아 각국에서 근대로 이어지는 내재적 내용도 형성하였다."[3]

주의할 것은, "해양 아시아"는 결코 불변의 것이 아니어서, 내부 권층구조圈層構造에 깊이 들어가면 단계적 특징이 분명히 나타난다는 것이다. 이 역시 하마시타 다케시가 의식한 것과 같다. "하나의 해역권海域圈은 하나의 조공권이자 하나의 무역권이다. 게다가, 이런 권역은 이민의 유입에 의해 크게 결정되었다."[4] 실제로 근대 조약체제에 들어선 후 '해양아시아'에는 구조적 변화가 나타났다. 대범위에서 말하자면, 구미 각국이 주도하는 식민세력은 페낭, 싱가포르, 홍콩, 하문廈門, 상해上海 등 항구도시를 통제했고, 윤선운수輪船運輸로 형성한 새 항로는 원래의 항구 간 무역구조와 지역위치의 층차관계를 변화시켰으며, 이들 항구거점은 연결되어 새로운 해양 네트워크를 이루고 지역 내부의 관계, 인간집단의 형성, 상품 이동의 모델을 재구성했다.

이와 동시에, 동서문명 충돌의 거대한 진행 과정에서, 자본주의, 제

2 Takeshi Hamashita, "Competing Political Spaces and Recreating Cultural Boundaries in Modern East Asia : Regional Dynamism and the Maritime Identity of Asia", Melissa Curley・Hong Liu eds., *China and Southeast Asia : Changing Social : Cultural Interactions*, Hong Kong : Center of Asian Studies, University of Hong Kong, 2002, pp.27～38.

3 濱下武志, 『近代中國的國際契机』, 中國社會科學出版社, 1999, p.8.

4 濱下武志, 『中國, 東亞与全球經濟－區域和歷史的視角』, 社會科學文獻出版社, 2009, p.92.

국주의, 식민주의의 외재적 충격에 직면하여, 후식민後植民과 혁명 등이 동방 국가사회활동의 주도적 담론이 되었다. 라베카 E. 칼Rabecca E. Karl은 이에 근거해 심지어 '아시아'를 이로부터 하나의 정치적 반제국주의 지역으로 구성할 수 있고, 아시아의 혁명활동이 전개되는 기본적 틀을 다졌다고 여긴다.[5] 그러므로, 20세기 아시아 각지의 반제반식민 민족혁명은 본국 혹은 본지역의 혁명이기만 한 것이 아니다. 예를 들어, 중국공산혁명은 소련과 극히 복잡하고 착종된 상호 작용을 가지고 있고, 조선, 월남, 동남아 등 국가와 지역의 혁명적 인물, 혁명적 사상, 혁명적 행동과도 교착이 존재하며, 이 밖에 중국공산혁명을 반대하는 국가와 지역도 포함한다. 이런 형세는 두아라가 지적한 것과 같다. "동아시아에서 민족주의의 전파는 긴밀히 연계된 과정이다. 중국과 조선의 민족주의는 직접적으로 일본의 침입과 문화적 영향에 의해 만들어졌으며, 이런 침입과 영향에 대한 반항에 의해서도 만들어졌다."[6]

전파와 상호 작용은 일종의 공간 지역 관계이기도 한데, 아리프 딜릭은 지역구성region-formation과 동아시아 혁명의 공간 구성관계에 대해 숙고했다. "여기서 나의 연구는 지역을 이미 정해진 자연적 실체로 상정할 뿐 아니라 — 즉 모종의 이른바 역사적 단계적 의미의 지리적 지역으로 간주할 뿐 아니라, 그것들 자체도 하나의 진행 중인 구성과 재구성 과정으로 간주한다. (…중략…) 동아시아 급진주의의 상호 작용 자체가 동아시아 지역의 현대적 구성의 일부분이다."[7] 지역 상호 작용은 사

5 柯瑞佳, 「創造亞洲－20世紀初世界中的中國」, 董玥主 編, 『走出區域硏究－西方中國近代史論集粹』, 社會科學文獻出版社, 2013.

6 杜贊奇, 「從東亞看民族國家的全球和區域构建」, 위의 책.

7 阿里夫・德里克, 「東亞的現代性与革命－區域視野中的中國社會主義」, 楊金海主 編, 『馬克思

회주의, 무정부주의의 탄생 과정에서 중요한 역할을 했다. 조선, 월남 등의 국가의 근대혁명의 역정은 지역의 상호 작용으로부터 큰 영향을 받았다. 이 글은 20세기 20~30년대 한국 반일독립운동의 민남閩南지역에서의 전개형태를 연구대상으로 택했는데, 해양아시아 내부의 혁명 담론 전파와 반식민주의의 연합항쟁을 고찰하는 데 뜻이 있다.

1. 근대 조약체제와 윤선항로

1842년, '남경조약' 조인 후 청조는 다섯 항구의 통상을 개방했다. 역사상 중국은 일본, 조선 등의 연해도시에서 장기적인 상업 및 금융 관계를 수립했고, 또 중심적 역할을 했기에, 중국의 조약항구체제 역시 동아시아 이웃 나라에 영향을 주었다. 1876년, 조선은 일본의 압박하에 '강화도조약'에 조인하여 항구를 개방했고, 부산도 개항압박을 받았다. 이때가 중국과 한국의 종주국宗主國－번국藩國관계의 변화의 기점起點이다. 1882년, 조선에서 임오군란이 발생하자, 청淸정부는 이를 기회로 날로 쇠약해가던 종주국－번국관계를 조정했다. 쌍방무역의 편의를 위해, 1882년 10월, 조선과 '중조상민수륙무역장정中朝商民水陸貿易章程'(간략히 '수륙통상장정水陸通商章程'이라고 한다)에 조인하는데, 두 나라의 전통적인 '종주국－번국 조공체제'가 '근대적 조약체제'로 향해 가는 과도기를 나타낸다.[8] '장정' 제7조는 "현재 해금海禁이 이미 풀려, 바닷길의 왕래는 자유

主義研究資料』 22, 中央編譯出版社, 2015.

이다. 조선만이 현재 군사용 · 상업용 윤선輪船이 없는데, 조선국왕이 북양대신北洋大臣에게 상국商局의 윤선을 잠시 파견해달라고 청하여, 매월 정기적으로 한 차례 왕복하면, 조선 정부가 선박비용 약간을 보조할 수 있다"고 규정했다. 양국은 '장정'에 따라 연해 항구 간 무역을 개방했다.[9]

19세기 60년대, 상해 중심의 국제항운이 형성되자, 북에는 북양항로北洋航路와 조선, 블라디보스토크 항로가, 동으로는 일본항로가, 동남에는 필리핀항로가, 남으로는 영파寧波, 복주福州, 선두仙頭, 홍콩 및 남양南洋 항로가 생겼고, 심지어 호주와 구미歐美까지 길이 통했다. 해상교통의 발전에 따라, 조선의 표류민도 해상 윤선으로 상해로 호송된 후 다시 천진을 거쳐 북경에 가서 귀국했기에, 상해는 전송轉送의 중간참中間站이 되었다. 1883년, 인천은 대외통상을 시작했고, 일본 거류지와 청국 조차지를 세웠다. 1883년 11월, 중국 측 대표 총판조선상무위원總辦朝鮮商務委員 진수당陳樹棠과 조선 측 대표 통리교섭통상사물아문독판대신統理交涉通商事物衙門督辦大臣 민영목閔泳穆은 서울에서 '윤선왕래상해조선공도합약장정輪船往來上海朝鮮公道合約章程'에 조인했다. 12월, 중국 측 대표 진수당과 조선 측 대표 묄렌도르프는 서울에서 '윤선왕래상해조선공도합약장정속약輪船往來上海朝鮮公道合約章程續約'에 조인했다.[10] '속약'은 윤선초상국輪船招商局이 상해와 인천항 사이의 정기 해운노선을 연다고 규정했다. "상천호常川號가 상해와 조선을 왕래하는데, 혹 연태烟台, 인천, 부산, 나

---

8 尤淑君, 「從〈中朝商民水陸通商章程〉論晚晴宗藩体制之爭議」, 『中國邊疆史地研究』, 2016 4期; 岡本隆司, 黃榮光 譯, 『屬國与自主之間－近代中朝關系与東亞的命運』, 生活 · 讀書 · 新知三聯書店, 2012.

9 王鐵崖, 『中外旧約章匯編』1, 生活 · 讀書 · 新知三聯書店, 1959, p.405.

10 權赫秀, 「近代中韓關系史料選編」, 世界知識出版社, 2008, pp.20~23.

가사키, 상해를 돌아가거나, 혹은 나카사키, 부산, 원산, 연태, 상해를 돌아간다.” 간략히 말하면, 상해-연태-나가사키-부산-인천, 상해-연태-인천의 해운항로로, 상해와 한국 사이의 사람과 물자의 왕래를 직접 소통시켰다. 11월 13일, 윤선초상국의 ‘부유륜富有輪’이 상해에서 출발하여, 연태를 경유해 11월 18일 인천에 도착했다.[11] 그러나 초상국의 ‘부유륜’은 세 차례만 왕래하고 중단했으며, 그 사이에 영국상英國商 이화양행怡和洋行의 ‘남승호南升號’와 독일상獨逸商 세창양행世昌洋行이 항운에 참여했지만, 장기간 유지되지 못하고 멈추었다. 인천의 중국상인은 주로 일본 미츠비시사의 윤선에 기대어 화물운수를 진행했다. 조선 개항 초기에, 일본 우선공사郵船公司가 조선 항로를 농단했다. 1888년 3월, 윤선초상국輪船招商局 광제호廣濟號가 상해와 인천을 오가는 정기항로를 집행했고[12], 이후 ‘부유’, ‘진동鎭東’, ‘해창海昌’ 세 윤선이 중조항로에 가입했다. 중국과 조선 사이의 안정적 화물운송 통로가 수립된 후, 무역은 급속히 발전했고, 상해는 중조 해상무역의 가장 큰 항구가 되었다.[13]

해양무역왕래는 중국과 조선 사이 상품과 사람의 이동을 가져왔다. 인천의 조계租界가 설정된 후, 1883년 화상華商은 48명을 넘지 않았지만, 1년 후 235명에 달했고, 1890년엔 1,000명에 가까워졌는데, 그들은 조선에서 상당히 광범한 인적 관계 네트워크를 세웠다.[14] 광동적廣東籍 상

---

11 高秉希,「晚清中期定期航線的開設背景及其影響」,『史學月刊』 8期, 2005; 費馳,「19世紀80年代中朝日間海上商路的開辟及其對東亞國際貿易格局的影響」, 姜維東主 編,『東北亞研究論叢』, 2014.

12 高秉希, 앞의 글; 權赫秀,「陳樹棠在朝鮮的商務領事活動与近代中朝關系」,『社會科學研究』 1期, 2006.

13 劉暢,「近代上海与朝鮮的海上貿易1883～1904」,『史學集刊』 3期, 2018.

14 吳在环,「朝鮮末期以來在韓華僑社會角色的變遷」, 中國社會科學院近代史研究所 編,『第三屆近代中國与世界國際學術研討會論文集』, 1－政治 · 外交(上), 2015, p.205; 濱下武志 : 社會科學文獻出版社, 2009.

인 담걸생譚杰生이 개설한 동순태무역상행同順泰貿易商行은 조선의 인천, 부산, 원산, 진남포, 군산 등의 항구에 지행支行을 열었고, 동시에 중국의 상해, 광주, 홍콩 및 일본의 나가사키에도 분행分行을 설립했다.[15] 중국과 조선 사이의 항로 정기운행 후, 조선상인은 중국의 급속히 발전하는 도시 — 상해에 눈을 돌렸다. 중국으로 가 무역하는 조선인은 주로 관상官商과 사상私商 두 종류로 나뉘는데, 전자는 조선 왕실의 위탁을 받아 중국의 대도시로 가서 상품을 구매하고, 그 후 상품을 중국이나 일본의 윤선에 실어 인천항으로 운반한다. 후자는 대부분 스스로 중국 내지로 가서 조선 특산품을 팔았는데, 그중 인삼이 많았다.

'조약체제'의 수립으로 동아시아 각국의 정치경제관계는 근대 민족국가 틀 아래의 국제법칙에 따라 조정을 진행하며, 신질서를 수립하고, 신 네트워크를 형성했다. 이와 동시에, 내부 각 항구 및 연해 지역의 상호 관계에도 변화가 생겼다. 예를 들면, 하마시타 다케시는 이렇게 지적했다. "항구의 개방으로 현지의 많은 경제적 실체들이 다변적인 지역적 연계를 수립할 수 있었다. 인천－상해－오사카 사이의 삼각무역관계는 이미 천진, 영구營口 그리고 동북아의 블라디보스토크 및 동남아 홍콩과 싱가포르까지, 다시 나가사키까지 연장되었는데, 세 변邊은 단체로 더 방대한 무역 및 결산 네트워크를 구성했다."[16] 조약제도는 항구 무역 구조의 조정을 가져왔고, 중국 본래의 교통 네트워크와 시장 등급을 변화시켰다. 상해는 중국 최대의 항운 중심이 되어 많은 원양 항로

15 강진아, 『동순태호－동아시아 화교 자본과 근대 조선』, 경북대 출판부, 2011.

16 濱下武志, 「20世紀早期海外華人在仁川, 神戶和上海的銀行网絡」, 夏旦大學歷史地理研究中心 主 編, 『港口－腹地和中國現代化進程』, 齊魯書社, 2005, p.29.

를 열었고, 윤선항운輪船航運 역시 점차 범선항운帆船航運을 대체하여, 연해 단거리 항로의 주역이 되었다. 1873년, 윤선초상국 성립 후, 상해－하문, 상해－우장牛莊, 상해－홍콩 등의 항로가 열렸고, 1875년, 상해－영파寧波, 상해－온주溫州, 상해－복주福州 등의 항로가 추가로 열렸다. 조선 사신使臣은 천진에서 상해로 가는 항로를 따라 윤선을 타고 상해에 도착했다. 예를 들면, 1881년 8월의 『신보申報』는, "우리 항港에 근래 고려인 한 사람이 왔다. 이 사람은 고려의 관리官吏였는데, 상해에 이주하여 사는 것이 가장 만족스러움을 알기에, 큰 상점, 서양인 주택, 기물을 두루 관찰하여 견문을 넓히고자 하였다."[17] 또 조선인 이민자가 연해항로의 각 항구도시를 따라 이동하여, 민월 지역에서 점차 광주廣州나 하문 등의 합류점을 형성하기도 하였다. 학계의 평가와 판정은 상당히 첨예하다.

일본의 조사보고서는 1937년 이전의 광동 조선인 이주상황이 "당시 자유천지自由天地라고 불리던 상해로 이주하는 이가 날로 증가하고, 또 점차 남하하여 홍콩, 광동 방면에 이르렀다. 다이쇼 4년(1915) 무렵 이미 약 30명의 내왕자가 있었는데, 그들 대부분은 조선 인삼을 경영하는 좌상坐商과 행상行商이었다. 이후 점차 증가하여, 사변(중일전쟁－역자 주)이 일어났을 때는 뒤에 이야기할 학생과 군인 외에도 이미 백 명가량에 달했다"[18]는 것을 보여준다. 조선인은 또 수운항로를 따라 황포黃浦, 불산佛山, 증성增城, 동완東莞, 호문虎門, 강문江門, 흠현欽縣, 북해北海, 남녕南寧 등

17 「高人筆談」, 『申報』, 1881.8.7.
18 楊昭全 等編, 『關內地區朝鮮人反日獨立運動資料匯編』 上－1919～1945, 遼宁民族出版社, 1987, p.73.

〈표 1〉 조선거류민명부

성명	성별	연령	일본어 명	직업	원적
신응린(申應麟)	남	40	平山應麟	요리업	경상북도 안동군
최책분(崔責粉)	여	30		신응린의처	경상북도 달성군
장석구(張錫球)	남	36	張村貞雄	무역상	평안북도 의안주군
장씨천학(張氏千鶴)	여	26	角松千川	장석구의 처	
정영석(鄭榮碩)	남	26	東田榮碩	목공	경상북도 울산군
김우출(金又出)	여	23	東田又出	정영석의 처	
양두현(梁斗鉉)	남	24	良川竹一	선원	전라남도 제주드
신재음(申在音)	남	25	石村新吉	선원	전라남도 제주드
김철웅(金哲雄)	남	20	金本哲雄	선원	함경북도 온성군
김치근(金治根)	남	49		선원	경상북도 경주군
이영근(李榮根)	남	32	平川榮根	선원	경상남도 창원군
이분동(李分童)	여	48		여기(女妓)	전라북도 익산군
정원덕(鄭元德)	여	22		여기	평안남도 성천군
김록주(金綠珠)	여	21		여기	평안남도 덕천군
이특실(李特實)	여	20		여기	평안남도 대동군
박두이(朴斗伊)	여	22		여기	경상북도 경주군
박정자(朴貞子)	여	20		여기	평안남도 평양브
엄승심(嚴承心)	여	18		여기	평안남도 진남포부
종서분(宗西分)	여	27		여기	경상남도 진주군
김희순(金希順)	여	20		여기	경상남도 남해군
최금성(崔琴成)	여	22	山田琴成	여기	경상북도 안동군
배점이(裴點伊)	여	23		여기	경상북도 연일군
김암전(金巖田)	여	21		여기	경상북도 상주군
이응량(李應良)	여	21	朝野應良	여기	평안남도 용강군
최경숙(崔瓊淑)	여	19	山下瓊淑	여기	평안남도 진남포부
문복덕(文福德)	여	27	文嚴福	여기	전라남도 장흥군
윤분남(尹粉男)	여	23	松岡粉男	여기	충청남도 논산군
정점순(鄭點順)	여	23			경상남도 진주군
옥순순(玉淳順)	여	22			경상남도
강야무(姜也武)	여	32			경상남도 산청군
장두이(蔣斗伊)	여	23			경상남도 부산부
김수분(金水粉)	여	23			경상남도 하동부
김남일(金南一)	여	32			평안남도 진남포부
서순덕(徐順德)	여	22			경상남도 진주군
최을선(崔乙善)	여	21			경상남도 진주군
김종순(金宗順)	여	2			경상남도 진주군

지에 흩어져 살았다. 하문의 조선 이민자들은 앞서 "대만을 거쳐 바다를 건너 인삼 매매에 종사했고", 후에 또 1937년 이후에는 증가하여, 일본 측 조사로는 대략 51명인데, 남자 19명 여자 32명이다. 직업에 따라 나누면, 여관 1인, 경리 1인, 여자 하인 1인, 식당 1인, 여성 접대부 6인, 커피점 여성 접대부 2인, 위안소 업주 2명, 전당포 1명, 위안부 11명, 인삼상 2명이다.[19] 1945년의 『조선거류민명부朝鮮居留民名簿』에는 30명인데, 구체적으로는 〈표 1〉과 같다.[20]

2. 반일독립운동과 정치이민

상해－인천 항로 개통 전에는 국내정치투쟁의 실패로 인해 조선인이 해상항로로 상해에 왔었다. 예를 들면, 1884년 갑신정변 후 개화파 활동에 적극 참가했던 윤치호尹致昊는 일본에서 상해로 오는 데 조선 주재 미국 공사의 도움을 받았고, 미국인 영 존 알렌Young John Allen이 교편을 잡고 있던 중서서원中西西院에서 공부했다. 1888년 그는 미국으로 유학을 갔고, 결국 유학을 마친 후에는 상해 중서서원으로 돌아와 교편을 잡았다. 1894년 조선에서 동학농민혁명이 발발해 중일갑오전쟁中日甲午戰爭이 촉발되자 한반도는 전쟁의 주요 전장이 되었고, 중국 동부 연해 지역에 표류하는 조선인도 증가했다. 관리를 강화하기 위해, 1894년 11

19 위의 책, p.80.

20 「朝鮮居留民名簿」, 厦門檔案資料叢書編委會 編, 『近代厦門涉外檔案史料』, 厦門大學出版社, 1997, pp.57～58・137～140.

월 상해현은 고시告示를 반포하고, 이미 영국 조계에 유원거柔遠居라는 이름으로 설치되어 있던 사무소를 지정해 상해거주 조선인 전체가 여기로 옮겨와 거주하도록 요구했다.

대청(大淸) 흠가운동함특용부보용직예주(欽加運同銜特用府補用直隸州)(관직명—역자 주) 송강부(松江府) 상해현(上海縣) 지현(知縣) 황(黃)의 지시

조선은 우리나라의 번봉(藩封)으로, 오래도록 외적을 막는 데에 도움을 주었으니, 그쪽에서 오는 각 항구의 상인들을 지방관들은 보호해야 할 것이다. 근래 일본이 여순(旅順)을 침범하자, 상해에 거주하는 조선인이 날로 늘어나는데, 대체로 각지에 흩어져 살고 있다. 외부로부터의 환난이 넘쳐나고 해상영토에 사건이 많은 요즈음에는 조사하여 보호해야 함이 더욱 마땅하다. 상부의 지시대로, 방법을 마련해 편안히 살게 하라. 현재 직원 소연기(蕭延琦)가 자금을 내어, 영국 조계의 기반가(棋盤街)지역에 사무소를 설치하고, 이름을 유원거(柔遠居)라고 하였다. 조선에서 상해로 오는 상인은 모두 이 사무소에 거주하여 한 곳에 같이 있게 하며, 조선의 상해 주재관 이상천(李常川)이 거기 머물면서 모든 일을 감독하며, 출입을 맡아 살핀다. 줄곧 명부를 편찬하는데, 출신지와 이름을 기준으로 여권을 주어 구별하였다. 조선인이 상해에서 객잔(客棧)에 머물 경우에도 반드시 방값을 각자 내야하고, 유원거의 모든 음식값과 방값은 객잔의 규정에 따라 받으며, 조금도 추가하지 않는다. 거주하는 각 상인은 모두 공공주택의 규칙을 따라야 하며, 담당관의 지휘를 따라야 하는데, 전부터 이미 이상천이 그대로 처리해왔다. 유원거에는 이미 조치가 다 되어 있어, 직원 소연기에게 그대로 따르도록 명령하는 것 외에, 이 지시사항을 상해에 거주하는 조선의 상인들

에게 보여주어 다 알게 하라. 각 상인들은 11월 1일에 일률적으로 유원거내에 이주하는 데에 힘써, 이전의 거처에 계속 있으면서 조사를 받는 일이 없도록 하라. 이는 우리 청조가 외국인을 잘 대하고 속국의 상인을 보호하려는 뜻이니, 각 상인들은 힘써 지시를 따르고, 관망하면서 미루지 않는 것이 매우 중요하다. 간절하게 보여준다.[21]

1910년 8월, 일본이 조선을 병탄한 후, 상해로 망명한 조선 반일독립운동가가 늘어났다. 관련조사가 다음과 같이 가리키는 바와 같다. "그들의 대거 이주는 일한합병 전후부터이다. 시국에 대해 불만을 품은 이들이 상해를 자유천지로 보고서 도망쳐와 피신하여 살았다."[22] 이 상황에서, 각종 단체를 조직해 독립운동을 전개하는 데에는 군중群衆의 기초가 갖추어졌다. 1912년, 상해에 망명한 신규식申圭植, 申誠은 동맹회同盟會에 가입하고, 손중산孫中山 등을 따라 민주혁명을 전개했다. 1918년, 신규식의 지지하에, 여운형呂運亨, 장덕수張德秀 등이 신한청년당新韓青年黨을 결성하고, 기관지 『신한청년新韓青年』을 발행했다. 신한청년당의 성원은 사상이 비교적 다원적이고, 민족주의, 민주주의, 공화주의, 사회개혁주의, 국제평화주의를 이론적 기초로 했으며, 조선독립의 회복을 목적으로 삼았다. 신한청년당은 잇달아 사람을 파견해 조선으로 잠입해서 활동하도록 했고, 1919년의 3·1운동의 '진원震源'이 되었다. 3·1운동 발발 후, 일본이 반일 조선인을 대대적으로 진압해 국내의 정세가 돌변하자, 다시 조선인의 상해 이주 물결이 일어났다. 4월 8일, 중국에 머물던 조선인이 상

21 「以柔遠爲防奸之法論」, 『申報』 1894.11.20.
22 楊昭全 等編, 앞의 책, pp.1~2.

해에서 제1차 임시의정원議政院회의를 열고, 국호를 '대한민국'으로 할 것을 정식으로 결정하고, 임시 정부를 성립시켰다. 그러나, 임시 정부 내부에는 의견이 다른 갖가지 파벌이 존재했고, 그들은 상해에서 여러 반일 단체를 결성했다. 김원봉金元鳳, 金若山 등 13인은 '조선의열단朝鮮義烈團' 건립을 발기했고, 암살행동을 제안했다. 1920년, 이동휘李東輝, 안공근安恭根, 여운형 등은 상해에서 '고려공산당'을 창건했다. 11월 24일, 일본 조선총독부 경무국의 「상해 불영선인不逞鮮人 각종 단체의 상황에 대해」는 관련된 상황을 상세히 기록했다.

> 흥사단(興士團), 단장 안창호(安昌鎬), 약 30인. 신대한동맹단(新大韓同盟團), 단주(團主) 남형우(南亨祐), 약 40인. 노동당, 책임자 여운형, 약 100인. 민단(民團), 단장 여운형, 약 400인. 대종교, 책임자 신규식, 약 20인. 신한청년당, 책임자 김규식, 약 30인. 동양화평단(東洋和平團), 단장 공인(孔仁), 약 10인. 적십자회, 회장 이희경(李喜儆), 약 200인. 애국부인회, 회장 김원경(金元慶) 약 20인. 예수교회, 목사 김병조(金秉祚), 교도 약 60인. 일본유학생 친목회, 책임자 신익희(申翼熙), 약 50인. 구국모험단(救國冒險團), 단장 김성근(金聲根), 약 10인. 청년단, 단장 임재호(任在鎬). 소독단(消毒團), 단장 손두환(孫斗煥), 약 20인. 철혈단(鐵血團), 단장 노무용(盧武用) 등 약 40인.[23]

상해조계는 치외법권이 있었고, 한국 망명객은 프랑스 조계의 하비로霞飛路에 모여 살면서, 해외 한국동포의 반일독립기지를 세우고, 각지

23 石源華, 『韓國獨立運動与中國』, 上海人民出版社, 1995, p.92에서 재인용.

한국동포의 허브들을 연결하기도 했다. 조선총독부 경무국의 보고서는 "외국의 배일조선인은 이곳에 모였는데, 이곳은 그들이 정책을 결정하는 발원지가 되기도 했다. 북미와 하와이로 가고자 하는 불량한 조선인들도 모두 상해를 경유하며, 미국 하와이에서 발간하는 각종 인쇄물들도 상해를 경유해 조선으로 간다." 동남아에서 활동하던 한인독립운동가는 상해에서 출발했다. 싱가포르는 한인 인삼상人蔘商이 활약한 지역으로, 신규식의 도움하에, 먼저 상해에서 활동하는 홍명희洪命憙, 정원택鄭元澤, 김진용金晉鏞, 김덕진金德鎭 등 4인이 싱가포르에 와서 말레이반도를 두루 방문하며 현지의 한국인과 접촉했다. 후에 김덕진은 멀리 괌으로 갔고, 정원택은 태국의 방콕으로 가서 한인 인삼상과 만났으며, 김진용은 싱가포르를 거점으로 홍콩과 말레이시아에서 활동했고, 중국혁명세력에게 군사자금을 전달했다.[24] 1922년 9월 11일, 한국동포연합은 상해 프랑스 조계에서 회의를 열었는데, 중국, 일본, 러시아, 자바, 홍콩, 미국 및 조선 내지에서 온 한국민중 200여 명이 있었다. 상해에 거주하는 한국인은 각종 활동을 거행해 한국의 아픈 역사를 강연하고, 아시아식민지통치 지역 인사들의 공명을 끌어냈다. 손중산은 이렇게 지적했다. "중한 양국은 동문동종同文同種이다. 본래 형제의 나라요, 본디부터 유구한 역사적 관계가 있으며, 아래뼈와 턱뼈처럼, 잇몸과 이처럼 잠시라도 떨어질 수 없으니, 마치 서방의 영미英美와 같다. 한국독립에 대해 중국은 당연히 원조할 의무가 있다."[25] 1920년, 신규식은 『한국

24 韓國獨立運動史硏究所 編, 『韓國獨立運動的歷史』, 韓國獨立紀念館, 2013, p.101.(이 책은 김상기 외, 한국독립운동사연구소 편, 『한국독립운동의 역사』(독립기념관, 2013)의 중국어번역본이다－역자 주)

25 [韓]閔石麟, 『中韓外交史話』, 重慶東方出版社, 1942, pp.26～27.

혼韓國魂』을 출판했는데, 두 가지 문제에 대답하는 것이 그 의도였다. 하나는 한국이 어떻게 멸망했는가이고, 둘은 어떻게 한국독립을 회복할 것인가이다. 1923년 6월 15일, 베트남의 지사志士 판보이쩌우潘佩珠가 거기에 서문을 썼다. "한국과 우리 베트남은, 아시아의 형제국이며, 종種도 같고, 학통學統도 같으며, 지금은 고통도 같다. 너무나 아름다운 산하가 이적의 소굴이 되고, 신명神明의 후예가 노예로 전락했으니, 인심이 아직 남아 있다면, 어찌 하루아침이라도 견딜 수 있으랴? 예관선생睨觀先生의 『한국혼』은 한국 인심의 큰 사진이다. 나는 반쯤 읽다가 울기를 그치고 웃었다. 우리 동포국의 광복은 곧 이루어질 것이다."[26]

망명인사가 아닌 조선 이민자들은 중국 항구도시에서의 생계유지방식이 기본적으로 일치했다. "일반적으로 모두 소규모 상업, 상점점원, 무녀舞女, 여자 종업원, 여자 접대원, 금지품목 비밀매매, 전차감독電車監督" 등. 생활이 결코 부유하지 않았기에, 민족주의정서는 쉽게 정치적 이민자의 선동을 받아들였고, "교민 민중의 대부분은 모두 다소간 강렬한 민족주의의 영향하에 있었다."[27] 언급된 도시들에는 이 두 지역 간의 무역이 있었으며, 또 일본의 시모노세키, 모지, 고베, 하코다테, 오타루, 조선의 부산, 인천, 그리고 상해, 기룽基隆, 담수淡水, 홍콩, 싱가포르 등의 항구의 무역과 밀접한 관계가 있었으며, 또 일본, 조선, 대만 등 엔화유통권 및 중국 연해, 동남아 등의 광활한 지역으로까지 확대된 교역 네트워크의 한 고리로서 기능을 발휘했다.

26 轉見石源華, 『韓國獨立運動与中國』, 上海人民出版社, 1995, p.128.
27 楊昭全 等編, 앞의 책, pp.1~2.

3. 천주의 조선 아나키스트

조선의 정치적 망명객은 해로를 따라 남으로 가는 이동 과정 중에, 당시 중국에서 유행하던 각종 정치사조를 흡수하는 동시에 각종 정치관의 전파도 추동했다. '안나치주이安那其主義'(이하 아나키즘—역자 주)는 무정부주의Anarchism의 중국어 음역이며, '安那琪主義'라고도 쓴다. 서방에서 발원한 정치사조로서, 아나키즘의 종지宗旨는 강권强權에 반대하고, 국가와 정부를 폐지하며, 정치적 권위가 없고 절대적으로 자유로운 자치사회를 건립하자고 주장한다. 19세기 말에서 20세기 초까지, 아나키즘은 중국과 조선 양국의 지식 엘리트들에게 전파되었는데, 그 원인은 아나키즘이 민족해방을 도모하는 수단이었기 때문이다. 이는 서양의 무정부주의자가 개인의 자유에 관심을 기울이는 것과 다르다. 사회적 해방에 대한 동아주의자東亞主義者의 관심은 식민통치에 대한 반대로 표현되며, '민주주의적 저항'의 색채를 가졌다. 신해혁명 전후, 유사복劉師復은 회명학사晦鳴學舍를 세워 무정부주의를 선양했으며, 또 신문화운동에서 급진주의의 선도가 되었다. 후에 무정부주의는 그 영향을 받았는데, 예를 들면 베트남 판보이쩌우는 유사복의 지지를 얻어 '진화흥아회振華興亞會'를 성립했다. 한국의 반일독립운동은 아나키즘사조와 밀접한 관계에 있으며, 민족해방운동실천의 강령이 되었고, 사상적 축軸으로 기능했다.

3·1운동 후, 일본 식민 정부는 반일독립운동을 단호하게 진압했다. 1919년 6월, 유자명(유흥식柳興湜)은 상해로 와서 공산주의 및 무정부주의

와 접촉했고, 크로포트킨의 『상호 부조론』 및 기타 무정부주의자의 저작을 읽었다. 1922년, 유자명은 김원봉과 알게 되고, 조선의열단에 가입했다. 후에 유자명은 북경에 가 대만에서 온 무정부주의자와 친밀히 교제했다. 당시 북경의 대만 청년은 복건 혹은 광동을 원적지로 가진 사람의 신분이어서 공짜로 장주漳州, 천주泉州, 영춘永春, 용계龍溪, 진강晉江 등의 회관會館에서 거주했으며, 또 정식으로 북경의 각 대학과 전문대학에서 공부하거나 청강했다. 유자명은 그들과 접촉한 후, 다시 천주회관泉州會館에서 일할 기회를 얻었다. "임병문林炳文은 대만 무정부주의자로, 나는 1924년 북경에서 임병문 및 범본량范本梁과 알게 되었다. 우리는 모두 무정부자이기에, 교류가 비교적 친밀했다. 당시 임병문은 북경 우정국郵政局에 근무했고, 전문前門 바깥 천주회관에서 기숙했다. 나는 생활이 꽤나 곤궁해서, 임병문의 소개로 천주회관에서 한동안 일한 적이 있다. 단재 선생丹齋先生 역시 나를 통해 임병문을 알게 되었다."[28] '단재 선생'은 신채호로서, 1915년 북경에서 '신한청년회新韓青年會'와 박달학원朴達學院을 창립하고, 유자명의 소개를 통해 김원봉을 알게 되며, 1923년 「조선혁명선언」의 집필자가 되었다. 신채호는 무정부주의사상에서 식민주의에 반대하는 대중폭력의 합법성을 찾았는데, 이는 김원봉, 유자명 등과의 공통된 인식이기도 했다. 유자명은 이렇게 회고했다. '일본이 한국을 식민화하고, 백성들을 진압하고 살해했기에, 국가권력에 대한 저항은 곧 일본제국주의에 대한 저항이었다. 일본의 침략원흉을 암살하고 통치기구를 파괴하는 것은 곧 반일애국행위였다."[29] 이런 관점들은 당시의 동

28 邱士杰, 「日据時期朝鮮与台湾的无政府主義者交流－以申采浩与林炳文的活動爲中心」, 『台湾研究集刊』, 廈門大學臺灣研究院, 2017.2期에서 재인용.

아시아 무정부주의에 꽤 큰 영향을 주었는데, 임병문, 범본량 등 대만 무정부주의자와 조선 무정부주의자가 알게 된 동인이기도 했으며, 이로부터 무정부주의자의 연맹과 네트워크가 형성되었다. 유자명은 상해로 돌아가, 이정규李正奎, 안공근安恭根 등과 상해 조선무정부주의연맹을 조직하고, 또 남경南京의 무정부주의연맹에도 가입했다. 이 과정에서, 유자명은 상해에서 중국 무정부주의 대표자들인 광호생匡互生, 진범여陳范予, 마종융馬宗融 등과 모두 깊이 교류했다.

조선과 중국의 무정부주의자는 상해를 중심으로 일련의 활동을 전개했고, 복건 무정부주의의 발흥도 추동했다. 당시 사람들은 이렇게 생각했다. "아나키스트(무정부주의자)는 중국에 두 거점이 있다. 첫째, 상해이다. 둘째, 복건민남이다."[30] 1930년, 유자명은 진범여의 요청으로 천주 여명중학黎明中學에서 교편을 잡았고, 생물학과 열대식물 연구를 주관했다. 여명중학이 성립되어 무정부주의자의 결집지가 된 것은 복건에서의 무정부주의의 발전과 관계있다. 1919~1920년, 진형명陳炯明은 장주에서 '민남호법구閩南護法區'를 세우는데, 비서 막기팽莫紀彭은 일찍이 유사복을 따라 광주에서 '회명학사晦明學舍'를 창립하고, 항주杭州 백운암白雲庵에서 '심사心社'를 창립했다. 막기팽의 추천을 통해 무정부주의자 양빙현梁氷弦은 장주교육국장을 맡았고, 또 유석심劉石心(유사복의 친동생)과 진추림陳秋霖 등을 장주에 데리고 왔다.[31] 『민성閩星』(반주간)과 『민성일보閩星日報』를 창간하고, 무정부주의를 선전하며, 무정부주의자

29 柳子明, 『我的回憶』, 遼宁人民出版社, 1984, pp.47~53.

30 駱文惠, 「安那其在閩南活動經過」, 『社會』 11期, 1948.

31 此前劉石心從广州到南洋宣揚无政府主義和社會主義, 參与了菲律賓眞社的活動, 該社主要由广東人組成, 眞正的領袖是北京實社成員華林. 劉石心等因被嫌疑宣傳"蘇維埃"被驅逐出境.

와 볼셰비키의 협력을 이루고 그것을 'AB협력'이라고 부르기도 했다.[32] 1920년 5월, 북대 학생 한 명이 장주혁명을 앙모仰慕하여 직접 이 땅에 왔다. 후에 '여산如山'이라는 서명으로 「장주지방을 여행하면서 보고 들은 것의 기록游漳見聞記－漳州文化運動的眞相」을 써서 『북경대학학생주간北京大學學生周刊』(제14호)에 발표하는데, "민남춘계대운동閩南春季大運動"에서의 무정부주의 선전 행위를 묘사했다. "첫날 운동장에서 가장 주의를 끈 것은 바로 많은 사람들이 『우리의 운동』이라는 소책자 하나를 뿌린 것인데, 그 내용은 「무정부당의 목적과 수단」이라는 구체적인 글이었다. (…중략…) 셋째 날, 일단의 청년학생들이 운동회 입구 바깥의 작은 언덕에서 손으로 홍기를 흔들면서 두 폭의 큰 사진을 세웠다. 내가 가까이 가 보니, 하나는 바쿠닌이었고, 또 하나는 유사복이었다. 이 두 사진 아래에서 몇 명의 양복 차림의 젊은이가 북방어를 사용해 큰 소리로 연설하고 복건성 사람이 통역했다. 듣는 이들 중에는 병사도 있고, 학생도 있고, 농민과 노동자와 여성도 있고, 교사도 있었다. (…중략…) 후에 나는 운동장으로 달려가서 또 한 무리의 젊은 학생을 보았다. 사람들마다 홍기를 들고 소책자를 뿌렸는데, 제목은 『무정부천설無政府淺說』로서, 유사복이 지은 것이었다."[33] 진형명이 장주에서 물러난 후, 1921년 양빙현이 하문에 와서 복간 후의 『민종보民鐘報』 편집장을 맡았다. 「안전으로 가는 길到安全之路」 등의 글을 실어 계속 무정부주의를 선전하다가 후에 강제 폐간되었다. 1922년 『민종보』가 복간되자 유석심

---

32 李丹陽, 「AB合作在中國个案硏究－眞(理)社兼及其他」, 『近代史硏究』 1期, 中國社會科學出版社, 2002.

33 如山, 「游漳見聞記－漳州文化運動的眞相」, 『北京大學學生周刊』 14, 1920.

등이 편집을 맡고, 무정부주의 경향의 임감林憾, 왕로언王魯彦 등이 부간副刊 편집을 맡았다. 1926년 유석심이 하문을 떠나자, 그 동생 유포진劉抱眞이 나서서 편집장을 맡고, 무정부주의적 색채를 이어갔다.[34]

천주에서 무정부주의가 흥기한 것은 진망산秦望山과 관계 있다. 그는 호법운동護法運動 중에 허탁연許卓然의 '민남정국군閩南靖國軍'에 참가했다. 1920년 봄, '민남정국군'이 진형명 부대와 충돌했을 때, 진망산은 지방대표로서 장주에서 진형명과 정전협상을 했고, 당시 장주의 광동출신 무정부주의자와 접촉했다. 실제로 『민종보』는 필리핀 화교 임한선林翰仙 등의 화교가 기부하여 창간한 것인데, 허탁연이 공동으로 주관하고, 허탁연이 명예사장을 맡았기에, 양빙현 등 무정부주의자와도 밀접한 교류가 있었다. 1921년, 진망산은 상해에서 허탁연 등과 함께 복건자치촉진회를 조직했다. 1923년, '민남정국군'은 '동로토적군東路討賊軍'으로 바뀌어, 장교훈련을 위해 '간부훈련소幹部訓練所'를 준비했다. 진망산은 양빙현에게 정문상鄭文湘을 방통幇統 겸 훈련소 교무장으로 청했다. 또 양빙현은 10대 신조信條를 제정해, 온 힘을 다해 무정부주의를 주입했다.[35] 전쟁이 실패하자, 진망산은 상해대학에서 공부하면서 무정부주의자와 접촉을 시작했다. 양피운梁披雲, 龍光은 당시 심중구沈仲九를 스승으로 삼았고, 진망산과도 상해대학에서 교제했다. 1927년 6월, 진망산은 고향 복건성 천주를 중심으로 무장자위조직을 세워 농민들을 조직화했다. 이정규李丁奎, 李又觀를 우두머리로 하는 중국, 한국, 일본의 무정

---

34 李碩果, 「厦門「民鐘報」創辦始末」, 『厦門文史資料』 10, 1986.

35 秦望山, 「我与自治軍及討賊軍的關系」, 福建省泉州市鯉城區地方志編纂委員會 政協泉州市鯉城區委員會文史資料委員會 編, 『泉州文史資料』 1~10, 福建省泉州市鯉城區地方志編撰委員會, 1994.

부주의자가 이 일에 참여했다. 1927년 하반기부터 또 한 사람의 무정부주의자 유수인柳樹人, 柳絮, 柳基石은 약 6개월의 시간 내어 각기 복건성 하문과 천주 등지에서 중국, 한국, 일본 무정부주의자의 연합활동에 참여했다.[36]

1928년 허탁연과 진망산은 천주로 돌아갔고, 양피산도 천주에서 교과목들을 복습하면서 유학을 준비했다. 채원배蔡元培, 마서륜馬叙倫이 절강기의浙江起義에 참여하고서 복건으로 피난하자, 진망산, 허탁연, 양피운은 함께 나아가 빈민교육의 일에 가르침을 청했다. 채원배와 마서륜은 천주에서 평민고급중학平民高級中學을 창립해 사회의 핵심 인재의 육성을 제시했다. 1928년 하반기에 허탁연, 진망산, 양피운 등은 신식 고급중학-여명고중黎明高中의 창립에 착수했다. 천주의 신사紳士들과 지방유지들은 이에 대해 지지를 보내고, 제1차 주비회籌備會 성원에는 허탁연, 진망산, 양피운, 엽청안葉靑眼, 진청기陳淸機, 이애황李愛黃, 양봉년楊逢年(張貞을 대리하여) 등이 있었다. 양피운이 초대 교장이 되고, 이사회가 성립되어 허탁운이 이사장이 되었다. 여명고중의 경비는 천안기차공사泉安汽車公司가 17,000여 원의 정부주식을 발행해 기금을 만들고, 매월 500원의 경비를 지불했다. 경비의 곤란으로 인해, 진망산은 자기의 집과 집안의 땅을 교사校舍로 기증했고, 허탁연, 진망산 등은 해외에서 기부금을 모집했다. 양피운은 가족을 옮겨와 상해, 광주廣州 상인들의 백은白銀 6,000냥兩으로 학교의 물품, 설비, 도서를 구매해 배치했다. 1929

36 李丁奎, 「中國福建省農民自衛運動与韓國同志的活動」, 『又觀文存』, 三和印刷出版社, 1974, pp. 128~155; 柳樹人, 『三十年放浪記』, 國家報勛處, 2010, pp. 138~150; 崔起榮, 「20世紀二三十年代柳樹人的在華獨立運動与无政府主義」, 金俊主 編, 『東亞視野中的東亞』, 浙江工商大出版社, 2014, p. 167에서 재인용.

년 봄, 여명고중은 천주 무묘武廟를 소재지로 하여 개교했다.[37] 이와 동시에, 1929년 9월, 귀국한 화교 소추도蘇秋濤가 천주에서 싱가포르 등지로 가서 평민중학平民中學을 위해 경비를 모았다. 1930년 2월, 소추도는 싱가포르와 말레이시아에서 기부금을 모아 천주로 돌아와 문묘에서 평민중학을 창립하고, 평민공사제도平民公社制度의 교육실험을 시행했다. 평민중학과 여명중학은 자매학교로서, 소추도는 이렇게 묘사했다. "여명고중과 평민중학은 왕래가 매우 밀접하고, 대외행동이 일치하며, 교학, 연구, 사회활동의 각 방면에서 서로 협력했다. 그 가운데에서 아나키즘에 물든 사람이 적지 않이 배출되어 각지에 나누어 배치되었는데, 해징海澄의 해창소학海滄小學, 진강晉江 석사石獅의 애군소학愛群小學, 천주 부근의 법강소학法江小學, 청몽소학清濛小學 등이다."[38] 핵심 교원은 번갈아가며 일했는데, 무정부주의자가 많았다. 상황은 다음과 같다.

천주에 모인 무정부주의자들은 사회적 배경과 출신이 각기 달랐다. 예를 들면, 위혜림은 실제로 동경에서 중국아나키즘 소조小組에 가입했고, 후에 파리로 유학했다. 그 동안 무정부주의 친구, 유학생, 노동자와 함께 무정부주의저작을 연구하고, 크로포트킨의 『윤리학』(1924)을 번역한 일이 있다. 귀국후, 그는 파금巴金 등과 함께 『민중民衆』 반월간을 창간했다. 1930년 그는 함께 프랑스에서 유학한 무정부주의자 친구 오극강吳克剛의 초청으로 천주에 와서 교편을 잡았다. 임어당林語堂의 셋째 형 임감려林憾廬는 남양南洋에서 상업을 경영하고 의술에 종사한 적이 있다. 1927년 임어당이 상해에 오자, 임감려는 그를 따라 갔다. 또 『우주

37 梁燕麗, 『梁披云評傳』, 三聯出版(澳門)有限公司, 2015, p.56.
38 蘇秋濤稿 · 仲實整理, 「安那其主義在泉州」, 『泉州文史資料』 4.

〈표 2〉

국적	여명고중	평민중학
중국	강종인(姜種因. 祖菁), 오극강(吳克剛), 진군랭(陳君冷), 탕문통(湯文通), 여기(呂驥. 展青), 호중서(胡仲舒. 胡邁), 위혜림(衛惠林), 임감려(林憾廬. 和清), 장경(張庚. 姚禹玄), 소유(邵惟), 여만지(黎蠻支. 昌仁), 여니(麗尼. 郭安仁), 육려(陸蠡), 왕로언(王魯彦), 장효천(張曉天), 주이백(周貽白), 진윤돈(陳允敦), 범천균(范天均), 양인편(楊人楩), 진범여(陳范予), 엽비영(葉非英. 葉坪), 오랑서(吳朗西. 吳文林), 오선(伍禪), 심일엽(沈一葉), 색비(索非), 유존량(柳存良), 주소희(朱少希), 전조륭(錢兆隆), 진춘배(陳春培), 송종자(宋宗慈), 감백수(甘白水), 장익비(張翼飛), 요연장(姚烟章), 서군기(徐軍夔), 주승(周洗), 오금제(吳金堤), 진간(陳侃), 낭위(郎偉), 정백영(鄭伯英), 채효건(蔡孝乾), 첨약표(詹若標) 등	엽비영, 유청산(劉青山), 진범여, 왕노언, 진유청(陳瑜清), 육성천(육려), 오낭서, 노채(盧采), 원계열(袁繼熱), 소유, 진유청(諸侯), 오선, 유복조(俞福조), 설번(薛藩. 薛淑屛), 막민생(莫民生. 莫俊峰), 노채(盧采) 등
조선	유자명(柳子明), 유서(柳絮), 이우관(李又觀), 허열추(許烈秋)	유자명, 유서, 허열추
일본	이와사 사쿠다로(岩佐作太郎)	오사명(吳思明)
월남		조일평(趙逸萍)

풍宇宙風』 편집인을 맡아 문단에서 활약하며, 노신魯迅, 파금巴金과 많이 교류했다. 그는 무정부주의자이자 기독교인이었다.

중국적의 무정부주의자와 비교할 때, 조선적의 무정부주의자가 하문에 온 것은 또 다른 특수한 배경이 있다. 예를 들면, 유수인은 다시 천주에 와서 여명고등중학에서 지리 교사 겸 체육 교사를 맡았다.[39] 원러의 진망산陳望山등과의 관계 외에, 또 하나의 원인은 유자명, 유수인, 허열추 등이 '남화한인청년연맹南華韓人青年聯盟'을 세운 것으로서, 이 무정부주의자조직은 유자명이 의장을 맡고, 성원이 대략 30여 명이었다. 그중에는 정화암鄭華巖, 유자명, 유기석柳基石. 柳樹人, 원심창元心昌, 박기성朴基成, 엄형순嚴

39 崔起榮, 「20世紀二三十年代柳樹人的在華獨立運動与无政府主義」, 金俊主 編, 앞의 책.

亨淳, 이규호李圭虎, 이용준李容俊, 정해리鄭海里, 유기문柳基文, 백정기白貞基, 이강훈李康勛, 허열추許烈秋, 김지강金芝江, 오면식吳冕植, 이하유李何有, 안동만安東晩, 김현주金玄珠, 이달李達, 현영섭玄永燮, 이형래李瀅來, 김병학金秉學, 이회영李會榮, 나월환羅月煥, 유산방劉山芳, 김광주金光州, 박철동朴哲東, 박제채朴濟彩, 이중현李中鉉, 임소산林少山, 장운선張運善, 심용절沈容徹, 안우생安偶生 등이 있었다.[40]

유자명 등은 천주에서 활동하면서, 화남 지역에 무정부주의 기지를 세우고 싶어했는데, 이는 유자명이 일관되게 주장한 한중연합론과도 부합했다. 유자명이 견지한 것은 무정부주의에 입각한 '개방적 민족주의' 이념으로, 민족 간의 연합주의를 통해 국제주의 혹은 사해동포주의에 뜻이 있는 이론이다.[41] 파금은 여명학교를 방문한 후 그 분위기와 무정부주의의 상황에 깊이 감동했다. "여기서 사람들은 모두 다 그 자기 개인의 일로 고민하지 않고, 모두가 조금도 주저함이 없다. 우리의 목표는 '군群'이고, '사업'이다. 우리의 구호는 '솔직함'이다."[42] 유자명은 여명고중에서 한 학기 교편을 잡은 후, 1931년 1월 상해 입달학원고중立達學院高中에서 교편을 잡았다. 입달학원은 광호생匡互生이 설립한 것으로, 무정부주의자 '교육으로 사회를 개조하는' 실천기지이자, 동시에 조선 무정부주의자 유자명 등이 행동계획을 논의하는 기지이기도 했으며, 그로 인해 유자명은 줄곧 일본정보기관의 감시를 받기도 했다. 유자명은 천주에서 반 년이라는 짧은 기간만 있다가 1944년에 다시 복건으로

40 楊昭全, 『中國境內韓國反日獨立運動史』, 2－1910～1945, 吉林人民出版社, 1996, p.153.
41 韓相禱, 「柳子明對无政府主義的理解和韓中聯合論」, 金俊主 編, 앞의 책.
42 巴金, 「黑土」, 『巴金全集』 13, 人民文學出版社出版, 1993, p.281.

돌아갔다. 당시 정성령程星齡은 각지에서 강락신촌康樂新村을 개설하고, 유자명에게 복건 영안永安에 와서 신촌건설을 진행해달라고 요청했다. 유자명은 '제이촌第二村' 복안현계농장福安縣溪農場 준비처 주임으로 임명되고, '이상촌理想村'의 구상을 따라 농촌계몽운동을 계속 전개했다.[43]

4. 한인의 무단 체포와 하문의 반일 물결

조선적朝鮮籍 반일독립운동인사의 민남에서의 활동은 중국 민중의 반제애국反帝愛國정서도 촉발했다. 1928년, 하문에서 일본경찰이 한인을 무단 체포하는 데에 항의하여 발생한 반일물결이 발생했다. 1928년 3월 12일의 『신보』는 이 일의 경과를 보도했다.

> 이에 앞서 한국적(韓國籍) 조선독립운동가이자 무정부주의자인 이기환이라는 이가 황포군관학교 제3기를 졸업하고 국민당에 입당해 북벌에 종군했다. 장강長江에 도착한 후, 천주군사청천영민단편련처(泉州軍事廳泉永民團編練處)의 초빙을 받아, 조직부의 일원이 되고, 근래에는 한국 국적의 황포군관학교 학생 이명재(李明齋), 이강(李剛), 이윤병(李潤炳) 등과 함께 네 사람이 천주에서 하문으로 왔다. 그 나머지 세 사람도 독립당이다. 하문의 일본 영사관이 탐지하고서 대만 국적 영사관 정탐(偵探) 왕모(王某)를 파견하니 일본경찰 여섯 명을 이끌고 2일 밤 12시에 총을 끼고 중국인으로 변장

43 劉大可, 「柳子明先生在福建的活動」, 『福建省社會主義學院學報』, 2005. 4期.

> 해 상공궁(相公宮)에 있는 어느 대만 국적 사람의 집에서 네 사람을 체포했다. 이 네 명의 이씨는 마침 모임을 갖고 있었다. 이기환 등은 약간 저항했고, 일본경찰이 총을 쏘아 위력으로 저지하자, 체포되어 대만공회(臺灣公會)에 이르렀고, 오동정(梧桐埕) 본경부(本警部)로 압송했고, 다음날 아침 고랑서(鼓浪嶼) 일본령 경찰서에 다시 압송되었다. 시간이 심야였고, 상공궁은 외딴 곳에 있어서, 군경(軍警)은 끝내 전혀 알지 못했다.

이기환은 체포된 사람들 중 가장 주요한 인물로서, 무정부주의자로 간주되었고, 체포되었을 때는 유자명이 의열단에 참가한 후 이끈 암살 행동과 일정한 관계가 있다고 간주되었다. 1925년 3월 30일, 이기환, 이규준李圭駿, 이호李皓, 황익수黃益洙는 유자명의 조직하에서, 북경 안정문安定門 밖 거연車輦 후통의 집에서 조선총독부의 밀정 김달하金達河를 목 졸라 죽였고, 사후에 암살자들은 모두 도피하였다. 1926년 3월, 조선 의열단 단장 김약산은 광동 지역 조선독립운동의 주요 지도자 손두환 등과 함께 황포군관학교 교장 장개석을 방문하고, 의열단 단원의 입학을 받아줄 것을 요구하여 허가를 받았다. 이기환은 1926년 6월 황포군관학교 제4기 보병학과원이 되었고, 같은 기수의 나머지 조선적 학과원들은 각 과에 분산 배치되어 학습했다. ① 보병과 : 박효삼朴孝三, 박건웅朴建雄, 왕자량王子良, 윤의진尹義進, 전의창田義昌, 이우각李愚慤, 이집중李集中, 이추원李錘元, 김종金鐘, 강평국姜平國, 유원욱柳遠郁, 최림崔林 김약산, 최영택崔永澤, 양검楊儉, 노일룡盧一龍, 권준權晙 ② 포병과 : 오세진吳世振 ③ 공병과 : 김홍묵金洪默 ④ 정치과 : 문선재文善在, 박익제朴益濟, 백홍白紅, 노세방勞世芳, 노건盧建.[44]

이기환 등의 이번 체포에서 일본당국이 찾고 있던 것은 조선독립당 당원 이오지李吾之, 이용기李用機, 이기환李紀還, 이순병李順炳이라고 간주되었다. 일본 영사는 하문 지방 정부의 무단적인 행동을 몰랐고, 이 일은 국제법을 위반하고 조계를 넘어 사람을 체포한 사건이 되었다. 이기환은 황포군관학교 학생의 신분으로, 북벌에 참가해 장강까지 갔다가 복건에 임명되었으며, 국민당 하문당부廈門黨部와 밀접한 연계가 있었다. 국민당 하문시 당부가 가장 먼저 반응했다. 다음날 아침 장하漳廈 주둔 해군경비사령부 및 공안국에 따져묻고, 그 직무상 과실을 질책했다. 동시에 민중단체연합회를 소집해 긴급회의를 열고, 해군사령부, 하문교섭서廈門交涉署로 하여금 일본에게 엄중히 항의하여 일본 측에 이기환 등 네 명의 석방을 요구하도록 요청했다. 교섭 과정에서 일본 측은 이기환 등이 공산당이며, 만주, 상해에서 범법행위로 지명수배를 받았기에 체포했다고 주장했다.[45] 3월 5일, 하문민중단체연합회는 각계 대표대회를 소집해, 해군사령부와 교섭원에게 서한을 보내, 일본영사에게 이기환 등 네 명을 24시간 내에 석방하고, 일본영사는 정식으로 중국 정부에게 사과하도록 하는 등 구체적 요구를 제기하라고, 또 3월 6일 오전 6시부터 일본선박의 입항을 막도록 하라고 요청했다. 회의는 총공회總工會, 상협회商協會, 학연회學聯會 등 11개 단체의 책임자가 반일운동의 모든 사무를 의결하도록 추천하라고 결정했고, '일본의 국권 침탈에 항의하는 하문 각계 위원회'가 성립되었다. 3월 6일, 8일, 14일, 15일, '개성환開城丸', '맹나다환孟那多丸', '봉산환鳳山丸', '지리환地厘丸' 등 일본 선박이 잇

44 广東革命歷史博物館編, 『黃埔軍校史料』, 广東人民出版社, 1982, pp.553~587.
45 「廈門日領擅捕韓籍黃浦生案」, 『申報』, 1928.3.12.

달아 하문항에 도착하자, 승객화물의 운송을 책임진 중국 선박노동자들이 작업을 거부했다. 3월 14일, 일본 영사는 전날 하문 파업의 압력하에서, 사건에 연루되지 않은 이명재, 이윤병 두 사람은 석방할 수 있고, 이기환, 이강은 조선에서 죄를 지은 중범죄자이기에 반드시 상해로 호송해서 조선 정부로 보내 처분해야 한다고 유광겸에게 알렸다. 그러나 일본 측은 3월에 오사카호大阪號를 이용해 이기환, 이강 두 사람을 대만으로 압송했다가 다시 조선으로 보냈다. 3월 21일, 반일회는 일본영사의 말에 신뢰가 없음에 항의해서, 하고厦鼓(하문에 있는 부두—역자 주)에서 하루 동안 다시 파업과 파시罷市와 동맹휴학을 결정했고, 또 하문주재 일본영사 사마코토 다츠키坂本龍起를 쫓아내도록 요구하고, 하문당국이 불법적인 일본경찰을 해산하고, 그 무기를 몰수하라고 재촉하면서, 그러지 않으면 민중이 정당한 과정을 취해 스스로 처리하겠다고 하였다.

하문사건 교섭 과정에서 지역에서는 반일의 물결이 고조되어 각계인사가 적극 참여했다. 3월 3일, 하문대학 학생들은 민중단체 연합회의에 참가했고, 3월 5일, 하문대학은 민중단체연합회가 소집한 전全 하문 각계 대표대회에도 참가했다. 후에 또 하문대학 학생반일외교후원회를 따로 결성하고, 또 1928년 3월 29일 상해총상회上海總商會에 전보를 보내 더 큰 사회적 반향과 항일 물결을 일으켰다. "겨울에 일본경찰이 하문에서 이기환 등을 무단 체포하여 며칠 후 대만으로 압송하자, 민중이 분격하여, 일본에 대해 엄중히 대하였다. 일본 영사는 야만적이고 난폭했다. 일본은 다시 일본 함정과 전기 모터보트에 명령을 내려 기관총을 가득 채우고, 우리 해상규찰대의 작은 선박을 나포하고, 우리 당의 국기를 훼손하고, 규찰원에게 가혹한 형벌을 가했다. 당과 국가가 안중에 없기에, 사람들이 손가락질하였다. 현재 군중의 감정이 끓어올라, 치욕을 갚으려 맹세하여, 해상과 육상에서 총파업으로 결심을 보여주었다. 상해총상회에서는 정부에 전보를 보내, 정부가 엄중히 교섭하고, 또 전국에 두루 명령하여, 일치하여 원조하고, 일본경찰의 철수에 힘쓰고, 흉악한 자를 징계하고 사과하게 만들기 바란다. 전보를 보내려 하니 절박한 느낌이 지극하다."[46] 하문대학 교직원도 '반일외교후원회'를 조직하여, 엄중한 교섭을 진행하도록 행정원 외교에 청하고, 또 『하문대학교직원반일외교후원회특간廈門大學敎職員反日外交後援會特刊』을 출판했다. 남경 국민 정부도 하문사건을 상당히 중시하였기에, 『외교부공보外交部公報』가 때맞추어 4인사건과 관련하여 주고받은 전보를 공개했는데, 현재 1928년 6월 출판된 『외교부공보』 목록에서 각 방면이 조밀하게 교섭한 것을 알 수 있다.

하문시 당부 전보(3월 5일), 제2사령부에서 하문교섭원에게 전보(3월 7일), 하문교섭원이 전보(3월 7일), 하문교섭원에게 전보(3월 7일), 하문교섭원이 전보(3월 10일), 복건성 정부에게 전보(3월 11일), 하문교섭원에게 전보(3월 11일), 하문시 당부가 전보(3월 16일), 하문시 당부에게 답전(3월 16일), 하문교섭원이 전보(3월 16일), 하문교섭원에게 전보(3월 16일), 하문교섭원이 전보(3월 16일), 하문교섭원이 전보(3월 19일), 원(元)국장(局長)이 상해로부터 전보(3월 18일), 하문교섭원에게 전보(3월 19일), 하문교섭원에게 전보(3월 20일), 하문교섭원이 전보(3월 21일), 하문시 당부가 전보(3월 22일), 하문시 당부에게 답전(3월 22일), 일본의 국권 침탈에 반대하는

46 「各界抗爭廈案」, 『申報』, 1928.3.31.

하문위원회가 전보(3월 23일), 하문교섭원이 전보(3월 23일), 하문교섭원에게 전보(3월 23일), 상해 양(梁)총사령관에게 보내는 복건의 방(方)주석의 전보(3월 25일), 하문시 당부의 전보(3월 24일), 하문시 당부에게 답전(3월 25일), 해군 양총사령관 전보(3월 28일), 해군 양총사령관에게 답전(3월 28일), 하문교섭원 전보(3월 29일), 하문교섭원에게 전보(4월 2일), 하문시 당부 전보(4월 4일), 하문시 당부에 답전(4월 5일), 하문교섭원 전보(4월 19일), 하문교섭원에게 전보(5월 7일), 하문교섭원 전보(5월 7일), 국민 정부 외교부지령문자 제142호(5월 7일)

5. 광동 복건 학교 간 이동과 독립운동 확산

근대 조약체제 확정 후, 서방의 현대적 교육모델이 통상항구에서 실행되었다. 이민과 유학으로 인한 인구 이동의 구성 부분이었다. 학교는 아시아 해역 네트워크의 연결점이 되었고, 적지 않은 조선적의 정치망명자가 학생신분으로 중국에 왔는데, 그들은 북경, 상해, 광주 등지의 대학에 다니거나 청강했다. 민족주의의 추동하에서, 조선적 학생은 조국독립의 회복과 민족자유의 쟁취가 공부의 최종 목적임을 더욱 확고히 했다. 그래서 사회단체를 조직하고, 독립운동을 전개하고, 각종 사조를 선양했다. 한국의 반일독립투쟁을 중국교육계도 적극 지지했다. 1920년 11월, 교육계 대표가 상해에 모여 전구교육연합회 제6차대회를 열고, 각지 학교에서 조선학생을 받아들이고, 기부금을 모아 한인학교를 창설할 것을 건의했다. 11월, 하문대학 설립자 진가경陳嘉庚은 상해돈上海墩에 도착해 황염배黃炎培 등에게 하문대학 준비위원을 맡아주도록 청했다. 11월 3일 전국교육연합회는 회의를 열어 진가경을 환영했는데, 주석 황염배는 강연중에 이렇게 말했다. "중국, 일본, 한국은 형제의 나라로서 서로 제휴해야 하며, 스스로 갈라져서는 안 되고, 동아시아의 전반적 정세를 뒤흔들어야 한다." 한국인 김문숙金文淑 여사는 일본이 고려를 병탄한 후의 교육시책에 대해 보고하고, 중국 각 대학이 한국 청년을 받아들이도록 요구했다. 황염배는 세 가지 방법을 제기하고, 각 성구省區 대표의 찬조를 청했다. ① 고려 인민을 각지에서 소개하고, 일본인이 고려인을 대하는 상황을 강연한다. ② 고려의 서적과 신문을 소개하고, 중국인들로 하여금 또 그 고충을 통찰할 수 있게 한다. ③ 각지의 학교가 고려 청년을 받아들여, 상당히 교육을 받게 한다. 또 이런 방법은 종種이 같은 고려와 제휴하기 위해서일 뿐 아니라, 중국인들을 각성하게 할 수도 있다고 말하자, 전체가 일치하여 박수로 찬성했다. 진가경은 힘을 다해 찬조할 것을 표했고, 하문대학 등 학교가 고려 학생을 수용하도록 허락했다.[47] 사실도 확실히 이와 같아서, 1926년 2월, 하문대학 교장 임문경林文慶은 싱가포르로 내려가 환영연회에 출석하고 또 하문대학을 위해 기부금을 모집할 때, "본 대학은 이름은 비록 하문대학이지만, 실은 세계의 대학이요, 수용한 학생은 중국 10여 성省의 자제뿐 아니라, 고려나 대만같은 외국에서도 학생이 와서 공부합니다"라고 말했다.[48]

47 「教育代表贊助韓人教育」, 『震壇』 6期, 1920.11.14.
48 「陳嘉庚先生在中華俱樂部歡迎林文慶先生之演說詞(一)」, 『南洋商報』, 1926.2.1.

주의할 것은, 대만과 조선은 일본 식민통치를 받는 같은 운명에 있었고, 두 지역의 독립운동가는 거의 모두 제3지대에 기대어서야 자기의 항쟁의 요구를 보존할 수 있었기에, 중국에서 초지역적 교류활동을 전개했다는 것이다. 초기 무정부주의자의 활동거점은 북경을 주로 했다. 1923년 10월 '상해대만청년회'의 성립에 따라, 대만정치운동은 이미 조선인과 대륙 동포가 공동으로 참여했다. 조선공산주의 여운형은 그들이 공동으로 '상해평사上海平社'를 성립해 대만청년과 조선청년의 연락을 더 밀접하게 할 것을 제의했다. 1924~1926년, 대만인 채효건蔡孝乾은 상해대학에서 공부하고 구추백瞿秋白의 학생이 되었으며, 1925년 공청단共青團에 가입했다. 1925년, 오삼십운동五三十運動이 발생하고 중국학생의 반제반일정서가 고조되자 대만학생도 깊이 고무되어, 12월 팽영화彭英華와 채효건이 기남대학暨南大學, 하문대학 등의 대만적 학생을 추동해 '상해대만학생연합회'가 결성되었는데, 그중에도 10여 명의 조선인이 있었다. 대만학생 대다수가 원적原籍이 장주와 천주이고, 적지 않은 사람이 먼저 대만에서 장주와 천주의 학교로 와서 공부하면서, 그곳을 환승역으로 삼아 기타 도시로 가서 진학했다. 민남의 대만학생 역시 적지 않은 동아리가 있었는데, 잇달아 대만상지사臺灣尙志社, 하문집미학교유집대만학생廈門集美學校留集臺灣學生, 동문대만학생회同文臺灣學生會, 장주류장대만학생회漳州留漳臺灣學生會, 민남대만학생연합회閩南臺灣學生聯合會, 하문중국대만동지사廈門中國臺灣同志社 등의 조직을 창립했다. 그들은 여기서 상해대만학생연합회와 연계했다. 그들은 각기 일본 식민통치를 비판하여, 대만 인민의 민족의식을 일깨웠는데, 그 종지宗旨는 중국에 있는 조선의 각종 조직과 기본적으로 일치한다. 1929년 11월 3일, 조선에서 광주항일학생운동이 발생하고, 그 후 거기에 연루된 일단의 학생이 상해—민남의 학생조직망의 도움을 빌어 민남으로 망명했다. 이를 계기로, 민남의 대만학생은 1930년 2월 민남학생연합회를 조성하고 있는데, 그중에는 조선적 학생도 있었다.

일부의 조선학생은 하문대학에서 공부하면서, 각기 다른 전공에 분포했다. 예를 들면, 이기동李起東은 1926년 교육학과를 졸업했고, 김인수金仁洙는 1929년 은행학과를 졸업했다. 1930년 1월의 「하문대학 교육학원 개황厦門大學教育學院概況」은 "본교 개교이래 교육학원에서 공부한 학생은 대략 총 300여 명이다. (…중략…) 아직도 한국에서 유학 오는 이가 있다."[49] 그중 이기동은 아마 무정부주의자였을 것이다. 그는 1920년에 일본에 유학했는데, 박열朴烈, 김약수金若水, 한윤동韓潤東, 홍승로洪承魯, 유진걸柳辰杰, 김낙준金洛俊, 정태성鄭泰成 등과 함께 동경에서 동경노동동지회東京勞動同志會, 동경조선고학생동우회東京朝鮮苦學生同友會 등을 조직했다.[50] 후자는 '흑도회黑濤會'로 바뀌어, 『흑도黑濤』 잡지를 발행하여, 폭력적 반일을 주장했다. 이기동은 하문대학에 와서 공부한 후, 현존자료에 의하면 그가 적극적으로 오삼십운동에 참여했음을 알 수 있는데, 1925년 6월, 하문학생회 총위원회 서무庶務를 맡았다. 후에 또 외교후원회 조사부 주임을 맡았다.[51]

먼저 하문대학에서 공부한 후 다른 학교로 옮겨간 학생도 있었다 예를 들면, 원래 교육학원 교육원리과에서 공부한 이정호李貞浩는 1931년

---

49 厦門大學校史編委會, 「厦門大學校史資料(內部資料) 1」, 厦門大學出版社, 1987, p.120.

50 李炫熙, 『大韓民國臨時政府史』, 集文堂, 1992, p.489.

51 「厦門學生會總委員會第十七次會議決議案(一九二五年六月)」, 中共厦門市委党史辦 編, 『厦門革命歷史文獻資料選編(1919.5~1927.7)』 1, 1987, pp.83~84.

중산대학中山大學 문학원文學院 외국어과로 옮겨가 공부했다. 그는 신청서에서 "경제적 곤란으로 여러 번 학업을 중단했는데, 귀교에서 학비를 감액하고 우대한다고 들었습니다. 이는 참으로 피압박민족의 좋은 기회이기에, 선뜻 광동으로 와서 귀교 문과 외국문학과 2학년에 들어가 깊이 공부하고자 합니다". 중산대학이 조선적 학생을 우대한 것이 그 동기 가운데 하나였다. 이와 동시에, 이정호는 중산대학으로 전학가서도 독립운동을 전개하는데, "귀교는 혁명의 발원지로서, 총리總理(손중산은 동맹회의 총리였다－역자 주)의 유지遺志를 힘껏 지켜, 약소민족들에 대해 힘껏 부조하지 않음이 없습니다".[52] 이정호는 경상북도 대구시 사람으로, 그가 하문대학에 와서 공부한 것은, 그의 아버지 이두산李斗山, 李顯洙과 관련 있을 것이다. 관련자료의 기록에 의하면, 이두산은 1896년에 태어났는데, 가정이 꽤 부유했고, 평양 숭실전문학교를 졸업했다. 1917년, 그는 상해로 와서 임시 정부에 참여하며, 재무부 서기로 임명되었다. 1923년 귀국하여 활동하다가 체포되고, 1925년 맏아들 이정호가 상해에 왔다. 1930년 1월, 이두산은 한국독립당에 가입해 광주廣州로 내려갔다.[53] 현존자료에서 1925～1930년의 이두산에 대한 기록은 상당히 모호한데, 자료의 기록을 대조하면 그는 하문대학 영문과를 졸업하고,[54] 이정호는 1931년 중산대학으로 전학하여, 이두산이 하문대학에서 공부했을 것으로 대략 추측할 수 있다. 1930년, 이두산은 광동에 와서 반일독립운동에 참가하며, 이

52 廣東省檔案館, 「韓國民族革命黨華南支部書記金瑞甫, 學生指導員李貞浩致中山大學校長函」, 全宗 20-2. 魏志江, 「韓國獨立運動與中國廣東關係研究」, 『韓國學論文集』(中山大學出版社, 2010.5)에서 재인용.

53 최기영, 「李斗山의 在中獨立運動」, 『한국근현대사연구』 42, 한국근대사학회, 2007, 126～127쪽.

54 朝鮮總督府警務局, 「華中, 華南, 北中美洲朝鮮人概況」, 1940, p.145; 情報總署 編, 『南朝鮮人物介紹』, 1950, p.33.

정호는 자연히 그를 따라 갔다. 게다가 그 동생 이동호李東浩, 李貞達, 李仁川, 李志成는 중산부속중학에서 공부했다. 이정호는 중산대학에 온 후, 즉 1933년 3월 김효숙金孝淑(김기원金起元의 장녀), 김창화金昌華 등과 함께 '광주국립중산대학용진회廣州國立中山大學勇進會'를 만들어, 대외적으로 명칭을 '광주한국유학생회'라 했는데, 그 종지의 하나는 한국독립운동과 반만항일反滿抗日을 선양하는 것이었다. 1934년, 이정호는 졸업 후 학교에 남아 조교를 맡았고, 한국민족혁명당 학생 지도자로서, 적지 않은 한국 청년을 중산대학에서 공부하도록 추천했고, 중산대학으로 하여금 한국독립당, 광동 거주 한인광복旅粤韓人光復 등 단체와 밀접한 관계를 수립하게 하여, 중국 남방 지역의 한인 독립운동을 전개하는 발원지가 되었다. 이정호의 처 한태인韓泰寅, 처형 한태주韓泰宙. 韓金綱, 韓泰岳 역시 중산대학 법학원 정치학과에서 공부했다.[55] 재화在華 한인이 전개한 독립운동은 어느 정도는 가족이나 혈연관계에 의지해 발전했는데, 조선민족혁명당 성립 후, 이정호, 이두산, 한태우韓泰宇 등이 당원이 되었다. 항전 발발 후, 이두산은 광동에서 조선의용대朝鮮義勇隊를 조직했고, 이두호, 이등호는 모두 대원이 되었다. 이두산은 또 1939년 계림에서 『동방전우東方戰友』의 편집을 맡아 출판했는데, 영향이 매우 컸다.

55 崔鳳春, 「國立中山大學韓籍學生考實－以20世紀30年代爲主」, 中國朝鮮史研究會 · 延邊大學朝鮮韓國歷史研究所, 『朝鮮韓國歷史研究』 11, 2011, p.302.

6. 결어

19세기 중엽부터 중국이 근대 조약체제로 들어감에 따라, 조공체제 위주의 아시아질서는 끝나고 식민체제 위주의 아시아질서가 점차 수립되었다. 이런 변화는 동아시아 국제관계를 변화시켰을 뿐 아니라, 해양지역구조도 새로 조정하고, 새로운 해양연결 네트워크도 수립했다. 상술한 조선국적 아나키스트의 천주여명고중에서의 교직생활과 그 활동, 하문 일본경찰의 조선국적 황포군관학교 졸업생 무단 체포가 유발한 외교분규와 항일물결, 그리고 하문대학과 중산대학 사이에서 이동한 조선적 학생 등의 사건에 대한 실증적 묘사를 통해, 근대 해양아시아 네트워크의 변화가 지역의 공간 간 구조의 재조직, 혁명담론의 전파와 반식민주의 항쟁의 연합을 촉진했음을 알 수 있다.

① 한인韓人은 조공시대의 이동범위를 벗어나 동북아시아 지역이라는 제한을 뛰어넘어 상해를 기반으로 하는 화남 지역의 복건과 광동의 항구 도시로 퍼져갔고, 심지어 일부는 동남아시아로 진입했다.

② 화남 지역 한인의 분포형태는 근대 연해 항구 간 무역의 등급의 짜임새와 기본적으로 일치한다. 상해와 상대적으로 말하자면, 광주는 차次중심 재확산의 지위에 처해 있었고, 민남閩南지역은 상해와 광주 사이에 처해 있어, 중심의 영향을 받기도 하고 차중심次中心의 영향을 받기도 했기에, 조선적 인민은 남북 두 부분으로 나뉘어 이동했다.

③ 1895년 일본이 대만을 차지하자, 화남 지역의 정치경제 공간은 재차 조정되었다. 대만과 조선이 같은 피식민의 운명을 가졌고, 민남은

대만과의 자연적 위치가 좋았기에, 이상적인 반일 제3지대가 되었다.

④ 반일독립운동의 지도자는 지식인 위주로서, 학교는 그들이 사상을 전파하고 세력을 조직하는 근거지가 되었다. 대학과 중학은 근대 아시아 해양 네트워크의, 전통시대와 구별되는 공간적 결절점結節點이다. 상해대학, 하문대학, 여명고중, 중산대학, 황포군관학교 등은 남방 지역 한인 활동의 중추가 되어, 정치세력의 이동, 연합, 분화를 드러내었다.

⑤ 20세기 20~30년대 한인이 민월 지역에서 반일독립운동으로 인해 수립한 네트워크와 통로는 항일 발발 후 한국인이 중국혁명에 참여하는 데에 편리를 제공했고, 한국인이 중경重慶, 계림桂林, 영안永安 등의 대후방大後方[56]에서 의용대를 조직한 것은 이와 무관하지 않다.

56 중일전쟁시기 국민당 통치하에 있던 서남・서북 지역—역자 주.

제3부

동북아 해역의 문화 접촉과 변용

양민호_ 어촌생활어 속에 나타나는 언어 접촉에 관한 연구

이보고_ 19세기 초 중서中西 문화 접촉과 *The Chinese Repository*
기독교 전파 과정에서의 중서中西 언어문화 접촉을 중심으로

자오청궈趙成國 · 천나陳娜_ 하코다테 중화회관과 근대 중일 교류

공미희_ 일본 근대화의 계기가 된 데지마를 통한 초량왜관 고찰

어촌생활어 속에 나타나는 언어 접촉에 관한 연구

양민호

1. 들어가며

본 논문은 한국 '국립국어원'의 '민족생활어 사업단'에서 2010년부터 2012년까지 조사한 한반도 동해, 서해, 남해, 제주해의 어촌생활어 성과 자료 중에서 아직까지 남아 있는 일본식 표현 부분을 정리하여 분석한 것이다. 이 조사는 어촌생활어에 관한 다양한 관점에서 조사되어 있다. 다만 지금까지 공개된 데이터와 보고서에서는 일차원적인 분석 수준에 그치고 있기 때문에 매우 귀중한 자료가 사장되고 있는 안타까운 현실이다.

이에 본 연구자는 이미 공개된 데이터를 토대로 어촌생활어 속에 남아있는 언어 접촉, 다시 말해 한국어 속에 아직까지 남아 있는 일본어의 흔적들을 되짚어보겠다. 일본어 흔적에 주목한 이유는 어촌에서 일본어 표현이 실제로 많이 사용되고 있지만 다른 분야에 비해 소외당했기 때문이다.

이를 통하여 어떠한 말들이 한국의 어촌생활 속에 침투되어 있는지, 어떠한 의미로 사용되고 있는지, 또한 언어 접촉을 통하여 어떻게 발음과 의미가 변용變容되고 있는지를 살펴보겠다.

실제로 이와 같은 대규모 현장조사는 우리의 언어문화유산을 축적했다는 점뿐만 아니라, 소멸 위기의 기층基層 생활어와 현재 사용되고 있는 어촌생활어를 동시에 기록했다는 점에서 큰 의의를 가진다. 이 자료를 토대로 보다 심도 있는 분석과 고찰만이 언어 접촉에 대한 물음에 답할 수 있을 것이며, 향후 언어 접촉의 메커니즘에 대해서도 파악할 수 있을 것이다.

이번 논문은 다음과 같은 문제제기를 하고 이를 검증하는 형식으로 내용을 구성하였다.

① 어촌에서 사용되는 어휘 중 언어 접촉에 따른 말들이 존재하는데 실제로 일본어와 연관된 말들이 많다.

② 언어 접촉으로 인하여 한국에 남아있는 일본식 표현의 종류와 패턴에 대해서 분석할 필요가 있다.

2. 조사 개요

본 논문에서 사용하는 데이터는 국립국어원 '어촌생활어 조사'를 토대로 하였으며, 조사는 <표 1>과 <그림 1>과 같이 대한민국의 4개 권역, 12개 지점을 조사하였다.

<표 1> 어촌생활어 조사 지점

민족생활어 조사	2010년	2011년	2012년
동해	경주	강릉, 평창	울릉도
서해	부안, 영광	태안	외연도
남해	남해	해남	욕지도, 가덕도
제주	비양도	우도	추자도

<그림 1> 어촌생활어의 조사 지점

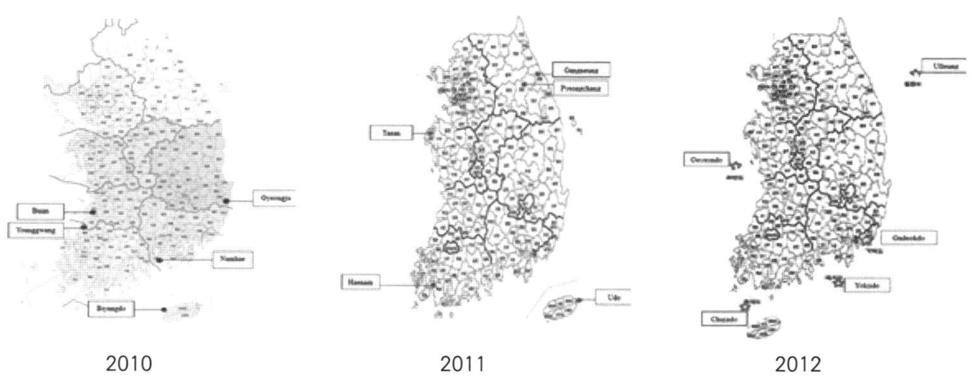

1) 조사대상자(제보자)

어촌생활어 조사는 성격상 기존의 민속학이나 방언학에서 적용해 왔던 제보자 선정 기준인 NORM Non-mobile, Older, Rural, Male(토박이 장년층으로 지역의 남성)을 엄격하게 적용하기는 사실상 불가능하였다. 따라서 어촌생활어 조사의 제보자 선정은 조사 상황에 맞게 결정되었고 다음과 같은 기준으로 선정하게 되었다.

① 조사 지역에서 3대 이상 거주한 50~60세 이상으로 어업에 관련된 직종에 종사하는 지역 토박이
② 70세 이상의 제보자는 되도록 학력이 낮은 사람을 선정, 50대와 60대의 경우는 중학교 정도 졸업을 기준으로 하여 선정
③ 눈과 귀가 어둡지 않고 치아 상태가 양호
④ 구술 발화 자료의 채록을 위해서는 어느 정도 입담이 있는 사람을 제보자로 선정

2) 조사내용

어촌생활어란 '어촌 지역의 생활 문화를 담고 있는 말'을 의미한다. 이 범주 안에는 어촌 지역의 환경, 전통사회, 경제, 문화 활동과 연계된 어휘, 표현이 포함되어 있고, 또한 그것을 운용할 수 있는 수많은 요소도 포함되게 된다.

최근 해양 생태계의 변화와 이촌향도離村向都(어촌을 떠나 도시를 향함),

게다가 어촌 사회의 급격한 도시화로 인한 경제 형태의 변화는 어촌생활어에도 큰 영향을 주고 있다. 그 결과, 전통 어촌생활 문화를 담고 있는 언어는 이미 소멸되었거나, 소멸 위기에 놓이게 되었고, 표준어의 영향권에서 벗어날 수 없는 현실이 되었다. 따라서 이 조사에서는 심층 밀착 조사를 통하여 어촌생활 기초 어휘와 필수 생활 어휘를 수집하고, 자료를 구축하는 것을 목표로 하였다.

조사 항목은 다음과 같이 소멸해가는 어촌생활 어휘를 수집하기 위해 작성된 질문지를 바탕으로 해당 어휘를 조사하였다. 기초 어휘 항목과 권역 별 개별 주제 항목으로 나누어지며, 총 조사 어휘는 10,919개이고 표준국어대사전 미등재 어휘는 3,380개, 개별 주제 조사 어휘는 2,953개이다.

기초 어휘 항목

행위자

○ 환경 : 시간(물때, 미세기(潮汐), 하루), 날씨(바람, 비, 눈, 해・달・별, 기타), 공간(방위, 바다, 해안가, 지형)

○ 어획물 : 물고기(부분 명칭, 종류, 상태), 조개류(부분 명칭, 종류, 상태), 게(부분 명칭, 종류) 해조류(종류, 상태), 기타(종류, 상태)

○ 어로 도구와 어로 행위 : 그물류(부분 명칭, 종류), 낚시류(부분 명칭, 종류), 배(부분 명칭, 종류), 어로 도구 기타, 어로 행위(조개류, 해조류, 그물류, 배, 기타)

○ 음식 : 젓갈류, 기타

○ 민속 : 제의(뱃고사), 금기・속설・은어・노래

이 외에 권역 별로 개별 주제를 설정하여 그 어촌 지역을 대표하는 어휘를 찾으려 노력하였다.

권역 별 개별 주제

◯ 동해 : 경북 경주-그물손질에서 어판장까지 / 강원 강릉(평창)-명태잡이에서 덕장까지 / 경북 울릉도-오징어 잡이에서 덕장까지

◯ 서해 : 전북 부안(전남 영광)-염전 / 충남 태안-자염 / 충남 외연도-외연도의 어로 생활

◯ 남해 : 경남 욕지도(부산 가덕도)-채낚기, 숭어들이

◯ 제주해 : 비양도-비양도의 고기잡이 / 우도-해초류 / 추자도-추자도의 고기잡이

3. 어촌생활어 속 언어 접촉

언어가 인간의 사고思考를 규정한다고 최초로 주장한 대표적인 학자는 사피어와 워프이다. 사피어 워프 가설Sapir-Whorf hypothesis은 한 사람이 세상을 이해하는 방법과 행동이 그 사람이 쓰는 언어의 문법적 체계와 관련이 있다는 언어학적인 가설이다.

예를 들면 유럽인에게는 시간이 객관화된 것이기 때문에 아침, 저녁, 1월, 8월, 여름, 가을이 분명하고, 또 시간을 절대적인 것이라고 생각하여 과거, 현재, 미래가 분명하다. 그러나 호피Hopi족에게는 시간이 객관

화되어 있지 않고 관습적인 것으로 생각되기 때문에 그러한 시간의 구분이 뚜렷하지 않다. 이렇게 볼 때 언어상대주의linguistic relativism 입장을 취한다고 볼 수 있다. 다시 말해 언어 상대성 가설이란 '언어는 사고다'라는 생각으로 즉 '사고가 반드시 언어를 사용하는 것이라면 그 언어의 영향을 사고가 받는다'라는 생각이다.

이러한 맥락에서 어촌생활어를 살펴보았을 때, 한국은 삼 면이 바다로 둘러싸여 있고, 이러한 지형적 특징이 바다라는 환경에 적응하며, 이와 관련된 문화를 만들어 가고 있다. 특히 한국은 식민시대를 거치면서 섬나라 일본으로부터 발달된 어촌 관련 일본식 표현들이 많이 수입되었다.

바다를 바라보는 시각도 비슷하였기 때문에 같은 사고를 공유했을 것이다. 이는 실제로도 매우 흥미로운 부분이다. 향후 추가 조사도 필요하겠지만 전문성 높은 어로 도구나 선박 관련 용어를 포함하여 바닷가와 관련된 말들의 역동적 흐름에 대해서도 주목할 필요가 있다.

어촌생활어 속 언어 접촉에 관한 분석 방법은 다음과 같다.

본 연구자가 조사항목 중에서 제보자가 '일본' 또는 '일본어'라고 언급한 어휘들을 우선 정리하였고 이를 토대로 유형별르 분류하였다. 그 결과 실제로 어로 도구 및 어로 행위와 어획물의 명칭 부분에 상당수 일본어와의 접촉을 통하여 영향을 받은 것으로 보인다. 예를 들어 열악한 어업 환경 속에서 사용되는 어로 도구 및 선박의 엔진은 이웃 일본에서 수입해올 수밖에 없었기 때문에 대다수가 일본어에 노출될 수밖에 없었던 상황이었다. 어촌 환경, 어업과 관련된 표현을 통해 어촌 지역의 생태환경과 문화도 파악하는 데 이러한 일본어와의 접촉 현상을 확인할 수 있었다.

현재까지 이와 같은 연구는 주목을 받지 못했지만 미래 세대와의 소통, 그리고 어촌 생활에 대한 문화 이해, 그리고 더 나아가 잔재 일본어에 대한 해양관련 언어의 순화 등 국민 소통을 위해서도 반드시 필요한 연구라고 판단된다.

이 외에도 다양한 부분에서 일본어의 흔적들이 보이는데 이는 그 당시 한국의 어업 환경과 문화를 대변한다고 볼 수 있다. 다음 절에서 알게 모르게 존재했던 어촌생활어 중 일본식 표현에 대해 유형별로 분석하겠다. 다만 어획한 생선이나 해초 명칭은 별도의 논문에서 다루도록 하겠다. 왜냐하면 생선이나 해초 명칭에서 잔재 일본어의 흔적이 훨씬 많이 나타났기 때문에 지면상 부족하여 추후 분석하도록 하겠다.

1) 단일어 속 일본어

분석 결과, 어촌생활어 속 일본식 표현의 차용 예는 상당수 존재한다. 한국은 식민시대를 겪으면서 거의 모든 분야에 잔재 일본어가 남아 있다. 그렇지만 사회적 노출이 많았던 다른 분야의 일본어는 국립국어원의 국어순화 노력으로 거의 사라졌다. 그럼에도 불구하고 어촌생활어 부분에 있어서는 아직도 일본식 표현이 다수 존재한다는 사실을 발견하게 되었다. 따라서 여태껏 어느 누구도 관심을 갖지 못했던 어촌생활어 속 일본어에 주목하여 분석을 진행하였다. 우선 단일어 속 일본어에 대하여 알아 보겠다.

(1) 어촌생활어 속 일본식 외래어 발음의 차용

어촌생활어 중 단일어 속에 나타난 일본식 외래어 발음에 대해 살펴 보겠다. 한국어 가운데 일본식 외래어 발음이 남아 있는 어촌생활어는 다음과 같다.

'나이롱Nairong'은 '나일론'의 일본식 발음으로, 그물을 이야기할 때 빈번이 사용되는 어휘이며, '노라'는 그물을 당길 때 사용하는 배의 돌림판을 의미한다. 한국의 외래어 표기법에 따르면 '롤러'라고 표현하지만 어촌생활어 속 표현은 '노라Nora'이다. 이것 외에도 권역 별 조사 항목 중에서 서해안 염전 관련 용어 중 소금물의 염도를 측정하는 단위로서 프랑스어 '보메Baumé degree'를 사용하고 있다. 다만 이것도 일본식 외래어 발음이라고 할 수 있다.

다음으로 한국어와 일본어를 혼재하여 사용하는 형태지만 주로 일본식 외래어를 사용하는 경우이다. '나침반'을 의미하는 '콤파스'와 '닻'을 의미하는 '앙카'가 있다. 여기서 흥미로운 점은 〈그림 2〉처럼 '닻'을 의미하는 일본식 표현 '앙카'가 조사 지점에 따라 '앙카', '랑카', '엥카' 등으로 표현되고 있다. 이는 지역별 방언 차이에 따른 언어 변종이라고 할 수 있다. '갑판장'을 의미하는 '보슨'과 '보싱' 역시 일본식 외래어 표현으로 사용되고 있었다. 또 '후꾸리'는 일본식 외래어 '후쿠Fukku'에서 온 말로 그물 끝 부분이나 낚시 도구의 끝부분 금속을 지칭한다. 마지막으로 '갑바'는 물속에서 입는 잠수복을 의미하는데 일본어에서 건너온 외래어이다. 사실 어원을 살펴보면 포루투갈어 capa에서 유래했다. 원래 의미는 망토형 비옷合羽을 의미하고, 한자가 다르긴 하지만 헤엄 잘 치는 사람河童의 의미로도 사용된다. 그러나 이 단어는 일본에서 조

〈그림 2〉 양카(닻)

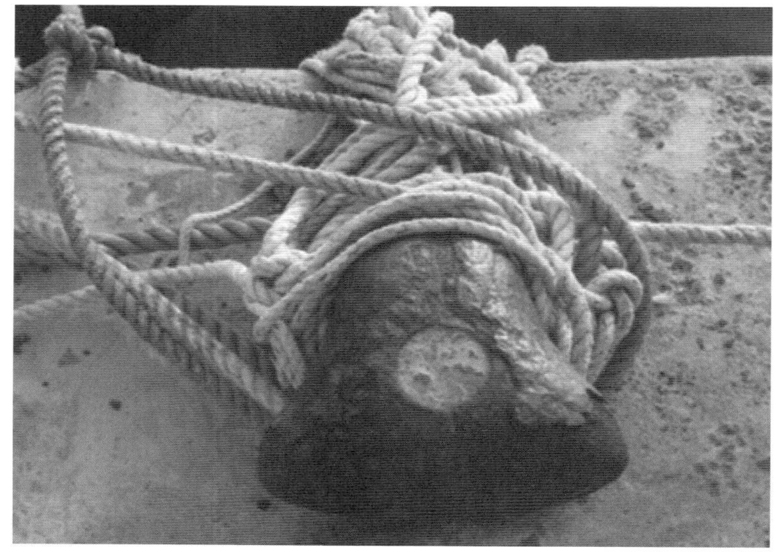

차 오랜 시기부터 들여와 사용했던 어휘이기 때문에 이것이 외래어인지 순수 일본어(여기서 말하는 순수 일본어란 불순물이 없는 퓨어(순전한) 의미가 아닌 원래부터 있었던 일본어의 의미이다) 인지에 대해서 인식하지 못하는 경우가 많다.

(2) 어촌생활어 속 일본어의 차용

어촌생활어 중에는 우리가 생각하는 것보다 훨씬 다양한 일본어가 존재한다.

우선 '센쪼'는 '선장'이라는 말로 다음 절에서 언급할 '기관쪼'와 의미는 유사하다. 배나 선박을 지휘하는 역할의 선장을 일본어로 번역하여 그대로 사용하고 있다. 또 '아부라사시油差し'라는 다소 생소한 일본식

〈그림 3〉 이케스(어창)

표현인데 기계에 기름을 치는 도구나 그 사람을 가리키는 말이다. 이 표현은 원래 일본어가 가지고 있었던 의미 영역보다 훨씬 더 큰 의미로 확대 발전시킨 경우이다. 다시 말해 '기관장을 보조하는 남자'의 의미까지 영역이 넓어진 셈이다.

다음으로 뱃머리를 의미하는 한국어 '이물'을 일본어로는 '도모'라고 부르는데 이 또한 일본어이다. '도모'의 위치를 세분화해서 오른쪽 합판 부분을 '오모카지Omokaji, 面舵'라고 한다. 이 말은 뱃머리를 오른쪽으로 돌릴 때 키잡이를 말하기도 하고, '우현'의 의미로 사용되기도 하는데 이는 '오모카지'가 어촌에서 실제로 사용되고 있음을 확인할 수 있었다.

또 여기에 흥미로운 단어가 존재한다. 〈그림 3〉처럼 일본어로 '이케스Ikesu, 生簀'는 어획한 물고기를 담아 놓는 곳을 의미한다. 하지만 한국에서 실제로 사용하는 예를 살펴보면 일본식 표현 '이케스'는 살아있는 물고기를 담는 수조이고 한국어 '어창'은 죽은 물고기 담아 두는 곳으로 구분하여 사용하고 있다. 딱히 일본에서는 살아있는 물고기와 죽은 물고기를 구분하여 수납할 공간을 정하지는 않지만, 일본어가 한국에 들어오면서 의미 영역을 구분한 대표적 사례라고 볼 수 있다.

다소 생소한 일본어 표현도 눈에 띈다. 명태 덕장에서 사용하는 용어 중 명태를 엮을 수 있는 위쪽 부분을 가리켜 '우께도리Uketori, 受け取り'라고 부르는데 이는 '우께도루Uketoru' 즉 '받아들이다Acceptance'라는 의미에서 변용되어 사용된 예라고 볼 수 있다. 이러한 말에 대해서는 실제로 현지조사를 하지 않으면 얻을 수 없는 귀중한 정보라고 생각된다.

이 외에도 그물의 아래 부분을 '히모'라고 부르는데 이 표현 역시 일본식 표현이다. 원래 발음은 '시모Simo, 下'지만 한국에서는 '히모'라고 부르는데 일본어가 한국으로 유입되면서 발음이 변형되었는데 이러한 경우는 많다. 그리고 〈그림 4〉처럼 동해안에서 오징어잡이 할 때 사용하는 말 중에서 '채낚기'라는 표현을 일본어로 '입뽄즈리Ippondzuri, 一本釣り'라고 한다. 이 표현 역시 한국에서 사용되고 있는데 '이뽄술이', '이뽄술이', '이폰수리'라는 발음으로 다양한 발음의 변종 형태가 발견되었다. 동해안에서 동틀 무렵을 '아사히찌'라고 하는데 '아침 시장'을 의미하는 일본어 '아사이찌Asaichi, 朝市'로부터 발음과 의미 변용이 생긴 것으로 판단된다. 지역적 특성을 고려해 볼 때 동해 쪽이 서해 쪽보다 훨씬 더 많은 일본어 표현이 나타나고 있다.

그 밖에도 어부들은 어획된 명태가 어느 지역 것인지를 이야기한다. 예를 들어 일본 홋카이도에 위치한 '구시로釧路' 지역에서 잡아온 명태

〈그림 4〉 입뽄즈리(채낚기)

를 놓고 '구시로꺼'라고 이야기한다는 내용이 구술 자료에 기록되어 있다. 또한 '중복되다'라는 의미의 일본어 '다부루'라는 달이 실제로 어촌 생활어에서 발견되었다는 점도 매우 흥미롭다. 어찌 보면 '다부루'와 같은 표현은 일반인이 쉽게 접할 수 없는 표현이지만 물고기를 잡는 여러 어획 장면 속에서 '중복'이라는 말 대신에 '다부리'가 사용되고 있다는 점은 시사하는 바가 크다.

(3) 어촌생활어 속 특수 분야의 일본어 차용

어촌생활어 속 선박 관련 용어는 특수 분야에 속한다고 볼 수 있다. 그 가운데 특히 엔진 쪽에서 일본어 표현이 두드러진다. 제2차 세계대전 이후 한국의 어업용 선박에서 사용되는 엔진은 일본 브랜드 '얌마YANMAR'가 많았다. 그렇기 때문에 한국의 많은 선박에서 사용되는 엔진을 '얌마 엔진'이라고 불렀기 때문에 자연스레 정착하게 되었다.

또 3기통 엔진이라고 말할 때 일본식 발음인 '산끼도3気筒'를 사용하고 있다. 어찌 보면 뱃사람 즉 선원만이 알 수 있는 특수 용어 부분에서 이러한 일본식 표현들이 더 많이 존재한다고 볼 수 있다. 유사한 예로 '다대 엔진' 이라는 말이 있는데 주로 소형 선박에서 사용되는 엔진으로 세로형 엔진이다. 이 역시 '세로'라는 의미의 일본어 '다테縦'를 그대로 차용하고 있다. 제2차 세계대전 이후 많은 분야에 일본식 표현들이 유입되었는데 어로 도구와 관련된 기계류도 예외는 아니다. 또 2기통 물주입식 '야키다마 엔진' 역시 일본어의 '야키다마焼玉'에 온 것이다. 〈그림 5〉와 같이 주철로 만들어진 공 껍질 모양의 연소실을 갖춘 실린더 헤드가 있고, 이 '야키다마' 안의 열에 의해 착화를 일으켜 연소하는 내연기관이다. 〈그림 5〉에서 1번에 해당되는 것이 '야키다마'이며 아래 위로 실린더 및 엔진이 달려서 탈탈거리는 소리를 낸다.

이와 같이 어촌생활어 속 일본어 차용이 다양한 분야에 존재하고 있다는 사실을 확인할 수 있었다.

〈그림 5〉 아키다마(hot bulb engine) 엔진

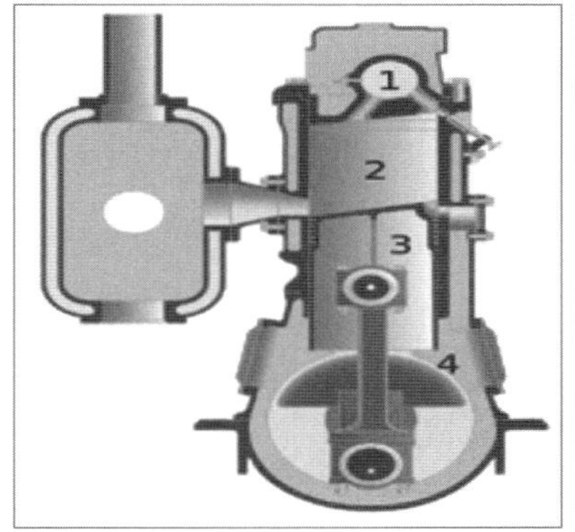

2) 복합어 속 일본어 차용

앞서 설명한 것은 어촌생활어 중에서 단일어의 경우를 살펴보았지만 이번 절에서는 복합어 속 일본어의 차용에 대해 살펴보겠다. 다시 말해 복합어 속에서 한국어와 일본어 또는 일본어와 한국어 형태로 조합된 예를 살펴보도록 하겠다.

(1) 한국어와 일본어의 조합 패턴

복합어 중에서 한국어가 앞에 위치해 있고 뒤쪽에는 일본어가 위치해 있는 경우의 예를 살펴보도록 하겠다.

'기관쪼'와 '일본조'의 예가 대표적이다. 배의 선장을 '기관장'이라고 부르기도 하는데 여기서 '기관' 부분은 한국어를 사용하고, '장長' 부분은 일본어를 이용하여 '쪼'라고 붙여서 사용하고 있다. 그리고 채낚기 어업을 하는 모임을 '일본조'라고 부르는데 이 경우도 이 패턴에 해당된다.

일본이라는 한국어 발음에 비록 일본식 발음은 아니지만 조합의 '조組' 라는 한자를 결합시켜 '일본+조'로 사용하고 있다.

또한 선박 용어 중 〈그림 6〉과 같이 뱃머리를 의미하는 '이물'을 일본어로 '도모'라고 한다. 이 '도모'를 단독으로 사용하기도 하고 의미의 중복은 있지만 겹쳐 사용하기도 한다.

예를 들어 '이물+도모'라고 하여 한국어와 일본어를 동시에 결합하여 사용한다. 더욱 흥미로운 사실은 배의 뒤편을 의미하는 '고물'이라는 말 대신 '뒤'라는 한국어 표현에 '도모'를 결합하여 사용하는 특이한 경우가 있다. 엄밀히 말하면 '이물'과 '도모(뱃머리)'와 같이 한국어와 일본어가 상반되는 두 개념을 가지고 있어 충돌하고 있지만 실제로 어촌 생활에 이미 널리 사용되고 있고 익숙한 말을 사용함으로써 어민들 간의 '원활한 의사소통을 꾀하려 한 것으로 이해할 수 있다.

(2) 일본어와 한국어의 조합 패턴

다음으로 앞서 설명한 것과 반대되는 형태로 복합어 중에서 앞쪽이

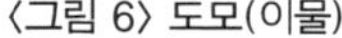
〈그림 6〉 도모(이물)

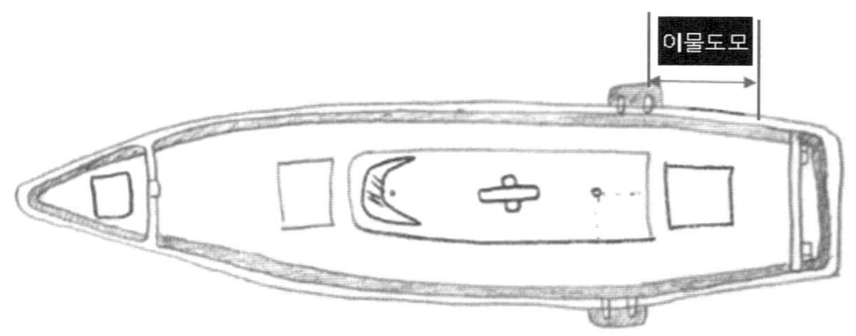

〈그림 7〉 삼마이 그물

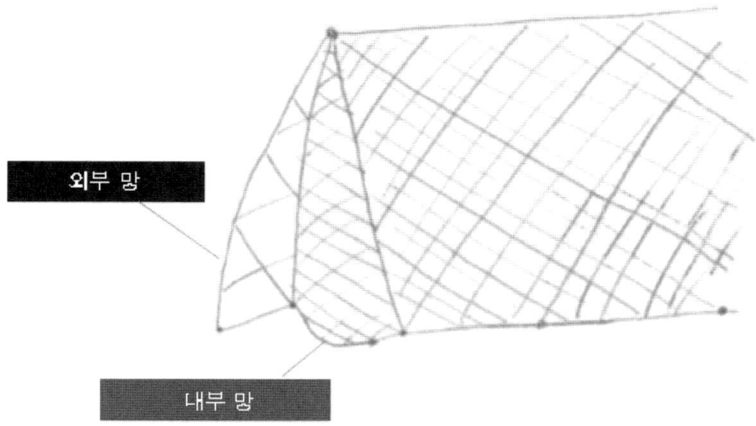

일본어이며 뒤쪽이 한국어인 형태이다. 어촌 생활 가운데 자주 사용하는 '뜰채'를 일본어로 '다마'라고 부르는데 이 '다마'로 물고기를 건져 올리는 행위를 가리키는 말로 '다마+질'이라고 부르고 있다. 이와 비슷한 형태로 '대야'의 일본식 표현 '다라이Tarai(盥)'에 '그릇'을 의미하는 '통'을 결합하여 '다라이+통'으로 사용하는 예이다.

또 조기잡이 배에서 사용하는 그물 중에서 넓게 펼쳐서 물고기를 잡을 때 사용하는 그물로 '삼마이그물'이 있다. '삼마이三枚'는 세 겹이라는 의미로 〈그림 7〉과 같이 외부 망 2장과 중간 망 1장을 끼운 총 3겹의 그물로 구성되어 있다. 어획 성능은 보통 1장 그물인 자망 보다 좋고, 1장 망에서 어획하기 힘든 새우 등을 어획할 수 있으며, 어획 범위도 넓기 때문에 많은 지역에서 사용된다. 그래서 이 그물의 명칭은 한국에 이미 토착화된 일본어라고 볼 수 있다.

다음으로 '아밧줄'은 그물의 벼릿줄에 달아서 그물을 물 속에서 뜨게

〈그림 7〉 덴마(Tenma)

하는 의미의 일본어 '아바'에 '줄'이라는 한국어를 결합하여 '아바+줄'이라고 복합어로 사용하고 있다.

큰 배와 육지 또는 배와 배 사이의 연락連絡을 맡아 하는 작은 거룻배의 의미로 '전마선'이 있다. 이 전마선은 주로 '덴마선'이라고 부른다. '덴마Tenma, 傳馬' 부분은 '뗌마', '덤마' 등과 같이 발음상의 변종이 존재한다. 이 '덴마'에 배를 의미하는 한국어 '선船'을 결합하여 '덴마+선'으로 부르고 있다. 그런데 이 어휘에 대해서 일반인들은 일본어로 인식하지 못하고 노를 젓는 작은 배 또는 뗏목의 경상도 사투리 정도로만 이해하고 있다. 그렇기 때문에 〈그림 7〉과 같이 '덴마'가 고유의 한국어인 뗏목에서 왔다고 잘못 판단할 수도 있다. 이러한 경우를 '민간 어원fork etymology'이라고 하는데, 일반인이 역사적 또는 언어학적 사실을 가지고 그 의미나 어원을 설명하는 것이 아니라 주로 어형 상의 우연한 유사성을 보고 그 어원

〈표 2〉 어촌생활어 속에 나타난 일본어

구분		내용	예
단일어 속 일본어	외래어 발음의 차용	발음이 일본식인 것	나이롱, 노라, 앙카 등
	일본어 차용	어휘가 일본어인 것	센쪼, 입뽄수리, 다부리 등
	특수 분야 차용	선박 및 기계 분야	산끼토, 다대엔진, 야키다마 등
복합어 속 일본어	한국어 + 일본어	조합 패턴이 한일	기관쪼, 일본조 등
	일본어 + 한국어	조합 패턴이 일한	다마질, 삼마이 그물 등

을 설명하는 것이 이에 해당된다. 상당히 많은 어휘가 이러한 오류를 범하고 있는데 어촌생활어에서도 예외는 아니었다. 이 외에도 이와 같은 일본어와 한국어의 조합 패턴 예는 '드럼통'을 '도라무통'로, '탱크'를 '탕고'로 '와이어줄'을 의미하는 '와야줄'이 여기에 해당된다.

4. 나오며

최근 들어 한국의 어촌생활어 소멸은 가속화되고 있다. 이러한 상황 속에서 국립국어원이 실시한 '민족생활어 조사'는 매우 중요한 사업이었다. 그중에서 어촌생활어를 수집하고 기록한 이 자료는 매우 소중하다. 하지만 그동안 정부기관이나 많은 학자들에게 관심조차 받지 못했다. 이러한 현실 속에서 본 논문은 언어접촉이라는 현상에 주도하였고, 이를 통해 한국의 어촌생활어 속에 나타난 일본어의 흔적을 분석하려고 노력하였다. 그 결과를 〈표 2〉와 같이 정리할 수 있다.

향후 젊은 세대와의 원활한 의사소통을 위하여 일본식 표현은 지양되어야 한다. 하지만 어촌생활어에 대한 현황 파악없이 불가능하므로 일본식 표현에 대한 검토가 반드시 필요했다. 이번 분석을 통해 검토된 내용을 바탕으로 다음과 같은 시사점을 도출해 낼 수 있다.

① 소멸 위기에 처해있는 어촌생활어의 기록과 보존

② 어촌생활어 속에 남아있는 일본어 표현의 언어순화 정책 고려

③ 젊은 세대와의 미스커뮤니케이션 줄이고 원활한 의사소통을 위한 기반 마련

④ 동해, 서해, 남해 그리고 제주해와 같이 지역적 특색을 살린 어촌생활어의 기록과 보존

본 논문을 집필하면서 민족생활어 조사에 대한 아쉬움도 있다. 우선 많은 어촌 지점이 조사되지 못했는데, 향후 동일 항목에 대한 각 지역별 차이를 살펴보기 위해 개별 방언권 또는 한국어 전체 권역을 대상으로한 좀더 충실한 자료조사 및 연구성과의 축적이 필요할 것이다. 마지막으로 이번 논문에서는 지면 상 어류를 비롯한 어획물 및 해초류에 대한 언급은 하지 못했으나 다음 연구 과제로 삼고자 한다. 왜냐하면 어촌생활어 속 일본어 흔적을 제대로 살펴보기 위해서는 오징어(이까), 고등어(사바), 가자미(가레이) 등과 같은 어류 명칭을 살펴보는 것이야말로 한국과 일본의 문화 접촉과 변용에 대해 규명할 수 있는 열쇠가 되기 때문이다.

19세기 초 중서中西 문화 접촉과 *The Chinese Repository*

기독교 전파 과정에서의 중서中西 언어문화 접촉을 중심으로

이브고

1. 서론—'언어문화 접촉 현장'으로서의 1832년 *The Chinese Repository*

19세기 초는 중中과 서西가 근대문명의 성립 이후 본격적으로 접촉하기 시작하는 시기라 할 수 있다. 이 시기는 지리적으로 그 접촉면의 맨 끝자락에서 서西의 정신세계를 대표하는 기독교가 이전 예수회가 닦아 놓은, 동방을 향한 길을 넘어 새로운 소명을 짊어지고 '중앙의 왕국The Middle Kingdom'과 주변 동아시아 지역을 향하고 있었다. 본 논문은 상이한 문화들 사이의 접촉면에 주목하면서, 그와 같은 접촉면의 양단에서 발생하는 문화의 상호 침투 현상에 대해 검토하고자 한다. 특히 당시의 생동감 넘치는 현장 기록이었던 *The Chinese Repository*(역칭 : 『中國叢報』)[1] 1권

의 텍스트를 통해 언어 문화적 접촉을 둘러싼 서구인들의 중국 문화에 대한 시선과 자기 정체성에 대한 반추, 그리고 그로 인해 만들어지는 새로운 문화적 접촉 방식과 시도들에 대해 면밀히 추적해 보고자 한다. 물론 연구 대상 텍스트 가운데 종교적 색채가 짙은 글이 다수를 차지하고 있지만, 본 논문의 주요 초점은 해당 텍스트를 통해 당시 개신교 선교사가 가지고 있던 중국 언어문화에 대한 소양과 그것이 형성되는 과정을 추적하고, 또 서구와 동아시아의 주요 문화 가치 개념에 대한 비교 속에서 발생하는 시선 작용에 대해 주의를 기울이고자 한다. 특히 이 시기의 텍스트에서 드러나는 선교사들의 언어와 문자 관련 실천, 문화적 번역 및 개념화의 과정, 그리고 지식과 종교 전파를 위한 인쇄 사업의 확장 등이 갖는 의미를 단순히 중국과 동아시아에 대한 민속지民俗誌나 지리지地理誌적 정보의 원천으로만 이해하는 것이 아니라, 문화 접촉 지대에서 발생하는 문화적 상호 침투 작용의 결과물로 다시 그 의미를 확장하고자 한다.

본 논문은 이 과정에서 힐레만 율리케가 인용한 '접촉 지대contact zone'라는 메리 루이스 플랫의 개념[2]을 참고하면서, 동아시아에서 발생한 동

1 *The Chinese Repository*는 초기 서구 개신교 선교사들에 의해 1832년부터 1851년까지 20년간 대륙에서 최초로 발행된 영문 월간지이다. 이 잡지에는 1,500편이 넘는 글이 실려 있는데 종교 관련 주제뿐만 아니라 중국의 정치, 역사, 문화, 지리, 상업, 법, 군사, 자연과학, 언어, 지역정보, 문헌 자료에 대한 소개 등 30여 가지 주제별로 중국에 대한 각종 정보가 상세히 담겨 있다. 그 가운데 본 논문에서 주요하게 다루는 1832년의 *The Chinese Repository* 텍스트에는 초기 개신교 선교사의 눈에 비친 중국을 포함해 다양한 동아시아의 모습이 담겨있음과 동시에 그 접촉 지점에서 발생하는 생생한 문화 충돌과 인식의 전변 과정이 텍스트 이면에 고스란히 남아 있다.

2 힐레만 율리케는 메리 루이스 플랫이 남미의 식민주의 맥락을 설명하는 과정에서 사용한 '접촉 지대' 개념을 가져와 영국이 중국과 진행한, 또 다른 문화적 상호 작용을 설명하는데 적용하고 있다. 그는 이 용어를 식민주의 맥락에서 한정적으로 사용하면서, 특히 근본적인 비대칭적 권력 관계(radically asymmetrical relations of power) 아래에서의 '관행의 연동(copresence) 및 상

서 문화 접촉은 서구화를 지향한 단일적 전환이 아니라, 상호 인식의 토대 마련과 이해를 위한 실천, 더 나아가서는 동서 각 문명의 자기 인식 확립과 관련한 내부의 연쇄 반응을 촉발시켰다는 점에 주의를 기울이고 있다. 이러한 연구 관점은 기존 문명교류사 연구에서 동서 간 권력적 관계의 비대칭성을 전제하는 논리에 의존해온 인식의 한계를 극복하고, 접촉의 과정과 실천 속에서 발생하는 예기치 않은 다양한 변화의 요소들이 지속적으로 출현했고, 다시 그것이 상호 내부 정체성의 요소로 흡수되고 있었음을 인정할 수 있게 만드는 데 중요한 논리적 기반을 제공할 수 있을 것으로 기대된다.[3]

지금까지 대륙의 *The Chinese Repository*와 관련한 연구에서는 초기 개신교 선교사들의 선교 활동을 제국주의의 대對동아시아 팽창의 전구前驅로 보는 인식을 전제로, 해당 텍스트가 주로 미국의 가치관과 미국 정부의 이익을 어느 정도 옹호하는 논조 위에 있다고 분석하는 연구 경향이 주류를 이룬다. 이 같은 맥락 위에서 구체적으로 저우옌사周嚴廈의 『早期新教傳教士以教育,知識傳播與醫務活動促進傳教事業述論－「中國叢報」爲中心』[4]과 차오페이샤曹飛霞의 『阿片戰爭前後美國對華認識－以

호 작용(interaction), 서로 맞물린 이해와 실천(interlocking understandings and practices)'이라는 초점을 통해 이 두 문화 간 접촉의 양상을 새롭게 설명하고자 하였다. Hillemann Ulrike, *Asian Empire and British Knowledge : China and the Networks of British Imperial Expansion*, Palgrave Macmillan, 2009, pp.11～12.

3 위의 글, pp.11～12 참조.

4 "豪無疑問, 馬禮遜與米憐在文化,宗教以及科技方面也在一定定度上有着優越感,而在其後到達的傳教士,這種優越感就顯得更爲明顯. 他們深受資本主義近代文明的浸染,具有更强烈的文化優越感. 他們雖然承認中國具有歷史悠久,光輝燦爛的古代文明,但在他們看來,如果與西方基督教文明相比,不免相形見絀. 如衛三畏承認 : '孔子的著作與希臘和羅馬哲人的箴言相比,其總旨趣是好的,在當時社會的應用程度與所起的實質性優越作用,則超過了西方的哲人 (…中略…) 四書五經的精髓與西方其他著作相比,不僅在文學上興味俊永,文字上引人入勝,而且還對千百萬人的思想施以無可比擬的影向.' 但衛三畏又强調基督教文明高于中國文化." 周嚴廈, 『早期新教

1832～1851年的「中國叢報」爲硏究中心』,[5] 저우미周密, 천쥔징陳君靜의 『美國傳敎士的中國硏究的特點及其影向』[6] 등의 연구에서는 19세기 전반기를 서구의 2차 팽창기로 정의하면서, *The Chinese Repository*의 위상 또한 그 같은 맥락의 결과물로 놓고 신교 선교사들의 역할을 조망하고 있다. 사실 이러한 견해는 19세기 동서 간 문화적 권력 관계가 지니는 비대칭성을 무의식적으로 수용하는 관점이 여전히 대륙의 학술계에 상존하고 있음을 보여준다. 반면 차태근의 「19세기 전반 동아시아 담론과 지식망－『중국총보(*The Chinese Repository*)』를 중심으로」[7]는 *The Chinese Repository*의 사료적 가치와 해석의 중요성을 동시에 강조한 점에서 주목할 만하다. 이 논문에서는 *The Chinese Repository*를 지식의 생성과 유통의 매개체로 파악하고 나아가 여기에서 생성되는 인식들을 일국적 관점이 아니라 동아시아와 19세기 전반 영미권 지식의 교류라는 관점, 즉 지식 네트워크적 관점 속에서 다층적으로 파악해야 함을 강조한다.

본 논문이 특히 19세기 초반, 즉 아편전쟁 이전인 1832년 전후, 즉 *The Chinese Repository*의 1권 텍스트에 주목하는 이유는 이 시기 선교사들의 글 속에서 아직 제국주의의 팽창논리에 기대어 중국을 대상화하기 보다는 그 이전의 기독교적 보편 가치관에 기대어 상호 문화의 접촉에 따른 변화

傳敎士以敎育,知識傳播與醫務活動促進傳敎事業述論－「中國叢報」爲中心』, 浙江大學博士學位論文, 2006, p.211.

5 "『中國叢報』成爲早期美國人了解中國的一介重要途徑,其刊載的文章使美國人能認識到一介相對眞實的中國,開創了早期美國來華傳敎士硏究中國的范例,爲美國漢學的硏究奠定了基礎. 同時,『中國叢報』代表了美國人的價値觀,在一定程度上維護美國政府的利益." 曹飛霞, 「序文」, 『阿片戰爭前後美國對華認識－以1832～1851年的「中國叢報」爲硏究中心』, 四川師範大學碩士學位論文, 2013.

6 周密, 陳君靜,『美國傳敎士的中國硏究的特點及其影響』, 寧波大學學報 19-3, 2006.5, pp.45～51.

7 차태근, 「19세기 전반 동아시아 담론과 지식망－『중국총보(The Chinese Repository)』를 중심으로」, 『중국현대문학』 32, 한국중국현대문학학회, 2005.

를 받아들이는 선교사들의 인식과 실천이 해당 텍스트의 곳곳에서 발견되기 때문이다. 이런 사례와 관련하여, 비엔하오위卞浩宇의 논문은 상당히 독특한 관점을 제공하는 데, 「晩清來華西方人漢語學習與硏究」[8]이라는 논문에서 두 차례의 아편전쟁을 거치면서 선교사들이 대면하게 된 다양한 종류의 중국어 방언이 그들의 중국어 학습 및 연구의 특징을 이룰 뿐만 아니라, 이 시기부터 형성되는 중국어 학습 모델 또한 개인을 대상으로 하는 것으로부터 학교와 같은 과정 교육으로 전환된다는 점에 주목한다. 더불어 만청시기에 생겨난 혼합 언어인 '別琴英語pidgin english', 즉 접경 지역에서 만들어진 중, 영 혼합 형태의 언어가 갖는 문화 접촉 및 상호 영향 관계에서의 의미를 논하고 있는데, 이 같은 연구 방법론은 이질적 문화 간의 접촉과 그 결과에 대해 주목하고 있다는 점에서 의미가 크다. 본 논문은 이 같은 문제의식에서 출발하여 '접촉 지대'라는 개념을 좀 더 언어와 문화 개념의 맥락, 그 가운데 특히 문자와 문화적 가치 개념, 그리고 인쇄 문화에 집중하여, 이들 선교사들이 겪었던 1차적 언어 문자 접촉의 경험이 해당 텍스트 속에서 어떻게 드러나고 있으며, 이러한 과정 속에서 선교사들은 중국 문화의 개념을 어떻게 이해하고, 그 결과 선교에 있어서 어떤 언어 문화적 전략을 선택하는가에 대해 분석하고자 한다.

8 卞浩宇,「晩清來華西方人漢語學習與硏究」, 蘇州大 博士論文, 2010.

2. 동서東西 간 관념어의 비교 속 초기 개신교 선교사들의 대 중국 인식

1) 문화 지식지도로서의 '1832년 5월의 「사건일지Journal of Occurrences」'

19세기 전반기에는 동서양의 교류와 접촉에 있어서 상당한 의미의 변화가 발생하는데, 바로 신교인 기독교가 중국 및 동아시아에서 지역 원주민들과의 접촉을 강화하고 있었다는 것이다. 이전 세기까지 동서 간 교류의 중심에는 구교인 천주교가 중국의 중앙과 주로 관계를 맺고 있었던 것에 반해, 이른바 동양에 대한 '복음 전파'라는 소명을 새롭게 부여받은 신교 사역자들은 여러 동아시아 지역에서 그들의 실천을 강화해가고 있었다. 그 대표적인 인물로 로버트 모리슨Robert Morrison을 들 수 있는데, 그는 미국 선교사로서 1830년 브리지먼Rev. Elijah Coleman Bridgman과 아빌David Abeel이 중국에 들어올 때까지 20여 년간 중국에서 유일하게 개신교 선교사로서 활동하면서 중국 개신교 선교의 초석을 놓았으며, 이후 선교활동의 방향성을 제시한 인물이었다. 우리가 다루고 있는 *The Chinese Repository* 초기 편집장은 브리지먼이었고, 동시에 그 창간과 초기 방향성 설정에 있어서 로버트 모리슨의 보편적 기독교관은 많은 영향을 미치고 있었다.

초기 *The Chinese Repository* 텍스트의 이 같은 시대적 성격과 배경 속에서, 기독교 선교사들은 이를 통해 한편으로 중국문명을 복음이 전파되지 않은 '우상숭배'의 문명으로 인식하면서도, 또 다른 한편으로는 이전의 접촉 경험과 그에 대한 지식을 공유하고 또 그 안의 오류를 수정해 가면서 중국 및 동아시아 세계에 대한 이해를 증대시키고 있었다. 실제 *The Chinese Repository*에 반영된 중국과 그 주변 지역에 대한 경험 축적은 그 특징에 있어서 경계 지역에 대한 지리, 역사, 정치, 외교적 정보와 함께 중국의 심층 문화에 대한 지식을 복합적으로 다루면서 상당한 수준의 복합적 지식을 구축하고 있었다. 그 간단한 사례를 로버트 모리슨의 아들인 존 로버트 모리슨John Robert Morrison이 쓴 1832년 5월 *The Chinese Repository* 1권 제1호의 「사건일지Journal of Occurrences」에서 찾아 볼 수 있다.

「사건일지(Journal of Occurrences)」

코친차이나

보고에서는 베트남의 국경 지역인 태평부(太平府), 즉 광서(廣西)성의 남쪽 접경 지역에서의 충돌은 더 심각한 것으로 받아들여졌다. 이러한 충돌들은 이 지역 근방에 가까이 산포되어 있는 몇 몇 탄광에 대한 분쟁에 의해서 촉발되었고, 그 결과는 중국의 정부에게는 호의적일 수 없는 것이었다. 두 명의 관료와 시민들, 그리고 백여 명의 군인들이 사망했다. 광서의 통치자(The licut)는 그의 상급자인 광동의 순무에게 보고함과 동시에, 이 폭도들을 진압하기 위한 군대를 파견하기도 하였다.

이 사람들은 우리가 이미 어느 정도 설명한 바 있는 야오족(搖族, 요족)과 비슷하게 중국 정부에 대해 아주 부분적인 복종만을 표명하는 야만적인 먀오족(苗族, 묘족)의 24개 구역과 연계되어 있다고 간주된다.

뒤 알드는 이 먀오족에 대해 상당한 묘사를 했고, 단 그들의 이름이 가지고 있는 뜻을 설명하지 않았는데, 그 이유로 그의 영어 번역자는 그를 비난하면서 그의 독자들에게 Meaoutsze는 고양이의 후손이라는 의미를 가지고 있다고 설명하였다. 여기서, 어쨌든 그는 매우 잘못 알고 있었고, 독자들을 오도하느니 뒤 알드가 그랬던 것처럼 분명하지 않은 부분에서 그들의 독자들로 하여금 자신들이 손을 더듬어 찾아내도록 놔두는 것이 더 나았을 것이다. Meaou(苗)라는 단어는 땅으로부터 싹이 올라오거나, 봉오리가 밖으로 발아한다는 의미를 뜻하는데, 아마도 이 같은 산악지형성과 관련이 있어 보이며, 따라서 이 단어는 그들이 이 땅의 토착민으로서의 원주민이라는 바를 나타내는 것일지도 모른다.[9]

*The Chinese Repository*의 체제 속에서 「사건일지」는 다양한 지역에서 발생한 사건을 단편적으로 혹은 전후의 맥락을 간단하게 설명해 주는 항으로, 어떤 경우에는 이로 인해 발생하는 근본적인 정치체제 상의 변화나 지역에서의 변동 상황들을 자세히 설명하기도 한다. 앞의 「사건일지」에서는 중국과 국경을 마주하고 있는 코친차이나, 즉 베트남 지역으로부터 온 정보들이 실려 있다. 여기에 인용된 보고에서는 베트남의 접경 지역인 중국 광서廣西지역에서 탄광 채굴과 관련된 분규가 발생하여 폭동으로 이어졌으며, 이에 대해 중국 정부가 정부군을 보냈다는 정황까지 외부자의 시선으로 묘사되고 있다. 여기에 제시된 정보는 비록 높은 등급의 정보는 아닐지라도 중국 남부 접경 지역에 대한 최신 정보로서 외부자에게는 일종의 문화적 지식지도가 되고 있었다. 그리고 정보의 유통 방향이라는 측면에서 보면, 당시 잡지의 발행지가 광동 지역이

9 John Robert Morrison, "Journal of Occurrences", *The Chinese Repository* 1-1, 1832.5, pp.31~32.

었고, 중국 내부인 광서지방에 대한 정보가 국경을 마주하고 있던 베트남 지역으로부터 들어와 본 잡지에 게재되는 정황을 보건, 각 지역에 대한 이들의 정보 획득 경로가 대체적으로 초국적인 성격을 띠고 있었음을 알 수 있다.

그런데 이러한 지식지도의 내용을 좀 더 자세히 살펴보면, 그 속에서 당시 선교사들이 공유하고 있던 중국 경내에 대한 지식은 단순한 지리지地理誌나 박물지博物誌의 차원을 넘어 더욱 정교한 문화적 이해에 다가서고 있음이 발견된다. 물론 코친차이나, 즉 베트남 접경 지역에서 활동하던 선교사나 정보원의 입장에서 보면 중국 남부 광서 지역의 상황을 이해하는 데 있어서 해당 지역의 소수민족에 대한 이해는 필수적일 것이었으며, 이들 소수민족과 중국 정부와의 관계에 대한 이해 또한 상당 수준 요구되었음이 분명하다. 그리고 이러한 이해의 이면을 보면 해당 토착 지역에 대한 세밀한 물질적 정보뿐만 아니라 중화 문화의 대표 상징체계인 한자에 대한 이해까지 동원되고 있음이 발견된다. 기사는 그러한 폭동을 주도한 세력은 이들이 앞에서 묘사되었던 것과 같이 중국의 중앙 정부에 대해 절대적인 복종을 거부하는 묘족苗族과 연계된다고 분석하면서, 광서 지역에서의 탄광 채굴과 관련된 분규를 해당 지역의 소수민족과의 관계 상황 속에서 이해하고 있다.

우리가 여기서 더욱 흥미롭게 논하고자 하는 부분은 해당 기사의 광서 지역에 대한 이해가 단순히 수치적 혹은 묘사적 정보에만 머무는 것이 아니라, 한자라고 하는 문화적 코드에 대한 상당한 수준의 이해와 지역의 민족 구성에 대한 깊이 있는 지식을 바탕으로 진행되고 있다는 점이다. 먼저 기사에서는 18세기 유럽 중국학의 선구자였던 뒤 알드Jean-Baptiste Du

Halde(1674~1743)[10]를 언급하고 있는데, 기사의 전후 맥락에 근거해 보면 이들 선교사들은 이미 그의 『중화제국과 중국 타타르의 지리, 역사, 연대기, 정치, 자연(물리)에 대한 서술』과 같은 중국학 관련 서적 등을 통해 중국에 대한 상당히 많은 지식을 구비하고 있었음을 알 수 있다. 특히, 이 기사에서는 프랑스 출신인 뒤 알드와 그의 글을 영문으로 번역한 번역자 사이에서 만들어진 묘족에 대한 오해를 한자에 대한 이해를 기초를 통해 바로 잡고 있다. 사실 뒤 알드는 광서 지역의 소수민족에 대해 많은 설명을 하였고, 그 가운데 묘족에 대한 묘사도 많았지만, 그 명칭을 구체적으로 한자를 통해 드러내지 않았던 것으로 보이고, 반면 그것의 영문 번역자는 'Meaoutsze'라는 묘족의 명칭에서 그 의미를 고양이를 나타내는 '묘猫' 자로 오인하고 뒤 알드를 비난하고 있다. 그런데 본 잡지의 해당 기사는 한자 '묘苗'에 대한 문자학적 이해와 설명[11]을 부가함으로써 그 영문 번역자가 오류를 범했음을 증명하고 있다. 그리고 뒤 알드처럼 분명하지 않는 부분에 대해서는 그대로 놓아두는 것이 최소한 오류를 막는 방법이라는 학술적 방법론에 대해서도 언급을 하고 있다. 특히 주목할 부분 본 기사를 작성한 작가의 한자에 대한 이해 수준인데, 이는 '苗'라고 하는 한자에 대한 설명에서 단적으로 드러난다. 기사에서는 "Meaou苗라는 단어는

10 뒤 알드는 17, 18세기 가톨릭 예수회의 중국학 관련 대표적 선구자였다. 그는 유럽에서 중국에 대한 고양된 인식이 확산되면서도, 동시에 중국 전례논쟁으로 인해 프란체스코 수도회와 도미니크 수도회의 저항이 고조되고 있던 시기에 등장하여, 당시 예수회 선교사들이 세계 곳곳에서 선교활동을 진행하며 보내 온 각종 문서와 서신들을 수집・보관하는 일을 맡는다. 이런 가운데 그가 1735년 프랑스 파리에서 출간한 『중화제국과 중국 타타르의 지리, 역사, 연대기, 정치, 자연(물리)에 대한 서술』이라는 저서는 유럽 중국학의 핵심 저술로 유명세를 얻으면서, 그는 비록 중국에 단 한 번도 발을 들여 놓은 적이 없음에도 불구하고 일약 유럽에서 당대 최고의 중국학 권위자가 되었다. 심태식,「뒤 알드의 『중화제국과 중국 타타르의 지리, 역사, 연대기, 정치, 자연(물리)에 대한 서술』 小考」,『중국학논총』 30, 중국학연구소, 2010, 270~271쪽 참조.

11 "苗 艸生於田者, 從艸田." 許愼 撰, 段玉裁 注,『說文解字注』, 上海古籍出版社, 2001, 40쪽.

땅으로부터 싹이 올라오거나, 봉오리가 밖으로 발아한다는 의미를 뜻하는데, 아마도 이러한 산악지형성과 관련이 있어 보이며, 따라서 이 단어는 그들이 이 땅의 토착민으로서의 원주민이라는 바를 나타는 것일지도 모른다"라고 해석하여, 해당 지역에 대한 정보를 단순한 지리적 정보의 차원을 넘어 그 문화적 특징을 구성하는 상징체계와 결합하여 이해하는 단계에 도달하고 있음을 보여주고 있다. 이는 상대적으로 한자에 낯선 선교사들에게 상당 시간의 한자 및 한자 문화에 대한 학습이 전제되었음이 보이는 단면이다.

2) 중국 지식의 유통과 수정－「문헌소식Literary Notices」의 예

당시 동서 간 문화 접촉의 매개 역할을 하게 된 *The Chinese Repository* 텍스트에는 중국의 언어 제도와 관련해 선교사들의 한자 자체에 대한 단순한 식자능력에 대한 내용뿐만 아니라 거기서 더 나아가 한자의 운용 및 고급문화 가치 개념에 대한 다방면의 소개가 실렸고, 동시에 그 문화적 운용에 대한 이해와 관련해 기존 서구에서 가지고 있었던 지식의 오류들이 발견, 수정되는 상황이 종종 엿보이기도 한다. 이는 한자라는 문자 체계에 대한 단편적 이해를 넘어 현지에서 중국어와 한자를 사용하는 원주민들과의 본원적 교류를 바탕으로 중국의 상위 문화 체계에 대한 이해의 증진이 가져 온 결과라 할 수 있다. 이 같은 상황은 당시 선교사들의 중국 민간 사회에 대한 적극적인 접촉 시도와 실천 속에서만 가능한 지식의 확장이었고, 이는 일종의 문화적 발견의 과정이었다. 서구의 중국 문화에 대한 지식이 단순히 한자에 대한 문자적 이해를 넘어, 그 문자 운용 및 체제에 대한 문화적 이해로 확장되는, 또 다른 사례를 살펴보겠다.

「문헌소식」

黃敎(Samanéenne) 교리에 대한 몇 가지 문제와 三尊에 대한 불교 각 파의 명칭 고찰 (M. Abel-Rémusat, Observations sur quelques points de la doctrine Samanéenne, et en particulier sur les noms de la Triade Supreme chez les differens peoples Bouddhistes), Paris, 1831.[12][13]

본서는 명쾌한 비평가 레뮈자(Rémusat, 1788~1832)의 소책자로 『훈족의 역사』[14]를 집필한 유명한 저자 요셉 드 기네(Joseph de Guignes, 1721~1800)[15]의 여러 실수를 수정하고자 하였다. 인도의 종교 주제와 관련하여 상세하고 그럴 듯 해 보이는 작가 레뮈자는 요셉 드 기네시기 이후에 진행된 산스크리트어 연구의 도움을 받아, 요셉 드 기네의 많은 부분이 완전히 근거가 없으며 단지 시스템 구축자의 상상이라고 지적한다. 일정한 주제에 대해 다른 사람들보다 조금 더 많이 알고 있는 "학식 있는 사람들"이, 엄격한 원칙이 없을 때 인류를 얼마나 잘못 이끌 수 있는지 생각하니 참으로 통탄할 일이다. 진리가 없는 재능과 학식은 무슨 소용이란 말인가! 마치 정의

---

12 John Robert Morrison, "Literary Notices", *The Chinese Repository* 1-2, 1832.6, pp.75~78.

13 Jean-Pierre Abel-Rémusat(중국어명 : 雷暮沙, 雷米札, 1788.9.5~1832.6.2)는 프랑스의 한학자로 콜레주 드 프랑스(Collège de France)의 첫 번째 중국학 교수였다. http://en.wikipedia.org/wiki/Jean-Pierre_Abel-R%C3%A9musat

14 3부작의 다음 책을 지칭한다. Joseph de Guignes, *Histoire générale des Huns, des Turcs, des Mogols, et des autres Tartares occidentaux* 1~3. Paris : Desaint&Saillant, 1756~1758.

15 Joseph de Guignes(요셉 드 기네, 1721.10.19~1800.3.19)는 프랑스의 초기 동양학 및 중국학자로 대표작으로는『훈족의 역사』가 있다. http://en.m.wikipedia.org/wiki/Joseph_de_Guignes

가 없는 힘과 권력처럼 그것들은 악과 부덕의 수단일 뿐이다.

이제 유럽 학자들은 중국이나 일본 같이 불교를 신봉하는 나라들의 학자들보다 불교를 더 잘 알게 되었다. 그러나 인도의 원어들 속에 존재하는 불교 시스템 — 시스템이라고 불릴 수 있다면 말이다 — 에 대한 지식이 반드시 중국이나 일본에서 이해되고 있는 불교에 대한 정확한 생각을 알려주는 것은 아니다. 불교의 '三尊(혹은 三寶Triade Supreme)'[16]에 대한 연구에서 요셉 드 기네에게 있다고 비판한 '순수한 상상력'이 레뮈자에게도 일부 드러남을 우리는 우려한다. 우리는 그가 31쪽의 중국어 문장을 잘못된 순서로 읽음으로써 무리한 의미를 부여했다는 사실을 알고 있다. 그가 좌측에서 우측으로 읽은 세 글자 Seng, Fo, Fa[17]는 중국어가 공식적으로 위치하는 서열에 따라 읽어야 한다. 다시 말해 중간 위치가 제일 먼저이고 그 다음이 좌측이며 우측이 가장 낮다. 레뮈자가 제일 먼저 독해한 단어는 가장 마지막에 위치해야 한다. 그가 해석한 두 번째 예를 볼 때, 왼쪽 항목을 먼저 해석하는 대신 중간 부분을 먼저 해석해야 하며 좌측과 우측은 병행적으로 해석해야 한다. 그렇지만 우리는 요셉 드 기네의 독자들에게 진실을 가르쳐주고, 동아시아인들을 오랫동안 잘

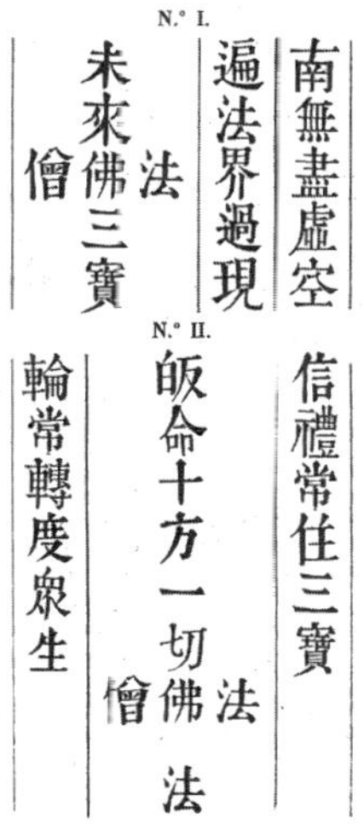

N.° I.

南無盡虛空

遍法界過現

未來佛 法 僧 三寶

N.° II.

信禮常住三寶

皈命十方一切佛 法 僧 法

輪常轉度衆生

〈그림 1〉

16 「『中國叢報』中文提要之一」(p.35)에서는 Triade Supreme(三尊)을 '三大主神'으로 번역함.

17 불교에서 말하는 三寶: 佛(Fo), 法(Fa), 僧(Seng). 산스크리트어(語)로 tri-ratna(=ratna-traya)의 번역어. 불(佛, buddha), 법(法, dharma), 승(僧, sangha) 3가지를 불교에서 삼보라 한다. 이 3가지는 불교를 구성하고 있는 기본적인 세 요소이다.

못 인도해 온 기이한 불교를 보여주기 위한 저자의 노력에 감사를 표한다.

광동 사람들은 부처를 Fat으로 부르고, 불교를 Fat moon이나 Fat kaou로 부른다. 또한 부처의 다양한 이미지들은 Poo-sat이라 말하고 승려들은 Woshéung이라 부른다.[18] 중국에서 불교는 지식인에 의해 비난을 받고 난봉꾼들에 의해 조소를 받지만 모든 사람들이 따르고 있다.

초기 *The Chinese Repository*의 각 기사 항목 가운데 「문헌소식」은 당시 유럽이나 아시아 전역에서 출간되는 중국학 및 아시아학 관련 혹은 기독교 주제 관련 서적에 대한 소식을 전문적으로 소개하고 있었다. 이러한 항목을 설치했던 이유는 바로 *The Chinese Repository*가 주로 독자로 삼았던 대상들이 동아시아나 중국에서 직접 선교나 무역 및 외교활동을 하고 있는 현지 유럽인 혹은 미국인들뿐만이 아니라, 유럽 혹은 미국 본토 지식사회의 상당 부분까지도 그에 포함되고 있었기 때문이다. 좀 더 자세히 그 목적을 살펴보면, 동아시아 현지에서 실제 생활하고 있는 유럽과 미주인들에게 동양학과 관련된 지식을 제공하는 것을 1차적 목표로 삼기 위한 것이기도 하였지만, 그에 반해 구미 지식사회에 동양학과 관련한 새로운 지식을 제공하고, 그를 통해 동양에 대한 관심을 고취시켜 유럽과 미주 주류 사회의 지원을 이끌어 내기 위한 보다 궁극적인 목적도 있었기 때문이다. 이 같은 목적을 막론하고 *The Chinese Repository*는 해당 지역 내에서의 구미인들 사이의 지식 공유뿐만 아니라, 구미 본토의 지식 사회를 향해 동아시아에서 벌어지고 있는 선교 상황과 지식의 확장

18 Fat : 佛, Fat moon : 佛門 , Fat kaou : 佛家, Poo-sat : 菩薩, Woshéung : 和尙.

현황을 보여주고 또 공유하는 기반이 되고 있었다.

위에서 인용한 1832년 6월의 「문헌소식」에서는 1831년 출판된 아벨 레뮈자의 『Samanéenne黃教 교리에 대한 몇 가지 문제와 三尊에 대한 불교 각 파의 명칭 고찰Observations sur quelques points de la doctrine Samanéenne, et en particulier sur les noms de la Triade Supreme chez les differens peoples Bouddhistes』이라는 서적을 소개하고 있다. 레뮈자는 당시 프랑스 한학漢學을 대표하는 인물로서 유럽 내에서 중국에 대한 가장 깊은 이해를 가지고 있었던 인물 중 하나였다. 해당 호의 「문헌소식」에서는 레뮈자의 종교와 관련된 새로운 서적을 소개하면서, 그가 기존 유럽의 중국 지식 가운데 수정한 내용과 그 자신이 범한 오류를 동시에 지적하고 있다. 해당 기사는 유럽에서 인도 불교 자체에 대한 지식의 증가는 인정할 수 있지만, 중국에 전파된 불교를 이해하는 단계까지는 아직 성숙하지 못했고, 그 예를 '불법승佛法僧'으로 불리는 삼보에 대한 해석 방식에서 나타난 레뮈자의 오류를 통해 유럽의 중국 지식이 심층에까지는 이르지 못하고 있다고 간주한다. 여기서 다시 새겨볼 지점은 레뮈자의 오류가 중국어의 문장 읽는 순서에 기인한다는 지적으로, 이는 해당 기자가 중국의 서적 읽는 방식에 대한 이해를 바탕으로 당시 유럽 중국학의 대가가 범한 오류를 밝혀내고 있다. 레뮈자는 해당 텍스트를 해석하는 데 있어서, 왼쪽부터 오른쪽으로 읽는 유럽의 조판 순서로 '僧', '佛', '法' 대해 해설을 붙였고, 따라서 '僧'에 대해 가장 먼저 불교적 의미를 해석하고 있다. 그러나 기사는 이러한 해석 순서가 중국의 언어 문화적 특징을 이해하지 못한데서 발생한 오류이며, 그 읽는 순서는 "왼쪽 항목僧을 먼저 해석하는 대신에 중간 부분佛을 먼저 해석해야 하며, 좌측과 우측은 병행적으로 해석해야 한다"고 지적한다. 이는 중국과 유럽의 상이한 문자 운용 방식의 접촉을 보여주는 사례로서, 작은 부분임에도 불구하고 유럽이 가지고 있던 중국에 대한 지식의 오류를 교정하면서 유럽 사회에서 더욱 근본적인 중국 지식의 확장이 구현되는 단면을 보여주는 부분이라 할 수 있다. 물론 본 기사의 저자는 기독교의 입장에서 유럽인들에게 중국 불교의 우상 숭배적 성격을 알리는 것에 있어서 해당 서적이 매우 큰 의미를 지니는 저작이라고 인정은 하지만, 그 가운데 경험에 근거하지 않은 전문가들의 오류는 오히려 유럽의 중국에 대한 인식을 오도한다는 점을 더욱 강조하고 있다.

3) 핵심 문화 개념에 대한 이해의 심화와 비판

우리는 앞에서 언급한 두 편의 *The Chinese Repository* 기사를 통해, 1832년 당시 해당 잡지의 편집과 기고에 적극적으로 참여하고 있었던 선교사와 지식인 집단이 언어 문화적 측면에 있어서 어느 정도의 중국에 대한 복합적 이해를 가지고 있었는가 하는 문제를 단적으로 살펴보았고, 또 이를 통해 이들이 가지고 있었던 19세기 중서문화 교류상 정확한 지식의 전달자로서의 위상과 가능성도 엿보았다. 본 절에서는 이러한 단면적인 언어 경험을 통한 대 중국 지식 축적의 사례를 넘어, 언어에 대한 이해에 기초하면서도 더 깊은 문화와 문명에 대한 이해를 필요로 하는 도덕적 관념의 문제들에 대해 비교의 관점에서 살펴 볼 것이다. 각 기사들의 여러 부분을 조합해 보면, 이 당시 선교사들은 자신의 기독교적 가치관을 중심으로 그들이 이해하고 또 해석하고 있던 중국 문화의 핵심 도덕 혹은 가치 개념들을 끊임없이 분석하고 있었다. 우리가 주의 깊게 살피고자 하는 지점은 바로 그들이 실제 당시에 주목하고 또 이해하고 있던 중국 문화의 내용이며, 이는 그 내용이 갖는 실제와의 정합성을 떠나 이 시기 유럽인들의 눈에 비친 중국 상像이자 동시에 이 같은 지식들이 유럽으로 건너가 더욱 고급의 대 중국 지식을 만들어 내는 기초가 된다는 점에서 그 의미가 크다고 할 수 있다. *The Chinese Repository* 제1권 제2호의 「잡기Miscellanies」를 보면, 로버트 모리슨이 'Friendship(우정)', 'Peace(평화)', 'Idolatry(우상숭배)' 등의 단어에 대해서 다양한 정의들을 정리하고 있는데, 여기서 특히 Friendship(우정)의 항목을 보면 동서 각 문명의 핵심 가치를 이루는 도덕적 개념에 대한 흥미로운 비교가 진행된다.

우정 : Lord Shaftesbury는 우정을 정의하기를, 마음(minds)의 동의 혹은 조화로 구성된 상호 간의 존경, 그리고 상응하는 유연성과 애정에 의해 형성된 특별한 관계로 정의된다.

중국어의 朋友라는 글자에서 朋은 살과 살이 연결되고 손과 손이 이어져 구성된 것이다. 중국어로 朋友는 '같은 마음', 성향 또는 기질로 정의된다. 그러나 마음이라는 것이 늘 도덕적(virtuous)적인 것은 아니기 때문에, 다른 누군가와 같은 마음이 된다거나 서로를 좋아하여 친구가 되는 것이 반드시 둘 중 하나에게 뛰어남으로 비춰질 필요는 없다. 따라서 인간 마음들 간의 우정은 도덕적이지 않으며, 그 자체로서 도덕(virtue)일 수는 없다. 따라서 추상적인 견지에서의 우정은 신약에서처럼 계율(rule)로써 가르쳐지거나 규제되지 않는다. 어찌 기독교에서 사악한 인간들에게 우정이라는 계율을 줄 수 있겠는가![19]

본문에서 필자 모리슨은 영국의 근대 철학자 섀프츠베리Shaftesbury를 인용하여 서구에서의 우정 개념을 간단히 정의함과 동시에 그 다음 문단에 와서는 朋友라는 한자 단어를 구성하는 각 한자를 분석하고, 여기에다 중국의 문화적 맥락을 서구의 문맥과 대비해 설명하고 있다. 그는 중국에서 우정을 의미하는 붕우朋友가 "살과 살"이 연결되고 "손과 손"이 이어져 구성되고 있다고 설명하는데, 여기서 우리는 필자가 중국 생활의 경험을 통해 한자의 조자造字원리에 대해서도 상당한 수준의 지식을 보유하고 있다는 점을 발견할 수 있다. 그는 이러한 우정이라는 항목을 중국의 고대문화의 가치관을 대표하는 공자의 사상 속에서도 발견할 수 있다고 설명하면서, 이러한 우정의 의미는 "고기와 술"을 같이 하면서 "기분을 한껏 내는" 사이에 지나지 않는다고 폄하한다.[20] 그의 눈에는 중국에서의 우정이라는 가치는 한계를 가지고 있는 인간과 인간이 맺는, 그래서 언제든지 그들 인간의 심리 상태와 외부 조건에 의해 깨어질 수 있는 관계로 받아들여지고 있는 것이다. 그러면서 "(지식이나 도덕에 있어서) 너 자신보다 못한 사람을 사귀지 말라"했다는 논어의 문장을 인용[21]해, 중국에서의 우정을 이기적이며 자기 기만적이고, 또 보편적인 선을 행하는 가치로서 존재하는 우정이 아니라고 역설한다. 따라서 근본적으로 이러한 종류의 우정, 애국심, 사랑은 그것들이 이기적이고

19 Robert Morrison, "Miscellanies : Friendship", *The Chinese Repository* 1-2, 1832.6, p.65.
20 위의 글, p.66.
21 위의 글, p.66. 『논어』의 「자장(子張)」편을 인용한 것으로 보인다.

불완전하며 실수를 저지르는 인간에 의해 행해지는 것이므로 덕virtue이라는 이름에 값하지 못한다고 주장하면서, "우리들의 세속적인 친구들은 우리들을 속이거나 저버릴지도 모르고, 또 우리들을 떠날 수도 있으며, 우리들에게 가장 고통스런 적으로 바뀔 수도 있다"고 하여 인간들 사이의 우정이 가진 한계를 지적한다. 그에 반해, 기독교의 계율이라는 관점을 통해 보는 우정은 인간과 인간 사이의 대등한 관계를 전제하는 것이 아니라 뛰어난 '신神'과 그렇지 않은 '인간' 사이의 상하 관계 속에서 만들어지는 종적인 관계로서, 이러한 계율 속의 우정은 오히려 기독교적이며 우주적인 보편 윤리를 구현하는 하나의 덕목이 된다고 설명한다. 그는 같은 글 속에서 "우리들의 천국 친구인 예수 그리스도는 우리들을 절대로 떠나지 않으며, 더 이상, 절대로, 절대로 저버리지 않을 것이다!"[22]라고 하여, 인간 사이의 우정에 비해 신께서 내리시는 인간에 대한 우정은 절대적이며 불변하다는 관점을 강조하고 있다.

> 중국에서 천(the heaven)과 지(the earth)는 신과 같은 의미인데, 이 개념은 종교적인 존경 혹은 존중의 의미를 거의 포함하고 있지 않는다. 즉, 천지는 그들이 숭배하는 신성한 존재라기보다는 공포의 대상이다. 중국인들은 스스로가 신만큼 뛰어나다고 생각한다. 그들이 제물을 바치고 희생을 감내하면서 서약을 하는 것은 전지전능한 신을 찬양하기 위한 것이라기보다 영적인 존재들이 그들에게 유익함을 제공한 것에 대해 뇌물을 제공하기 위함이다.[23]

---

22 위의 글, p.68.
23 C. W. King, "Miscellanies : Intercourse with China", *The Chinese Repository* 1-4, 1832.8, p.147.

여기서 한 걸음 더 나아가 모리슨은 신 혹은 하늘에 대한 양 문명의 개념 비교를 초보적으로 진행하는데, 이 비교 과정을 보면 당시 선교사들이 가지고 있던 중국 문화 개념에 대한 이해가 단순히 중국 언어에 대한 1차적 이해의 차원을 넘어, 특히 두 문명을 비교하는 가운데 기독교적 가치관을 결합하고 있음을 발견할 수 있다. 사실 이들의 가치관과 신념 중심에는 이미 기독교 윤리가 공고하게 자리 잡고 있었는데, 이러한 윤리 의식은 중국의 가치 체계를 비추는 거울로서 역할을 하고 있었다. 물론 이런 비교의 과정에서 자연스럽게 문화의 가장 상위 개념에 대해 관심을 가지지 않을 수 없었는데, 특히 중국의 문화 개념에서 천天과 지地가 그러한 개념에 해당되고 있었다. 이러한 개념들은 기독교의 주님 혹은 하나님의 개념과 병치되어 비교되는데, 이들은 "공포"의 방식으로 받아들여지는 중국인들의 절대성을 기독교 속의 절대성과 비교함으로써 자신들의 문화적 보편성을 더욱 부각시키고 있었다. 이 같은 중국 문화에 대한 이해 방식은 국가 혹은 제국의 팽창 논리와 기독교의 논리가 자연스럽게 결합되었다고 보는 1840년대 이후의 기독교 논리에 비해 선교 초기 기독교적 보편성과 윤리의식에 기대고 있던 선교사들의 중국에 대한 시선을 확인할 수 있는 단초가 된다. 이 같은 보편성에 기초한 인식의 단초들은 이들 선교사들의 시선이 비록 지나치게 기독교에 경도되어 있기는 하지만 또 다른 한편으로 이 지역 문화에 대한 지식의 교정과 확대가 필요한 상황에서, 이후 중국에 대한 지식의 형성 과정에서 더욱 열린 태도를 가지고 서로의 문화를 반추할 수 있는, 그래서 자신들의 기독교 전파와 관련된 실천에 대해서도 반성의 시선을 가질 수 있는 기초가 되었던 것으로 보인다.

3. 중국 문화 개념에 대한 이해 심화에 따른 기독교 가치관 전파 전략

1) '소통에 대한 금지'를 넘어

우리는 앞에서 *The Chinese Repository* 제1권의 초기 텍스트를 통해, 당시 모리슨을 비롯한 해당 잡지의 필진이 가지고 있었던 한자에 대한 이해의 정도와 그 심화 과정을 한자 분석, 글쓰기 체제, 그리고 문화 혹은 윤리 개념에 대한 해석들을 통해 단편적으로 살펴보았다. 사실 당시 이들 선교사들의 입장에서 볼 때, 극소수의 경험 많은 선교사들을 제외하고는 중국 정부의 금지로 인해 한자와 중국어에 대한 학습의 기회가 제한되고 있었고, 그에 따라 식자 능력 또한 제한적일 수밖에 없는 상황이었기 때문에 단순 식자 및 독해 수준을 넘어 한자 하나하나에 담겨 있는 언어 문화적 맥락까지 이해하는 일은 쉽지 않았을 것이다. 사실 이 당시까지만 해도 중국어를 배우고자 하는 영미의 선교사나 영어를 구사할 줄 아는 중국인의 경우, 둘 다 마찬가지로 드문 일이었다. 이러한 상황에 대해 *The Chinese Repository*의 서문에서는 다음과 같이 기술한다.

> 전 세계 기독교 국가들과 동아시아(Eastern Asia) 간에 존재했던 오랜 교류 기간 동안 지적이면서 도덕적 상품들의 거래가 거의 없었다는 점은 유감스럽고 놀라운 일이다. 심지어 사고의 전달수단마저도 금지되어왔다. 통상금지령은 죽음만큼이나 엄격했으며, 말로 소통될 수 있는 것까지 금지

하였다. 확실히 광동의 모든 방문객들은 원어민들과 외국인들 간의 상호 교류에서 구사되는 낯선 용어들에 혼란과 함께 충격을 받는다. 이러한 사실은 오해를 일으키는 가장 큰 원천이 되며, 상당한 사례에서 와전과 언쟁, 억류, 고통, 그 외의 다른 악행들이 발생할 수 있는 상황을 조성해왔다. 30년 전까지만 해도 중국어를 영어로 번역할 수 있는 사람은 전무했다. 다시 말해 "천자(Son of heave)"의 자식들 가운데 어느 한 사람도 영어를 정확히 읽거나 쓰거나 말할 수 없었다.[24]

이 글에서 18세기 이후 아편전쟁 이전까지 기독교 국가들과 동아시아 국가들 사이에 있었던 상호 교류의 한계를 가장 몸소 느끼고 있었던 주체들이 바로 현지에서 활동하고 있던 선교사들이었다고 가정할 때, 이들에게 이른바 "사고의 전달수단마저도 금지되어 온" 상황은 상업적인 이윤을 추구하는 통상의 분야보다 더 치명적인 장애물이 되고 있었다. 서구의 대표적 정신 자산인 기독교의 교리와 가치를 전파하는 입장에서 "원어민들과 외국인들 간의 상호 교류에서 구사되는 낯선 용어들"로 인해 만들어지는 "혼란과 충격"은 매우 빈번했고, 그것이 실제 이들을 "와전과 언쟁, 억류, 고통, 그 외의 다른 악행들이 발생할 수 있는 상황"으로 이끄는 현실이 되기도 하였다. 따라서 당시 선교사들은 음성적으로 중국어, 즉 한자와 현지 언어에 대해 배우기도 하고, 현지인들에게 비밀스럽게 영어를 가르치기도 하였다. 이러한 과정은 비록 초기 선교사들의 공고한 기독교적 가치관에 큰 변화를 가져오지는 않았지만,

24 Elijah Coleman Bridgman, "Introduction", *The Chinese Repository* 1-1, 1832.5, p.1.

그들의 현지 문화와 그 하위 관념들에 대한 입장과 태도에 있어서 더욱 열린 자세를 취하도록 만들었다. 따라서 해당 잡지의 기사 속에서도 중국 문화의 "우상숭배"적 속성에 대해 지속적으로 비판하는 논조가 유지되기는 하지만, 동시에 서구의 문화 관념들과의 비교 속에서 중국 문화를 더 깊이 이해하고자 하는 시도와 시선들이 곳곳에서 발견된다.

예를 들면, 1832년 11월에 발간된 *The Chinese Repository* 제1권 제7호의 「잡기」에는 「보편적 평화Universal Peace」라는 제목의 글이 게재되는데, 이 글에서는 전쟁과 싸움이 인간들의 욕심과 정념, 자존심, 분노, 탐욕, 복수 등으로부터 비롯된다고 설명하면서, 서양과 동양의 많은 철학자들과 사상가들이 내린 다양한 정의를 비교, 제시하고 있다. 필자는 특히 '분노anger'라는 감정에 대한 다양한 기원을 설명하면서, 동시에 그에 대한 동서양의 개념상 차이를 제시해주고 있다. 우선 서양에서의 정의를 보면, 존슨Johnson이 로크Locke를 인용한 것을 들어 '분노'를 "어떤 상처를 받을 때 복수하고픈 현재의 의도가 담겨 있는 정신의 불안이나 심란함"으로 정의하기도 하고, 아리스토텔레스를 인용하여 "분노는 슬픔을 동반한 격렬한 욕망", 또 라틴어 어원학자를 인용해서는 "열과 타오름"을 뜻하는 라틴어 'urendo'에서 왔다고도 추정한다.

여기서 흥미로운 부분은 필자가 이와 병행해서 동양에서의 분노 개념을 중국 고전을 인용해 정의하는데, "중국어에서 흔히 분노를 표현하는 'săng ke生氣'(숨 만들기)는 히브리어와 동일하게 그 정념의 효과를 암시"하고, "한자어에서 사용하는 'noo怒'라는 글자는 다른 의미를 암시한다"고 구분한다. 이어서 그는 *Imperial Dictionary*[25]를 인용하여, "'怒'라는 한자는 석궁cross-bow과 마음heart으로 구성되는데 분노가 일어날 때 두

눈과 얼굴이 휘어진 활처럼 팽창되고 그런 정념들을 조절해야 하는 것은 마음이기 때문"이라고 설명하면서, 생활 표현과 한자 두 측면으로 분노anger에 해당하는 심리 관념을 설명한다. 또 이어서 공자를 인용하며, "『중용Chung Yung』(혹은 Constant Medium)에서 '분노'나 '불쾌'를 뜻하는 '怒'를 '만족'과 '유쾌'를 뜻하는 'he喜'의 반대어로 설정"하고 있는데, 이런 연관관계에서 "'怒'는 그 반대어인 '喜'와 마찬가지로 악이 아니다. 이런 의미에서 분노는 고결한 정신 속에 존재한다"[26]는 해석을 병치시킨다. 그러면서 결론에서 "중국에서는 분노를 신체의 간과 연관시키고, 유럽에서는 분노가 결석을 일으킨다는 속설"을 언급하면서, "중국에서 체류하는 동안 사나운 분노가 오랫동안 지속적으로 격발한 결과 사망하는 사례를 종종 들은 바 있"으니, 따라서 "우리는 어떤 경우라도 경솔하게 분노하지 말고, 사소한 이유로 분노하지 말 것이며, 어떤 이유에서라도 '급히 분노하지'말라는 말로 결론"[27]을 내리고 있다.

위의 기사에서 소개된 동서 심리 상태와 관련된 언어들에 대한 개념적 규명의 시도들은 필자가 보기에 바로 문화 접촉 지대에 생활하고 있는 선교사들의 위치를 간명하게 보여주는 자료라 판단되는데, 이들은 좁게는 언어적 차원에서, 더 넓게는 생활 문화의 차원에서 이질적인 두 관념을 단순히 비교만 하는 것이 아니라 이 과정을 통해 서로의 문화적 차이를 확인함과 동시에 또 각자의 문화를 반추하고 있다. 이 과정에는 단순히 동양의 전통적 혹은 고급의 문화적 관념에 대한 이해의 수준과

---

25 『강희자전』으로 추측된다.

26 Robert Morrison, "Miscellanies", *The Chinese Repository* 1-7, 1832.11, pp.280~281.

27 위의 글, p.282.

단계만 드러나는 것이 아니라, 동시에 그 안에 자기 문화 언어와의 접촉 가운데 발생하는 의미의 교환 및 개념의 정립 과정이 내포되어 있다고 할 수 있다. 사실 이런 과정을 거쳐야만 중국의 심층 영역에 대한 문화적 번역이 가능한 것이다. 따라서 이 같은 글에서 우리들은 이 시기 소수의 선교사들이 단순한 언어 습득을 위해서만이 아니라, *The Chinese Repository* 서문에서 제기된 것과 같이 동서 간 "소통에 대한 금지"를 넘기 위해서 끊임없이 노력하고 있었음을 발견할 수 있다.[28] 사실 *The Chinese Repository* 제1권 제11호 「잡기」의 과거科擧와 관련된 내용 소개에서 발견되는 『논어』에 대한 정교한 번역과 해설[29]은 이러한 언어 및 문화적 접

28 "米怜也認爲在每種高雅的語言中,出版物對于傳播世俗和宗教知識的益處是顯而易見的. 在中國,中文書籍作爲提高知識的方法之一,其重要性比其他任何現成的交流媒介更爲突出. 中國的書面文字比其他任何語言都有更大的讀書群. (…中略…) 尤其在中國實行閉關政策下,對外國人有着難以逾越的仇視與偏見,基督教傳教士無法進入中國本土上進行流暢的漢語口頭傳教,而中文著述却能爲一般民衆所理解竝能散發到每个地方,通過書商,甚至能傳入中國腹地." Elizabeth A. Morrison, *Memoirs of the Life and Labors of Robert Morrison* 2, p.219~220. 周嚴廈, 앞의 글, p.78에서 재인용.

29 "과거(科擧, Literary Examinations) 남해(Nanhae) 지역에서 이번 과거시험을 위해 제출된 四書의 주제들 중 하나는 다음과 같다. "인(仁)이 무엇입니까? 번지(樊遲, Fanche)가 물었다. 공자는 대답하길 사람을 아끼고 사랑하는 것이다. 그는 다시, 지(知)는 무엇입니까라고 물었다. 공자는, 사람을 아는 것이다라고 대답했다.""(Collie의 Confucius, p 56, 21절 참조)(『논어』「안연(顔淵)」편, "樊遲問仁 子曰 愛人 問知 子曰 知人"－역자 주)
번지가 이를 이해하지 못하자, 곧은 사람을 등용하고 굽은 사람을 물리치면, 굽은 사람을 곧게 만들 수 있다라고 공자가 덧붙였다. 번지가 그 자리에서 물러나, 자하(子夏, Tsze-hea)를 기다렸다가 그에게 말했다. 내가 방금 스승을 만나서, 앎(知)이 무엇이냐고 물었더니, 곧은 사람을 등용하고 굽은 사람을 물리치면, 굽은 사람을 곧게 만들 수 있다고 답했는데, 그게 무슨 뜻입니까? 자하가 대답했다. 그 말씀의 뜻이 풍부하네요! 순 임금이 천하를 다스릴 때, 많은 사람들 중에서 고요(皐陶, Kaou-yaou)를 등용하자, 어질지 못한 사람들이 멀리 사라졌고, 탕 임금이 천하를 다스릴 때 많은 사람들 중에서 이윤(伊尹, E-yin)을 등용하자 어질지 못한 사람들이 또한 멀리 떠나갔습니다.(『논어』「안연」편, "樊遲未達. 子曰 擧直錯諸枉, 能使枉者直。樊遲退, 見子夏. 曰 鄕也吾見於夫子而問知, 子曰, 擧直錯諸枉, 能使枉者直, 何謂也? 子夏曰 富哉言乎 舜有天下, 選於衆, 擧皐陶, 不仁者遠矣. 湯有天下, 選於衆, 擧伊尹, 不仁者遠矣." －역자 주)
중국인 고전주석자들은 스승과 제자를 똑같이 칭찬하면서 이 구절을 격찬하고 있다. 공자는 더 많은 의문을 이끌어내기 위해 짧고도 모호한 대답을 했다. 그리고 번지는 동료 제자에게 그 답에 대한 의견을 물어 볼 만큼 양식을 지니고 있었다. 주석학자들은 번지가 지(知)와 인

근의 의지와 자기화 노력이 있지 않고서는 가능하지 않았을 것이다. 이를 통해 보면, 상대방에 대한 이해는 정확한 언어의 소통으로부터 시작된다고 할 수 있으며, 동시기의 선교사들은 이에 대한 필요성을 절실히 느끼고 있었던 이들이었고 따라서 중국어에 대한 체계적인 학습 과정과 관련된 정보가 *The Chinese Repository*의 기사 가운데 빈번하게 등장하는 이유도 거기에 있다 할 수 있을 것이다.

2) 체계적인 소통을 위하여－출판과 교육활동

지금까지 살펴 본 중국 한자와 고전 문장에 대한 이해와 해석 능력, 그리고 중국어 구사 능력은 아마도 중국과 동아시아 접경지대에서 활동하고 있던 신교 선교사들에게는 생존의 요건과도 같았을 것이다. 따라서 중국어 자체에 대한 지식을 확보하고 또 체계화하기 위한 노력은 *The Chinese Repository* 텍스트의 도처에서 발견되며, 이 같은 내용은 이 지역에서 활동하는 선교사들과 상인들, 그리고 대륙에 남아 있지만 중국에 대해 관심을 가지고 있었던 지식인 독자들에게는 매우 유용한 정보가 되지 않을 수 없었다. 구체적으로 보면, *The Chinese Repository*의 경우 광

(仁)이 어떻게 결합될 수 있는지를 제대로 알지 못하고 있었다고 추측한다. 사람들을 자주 접촉하여 알면 알수록, 그들의 흠을 더 많이 발견하게 된다. 그러나 학자들은 공자가 그러한 어려움을 완전히 극복했다고 생각한다. 통치자들이여, 인간 본성에 대한 그대들의 지(知)를 활용하여 올곧지 않은 자와 올곧은 사람을 가려내어, 올곧은 이에게만 관직을 맡겨라라고 공자는 말했다. 여기에 지(知)의 쓰임새가 있다. 그에 따라, 올곧지 못한 자들이 마음을 고쳐먹어 멀리 떠나가 버린 것처럼, 사라져 버릴 것이다. 그러므로 가장 위대한 인(仁) 행위 중 하나가 사악한 자의 마음을 바꾸는 데 효험을 발휘할 것이다. 지(知)과 인(仁)의 조화다! 여기서 풍부하고 충만하며, 모든 것을 아우르는 현인의 말뜻이 드러나고 있다!" Robert Morrison, "Miscellanies", *The Chinese Repository* 1-11, 1833.3, pp.459～460.

등을 중심으로 출간되기는 하였지만, 기사들이 다루는 지역의 범위가 인도차이나 여러 지역과 말라카, 시암, 심지어는 조선과 일본에 이르기까지 광범위했기 때문에 다양한 지역과 그 지역의 언어에 대한 정보들이 모이는 것은 자연스럽고도 또 대단히 필요한 현상이었다.

한편 선교의 사역을 행하고 있는 선교사들에게 이 같은 중국과 동아시아 각지의 문화와 언어를 가르치고 또는 해당 지역의 원주민들에게 영어와 기독교 교리 및 윤리를 가르치기 위해 1800년을 전후로 조직적이고 공식적인 교육기관의 필요성이 대두되면서 상당수의 지역 교육기관들이 설립된다. 그러한 실천을 주도한 주체 가운데 대표적인 인물이 모리슨과 윌리엄 밀른William Milne 등이 있는데, 이들은 각 해당 지역에서 많은 교육기관과 학교들을 설립함과 동시에 수만 부의 기독교 관련 소책자들을 발간하여 교육 및 선교에 사용하기도 하였다. 1832년 7월에 발간된 *The Chinese Repository* 제1권 제3호의 「종교소식Religious Intelligence」에는 말라카Malacca와 동남아, 그리고 인도계열 미션 스쿨의 설립 현황이 간단히 소개된다. 이 글에 의하면, 중국계 학교Chinese Schools, 말레이계 학교Malay Schools, 클링계 학교Kling[30] Schools, 인도-포르투갈계 학교Indo-Porrtugese Schools, 그리고 영화학원英華學院, Anglo-Chinese College 등이 연속해서 각 지역에 설립되었다. 말라카에 세워진 중국계 학교의 경우, 남학생 평균 200명, 여학생 평균 120명이 재학하고 있었는데 이들은 주로 수 세기 전 명*나라 말기 정씨 왕국 때 이주해 온 한인들로서, 미션 스쿨이 설립되기 전

30 현대 영어에서는 'Keling'으로 표기한다. 말레이인, 인도네시아인이 인도로부터 이주해 온 사람들을 부르던 명칭이다. 고대 동남아 지역에 영향을 미쳤던 인도 왕국 'Kalinga'에서 유래했고, 대부분 인도계 사람들은 적대적이거나 부적절한 호칭으로 여겼다.

에는 대체로 교육을 받지 못하다가 선교의 필요에 의해 교육 체제 속으로 편입된 이들이고, 이들에게는 기독교 서적을 통해 현지 교사가 교육을 담당하고 있었다. 물론 해당 기사는 이 지역에서 아직까지 제대로 된 종교 교육이 진행되지 못하고 있다는 점을 지적하고 있다.

이 같은 시기에 설립된 교육 기관 가운데 가장 주목해야 할 학교는 바로 영화학원英華學院, Anglo-Chinese College이다. 영화학원은 1818년 모리슨이 세운 울트라 갠지스 유일의 프로테스탄트 칼리지로서, 이 시기에는 말라카 지역에 위치했다가 1843년 홍콩으로 이전한다. 그 설립 목적은 중국문학과 유럽문학의 상호 교차 교육을 실시함으로써, 한편으로는 유럽인들에게 중국의 언어와 문학에 접근할 수 있도록 하며 또 한편으로는 한문을 읽는 울트라 갠지스 나라 사람들에게 영어와 유럽문학 및 과학에 접근할 수 있도록 돕는 데 있었다. 해당 교육의 대상 지역과 국가로는 중국, 코친차이나(북부 베트남), 동 아르키펠라고(인도네시아 군도)의 중국인 식민사회, 류큐, 조선과 일본 등이었다. 말레이어와 울트라 갠지스 문학 일반은 부속 과목으로 두었고, 이 학교 시설 내에는 어문을 공부하는 학생들이 이용할 수 있도록 영어, 중국어, 말레이어 인쇄기가 갖추어져 있었으며, 또 칼리지와 연계된 식물원을 건립해 동 아르키펠라고의 열대 식물들을 한 곳에 모으기도 하였다.[31]

그런데 해당 「종교소식」에 실린 입학 자격을 보면, 학교의 설립 목적이 더욱 분명하게 추론된다. 그 입학 자격에는 "유럽과 아메리카 모든 국가의 성원, 모든 기독교 공동체의 성원으로 그의 도덕적 성향과 지향

31 Elijah Coleman Bridgman, "Religious Intelligence", *The Chinese Repository* 1-3, 1832.7, p.105.

하는 목표에 관한 추천서를 소지한 이, 유럽이나 다른 곳 대학 성원으로도 Travelling Fellowship을 가진 이, 상업단체에 속한 이, 외국 공관에 근무하는 자로 중국어를 배우려고 하는 이, 또한 중국과 조공국 및 주변의 섬과 나라 출신 현지인 청년으로서 자비로 공부하려는 이, 그들에게 영문학을 구성하는 요소들에 대한 지식을 습득할 계기를 마련해 줌으로써 도움을 주고자 하는 기독교 단체나 개인 독지가의 후원을 받는 이"[32]로 규정되어 있다. 이 학교의 실시되는 설교에 대한 소거를 보면, 네 개의 언어로 설교되고 있는데, 매 주일 오전 10시에 중국어 예배가 있고, 오후 2시에는 중국인 남학교의 학자들과 교사들이 교리문답 지도를 위해 집합을 하고, 바로 뒤이어 포르투갈어 예배가 있으면서, 저녁에는 말레이어와 영어 예배가 있었다. 그만큼 이 지역의 성격은 다종의 언어가 섞이고 있는 것은 물론 문화적으로도 상당히 광범위한 혼종성을 가지고 있었음이 뚜렷하게 유추된다.

이런 상황 속에서 모리슨이 설립한 영화학원의 역할을 규정해 보면, 일종의 문화 접경지대에서의 언어 문화적 가교였음이 분명해 진다. 이러한 교육 기관의 교육을 바탕으로 서에서 동으로 가려는 사람과 동에서 서를 배우려 하는 사람들 모두는 상대방의 핵심적인 문화를 학습하고 경험을 축적시키면서 실재적인 언어 훈련을 제공받았다. 따라서 이 같은 교육기관은 문화적 접촉 지대의 경계에서 양방의 문화가 서로 충돌하고 흡수되며, 또 아주 새로운 이종異種의 문화 요소를 만들어내는데 토양을 제공하고 있었던 것이다. 이 같은 성격을 달리 표현하면 일종의

32 위의 글, p.106.

문화 접촉과 융합의 과정이라 볼 수 있는데, 그 가운데 언어 정보의 축적과 교육 방식에 있어서 영화학원이 이 시기 어느 교육 기관보다도 가장 적절하게 현지화 된 교육기관이었고, 따라서 이들이 만든 영중 양방향의 외국어 학습 교재나 어학 관련 서적들도 이 당시 가장 선진적인 성과물들에 속했다.

좀 더 구체적으로 중국어의 학습과 관련된 기사 내용을 살펴보면, 1832년 8월에 출간된 *The Chinese Repository* 제1권 제4호의 「문헌소식」에는 1831년 영화학원에서 출판된 한 권의 중국어 관련 서적에 대한 소개가 있다. 그 책의 제목은 『중국어 지식Notitia Linguae Sinicae』으로 출판되었고, 저자는 프레마르Prémare[33]였다. 해당 서적은 중국어와 한자에 대한 기초 정보로부터 고급 중국어 작문에 이르기까지 상당히 체계성을 갖추고 유럽인들이나 중국어를 모르는 이들에게 쉽게 중국어에 접근할 수 있도록 1, 2부로 구성되었다. 서론은 크게 세 부분으로 나뉜다.

제1장 중국인 저자들에 관하여(On Chinese Authors)

제1절 중국어 서적들에 대한 일반적 설명

제2절 중국어 서적들의 연구 순서 및 방법에 관하여

제3절 다양한 사전들에 대한 설명.

제2장 중국어 문자(한자)에 관하여(On Chinese Characters)

제1절 서면어에 관하여

제2절 발음하는 방식에 관하여

33 저자는 중국어로 馬若瑟, 책제목은 『漢語札記』, 『漢語語法研究』 등으로 번역된다.

제1항 중국어 강세에 관하여

제2항 중국어 성조에 관하여

① 초성에 관하여

② 중성에 관하여

③ 종성에 관하여

부록(An Appendix) : 중국어의 모든 단어들에 대한 총괄색인을 포함하며, 음절의 종성에 따라 9개로 분류됨. 중국어의 다양한 모든 단음절 소리들에 성조에 대한 예시도 나와 있음. 서론은 앞선 색인에 대한 주석들로 끝을 맺음.

이 책을 소개해 주고 있는 필자 브리지먼은 본문의 "제1부는 구어체의 특수성에 관한 부분[34]이고, 제2부가 최고의 작가들이 실제 사용하는 고급문체에 관한 부분[35]"이라 설명한다. 그리고 "이 책이 선고사들로 하여금 중국인들과 대화할 때 대화를 더 쉽게 이해하고, 덜 세련된 문체로 기술된 중국어 서적들을 더 잘 음미하고, 구어적인 매체를 더 쉽게 습득하고, 필요시에는 이런 종류의 작문 실습을 할 수 있을 만한 지성을

---

34 제1부는 크게 두 부분으로 나뉘는데, '제1장 일상어의 문법과 구문에 관하여(On the Grammar and Syntax of the common language): 제1절 문법(grammar) : 제1항 명사 / 제2항 대명사 / 제3항 동사 / 제4항 다른 품사, 제2장 구문(syntax)'과 '제2장 중국어의 진수에 관하여(On the true Genius of the Chinese language)(3가지 주요 항목을 표제로 한 일련의 단락들 속에서 중국 원어민 저자들이 사용했던 풍부한 인용문들로 설명)' 부분으로 구성된다. Elijah Coleman Bridgman, "Literary Notices", *The Chinese Repository* 1-4, 1832.8, p.152.

35 제2부에서는 이른바 "보다 품위 있는 문어체"를 구사하기 위한 5가지 영역에 대한 소개가 진행되고 있다. 제2부의 제목들을 열거해 보면, 제1장 「문법과 구문에 관하여(On Grammar and Syntax)」, 제2장 「조사에 관하여(On Particles)」, 제3장 「문체의 다양성과 최고 수준의 작문(On diversity of style and the best kind of composition)」, 제4장 「수사적 표현에 관하여(On Figures of Speech)」, 제5장 「격언 모음(A collection of elegant sayings)」 등의 장절로 구성되고 있다. 위의 글, pp.153~154.

더 갖추도록 도와줄 것”[36]이라고 소개한다. 또 “제2부에서는 이 책이 선교사들로 하여금 고대시기 글의 의미를 이해하고, 다른 언어로 정확하게 번역하고, 원한다면 우아한 문체를 습득하도록 교육시키는 데 매우 유용할 것”[37]이라 평가한다. 그리고 궁극적인 목적으로 라틴어를 사용한 목적이 더 광범위한 유용성을 갖도록 하게 하기 위함이라 부연한다.

제1권의 목차를 살펴보면, 책의 전반부에서는 일상어라는 개념을 통해 생활 속 중국어의 실제 의사소통 능력의 배양에 초점이 맞춰져 있음을 알 수 있다. 이는 선교사가 지식인만을 상대하는 것이 아니라 중국과 말라카 등지에서 마주하는 중국인들이 평범하거나 하층의 중국인들과 소통을 해야 하는 경우가 많았기 때문에 더욱 필수불가결한 요구사항이 되었던 것으로 보인다. 그런데 여기서 특히 주목되는 부분은 바로 제2부의 제4절과 제5절의 항목들인데, 여기에서는 각종 우아한 문체들이나 수준 높은 격언의 사례들을 “『예기禮記』, 『시경詩經』, 『서경書經』, 『대학大學』, 『논어論語』, 『장자莊子』, 『양자楊子』, 『손자孫子』, 『구양수歐陽脩』, 『소동파蘇東坡』” 같은 경서와 고전 작품들 속에서 채록하고 있었다는 점이다. 이 같은 제2부의 구성을 보면, 이들 선교사들은 어학의 기능을 단순히 중국어나 현지 언어를 통한 의사소통 능력의 확대에만 한정한 것이 아니라, 상대 문화의 핵심적 개념과 작품들에 대한 이해를 거쳐야만 그들 사이에 놓여 있는 소통의 장벽을 넘을 수 있다는 점을 분명하게 인식하고 있었던 것으로 보인다. 이 「문헌소식」에서는 이 책이 최고의 원서들로부터 인용한 풍부한 사례를 통해 중국어의 원리를 설명하고자 했기 때문에 “중국어 작문 법칙의 정의

36 위의 글, p.153.
37 위의 글, p.153.

가 거의 불가능The almost undefinable laws of Chinese composition"하다고 인식하고 있던 서구 출신 선교사들에게 그 진수를 가장 만족스럽게 습득할 수 있게 만들 것이란 기대도 빠뜨리지 않고 있었다. 이 책은 4절판, 총 300쪽으로 구성되어 있었다.[38] 현재의 관점에서 이러한 성과물의 의미를 볼 때, 이 서적은 단순히 이질적 언어를 습득하기 위한 훈련 과정을 예시해 주는 것뿐만 아니라, 외부인이 상대방의 문화적 핵심을 향해 접근하고 이해하고자 하는 노력의 과정이 그대로 담겨 있는 결과물이라 할 수 있다.

3) '영혼의 칼' 로서의 인쇄사업

기독교 선교사들에 의해 도처에 설립되기 시작한 교육기관 가운데 말라카에서 모리슨에 의해 설립된 영화학원은 중국 남부 지역과 동남아시아에서 그 활동의 영역을 확대하고 있었고, 기독교 전파 및 교육, 그리고 관련 사업에서 가장 핵심적인 위상을 차지하고 있었다. 이 학교의 설립을 실질적으로 주도한 모리슨이나 초대 교장을 지낸 밀른William

38 "저자가 자신의 계획을 완성하지 않은 건 유감스러운 일일 것이다. 하지만 그가 이 책에 모아놓은 전적으로 실용적인 아주 뛰어난 자료들은 중국어 학습자에게 매우 유용한 자료임에 틀림없다. 언어 원리들은 언제나 최고의 원서들로부터 인용한 풍부한 사례들로 설명되고 있다. 중국어의 작문법칙들은 거의 정의가 불가하기 때문에 단순한 원리들만으로는(그 자체로 얼마나 유익할지언정) 중국어 학습자에게 실질적인 유용성이 거의 없을 것임을 확신하는 저자는 입수 가능한 최고의 자료들로부터 엄청나게 많은 사례들을 도출했고, 이를 통해 학습자는 중국어의 숙어와 진수를 가장 만족스럽게 습득할 수 있을 것이다. 저자는 중국어 어법에서 가능한 최대한의 다양성을 손쉽게 집대성했으며, 우리의 조심스런 의견으로는 연구 성과가 아주 뛰어난 만큼 중국 언어학에 관한 기존의 뛰어나고 유용한 성과에 아주 상당한 기여를 한다고 사료된다. 아낌없이 자유로운 품성으로 세상에 저작을 내놓은 이 영국 귀족은 지칠 줄 모르는 맘으로 중국어와 중국문학을 경쟁적으로 습득하려는 호기심 넘치는 학생의 진로에 원활하게 기여하면서 적잖은 만족감을 공유할 것이다." *Anglo-C. College Report*, 1831; Elijah Coleman Bridgman, "Literary Notices", *The Chinese Repository* 1-4, 1832.8, p.154.

Milne은 1831년 *The Chinese Repository* 의 발간에 적극적으로 참여하였고, 따라서 이 잡지를 지역 정보와 기독교 전파의 중요한 공론장으로 삼는다. 이들이 차지했던 인적 교량 역할은 *The Chinese Repository* 기사의 필자들을 면면히 살펴보면 쉽게 가늠될 수 있다. 이런 상황 속에서 시간이 흐름에 따라 현지 영미 신교 선교사들도 중국의 한자와 생활 중국어 실력이 향상되고 중국인들과의 소통 능력이 증대됨에 따라, 기독교의 윤리와 서구의 과학 등과 같은 서구의 가치를 현지인들에게 교육하고자 하는 욕구가 더욱 확대되었고, 실제 더욱 현지 상황에 맞게 교육의 현장에서 어떤 언어로, 어떤 형식의 교재를 가지고 추상적인 기독교의 교리와 원리를 포함한 고급의 정신적 가치를 현지인들에게 교육할 수 있을까 하는 고민에 직면하게 된다. 이 같은 상황에 있어서 가장 현실적으로 요구된 문제는 교육현장에서 실제 사용하는 교재들과 관련된 문제들이었고, 이들은 근본적으로 인쇄 사업과 직결되어 있었다. 사실 신교 선교사들에게 선교의 첫 걸음은 현지 상황에 맞는 교재와 인쇄물을 제작하고 확보하는 것으로부터 시작되었다 해도 과언이 아니었다. 먼저 동아시아 선교에 있어서 인쇄 사업의 절실함을 토로하고 있는, 1833년 3월에 발간된 *The Chinese Repository* 제1권 제11호의 「종교소식」을 잠시 살펴보자.

일기에서 전술되고 있는 것처럼, 모든 것은 막 시작되었습니다. "우리들 싸움의 무기"는 아직 준비되지 않았습니다. "영혼의 칼"은 아직 칼집에서 뽑히지 않았습니다. 왜냐하면 '하나님의 말씀'이 아직도 그들의 언어로 인쇄되지 않았기 때문입니다. 일부의 사람들이 작년에 배부된 소책자의 도움으로 말을 가지고 가르쳐진 것은 사실이지만, 그러나 그들의 내면적 근거지가 상당히 공격을 받아왔다고 이야기할 수는 없습니다. 만약 거대한 땅의 크기만큼 넓고, 군주와 그의 "전능한 분"이 가지고 있는 자부심만큼 높은, 시암에서의 엄청나게 거대한 우상숭배의 구조가 아주 미미한 힘의 적용으로 무너지거나 혹은 무너질 듯 휘청거리기조차 한다면, 그것은 과거의 모든 시대를 통과한 사건들의 역사 속에서 아주 이례적인 일이 될 것입니다.[39]

이 글을 보면, 시암에서의 선교 상황을 설명하는 가운데 '하나님의 말씀'으로 상징되는 '영혼의 칼'이 아직 칼집에서 뽑히지 않았다고 선언하면서, 그 이유는 바로 "그들의 언어로 (하나님의 말씀이) 인쇄되지 않았기 때문"이라고 설명한다. 시암은 지금의 태국 지역으로 아직 태국어로 하나님의 말씀, 즉 성경이 인쇄되어 배부되지는 않은 상태이며 선교의 초기 단계로 구어를 통해 초보적인 선교의 활동이 진행되고 있음이 추론된다. 사실 선교 사업 가운데 해당 지역의 언어로 성경을 번역하는 것은 가장 기초가 되는 일이면서도 해당 선교 활동의 핵심이라 할 수 있다. 따라서 이 시기 이들 각지에서 활동하는 선교사들을 여러 언어를 통해 성경을 번역하는 사업을 최우선적으로 진행하고 있었다. 밀른의 마지막 일대기를 스케치한 *The Chinese Repository* 제1권 제8호의 「윌리엄 밀른 목사의 삶과 사역Life and Labors of Rev. William Milne. D.D : A brief Sketch of the Life and Labors of the Late」이라는 글에는 이 당시 선교사들이 성경 번역 사업을 얼마나 중시했고, 또 현지의 하층 대중들에게 다가가기 위해 성

39 Elijah Coleman Bridgman, *The Chinese Repository* 1-11, "Religious Intelligence", 1833.3, p.467.

경의 원리를 설명할 수 있는 소책자를 만드는 사업에 얼마나 심혈을 기울였는지를 보여주고 있다.[40] 이 글에 서술된 밀른에 대한 평가의 단면을 보면, "일찌감치 중국어를 공부해놓은 덕분에 그는 도덕적이고 종교적인 주제를 그들의 언어로 쓰는데 대단한 능력을 갖추게 되었다. 그의 남아 있는 동료 중에 한 사람은 '(현지에서 일찍 사망해) 가엾은 밀른이 쓴 것보다 중국인들에게 더 잘 받아들여질 수 있는 소책자들은 없다'고 말했다"[41]라는 예를 든다.

특히, 중국의 경우에는 선교사의 입장에서 한자와 중국어, 그리고 중국 문화에 대한 이해가 높아짐에 따라 이들은 기독교 문화의 핵심 유산으로서 성경전서에 대한 번역을 진행하는 한편 고급 식자능력이 부족한 대중들을 향해서는 기독교 교리를 그대로 번역하여 원형을 전달하기 보다는 그들의 수준에 맞는 언어를 통해 친숙한 형식의 교재와 소책자들을 제작, 활용하고 있었다. 이 같은 선교 및 교육 방식의 다양화는 이들의 중국 문화에 대한, 특히 언어 문화적 방면에 대한 이해의 수준이 높아짐에 따라 더욱 깊이 있게 진행되었고, 이는 동아시아 및 중국 지역

---

40 "그러나 밀른이 마지막 7년 동안 가장 많은 공부와 노동을 헌신한 일, 밀른의 이름을 가장 오랫동안 기억하도록 만들게 될 그 일은 책들의 번역과 저술이다. 일찌감치 중국어를 공부해놓은 덕분에 그는 도덕적이고 종교적인 주제를 그 언어로 쓰는데 대단한 능력을 갖추게 되었다. 그의 살아 있는 동료는 "가엾은 밀른이 쓴 것보다 중국인들에게 더 잘 받아들여질 수 있는 소책자들은 없다"고 말했다. 그는 모든 경우에 그의 펜을 사용했고, 문자 그대로 그의 삶을 쓰는 일에 바쳤다. 구약성경의 번역에 열정적으로 참여했고, 가장 번역하기 쉽다고 추정한, 그 뒤에 이어지는 역사적인 책들 즉 신명기, 여호수아, 사사기, 사무엘 상하, 역대왕 상하, 역대기, 에즈라, 느헤미야, 에스더, 욥 등 총 13권을 골랐다. 나머지는 모리슨이 번역했다. 그는 또 15권이 더 되는 분량이 열 쪽에서 70쪽까지 다양한 중국어 소책자와, 에베소서에 대한 전체 해설서 외에도 "영혼에 관한 에세이"라는 제목의 두 권짜리 정교한 책을 써냈다. 1822년에 수고를 많이 한 이 예수의 종의 일생은 마감되었다." Robert Morrison, "Life and Labors of Rev. William Milne. D.D : A brief Sketch of the Life and Labors of the Late", *The Chinese Repository* 1-8, 1832-12, p.328.

41 위의 글, p.328.

에서 기독교 문화가 그 지역의 고유문화와 만나는 현장이 되기도 하였다. 예를 들면, 성경의 이야기를 지역의 중국어 방언으로, 그리고 특히 그들이 쉽게 이해할 수 있는 전통 이야기 형식으로 구성하여 교육, 전파하기도 하였다. 그리고 그중에는 중국 친구들 간의 대화에서 한 친구가 기독교의 교리를 설명하면 다른 한 쪽 친구가 그것에 질문을 던지고, 다시 그에 답하는 고사의 형식을 소책자에 담아 당시 대중들에게 큰 호응을 얻은 경우도 있다.[42]

이런 사례를 보면, 인쇄라는 사업은 선교에 있어서 전략적으로 매우 중요한 도구이면서, 그 자체가 다양한 선교 사업 가운데 핵심이기도 했다. 그리고 이렇게 다양한 인쇄 문화를 이용하여 기독교의 가치관을 전파하는 입장이라면 상대방의 전통 인쇄 문화에 대한 이해는 매우 중요한 전제가 될 수밖에 없었고, 이와 관련해 *The Chinese Repository* 에서는 제1권 제10호의 「문헌소식」에서 「중국의 인쇄」라는 제목으로 중국 인쇄의 전통과 현황을 전문적으로 분석한 글이 게재되기도 하였다. 이 글에서는 이 당시 선교사들이 가지고 있는 중국 인쇄술에 대한 이해도뿐만 아니라 선교에 있어서 인쇄술이 차지하는 의미를 이들이 어떻게 인식하고 있었는지를 찾아 볼 수 있는 대목이 등장한다.

「문헌소식」

42 *The Chinese Repository* 제1권 제1호의 "Religious Intelligence"을 보면, 중국인 기독교인의 사례를 통해 이와 유사한 형식의 대화를 소개하고 있다. 이 당시 출판된 소책자들은 여러 사례에서 현지 인물을 등장시키고 또 현지 문화를 배경으로 현지인들의 시점에서 친근한 대화 형식을 통해 기독교의 교리를 이해시키는 방식을 시도하고 있었음이 발견된다. Robert Morrison, "Religious Intelligence", *The Chinese Repository* 1-1, 1832.5, pp.27~28

중국의 인쇄[43]

지난 호에 다이어씨의 금속활자가 언급되었다. 다이어 씨가 이것에 대해 쓴 설명이, 모리슨 박사의 호의로 이제 우리 앞에 있다. 여기에는 "*The Chinese Repository*의 편집자에게"라는 언급이 함께 있다.

친애하는 편집자님. 페낭의 사무엘 다이어 목사가 쓴, 금속활자를 주제로 한 에세이를 자세히 읽어보시라고 同封하여 보냅니다. 다이어 씨는 지난 6년간 이 주제에 주목했고, 마침내는 성공하리라고 저는 믿습니다. 적당한 가격에 중국 활자를 획득하는 일의 중요성은, 저의 판단으로는, 동아시아와 그 지역의 섬들에서 유용한 지식과 기독교를 전파하는 데에 가장 중요한 것입니다. 중국에서, 가난한 이들을 위한 모든 가벼운 讀物과 소책자는 종교, 과학, 도덕이라는 면에서 가련할 정도로 결핍되어 있거나, 단연코 열악한 상황입니다. 순수하고 교훈적인 새로운 문헌이 중국의 친구들에 의해 만들어져야 합니다. 그리고 그것을 생산하는 데에, 값싼 활자 즉 漢字의 주조만큼 중요한 것을 저는 알지 못합니다. 당신에게 충실하겠습니다.

로버트 모리슨

이 글에서 필자는 소책자의 인쇄라고 하는 문화적 접촉 과정이 서구의 가치 전파에 있어서 매우 중요한 작업이며, 특히 계몽되지 않은 중국과 동아시아의 평범하고 가난한 이들에게 기독교 가치관을 교육, 전파하는 일에 있어 이 같은 소책자 형식보다 효율적인 수단은 없다고 하는,

43 이 글은 선교와 관련된 인쇄・출판을 위해 중국의 전통적인 목판인쇄 대신 금속활자를 이용한 인쇄를 주장하는 것이 요지이다.

자신의 경험에서 우러나오는 확신을 드러내고 있다. 사실 선교의 과정에서는 인쇄와 출판라고 하는 문화적 접촉 방식에는 단일성에 근거한 국가적 정체성[44]보다는 국경을 넘어 더욱 보편성을 근거로 만들어 내는 윤리적 체계에 대한 신념이 강하게 투영될 수 있는 성격이 강했고, 따라서 기독교를 국경을 초월하여 전파하고자 하는 신교 선교사들의 가치관에 가장 부합하는 문화 전파 및 교류의 방식이었다고 할 수 있다. 이 같은 성격으로 인해 이들은 중국 인쇄 문화에 대한 이해가 매우 절실한 상황이었고, 따라서 중국의 인쇄 문화는 그들에게 매우 매력적인 지적 호기심의 대상이 될 수밖에 없었다. 또 더 나아가 선교 주체의 입장에서 볼 때, 대중적인 선교 방식의 계발을 위해서 기독교 가치관을 드러내 주는 이야기 구조, 즉 서사성과 중국 출판 및 인쇄 문화의 결합은 가장 효율적인 선교 전략이 되지 않을 수 없었다. 이와 관련해 앞의 글에서는 밀른의 이해에 의거해 보면, 선교사들은 서양의 금속활자에 비해 중국에서는 목판인쇄가 더 적합한 형식이라는 점을 여러 각도에서 인정하고 있었고,[45] 이에 대한 구체적인 정보들이 *The Chinese Repository*으 기

44 기독교 선교 과정에서의 출판, 인쇄 사업은 이른바 '상상의 공동체' 거념에 전제되는 출판 자본주의와 민족 상상에 비해 더욱 초국가적 성격을 띠고 있었다는 점은 분명해 보인다. 왜냐하면 동아시아 전역의 선교 과정에서 각종 인쇄물과 소책자들은 다양한 방식을 통해 교차되어 각지로 보내지면서 기독교 가치관을 보급하고 있었고, 이 과정에서 한자로 된 출판물이 상당한 부분을 차지하고 있었기 때문이다. 참고로, 앤더슨이 분석하는 서구의 내셔널리즘은 언어적인 현상이고, 그 주요요인으로 속어(oral vernacular)가 출판을 매개로 보급된 것에 있다고 보는 것에 반해, 중국에서는 유럽보다 500년이나 앞선 시기에 인쇄술이 있었지만 내이션으로 이어지는 어떠한 혁명적 영향도 남기지 않은 것을 보면, 그리고 이 시기 동양에서는 오히려 인쇄술이 국가보다 더 넓은 지역의 공통 매개로 역할을 하고 있었고 선교사들은 이를 적극적으로 활용했다는 점에서 상상의 공동체와는 또 다른 동질성의 공간이 만들어지는 상황을 *The Chinese Repository*를 통해 엿볼 수 있다. 오사와 마사치, 김선화 역, 『내셔널리즘의 역설』, 어문학사, 2014, 55쪽 참조.

45 "그러면 이 번역물을 인쇄할 가장 좋은 — 가장 효율적이고, 능률적이며, 비싸지 않은 — 방법은 무엇이었는가? 관리위원회가 이 결정을 내리는 것을 돕기 위해서, 런던선교회는 현장에 있

사에서 점차 빈번하게 소개되고 있었다. 그 예를 살펴보겠다.

『성서집구, 제학통용(*Shing-shoo jih-ko, tsoo-heŏ peĕn-yung*)』[46] — 학교를 위한 성서 교재』

성서의 가장 우수한 개요서 제2판이 최근 광둥에서 출위한 판형이 만들어지고 작년에 소량의 사본이 시험 인쇄되었다. 이에 들어간 비용 (약 $500)은 여러 명의 영국인과 미국인 거주자들의 기부금에 의해 충당되었다. 제2판은 영국과 외국인 학교 협회의 비용으로 출판되었다.

본서는 총 3권 8절판으로 권마다 평균 200페이지 이상인데, 중국인의 계산에 따르면 권마다 100장 이상이며, 중국 고전 스타일로 제작되었다. 여러 질이 광동 전역으로 배포되었고 일부는 중국 북부로 보내졌고, 상당수는 일본과 그 이웃 나라들을 위해 귀츨라프에게 넘겨졌다. 소량은 바타비아와 태국, 버마, 그리고 수요가 있는 다른 지역들로 보내졌거나 보내질 것이다.[47]

『訓女三字經(*Heun-neu San-tsze King : Mateén neäng-neäng choo*)』, 마틴 양 지음

는 그 대표자들에게 대안적 기술인 목판인쇄와 활자의 상대적 편리함과 가격에 관해 물었다. 런던에 있는 재정적 후원자들로 이루어진 위원회가 중국 목판 인쇄의 실제에 대해 거의 무지하다는 것을 의식하고 있던 밀른은 그들에게 이 기술의 기능들을 설명하고 평가하는 임무를 자임하였다. 다행히도 스코틀랜드에서 수년간 집 짓는 목수로서 도제생활을 했고 또 성공적이었던 그는 1817년에 인쇄공들을 포함하여 광동(廣東)에서 말라카로 중국인들을 데려왔었다. 그런 다음 그는 1822년 그곳에서 사망할 때까지 선교의 출판공작을 운영하거나 감독함으로써, 중국 인쇄의 실제에 매우 익숙해졌다. 더욱이, 그는 보통 중국 노선을 따라 그렇게 했는데, 중국어로 쓰여진 여하한 것이라도 출판하기 위해서 중국식 목판 인쇄 방법에 의존하였고, 어느 뺀로통한 영국인 젊은이가 보기로는, 18명의 노동력(중국어 출판물을 위한 중국인 한 명을 포함하여)을 마치 그들이 모두 중국인인 듯이 관리하였다." Elijah Coleman Bridgman, "Literary Notices", *The Chinese Repository* 1-10, 1833.1, p.421.

46 張西平 編, 顧鈞・楊慧玲 整理, 『中國叢報篇名目錄及索引』, 廣西師範大 出版社, 2008, p.4. 해당 교재의 중국어 제목은 『中國叢報篇名目錄及索引』의 내용에 의거한 것이다.

47 Robert Morrison, "Literary Notices", *The Chinese Repository* 1-2, 1832.6, p.77.

(馬丁娘娘); 여성들을 위한 세 글자 고전(A three character classic for girls)』[48]

우리는 이 조그만 책의 등장에 상당한 기쁨을 감출 수 없다. 이 책은 우리가 알기로 여성 기독교인이 중국어로 쓴 최초의 책이다. 천사들의 방문보다도 더 드물고 희귀하게 나타나는 교육 받은 중국 여성들은 때때로 短歌와 戀歌를 지었다. 그러나 "여성은 악이 되거나 선이 될 수 없다. 만약 그녀가 아프면 그녀는 여성이 아니다. 그녀가 선을 행하면 그녀는 여성이 아니다. 선행이나 악행은 여성에게 속하지 않는다." 중국의 고대 현자들이 주장한 이와 유사한 교리들은 오랜 세월 동안 이 제국의 온당한 절반인 여성들을 퇴화시키고 그들의 희망을 꺾어왔다.

성서는 우리에게 하나님의 말을 진심으로 받아들이고 성서를 추구했던 사람들이야말로 성서에 복종하지 않았던 사람들보다 더 고귀하다는 점을 알려준다. 그리스의 존경스러운 여성들에 대해서도 동일한 이유로 증명되는데, 확실히 그녀들은 하나님의 말을 받아들이고 복종했기 때문에 존경을 받는다. 그러나 우리가 보고 배웠던 모든 것으로 판단할 때 중국 즉, 지금 논의되는 지역사회의 일원 가운데서 그처럼 고귀하고 존경스러운 사람은 거의 없다. 가치 있는 예외들이 있을 수 있고 확실히 있지만 그들은 단지 예외일 뿐이다. 이와 같이 인간성의 보편적 타락을 유발하는 악은 두 가지이다. 즉, 교육을 위한 기회와 수단이 거의 전무하며, 기회와 수단이 제공되더라도 제공된 교육은 항상 오류투성이이거나 낮은 수준의 처세술이며 무한한 지혜의 가르침이 아니다.

이러한 두 가지 악을 제거하기 위해 우리가 여기서 언급한 소책자가 쓰여

48 1832년 출판되었다.

지고 출판되었다. 형식과 스타일에서 본서는 유명한 중국의 『三字經』을 모델로 삼고 있다. 그러나 그 교리에서 본질적으로 두 책은 매우 다르다. 하나는 "어린이가 현자로 태어나지 않는 한" 이해할 수 없는 반면, 다른 하나는 평이하면서 쉽기 때문에 어떠한 아동도 이해할 수 있다. 전자는 스타일 면에서 더 우월할지 모르나 후자는 훨씬 더 우수한 책이며 전자가 가르치지 못하는 것을 가르치고 있다. 즉 이 책은 부모에 대한 사랑과 복종 외에도 하나님의 계율 — 성인들뿐만 아니라 아동들 역시 하나님을 사랑하고 두려워해야 하며, 예수님을 믿고 그에게 기도하며 모든 사악한 방식을 멀리해야 한다는 — 을 가르친다.[49]

이 두 권의 책에 대한 기사에 근거해 보면, 이 두 권의 성서에 대한 개요서는 중국의 문화적 코드에 맞춰서 소책자의 형식으로 변형하여 발간한 출간물이다. 이러한 소책자들은 일방적인 문화 전파의 방식보다는 상대방의 문화에 근거하면서도, 그 안에 선교사들이 전파하고자 하는 가치를 상대방의 전통 문화 형식이나 서사의 형식을 빌려 하층의 대중으로 하여금 쉽게 읽고 배우도록 한 것이었다. 이 같은 출판 형식은 비단 중국에서만 있었던 것이 아니라, 시암이나 미얀마 등지의 이 시기 동남아시아 일대에서도 선택되었던 선교방식이다. 이러한 소책자들은 작게는 몇 백부에서 많게는 몇 만 부씩 인쇄되어 해당 지역에 배포되었다. 이들은 그 곳에서 중국인, 시암인, 말레이인들에게 기독교 간행물[50]

49 Robert Morrison, "Literary Notices", *The Chinese Repository* 1-2, 1832.6, pp.77~78.

50 Elijah Coleman Bridgman, "Religious Intelligence", *The Chinese Repository* 1-1, 1832.5, pp.25~28.

을 나누어주면서 종교적 씨앗이 뿌리내리기를 바라고 있었던 것이다. 귀츨라프의 두 번째 여행을 소개하는 *The Chinese Repository* 제1권 제5호의 「잡기」에는 다음과 같은 여행의 광경이 묘사되고 있다. "산동 반도에서 암허스트호는 코리아, 류큐, 마카오로 갔다. 코리아와 류큐 방문에 대해 중국 정부는 그 어느 곳에 대해서보다도 두려워한다. 아마 이것은 합당한 이유가 있을 것이다."[51] "귀츨라프는 배가 닿는 곳 어디에서나 여러 종류의 기독교 책자들을 배부할 기회를 찾아내었고, 이런 책자들은 열렬한 관심과 호응을 받음으로써 이들에게 육체적 질병에 대해서뿐만 아니라 정신적, 영적 양식도 공급해 줄 수 있었다. 중국의 몇몇 성과 코리아, 류큐의 주민들에게 배포한 책자들은 반드시 번영하게 될 것이다"[52]라고 하여 소책자의 전파가 동아시아 일대에서 국경을 초월해 매우 광범위하게 이루지고 있었음을 간접적으로 보여주고 있다. 사실 이러한 인쇄술에 의거한 소책자의 보급이라는 전략은 동아시아의 국경들을 넘어서 윤리의 전파를 주목적으로 하는 선교사들에게는 상당히 기독교적 보편주의와 동포애에 입각한 실천 형식이었으며, 이는 지금까지 단순하게 "제국주의의 선봉"이라고 비판받아 왔던 신교 선교사들의 아편전쟁 이전 시기 정체성에도 새로운 관점을 부여해 줄 수 있는 근거가 될 수 있을 것이다.

---

51 Elijah Coleman Bridgman, "Miscellanies", *The Chinese Repository*, 1832.9 p.199.
52 위의 글, p.199.

4. 결론－문화의 경계에서 발생하는 접촉들에 주목하여

본 논문은 1832년 발행되기 시작한 *The Chinese Repository*의 기사를 중심으로 19세기 초 중서 문화 교류의 확대 과정에서 신교 선교사들이 차지하는 위상을 새롭게 조망하면서, 그들의 중국 언어문화에 대한 이해 과정이 어떻게 심화되고 있는지를 살펴보았다. 특히 본고는 선교사들의 중국 언어문화에 대한 이해의 심화 과정과 선교 방식의 현지화 과정은 그 방향성이 따로 분리되어 있던 것이 아니라, 이들의 언어 문화적 실천 가운데 하나로 만나 상호 연동되고 있었다는 점에 주목하고 있다. 필자는 이러한 관점이 문명 혹은 문화 간 접촉에 대한 인식에 있어서 일방적인 전파와 수용, 혹은 문화 권력 관계에 있어서의 이른바 비대칭성을 그대로 전제하는 기존 동서문명론적 인식의 한계를 넘어, 문화의 상호 접촉에 따른 융합이 어떻게 만들어지고 또 그것이 두 문명의 각자 정체성과 그 내부 변화에 어떤 영향을 미치는가 하는 문제를 규명하는 데 매우 필수 불가결한 인식적 지평을 제공한다고 판단한다. 특히나 정체성 문제와 관련해 지금까지 근대와의 접촉 가운데 중국 내부에서 발생하는 변화에 대한 연구는 활발했던 것에 비해, 반대로 중국이라는 거대한 거울을 마주하고 발생하는 서구의 기독교나 근대문명 내부의 시선 변화에 대한 연구가 미미했던 사실을 인정한다면, 이 같은 관점은 서구 근대의 정체성을 근본적으로 재구성하는 것에 있어서도 매우 필요한 시각이다.

필자는 이 같은 문제의식을 바탕으로, 선교사들이 한자와 중국어, 그리고 중국의 인쇄문화와 고급의 가치 개념에 대한 이해를 축적해 가는 과정을 일방적인 문화 지배를 위한 포섭 과정이 아니라, 상대방에 대한 이해의 확대 속에서 자기 주체에 대한 반성과 그에 따른 문화 접촉 방식의 변화를 만들어간, 일종의 문화적 상호 침투 과정으로 보았다. 이러한 관점에 의거해, 본 논문은 19세기 초 초기 신교 선교사들과 상인들이 발행하였던 *The Chinese Repository*를 단순히 기독교의 복음을 전파하기 위한 선교 텍스트, 혹은 중국과 그 주변 지역에 대한 지리, 정치, 경제 등에 대한 정보를 제공하는 정보 텍스트로서만 규정하는 것이 아니라, 서로 다른 문화들 간의 접촉 경계에서 만들어지는, 다층위의 시선들을 관찰할 수 있는 복합적 의미의 텍스트 공간으로 간주하고자 하였다. 이에 따라 본문에서는 다양한 편폭과 기사들 가운데 이들 서구로부터 온 선교사들의 중국 언어문화에 대한 이해의 단면들을 중심으로, 신교 선교사들에 의한 중국에서의 기독교 전파 과정은 단일한 방향의 문명 전과가 아니었으며, 더 나아가 이러한 문화 접촉 속에서 발생하는 융합 현상은 이후 문명 간 연구에 있어서 매우 중요한 연구 영역과 대상이 되어야 한다는 사실을 확인하였다.

그 같은 맥락과 동일한 선상에서 볼 때, 19세기 초 기독교 선교사들은 언어문화의 접촉 과정에서 중국의 대중 속으로 친근한 형식을 통해 접근하고자 노력하고 있었고, 그 과정에서 만들어지는 선교 방식의 새로운 형식과 결과물들은 매우 독특한 위상을 지닌다. 예를 들면, 본문에서 소개된 『성서집구, 제학통용』과 『훈여삼자경』, 이 두 권의 책에는 개인의 층위에서는 초기 선교사들이 실제 선교의 과정에서 맞닥뜨린 장벽과 그것을 넘기 위한 고민이, 또 동시에 문명의 층의에서는 서구 기독교의 서사와 가치관을 중국 민간형식에 결합시키는 융합적 시도가 엿보인다. 이러한 텍스트 안에는 서구 기독교 정체성의 자기 조성과 선교사들의 중국에 대한 이해의 흔적들이 서로 착종되어 있음은 물론 동시에 문화적 접촉 지대에서 발생하는 지금까지와는 다른 유형의 문화적 융합을 통해 새로운 문명 연구의 시야를 제공해 주고 있다.

결론적으로 중국에서 초기 선교사들이 현지 형편에 맞는 소책자 보급 전략을 선택한 것은 자신들의 윤리를 동아시아에서 일국 단위를 넘어 그 전역으로 확산시키는 데 매우 효과적이었고, 이는 이후 선교사들이 제국주의 선봉으로 간주되던 시기와 구별해 기독교의 보편적 가치에 더욱 집중하면서 그들의 윤리를 전파하던 시기의 단면을 보여줌으로써, 신교 선교사들의 아편전쟁 이전 시기 정체성 규명에 좀 더 세분화된 인식적 토대를 제공하고 있다고 판단된다. 다만 본 연구가 이 같은 선교사들의 중국 언어문화에 대한 인식의 확대 과정을 사후적으로 구성하여 살펴 본 것에 비해, 그 문화 접촉의 직접적 산물로서 기독교 소책자들에 대한 구체적인 분석을 이후 연구과제로 유보하는 것에는 아쉬움이 남는다.

하코다테 중화회관과 근대 중일 교류

자오청궈(趙成國) · 천나(陳娜)

1. 하코다테 중화관의 건립

일본 홋카이도의 하코다테函馆는 다른 이름으로는 하코다테箱馆였다(1869년 하코다테函馆로 바뀌었다). 하코다테는 일본 홋카이도 남서부의 중요한 항구도시로, 홋카이도 남쪽에 위치하고 있고, 남쪽으로는 태평양과 접해 있으며, 쓰가루 해협을 사이에 둔 혼슈의 아오모리와 서로 마주하고 있다. 안세이 원년(1854)에 미국과 일본이 맺은 '가나가와조약'으로 1859년 하코다테는 개항하게 되었으며 미국의 보급항이 되었다. 일본이 본격적으로 외국에 개항하게 된 개항한 항구 중의 하나이다.

당시에 미국이 일본으로 와 '개항을 요구할 때'의 역관인 광동인 토슨은 그의 저서 『일본일기』에 다음과 같이 적고 있다. "이곳은 편벽한 곳에 있는 불모지며, 물품 역시 부족하다. 백성들은 늘 다른 항구에서 식료품을 공급받았다. 북항은 선박들의 화물 운송이 왕래하는 곳이기에 그에 따라서 하코다테로 이름 지었다."[1] 비록 그 당시 하코다테는 여전히 '불모지'였지만, 그러나 이미 화교들이 그곳에 살고 있었다. 기록에 의하면, 당시 성이 장씨인 광동사람이 안세이 원년에 이미 하코다테에 왔다라고 적혀있다. 「하코다테 중화회관기」의 서두에는 다음과 같이 적혀 있다. "많은 어르신들의 말씀을 들어보면, 화교 중에 최초로 하코다테에 온 사람은 성이 장씨인 광동사람이다."[2] 1859년 하코다테는 정식으로 개항한 후, 진옥송이라는 광동사람이 영국 상선을 타고 다시마 샘플을 들고 와 처음으로 현지에서 은 3천 냥의 다시마와 콩을 사들였다. 1866년 화교의 동태를 장악하기 위해 일본당국은 화교집단 거류지에서 호적등록제를 실시하였다. 그리고 화교는 규정기한 내에 반드시 관련당국에 와 신고를 해야 하며, 호적신분증을 수령해야 합법적으로 거주할 수 있다고 규정하였다. 각지 호적 등록내용은 화교의 성명, 가족, 노비, 주소, 나이, 출생지, 직업, 일본에 온 시기, 등록 시기, 상호 번호 등 세세한 목록들이었으며, 등록자를 상중하로 나눠 신분증 등록비를 다르게 받았다.[3] 1871년 청나라 정부는 일본과 '청일수호조약'을 맺었다. 조약은 모든 연해 항구에 상인들이 왕래하며 무역을 할 수 있도록 하였다. 이 이후 중국 이민은 점차 늘어났으며 나가사키에서 점차 요코하마, 오사카, 하코다테 등 주요 통상 항구로 분산되어 거주하게 되었다. 그리고 하코다테로 온 화교들은 점차 늘어났으며, 하코다테 화

1 羅森,『日本日記・至箱館』; 見鐘叔河,『走向世界叢書』, 湖南 : 岳麓書社, 1985, p.43 참조.
2 시바요시노부,『하코다테 화교 관련 자료집』, 오사카 대학문학부, 1982, p.35.
3 허금정,『도쿄 외교 사료관에 있는 근대 전기 일본의 재일화교관리 규칙자료7칙』, 광동 : 화교대학화교화인자료센터소식, 2008.3기.

〈표 1〉 1874년 하코다테에 거주한 청나라 사람 등록 명부(시바요시노부, 『하코타데 화교 관련 자료집』, 오사카 대학문화부, 1982, pp.276~277)

장병조, 조서헌, 원무리, 소순보, 서미동, 동아승, 이원생, 마여주, 황혜생, 마래방, 반이천, 원금도, 장무가, 조오교, 필감당, 장문상, 황괴삼, 관월주, 관반향, 관운규, 온대덕, 진방각, 구계순, 임오재, 담서당, 황감상, 담배계, 위모란, 진대후, 장상덕, 장섭산, 조자강, 강옥전, 장지산, 임영제, 정수란, 완신지, 정기천

교 단체도 발전하게 되었다. 1874년이 되어 하코다테 화교는 40명이 되었고(〈표 1〉 참조), 상호도 점차 증가하였다.

1873년 홋카이도개척사는 업무를 위해 광동성 향산현 사람인 황종우를 번역과 화교업무를 겸하여 일을 시키기 위해 고용하였다. 이 직무는 화교를 대표하는 상당한 직책이었다. 1876년 화교 동포들의 장례를 위해 황종우와 함께 양후재, 황금도, 담여당, 황회삼, 원금도, 위학근, 유삼영 등 6명을 중국 상인대표로 하여 하코다테 화교는 홋카이도 개척사에게 다이쵸 153호 토지 183평坪[4]을 빌려와 의총으로 삼았다. 1877년 건립하고 '중화의총' 석비를 세우고 '모든 상인들이 같이 세움'으로 새겼다. 이것이 최초의 화교단체이며 비록 그 목적이 장례와 구제로 제한하였지만, 이후 단체 생활은 발전하였으며 그 의의가 상당히 중대하였다.[5]

1885년 화교상인 반연초[6]는 일본 정부로부터 야마세토마리山背泊쵸 묘지를 받아 중화산장을 건설하고 화교상인들이 수출상품 가격 중 통

4 평은 일본의 전통적인 면적 측정 단위, 1평은 1일무의 30분의 1,3.3057평방미터이다.

5 송월륜, 『일본화교개황』, 타이베이 : 정중서국, 1988, p.60.

6 반연초(1850~1927), 중국 호주의 구사포에서 행상의 후손으로 태어났다. 상해의 성기흐 점원을 거쳐 본 가게의 고베 지점 점원을 맡았다. 메이지 8년(1875)에 하코다테로 왔으며, 신창영호를 경영하였으며, 동덕당 삼강조합 부이사장을 역임하였다. 메이지 45년(1911)귀국하였으며, 조카 반연부가 이를 계승하였다. 장존삼 가족과 결혼하였다. 『홋카이도입지편』, 홋카이도 도서출판, 1904, pp.8~11.

과세의 1,000분의 4를 경비로 충당하였으며, 이는 화교 묘지운영에 대비하기 위해서였다. 이후 중국 상인들이 점차 이곳으로 와서 해산물을 경영하는 상호는 10여 가구가 되었다. 하코다테 화교상인들은 하나의 커뮤니티를 형성하였는 데 바로 동덕당이다. 이 단체 성원들은 광동인, 삼강인(강소, 절강, 강서), 그리고 복건성 사람들이었으며 고향과 연락하고 무역에 관한 내용을 서로 나누는 것을 종지로 하였다. 이후 삼강출신의 화교들의 수가 압도적으로 많아져 커뮤니티의 지도권을 장악하였으며, 점차 이름을 동덕당 삼강조합로 바꾸었으며, 반연초와 장존삼[7]을 대표로 천거하고 장소를 토미오카富冈쵸 3번지에 설립하였다. 이에 장례를 잘 치렀고 교류가 좋아졌으며, 여행이 안전하고 무역이 날로 번성하였다.[8] 1907년 8월 하코다테에 큰 화재가 발생하여 1만 2390가구가 소실되었으며 동덕당 삼강조합 역시 소실되었다. 장존삼, 반연초 등 화교 지도자의 제안으로 하코다테 화교들은 2만 엔을 기부하여 토미오카에 화교회관을 다시 세웠다. 회관은 1909년 6월에 기초를 세우고 1910년 12월 9일 개관하게 되었다. 신관의 명칭은 중화회관으로 하였다. 새롭게 건립된 중화회관은 삼강출신 화교들에 국한되지 않았다. "기타 성

7 장존삼(1845~1918), 자는 안란, 당호는 귀이며, 은현 사람이다. 일찍이 장사를 하였다. 1870년에 일본 하코다테로 건너가 화교가 연 만순해산호에 취직하였다. 1879년 하코다테에서 덕신해산호(유원성으로 개명)를 열었다. 일찍이 '상어 지느러미 대왕'이라는 칭호를 얻었다. 1885년 화교들의 추천으로 화상 동사장(즉, 이사장)을 35세에 이루었다. 그러다 1877년에 성립된 재일 화교 조직 '동덕당'의 기초로 '삼강조합'을 조직하였으며 이후 중화회관으로 발전시켰다. 조합의 이사장과 중화회관의 이사장을 맡았다. 1916년 고향에서 일본 천황이 수여하는 란쥬훈장을 받았는데, 이는 유일하게 일본 정부가 중국인에게 수여한 훈장이다. 청나라 주일공사에 의해 4품에 올랐다. 신해혁명 후 중화민국의 하코다테 영사대리로 임명되었고, 1918년 영파에서 병사하였다. 절강성문사자료위원회 편, 『절강근대인물록』, 절강인민출판사, 1992, p.191.

8 시바요시노부, 앞의 책, p.35.

출신화교들도 모두 다 참가하며 출신 지역의 경계를 타파하며 다함께 잘 사는 것을 목적으로 한다"라고 하였다.[9] 중화회관은 삼강조합의 기초위에 발전하였으며 실제적으로 삼강출신의 해상무역상을 중심으로 부유해졌으며 고향교류를 촉진하고 상호 연락을 종지로 삼았다. 그리고 화교들에게 제사와 공무사업, 교류와 공공복리를 제공하였다.

신해혁명전후로 하코다테 화교의 대표는 여전히 영파의 장존삼과 호주湖州의 반연초였다. 당시 하코다테의 화교는 특히 삼강방의 해산물 무역상이 대부분으로 이들은 상해에 본점을 두고 있었다. 1915년 '21개조'에 의한 일제 불매운동이 촉발되었을 때, 그들 중에 많은 사람들이 중국으로 철수하였다. '7・7'항전이 발발하였을 때 비록 당시에 많은 삼강방의 해산물 무역상들이 되돌아갔지만, 다른 한편으로는 적지 않은 복청방의 재일화교들이 오사카에서 하코다테로 이주해왔다. 하코다테는 점차 복청방들이 거주하는 곳으로 변화하였다.

하코다테 중화회관은 비록 가옥건물과 기구들이 완비되었지만, 땅은 일본 정부의 소유였다. 당시의 외국인은 일본에서 1931년 일본 정부가 "어떠한 외국인이 토지를 살 권리가 있다"라고 할 때까지 땅을 임차할 권리만 있고 살 수 있는 권리는 없었다.[10] 그러나 이때에 중국에서 '9・18 만주사변'과 '1・28'사건이 발생하였다. 하코다테의 화교들은 잇달아 중국으로 돌아갔고 토지를 사는 일은 뒤로 미루어졌다. 홋카이도 진흥상회가 설립된 1941년 90여 명의 화교의 기부금으로 1만 50원의 토지 매입금(화교모금액은 〈표 2〉 참조)이 모금되었다. 중화회관 및 건축브지

9 위의 책, p.35.
10 『하코다테화교관련자료, 하코다테중화회관기부장부』, p.271.

〈표 2〉 1941년 하코다테 중화회관의 건축 부지를 매입하기 위한 화교모금장부(시바요시노부, 앞의 책, pp.271~274) (단위 : 엔)

성명	기부금	성명	기부금	성명	기부금	성명
양화진	380	진휘창	50	임재양	100	진덕건
정성아	500	양화순	50	임우걸	100	진덕춘
임필천	500	엄시운	50	양화증	100	임학화
양화정	800	진귀성	50	설유보	100	류성량
반련부	500	양운수	50	진진록	100	설래매
진은죽	600	이세매	50	양화상	100	왕춘화
진영경	500	사장수	50	정도봉	100	설도웅
서교량	400	반계삼	50	양지전	100	반영은
두덕유	300	주가생	50	양운리	100	임덕청
임도소	300	설륜발	50	임창리	100	진경괴
설반은	300	등진산	50	오등상	100	양운진
류량우	200	양본보	20	곽옥수	100	이효리
정위부	200	정성천	30	양창과	50	양봉관
진필거	200	섭산실	20	진필태	50	위학천
임재향	200	강민지	20	옹의괴	50	주순진
섭전련	200	도승후	30	이가송	50	사장징
임회계	200	왕관장	10	양목연	20	조룡검
위돈다	200	왕홍길	10	장립문	20	우사철
양화명	200	진역눈	10	서학지	20	이굉업
가정기	250	임우장	10	사수당	10	오등행
장정경	200	류성예	10	예규산	10	조화정
진유명	100	시신웅	10	서영천	10	후배수
진찬평	100	임심후	20	사헌배	10	임화증

는 사실상 화교의 공유재산이 되었으며, 이는 하코다테 중화민국으로 영구보존 되게 되었다.

하코다테 화교커뮤니티는 화교상인들을 주축으로 단체를 구성하였고 중화의총-중화산장-동덕당-동덕당 삼강조합-중화회관으로 변화를 거쳤다. 그리고 한층 더 하코다테 화교의 정신적 지주가 되었으며 더 나아가 중일경제무역을 촉진시켰는데, 특히 해산물 두역을 활발히 하였다.

2. 하코다테 중화회관과 중일 무역

근대 중일무역에 있어서 일본의 해산물은 중국으로 수출되는 중요한 물품이었다. 일본 해산물 수출의 70%는 중국의 국내 소비시장에 의지하였다. 홋카이도의 하코다테는 해산물의 원산지로서 다시마가 수출의 주를 이루었는데 무역 총액의 80~90%를 차지하여 그 위상을 엿볼 수 있다. 하코다테 화교상인과 하코다테 중화회관은 서로 상생하였으며, 중일 무역 발전에 있어서 큰 활약을 하였다.

〈그림 1〉 일본의 다시마(昆布) 주요 산지 및 판매 경로

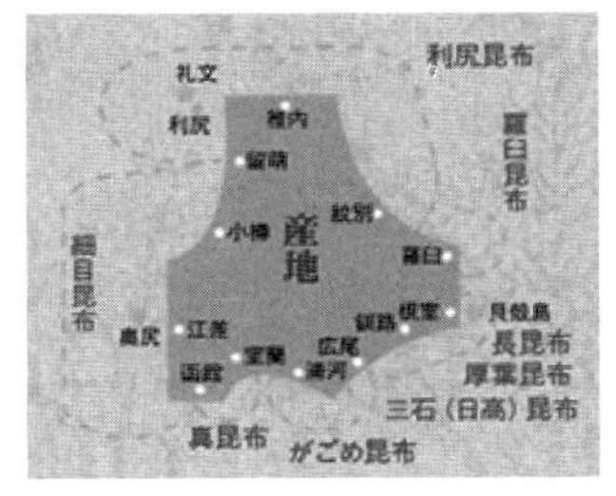

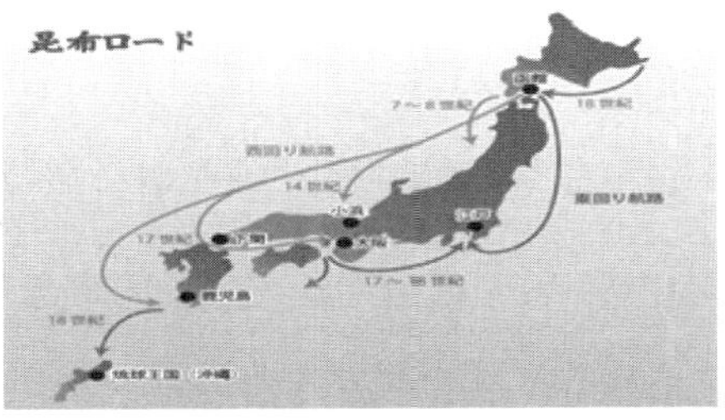

1) 광동방의 중일무역 개척과 촉진

1840년 '남경조약'을 체결한 후 중국의 5대 항구는 통상을 개시하였는데 중국 연해도시의 많은 가난한 노동자들이 생계를 위해 멀리 일본으로 건너갔다. 특히 광동 지역에서 더욱 많은 사람들이 홍콩이나 마카오에 있는 서양회사와 영사관에 고용되어 회계나 번역 또는 단순 노동자로 갔다.[11] 이들은 서양 상인들을 따라 일본에 와서 가게를 열고 무역을 하게 되었다.

1859년 하코다테가 개항한 이후 다시마 시장이 활기를 띠면서 가격도 급등하고 개항 초기에는 백 섬百石이 약 150냥兩[12]이었다가 이후에는 점차 증가하여 매 백 섬 당 430여 냥이 되었다. 1867년 상해에 본점을 둔 광동계의 도매점은 성기호成记号라는 가게를 내고 하코다테로 와서 성기호 분점을 내고 미역, 오징어, 해삼 등 해산물을 구입하는 주요업무를 하였다. 1872년 성기상호로 수출한 미역은 1867년의 2만 섬에서 약 9만 2천 섬으로 증가하였다.[13] 1874년 광동인 황종우도 동창성호东昌盛号를 열었다. 1877년 하코다테에 등록한 중국화교 상인은 근 10여 곳이 되었는데 대체적으로 성기호, 만순호, 득기호, 동화호, 복순호 등으로 그들은 하코다테를 무역 근거지로 하고 상해 등 항구를 통해 해산물을 수입하여 중국 내륙으로 중개무역을 하였으며 이를 통해 근대 중일무역의 다리를 놓았다.

고향의 친선과 무역 상담을 위해 광동상회를 중심으로 화교상인들은

11 나황조, 『일본화교사』, 광주 : 광동고등교육출판사, 1994, pp.177~178.
12 위의 책, p.212.
13 위의 책, p.212.

동덕당을 설립하였다. 이는 하코다테에 나타난 최초의 화교 커뮤니티이다. 하코다테의 개발 초기에 광동계의 화교들이 지대한 공헌을 하였으며 중일무역에 있어서 중요한 일을 해내었다. 이에 일본인들은 통상 화교를 '광동양广东样', 그리고 그들의 가게나 주택을 '광동제广东第'로 불렀다. 이후 하코다테에 삼강방의 수가 증가하고 세력이 강성하여 1878년 이후로는 광동방의 성기호, 동창성호의 이름은 하코다테의 업계에서 사라졌다. 1879년 하코다테의 광동계 화교는 진남양, 황감상, 황삼매, 필감당 4개만 남고 하코다테에서 광동인은 점차 사라졌다. 〈표 3〉에서 알 수 있듯이, 광동계 화교 상호가 점차 줄어들고 있는 상황이었

〈표 3〉 1854~1888년 기간 하코다테 화교 상호(시바요시노부, 앞의 책 p.298)

시간(년)	상호
1854(안세이 원년)	광동인 장 씨
1859	광동인 진옥송
1860(만엔 원년)	광동인 진옥송
1866	영파인 양모(장기덕징호), 사천인 인모
1867	청상성기호
1868(메이지 원년)	청상성기호
1870	만순호(장존삼)
1873	공태호(장존삼), 성기호(반연초)
1874	동창성(황종우)
1875	황종우
1876	황종우, 만순호(양후재), 담여당, 황괴삼, 원금도, 동화호(위학근), 유삼영
1877	만순호, 득기호, 동화호, 복순호, 환장호, 성기륵, 황북항, 리요당, 임종화, 소후섭
1878	신창호, 대유호 ほか5~6호
1880	만순(양・안・장・조・서), 덕순(원・황), 신창(반・리), 득기(강・장・주・장), 동화, 창기

다. 1878년 황종우는 성기호의 점원인 반연초가 제기한 소송 사건에 연루되어 대표직을 잃고 하코다테를 떠나게 되었다. 황종우가 퇴직한 후, 정부正副 대표직은 삼강방이 차지하게 되었다.

2) 삼강방 시대 중일무역의 번영

1878년 경, 하코다테의 광동성 화교들이 점차 줄면서 광동방의 발전은 이미 쇠퇴 추세를 보였다. 대신에 신창호, 득기호 등의 삼강방 상인들이 차지하였다. 이때부터 '9·18사변'(만주사변)이 일어날 때까지 대략 반세기가 넘도록 상강방의 황금시대가 되었다. 삼강방의 발흥과 발전의 가장 큰 원인은 다시마의 소비 지역이 장강유역 일대로 장강방과 상해 남장집의조합上海南庄集乂公所는 밀접한 관계를 지녔다. 상해 남장집의조합은 상해에 있는 일본 해산물을 수입하는 도매상으로 조직된 협회로 하코다테 삼강방은 정기적으로 갹출금을 본 협회로 보내었다. 이는 하코다테 삼감방이 상해를 중심으로 상업 네트워크를 형성하였고, 그들이 홋카이도의 해산물 수출을 독점하였다는 것을 알 수 있다.[14]

최초로 하코다테에 온 삼강방계의 화교는 1866년 절강성 영파의 투기상인 양모 씨로 그는 나가사키의 덕징호德澄号 상사의 파견원으로 사천인 인모 씨와 함께 하코다테 다시마 무역에서 폭리를 취하였다.

1870년 영파 사람인 장존삼이 하코다테로와 만순호의 사장이 되었고 1878년에는 득기호를 접수하였다. 이후 덕신해미호를 열었다. 같은

---

14 허숙진, 「홋카이도화교에서 일본화교사회의 특색에 대한 탐구」, 장존무·탕희용, 『해외화교연구논집』 2, 화교협회총회, 2002, pp.430~431 참조.

〈표 4〉 1879년 하코다테의 청나라 출신 상호명(21명)(시바요시노부, 앞의 책, p.299)

순번	인명	출신지	상호	순번	인명	출신지	상호
1	양후재	절강성 영파부	만순	12	장존삼	절강성 영파부	득기
2	안중원	절강성 영파부	만순	13	주지복	절강성 영파부	득기
3	장광호	절강성 영파부	만순	14	장근생	강남성 강녕부	득기
4	조광조	절강성 영파부	만순	15	위학근	복건성 복주부	동화
5	조영무	절강성 영파부	만순	16	소홍매	복건성 복주부	동화
6	서학원	절강성 영파부	만순	17	임현성	복건성 복주부	동화
7	원경사	절강성 영파부	덕순	18	황감상	광동성 광주부	창기
8	진남양	광동성 광주부	용공(직업)	19	황삼매	광동성 광주부	창기
9	황혜생	절강성 영파부	덕순	20	필감당	광동성 광주부	순태
10	반연초	절강성 영파부	신창	21	강옥전	안휘성 영국부	득기
11	이장수	절강성 영파부	신창				

해에 절강성 호주 사람인 반연초가 하코다테에서 신창호를 열었다. 1879년에는 하코다테에 21명의 청나라 상인이 등록하였는데 (〈표 4〉 참조) 그중 삼강방이 14명이나 되었으며 7개의 상점 중에 만순, 덕순, 신창, 득기 등 4개의 상호가 차지하였다. 1886년에 화교상인은 모두 37명으로 그중 삼강방이 31명으로 대부분을 차지하였다. 화교상호는 모두 9개로 그중 삼강방이 신창, 득기, 진대, 덕신, 대유, 성태 6개를 차지하였

으며, 〈표 5〉를 보면 구체적으로 그 상호들의 위상을 알 수 있다. 이에 삼강방 화교상의 통제하에 화교 커뮤니티인 동덕당은 동덕당 삼강조합로 이름을 바꾸고 장존삼을 이사장으로 추대하여 1916년 귀국할 때까지 장존삼이 줄곧 이사장을 맡았다. 그리고 하코다테 화교사회에서 실질적인 지도권을 획득하였다.

하코다테는 해산물 생산지로서 중일 무역에서 중요한 지위를 차지하고 있었다. 이 시기에 하코다테의 해산물은 대중무역에서 화교 상인들에 의해 통제되었다. 일본 정부와 상인들은 불리한 국면을 전환하기 위해 일련의 조치와 화교상인들과의 시장 쟁탈전을 벌였다. 먼저 일본 정부는 일본상인이 하코다테 해산물의 자원을 통제하는 것을 지원하고 1872년 10만 원의 기금으로 보험사를 설립하고,[15] 하코다테에 출장소를 세워 상해에 세운 회사와 직접 무역을 하였다. 직접 운수의 자극으로 과잉생산을 초래하고 상해 지역의 해산물 판매적체가 발생하였다. 이로 인해 경영한지 2년도 안되어 이 회사는 해체되고 말았다. 1876년 중국에 대한 해산물의 일괄 구입 일괄 판매를 위해 일본 정부는 60만 원 자금으로 '광업상회'를 조직하고 상회성립 초기에는 무역액이 증가하였지만, 대체적으로 매년 대중무역액의 30%를 유지하였다. 1882년 외국인 상대 경영액의 10% 이하에 불과하였으며, 매년 감소하여 1885년 이 상회는 해산되었다.[16] 일본 관방은 일본 상인들의 거듭된 실패를 보

15 보험사. 홋카이도의 해외개척 사업을 목적으로 설립된 것으로 하코다테 · 도쿄 · 오사카의 화물운동, 해상 보험, 물자 관세 등 업무를 담당하였다. 개척사는 일본 상인들에게 보조금을 지급하고 선박을 구매하여 운항하게 하였는데, 관방이 관리하는 것으로 순수한 보험회사는 아니었다.

16 斯波義信, 『明治時期旅居日本的華僑』; 庄景輝 譯著, 『泉州港考古与海外交通史研究』, 長沙: 岳麓書社, 2006, p.580.

〈표 5〉 1886년 하코다테의 청나라 출신 상호명(37명)(시바요시노부, 앞의 책, p.30)

순번	인명	상호	순번	인명	상호
1	여도복	진대	20	진인산	덕신
2	원조	신창	21	이조원	덕신
3	반연초	신창	22	황혜성	성태
4	장광호	신창	23	장충부	성태
5	장존삼	덕신	24	공운침	성태
6	서죽령	덕신	25	이장수	대유
7	장덕청	덕신	26	장근생	득기
8	반인경	대유	27	임달경	상기
9	강옥전	득기	28	위홍빈	동화
10	황감상	상기	29	위광여	동화
11	위학근	원기	30	진양개	원기
12	진남양	/	31	왕품단	원기
13	서덕량	진대	32	류사복	/
14	조영무	진대	33	용성	/
15	서영유	진대	34	진관록	/
16	장시보	진대	35	임오개	/
17	시금영	신창	36	위조춘	/
18	두송림	신창	37	진흠성	원기
19	목생복	덕신			

고 1887년 홋카이도청을 설립하고 다음해에는 하코다테 홋카이도 공동상회 회장인 엔도키치헤에遠藤吉平 등의 사람들을 상해, 호북, 호남, 사천 등지에 보내 시장 현황을 살피고 상황을 조사하였다. 1889년 민간자본 50만 원으로 일본 다시마 회사를 설립하고 본사는 하크다테에 두고 출장소를 도쿄에 두고, 상해에 분점을 두었다. 천진, 연대, 한구 등에는 대리점을 두고 15개 다시마 생산자를 뽑아 협회를 조직하고 수매체계를 통합하고 생산, 집화, 수송, 판매를 일괄적으로 하는 영업 시스템을 구

〈그림 1〉 메이지 연간 하코다테에 체류한 중국인 숫자(시바요시노부, 『하코다테 화교 관련 자료집』, 오사카 대학문화부, pp.279~308)(단위 : 명)

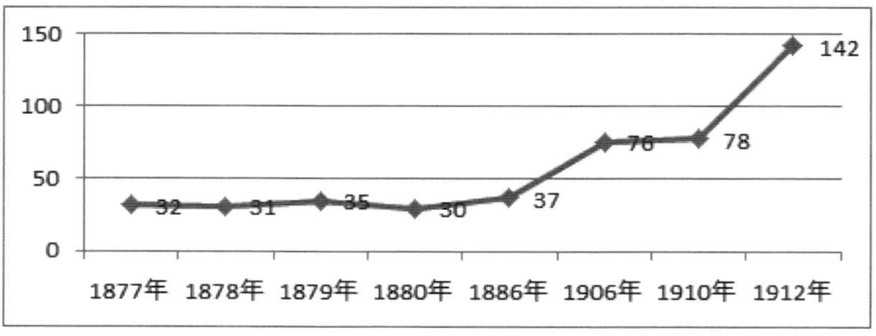

축하였다.

실력이 뛰어나고 조건이 우수한 경쟁상대에 맞서 장존삼은 무거운 책임을 지고 화교상인들을 단결시키고, 조합에 들지 않은 회원들에게 목표를 집중하고 고가에 해산물을 사들였다. 동시에 상해 남장집의조합과 연합하여 내륙의 업계를 장악하고 물건이 적체되지 않으면서 손실을 지지 않게 하였으며 일본의 다시마 회사보다 앞질러 상품을 상해로 운송시켰다. 그리하여 마침내 중국 화교상인들의 불리한 입지를 바꿔놓았다. 1896년 일본 다시마 회사는 부채가 쌓여서 결국 파산을 선포하고 삼강방 화교 상인들은 경쟁에서 대승을 거두었다. 장존삼은 일본에 40여 년 있으면서 중일무역을 촉진시키고 일반의 해산물 산업을 발전시키는 데 탁월한 공헌을 하였다. 이에 장존삼의 공헌에 표창을 하기 위해 홋카이도청 장관이 일본 정부에 보고하여 1916년 다이쇼 천황이 장존삼에게 블루리본(란쥬) 훈장을 수여하였다. 이는 중국인이 최초로 받은 일본의 블루리본 훈장이다.

1895년 청일전쟁 이후 중일무역은 가속화되었고 하코다테의 경제 역

〈그림 2〉 하코다테 중국항 다시마(미역)수출무역액(『하코다테시사』-사료편, 하코다테시사편さん사무국, 1974, p.859)(단위 : 천 엔)

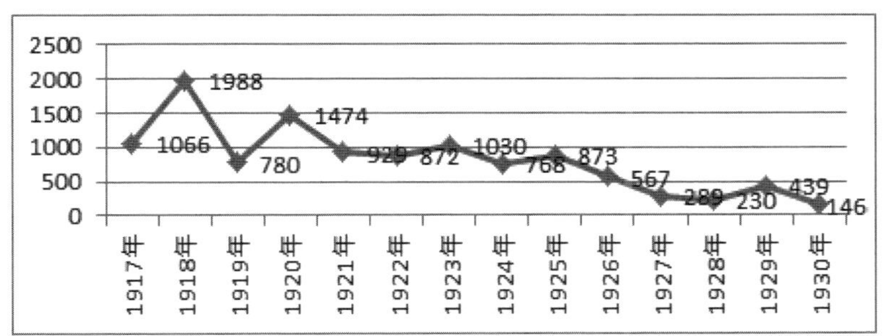

시 크게 발전하였으며 하코다테에 거류하는 화교인 숫자도 뚜렷하고 지속적으로 늘었다. 1877년 화교인 숫자는 32명, 1886년 37명, 1906년에는 76명에 달했다. 사람 숫자의 변화추세는 〈그림 1〉을 보면 알 수 있다. 하코다테는 화교의 황금시대를 맞이하게 되었으며 화교상인들의 장사도 매우 잘 되였다. 이들이 주로 하는 해산물 산업외에 외식업, 의류업, 백화점업 등을 운영하였다. 메이지 말년에 이미 백만 원에 달하는 큰 점포가 생겨났고, 화교 숫자도 3, 40명에서 100여 명으로 늘어났다.

1907년 하코다테에 큰 화재가 발생하였는데 토미오카의 동덕당 삼강조합도 화재로 소실되었다. 이후 당시 이사장이었던 장존삼, 반연초가 화교상인들에게 자금을 모집할 것을 제기하고 관사를 재건하고자 하였다. 이후 중화회관을 재건하고 화교 상인들의 통과세[17]와 선적 수수료[18]를 받아서 중화회관의 일상적인 운영비로 사용하였다. 화교상인들은 중화회관의 통일된 지도하에 더욱 단결하고 복리를 도모하였다. 당시

17 통과세, 지방 통과세 : 매월 각 회사의 영업액에 따라 규정된 비율에 맞게 돈을 기부하는 것.

18 선적 수수료, 물건 배송 시 10%의 커미션을 받을 수 있다. 받은 커미션의 10%를 기부금으로 낸다.

〈표 6〉 1886~1932년 기간 하코다테의 화교상인 상호명(시바요시노부, 앞의 책, p.298)

시간(년)	상호
1886 (메이지 19년)	진대, 신창, 득기, 동화, 덕신, 대유, 상기, 원기, 성태
1887	진대, 신창, 성대, 덕신, 대유, 원기, 성태
1888	신창영, 원경사, 덕신, 유태
1889	원태영, 유원성, 유태, 신창영, 원무성, 동협화, 일신창, 풍태
1890	유원성, 유태, 신창, 원태영, 일신창, 풍태, 진강, 유홍상, 신창영, 원무성, 동협화, 덕대상
1891	유원성, 유태, 신창, 원태영, 동협화, 일신창, 풍태, 진강, 유홍상, 원무성, 신창영
1892	유원성, 신창, 신창영, 원태영, 동협화, 풍태, 진강, 유홍상, 원무성, 익창성
1893	유원성, 신창영, 원태영, 진강, 원무성, 췌풍성, 순태항, 익창성, 유홍상, 신창, 원기, 풍태
1894	유원성, 신창영, 원태영, 풍태, 진강, 원무성, 원기, 췌풍성, 순태항, 익창성
1895	유원성, 원태영, 봉태, 진강, 원무성, 췌풍성, 익창성, 원기
1896	유원성, 원태영, 원덕, 풍태, 진강, 원무성, 췌풍성, 익창성, 익호공기, 원기
1912 (메이지 45년, 다이쇼 원년)	유원성, 원태영, 원덕, 원기, 풍태, 진강, 동강, 삼대, 반제, 원무성, 익창성
1913	유원성, 유춘, 원무성, 풍태, 원기, 진강, 동강, 혜창
1914	유원성, 유춘, 풍태, 진강, 동강, 혜창, 원무성, 예상
1915	유원성, 신화, 유춘, 유춘성, 동여, 풍태, 진강, 동강, 혜창, 신무성, 예상
1916	유원성, 유춘, 혜창, 동여, 풍태, 진강, 동강, 신무성, 예상, 익풍영
1917	유원성, 의기, 윤리, 영원태, 진강, 동강, 익풍영, 신무성, 예상, 동여
1918	유원성, 의기, 영기, 항발, 일화, 풍태, 윤리, 진강, 신화, 동강, 익풍영, 영원태, 익봉
1919	유원성, 의기, 풍태, 진강, 익풍, 일화
1920	유원성, 의기, 복강, 풍태, 진강, 흥기, 항발
1921	유원성, 복강, 풍태, 진강, 의기, 항발, 유성, 신리
1922	/
1923	유원성, 신리, 복강, 풍태, 진강, 의기, 동화륭, 항발, 동성, 신원
1924	유원성, 원무항, 복강, 풍태, 진강, 의기, 동화륭, 항발, 동성, 신원, 덕성
1925	유원성, 원무항, 복강, 풍태, 진강, 의기, 동화륭, 항발, 동성, 신원, 덕성

시간(년)	상호
1926 (다이쇼 15년, 쇼와 원년)	유원성, 원무항, 복강, 풍태, 진강, 의기, 동화륭, 항발, 취강, 신원, 덕성, 순기
1927	유원성, 복강, 풍태, 진강, 의기, 항발, 취강, 신원, 덕성, 순기, 매포
1928	유원성, 복강, 풍태, 진강, 의기, 항발, 취강, 매포, 덕성, 순기, 매기
1929	유원성, 신원, 복강, 풍태, 진강, 의기, 항발, 취강, 매포, 덕성, 순기, 매기
1930	유원성, 복강, 풍태, 진강, 의기, 익태, 항발, 취강 매기, 덕성, 엄익태
1931	유원성, 륭태, 의기, 항발, 덕성
1932	유원성, 의기

하코다테의 화교상인들 중에 특히 삼강방의 해산물 무역상은 1915년에 있었던 '21조로 인하여 일본상품 불매운동이 일어나 많은 화교들이 중국으로 돌아갔지만, 유원성, 풍태, 동강, 의기 등 10여 회사는 남았다. "9・18"사변 후, 하코다테의 화교상인들은 원래 있던 유원성, 의기, 융태, 덕승, 항발에서 유성원과 의기 두 회사로 줄어들었다. 하코다테 화교상인들의 상호 변화는 〈표 6〉을 보면 알 수 있다. 상호의 감소에 따라 하코다테와 중국 간의 다시마를 주로 하는 해산물 무역양을 점차 줄어들었다.(〈그림 2〉 참조) 이로써 해산물 무역으로 하는 하코다테와 중국 간의 경제관계 역시 기본적으로 끝나게 되었다. 삼강방의 세력도 점차 쇠퇴해졌고 하코다테 중화회관은 복청방의 부흥시대를 맞게 되었다.

3) 복청방의 중일무역 발전

복건화교들은 초기에 일본의 나가사키에 주로 체류하였다. 그리고 일본이 대외 개방된 후에는 그 발자취가 일본 각지로 퍼져 나갔다. 1937년

항일전쟁이 전면적으로 일어났을 때, 복청방의 일본 거류자들은 나가사키와 오사카 등지에서 하코다테로 옮겨 행상인을 하였다.[19] 이에 복청방의 세력이 하코다테에서 대두되기 시작하였다. 하코다테는 이에 따라 두 큰 복청방의 사업 단체가 형성되었다. 하나는 양본보, 하나는 임효신으로 두 사람은 모두 20세기 초에 하코다테로 와서 일본인을 아내로 맞았으며, 저축을 조금 한 후 더 이상 행상인을 하지 않았다. 양본보는 중국음식점을 차렸고 임효신은 바로 의류매장을 열었다.[20] 복청방의 지도자인 진필권도 20세기 초 오사카에서 하코다테로 옮겨 장사를 했다. 이후 돈을 조금 모은 후 '경염오복동상호京染吴服东祥号' 상점을 열었다. 하코다테 복청방은 동향 이외에 몇 개의 혈연관계의 같은 성씨 그룹으로 나누고 강한 유대감을 갖고 시장 상황에 신속히 대처하였으며 정신적, 물질적으로 확실하게 협력을 유지하였다.[21] 〈표 7〉에 의하면 1938년에 하코다테의 화교는 36가구가 되는데, 복건성 출신이 가장 많은데 29가구를 점하고 있으며 절강성 출신은 3가구, 강소성 출신은 2가구가 된다. 그들의 직업 역시 해산물을 주요로 하는 것에 그치지 않고 점차 다원화해서 주요 사업이 의류업이고 총 30가구가 되었다. 이 외에 해산물 가게는 2가구, 모피상은 1가구, 요리사는 1가구가 있다. 중화회관은 삼강방 상인에서 복청방을 핵심으로 하는 그룹으로 바뀌었고, 지도자도 복주성 복청현 고산시 출신인 진필권이 승계했다. 1940년 중화회관은 중화진흥상회 하코다테 지부로 다시 조직하고 정부正副 회장 및 이사도 대부분 복청방

19 행상인, 지역을 돌아다니며 장사를 하고 고정된 영업장소가 없는 장사꾼
20 (일) 허숙진, 『홋카이도화교에서 일본화교사회의 특색에 대한 탐구』 참조. 장존무 · 양희용, 『해외화교연구논집』 2, 화교협회총회, 2002, p.435.
21 (일) 허숙진, 『홋카이도화교에서 일본화교사회의 특색에 대한 탐구』, p.436.

〈표 7〉 1938년 하코다테의 화교가구수와 직업(시바요시노부, 앞의 책, p.303)

순번	호주명	직업	출신지	순번	호주명	직업	출신지
1	반련부	해산상	절강성 호주성내	19	진덕춘	오복행상	복주복청현고산시
2	장정경	해산상	절강성 영파서문외	20	임재향	오복행상	복주복청현고산시
3	왕홍길	요리사	–	21	진필거	오복행상	복주복청현고산시
4	옹의괴	오복행상	복주복청현남문외	22	진유명	오복행상	복주복청현고산시
5	류량우	오복행상	복주복청현고산시	23	정위부	오복행상	복주복청현고산시
6	설래매	오복행상	복주복청현고산시	24	진덕건	오복행상	복주복청현고산시
7	설도웅	오복행상	복주복청현고산시	25	구의	학생	고등수산학교
8	류성경	오복행상	복주복청현고산시	26	섭산보	오복행상	복주복청현남문외
9	임우장	오복행상	복주복청현고산시	27	정성천	오복행상	복주복청현남문외
10	임우걸	오복행상	복주복청현고산시	28	정성아	오복행상	복주복청현남문외
11	임종매	오복행상	복주복청현고산시	29	양창과	오복행상	복주복청현고산시
12	진휘창	오복행상	복주복청현고산시	30	도승희	모피상	강소성강녕도오진
13	진역눈	오복행상	복주복청현고산시	31	리효홍	오복행상	복주복청현고산시
14	진영경	오복행상	복주복청현고산시	32	리유핵	오복행상	복주복청현고산시
15	도승희	교원	강소성강녕록구진	33	리유류	오복행상	복주복청현고산시
16	진찬평	오복행상	복주복청현남문외	34	이유전	오복행상	복주복청현고산시
17	임학화	오복행상	복주복청현고산시	35	이송송	오복행상	복주복청현고산시
18	진필태	오복행상	복주복청현고산시	36	하죽청	오복행상	절강처주청전현

이 맞게 되었고 복청방의 우세는 하코다테에서 여전히 지금까지 변하지 않고 있다.

하코다테 화교 커뮤니티는 광동방, 삼강방, 복청방으로 번갈아 교체되었고, 홋카이도 하코다테 지역의 개발과 발전도 큰 발전을 이루었으며, 동시에 근대 중일무역에도 큰 기여를 했다. 중일무역은 해산물을 주로하고 다시마, 상어 지느러미, 오징어, 해산물 등을 대량 수입하여 중국 국내의 수요를 만족시켰다. 특히 다시마는 추위를 막는 음식으로서 질병방지에 중요한 작용을 하였으며, 근대 중국경제와 사회 발전에 큰 영향을 끼쳤다. 이 외에도 하코다테 중화회관 역시 중일 간의 문화교류에 큰 영향을 끼쳤다. 그중 비교적 대표적인 것이 바로 관제신앙이다.

3. 하코다테 중화회관과 관제关帝신앙의 전파

중국의 관제신앙 유래는 오래되었는데, 당 시기에 관제신앙이 시작되었고 송원시기에 이르러 널리 퍼졌다. 그리고 원명청시대에 추앙되었으며 민중들에게 신앙으로 받들어지게 되었다. 해외 무역의 성장에 따라 중국의 관제신앙도 세계 각지로 확산되었다. 일본까지 관제신앙이 전해졌는데, 에도 막부시대에 현지의 민간신앙으로 자리 잡았으며, 전설에 의하면 아시카가 다카우지와 도쿠가와 미쓰쿠니 등도 관제에게 제사를 지냈다고 한다.[22]

근대 일본의 관제신앙은 현지 화교들의 자치단체 즉 중화회관과 관련이 있다. 중화회관은 재일 화교들이 공동의 민족적 심리적 요구 때문에 그들의 생존기회를 지키고 확대하기 위해 성립되었다. 그들은 관우의 '충, 의, 인, 신'이 공동의 도덕신념이 필요했고, 중화주의와 질서를 유지하고자 하였다. 그리하여 관제는 중화회관의 정신적 지주가 되었고, 관제묘는 중화회관의 부속 부분이 되었다. 그중 가장 대표적인 3개의 회관은 요코하마 중화회관, 고베-오사카 중화회관, 하코다테 중화회관이다. 그중 요코하마 중화회관은 1873년 설립되었으며, '여러 사람의

22 하국충, 『문화기억과 화교 사회』, Institute of China Studies, 2008, p.222.

뜻을 합하여, 여러 가지 일을 상의한다'라는 뜻으로 요코하마 화교의 짙은 고향의 정과 단결의 정신을 한데 모았다. 고베-오사카 중화회관은 1891년에 고베－오사카 화교들이 지역경계를 타파하고 화교의 공동이익을 보호하기 위해 건축을 기획발기하고 전체 건축의 규모를 거대하고 웅장하게 만들어 일본에 가장 웅장한 포스를 지닌 회관이 되었다. 하코다테 중화회관의 건립은 가장 늦게 되었는데, 1910년에 세워졌으며 그 규모가 거대하였고 고베-오사카 중화회관과 그 아름다움을 겨룰 만 하다. 제2차 세계대전 기간에 앞의 두 개의 회관은 소실되었으며, 하코다테 중화회관만 완전하게 지금까지 보존되고 있다. 그리고 일본에 현존하고 있는 가장 순수한 중국식 청조 고건축물로 남아있다. 하코다테 중화회관은 평면 배치도는 〈그림 3〉을 보면 알 수 있다.

하코다테 중화회관 건축 양식은 순수한 중국 전통건축 양식이다. 조각공, 칠공, 목공 등 총 43명을 특별히 절강, 상해에서 데리고 왔으며,

〈그림 3〉 하코다테 중화회관 평면도(『하코다테 화교관계 자료집』, 앞의 책, p.27.)

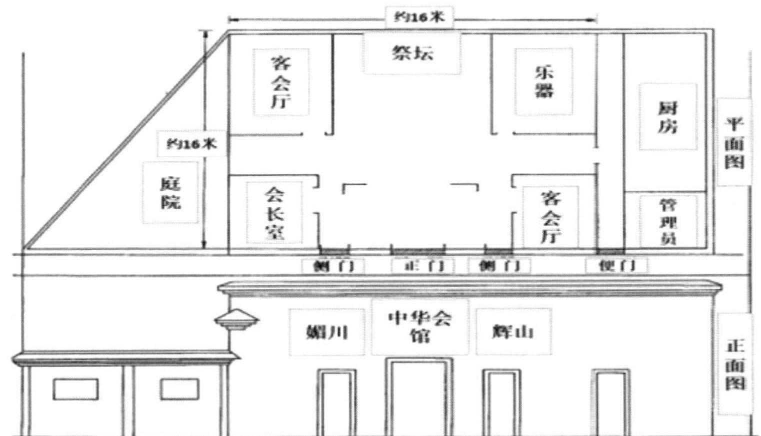

〈그림 4〉 1913년 하코다테 중화회관 성원이 중화민국성립 2주년을 경축하기 위해 회관 입구에서 촬영한 사진(『하코다테시 역사통설편』, 하코다테시 역사편집사무국, 1974, p.1059)

제단, 기와, 모든 집기 등은 중국에서 운반해 왔다. 동시에 일본의 노동자도 고용하였다. 본 건축물은 중국 전통 공예에 의해 지어졌으며, 주영 선생이 공사를 감독하였으며 공사를 시작한지 3년이 되었다. 회관의 화관과 내부 배치는 관제묘 양식이며, 제단, 현판, 주춧돌, 족자, 목각 시화와 문장은 곳곳에서 화교들의 중화 문화와 관우왕에 대한 존경과 경배심을 드러내고 있다.

회관의 묘당 정문 위에는 '중화회관'이라는 4개의 큰 글자가 있으며, 양쪽 벽면에는 『문선文选』 중의 육기陆机의 『문부文赋』의 글귀인 "산휘山辉"와 "천미川媚"(산의 풍경이 너무 아름답구나)가 있다(〈그림 4〉 참조). 대문 안으로 들어서면, 벽에는 '하코다테 중화회관'의 비석 글귀가 있으며, 회관 건축의 역사가 개재되어 있다. 내당의 4개 근 기둥에는 한 폭의 대련이 걸려 있는데, 그중에 하나는 "촛불을 들고 피하지 못함이 아쉬움이 있고, 천리를 달려오니 이제야 한나라를 지나는구나秉烛非避慊, 千里归来惟由汉 /

화용에서 어찌 덕을 보답할 수 있으랴, 그 사이에 눈앞에 조조는 사라졌구나华容岂报德, 那时眼下已无曹"의 글귀가 걸려 있다. 『삼국지연의』에서 관우의 '천리독행'과 '화용석조'의 고전을 인용하고 관우의 공덕을 노래하였다. 또 눈에 뛰는 기둥은 "삼신산은 이제 인간 세상에 있고, 신이 오셨네, 약수의 깊은 곳에서 왕을 맞이하네. 오월마다 탄신일을 맞아 백성들이 찾아와, 맑은 샘물에 청포를 바치네"의 글귀가 있다. 이 대련은 대 실업가인 청나라 광서 갑오년 장원인 장젠이 일본의 요청에 응해 답사를 왔을 때 지은 글귀이다. 윗 연은 일본의 하코다테를 바다의 선경으로 비유하였으며, 비록 하코다테가 중국의 '약수천심(신선이 있는 물가)'와 상당히 격리되어 있지만, 여전히 '신'으로 모시는 관우가 오는 것을 막을 수 없으며 상당한 예우를 받았음을 말하고 있다. 아래의 연은 여기 백성들이 관우의 생일인 이날을 맞이하여 모두 이곳의 예법으로 제사를 지냈으며, 이는 관제문화가 일본에 영향을 끼친 것을 충분히 알 수 있다. 관우는 재일화교들이 신앙의 대상으로 삼았을 뿐만 아니라, 많은 일본 인사들도 머리를 조아리며 숭배하였다. 회관중앙은 관제의 제단이 있고 제단의 편액에는 '건곤정직乾坤正直'의 4개 큰 글자가 쓰여 있다. 신단 중앙에는 관우의 신위가 놓여져 있으며, 신위에는 "칙봉삼계복마대제지성敕封三界伏魔大帝至聖"가 적혀 있다. 제단의 양 측의 기둥에는 "내성내신명만세인륜, 지대지강존양간정기乃聖乃神明万世人伦, 至大至刚存两间正气"의 글귀가 적혀 있다. 그 배치는 〈그림 5〉와 같으며 그 화려하고 웅장함을 엿볼 수 있다. 중앙제단의 관제제단 뒤의 목판으로 된 병풍에도 매우 세심하게 도교의 '권선문'인 〈관성제군각세진경关聖帝君觉世真经〉이 새겨져 있는데, 이는 화교들이 관우에 대한 경외심이 어떠한지 잘 드러내고 있음을 보여준

〈그림 5〉 하코다테 중화회관 중앙의 관제제단(http://www.hakobura.jp/walk/post-134.html)

다. 회관의 설치와 배치는 민간의 관제신앙과 중화문화를 하나로 아우르는 것이며, 웅장하고 화려함은 하코다테 화교들의 정신적 지도자로서 재일 화교들의 열렬한 애국심과 중일 양국의 영원한 우호의 마음을 담아낸 것이다.

관제의 신성은 하코다테에서 화교들의 상업신, 재신으로 받들어질 뿐만 아니라, 중화도의와 질서의 권위로 추앙받고 있다. 회관은 매년 관제제사 활동을 거행하고 있는데, 이는 화교들의 정신적인 기탁이 되었다. 매년 회관제사를 담당하는 평의소는 회원들에게 회비를 거두고 있는데, 신년, 청명, 5월 13일, 7월 15일, 9월 13일 제사에 쓰이고 있다.

매년 1월 1일은 일본에서는 신년이다. 이때 하코다테 화교들은 오전 8시부터 정오 때까지 중화회관에 모두 모여 관우에게 제사를 지내며 단체로 새해 인사를 나누는 행사를 한다. 청명일에는 하코다테 화교들은 오전 9시에 선산에 모여 조상들에게 제사를 지내는데 이는 조상에 대한 추모의 뜻이다. 음력 5월 13일은 관우의 탄신일인데, 이날에는 화교들이 관제의 기념일을 거행하고 오전 11시에 회관에 모여 분향제사를 드린다. 7월 15일 오전 9시에는 선산에 모여 의장에 제사를 지내고, 9월 13일 오전 11시에는 회관에 모여 관우에게 제사를 지낸다.

중국의 관제신앙은 재일 화교들에 의해 동진하여 일본으로 전해졌으며 재일 화교들의 신앙과 정신적 지주가 되었다. 동시에 화교들이 사업을 하고 체류함에 따라 일본에 뿌리를 내리게 되었다. '점차 일본 본토의 신앙으로 녹아들었으며 일본 열도에서 받들고 있는 '도래신'이 되었으며 일본 민간신앙에 있어서 무시할 수 없는 작용을 하였다."[23] 1966년과 1967년에 모모토리 요시오百鸟芳郎 교수는 구메 마을 족보 조사하면서 오키나와 현의 응우옌阮氏 씨 자택을 방문했을 때,[24] 그 가족의 제단 중앙에 관제의 그림을 발견하였으며 오른쪽에 있는 신단은 관음보살과 마즈를 제사하고, 왼쪽에는 선조의 위패를 모시고 있었다. 관제신상이 중앙에 위치하고 있는 것을 보면 관제 신앙이 현지 민간인의 마음속에 자리잡고 있다는 것을 알 수 있다.[25] 그 밖에 일본의 도호쿠대학 교수이며 관제 신앙의 동북아 전래에 있어 전문가인 야마다 카즈요시 교수는 홋카이도에 있는 이시카리 벤텐사에 현재 아직도 '관우정장도'[26]가 보존되어 있다고 고증하였다. 이 외에 관제사당은 나가사키, 요코하마, 고베, 하코다티 등

23 이헌장, 『마조신앙의 연구』, 태산문물사, 1979, p.527에서 재인용.

24 응웬씨. 명나라 홍무 연간에 명 태조 주원장이 일본 류쿠 중산왕의 부탁으로 복건성 연해일대에서 항해, 문화 인사들을 모집하여 류쿠로 보내 중산국의 조공, 항해, 교육 등의 직무를 맡겼다. 역사적으로 이들을 '민(복건성)사람들로 36개의 성씨'로 부른다. 그중에 응웬 성씨를 지닌 사람들은 일본에서 중용되었는데, 식채지(食采地) 봉록의 특혜를 받았다. 후에 응웬씨 사람들과 재일화교들과 함께 거류하게 되었고 일본인들과 통혼을 하여 후대가 번성하였으며 16세대까지 이르렀다. 현재 일본 응웬씨 사람들은 구미마을에 응웬씨 문중인 아화회(我華會)를 만들었는데, 이는 종친과 연락하는 단체가 되었다.

25 山脅悌二郎, 『나가사키의 당인무역』, 요시카와(길천)홍문관, 1995, pp.299~300에서 재인용.

26 본 논술은 일본 동북대학 동북아연구센터인터넷에 기재되어 있다. http://www.city.ishikari.hokkaido.jp/hakubutushi/ha_012.htm 참조.

에 즐비하다. 열기 가득한 관제 탄신일도 일본인에게 주목을 받고 있다. 일본의 요코하마, 고베 등지에서 매년 차이나타운에서 '관제 탄신일' 축제를 거행하는데, 관제묘를 중심으로 제사를 지내고 거리를 돌아다니며 문예활동을 한다. 많은 일본 현지 시민들도 이에 참여하고 향을 피우고 제사를 지내고 정성으로 기도를 드린다. 일본에서의 관제신앙의 발전은 중국의 우수한 전통문화를 일본에 전파하였고 시민계층의 사회생활을 풍부하게 했으며, 중일 간의 문화 교류와 민간 교류를 강화시켰으며 지금까지 영향을 미치고 있다.

관제신앙의 전파뿐만 아니라 하코다테 중화회관 역시 대대적으로 하코다테 화교와 현지 일본 단체와 개인들과의 교류를 촉진시켰다. 회관 건립 후에는 하코다테 지청, 관공서, 재판소, 세무서 등 정부 부처 및 하코다테의 각 회사, 상점, 신문 매체, 개인 들이 중화회관에 지속적으로 후원금과 물품을 기증하여 하코다테 화교 단체의 발전을 지원하였다. 이러한 관계 구축과 왕래는 하코다테 화교들과 현지 일본사회와의 융화를 대폭적으로 강화시켰다.

4. 결론

근대시기 화교들은 중일교류의 연대에 분명한 역할을 담당하였다. 재일 화교의 숫자가 증가함에 따라 화교 커뮤니티가 자연스럽게 생성되었다. 하코다테 중화회관은 근대 중일 양국의 경제와 문화교류의 교두보 역할을 하였으며, 중일 양국이 해산물 무역으로 하는 경제 무역 교류를 촉진시켰다. 또한 민간 관제 신앙을 대표로 하는 중화민족의 우수한 전통문화를 전파시켜 중일 양국의 사회 발전과 경지 무역 및 문화교류에 지대한 영향력을 끼쳤다.

일본 근대화의 계기가 된 데지마를 통한 초량왜관 고찰

공미희

1. 들어가기

데지마는 일본 쇄국시기의 유일한 이문화 교류공간으로서 상업적 무역활동이 수행되는 과정에 서양문화, 학문 및 교육 시스템이 일본에 도입되는 창구역할을 했다. 데지마는 주변 지역과 교류가 제한되었지만, 사람의 생명과 관련되는 의술과 실용기술 등은 생활 속으로 자연스럽게 전수 및 전달되게 되었다. 대표적인 사례로 네덜란드 상관의사인 지볼트에 의해 네덜란드의 의학이 일본에 교수되었고, 또한 일본인 네덜란드 통역사에 의해 서양학문과 관련된 서적이 번역되어 선진기술이 일본에 전파되고 새로운 문화에 관심을 가진 학자들이 전국적으로 모여 들기도 했었다.

강제적으로 외부와의 문화교류가 제한되었지만 데지마로부터 소개된 자연과학, 의술, 문화 및 기술 등은 삶을 윤택하게 하고 편리하게 했으며 또한, 새로운 것에 관심과 배움의 욕망으로 난학蘭学이 탄생하여 일본에 근대화를 제공해 준 계기가 된 곳이라고도 할 수 있다. 국내에서는 데지마에 대한 연구가 미흡한 실정이지만, 왜관과 데지마에 설치된 외국인 거류지의 설립 과정, 목적, 관리 및 운영실태에 대해 비교분석한 연구가 수행되었고,[1] 왜관의 성격 및 왜관에서 발생한 범죄에 대한 연구가 진행되었다.[2] 그러나 이들 연구결과로부터는 역사적 사실로부터 얻을 수 있는 근대화라는 사회 발전에 기여한 핵심적 요소를 찾을 수 없었고, 서양학문과 문화수용의 관문으로서의 역할을 한 데지마에 비해서 초량왜관이 식민지화의 전초기지가 된 원인을 분석하여 한국사회 발전 방향을 찾고 싶었지만 관련된 연구결과는 없었다. 초량 왜관에 대한 연구들이 많이 수행되었지만, 대부분의 논문은 고서를 바탕으로 사실을 묘사하는 형식으로 구성되어 있었으며 그 논문을 통하여 역사적 교훈을 받아 보다 밝은 사회를 만들어가기 위한 방향을 제시한 논문은 좀처럼 찾기 어려웠다. 즉, 오늘날 일본의 과학기술이 우리에 비해서 비교우위를 차지하고 있는 이유를 분석하여 찾고자 하였고 또한, 역사학 논문에서 과거 역사적 사실을 분석하여 잘못된 역사적 사실에 대

1 장순순, 「근세 동아시아 외국인 이주지의 특징－부산의 초량왜관과 나가사키의 데지마를 중심으로」, 『전북사학』 27, 전북사학회, 2012, 45～76쪽.

2 양흥숙, 「'범죄'를 통해 본 조선 후기 왜관 주변 지역민의 일상과 일탈」, 『한국민족문화』 40, 한국민족문화연구소, 2011, 233～263쪽; 루이스 제임스, 「朝鮮後期 釜山 倭館의 記錄으로 본 朝日關係－'폐・성가심(迷惑)'에서 相互理解로」, 한일관계사학회, 『한일관계사연구』 6, 1996, 122～154쪽; 尹祐叔, 「約條にみる近世の倭館統制について」, 早稻田大學史學會編, 『史觀』 138, 1998, 17～31쪽; 김일, 「근세후기 倭館의 交奸事件과 데지마(出島)의 遊女들」, 전북사학회, 『전북사학』 46, 2015, 285～312쪽.

해서는 반성을 통하여 미래에는 유사한 실수를 범하지 않는 발전방향을 제시하는 것은 주요하다고 인식하고 있기 때문에 데지마를 통한 초량왜관의 특징을 고찰하게 되었다.

따라서 본고에서는 초량왜관과 일본의 데지마에 대해서 시대의 한 계선을 두어서 비교하기보다는 외국인 거류지로서의 유사한 사회적 환경에 대한 특징을 비교하여, 데지마가 일본근대화의 계기가 된 것과는 달리 초량왜관이 식민지화의 전초기지가 된 원인을 분석하고자 하는 것이 그 특징이다. 즉, 기존의 연구와 같이 새로운 역사적 사실을 발굴하거나 기존의 사실을 보다 깊이 있게 탐구하기 보다는 기존의 연구 결과를 바탕으로 새로운 각도에서 역사적 사실을 분석하고 아픈 역사적 사실에 대해서 반성과 새로운 미래를 만들기 위한 전략을 도출하고자 본 연구를 수행하였다.

연구방법으로서는 데지마의 설립배경과 성격을 바탕으로 일본 근대화의 계기가 된 데지마의 특징 즉, 데지마에서 거주하는 네덜란드인의 생활상, 일본의 근대화에 주요 핵심역할을 한 난학의 발전, 의사이자 연구자인 지볼트가 일본 근대화에 끼친 영향 및 데지마에서의 동인도회사의 특징을 분석하였다. 그리고 마지막으로, 일본 데지마의 역사적 사실과 부산 초량왜관의 역사적 사실을 비교분석하여 조선이 식민지화가 된 원인을 분석하여 향후 일본과의 문화교류를 수행함에 있어서 우리가 염두해 둘 필요사항과 우리의 문화를 지키고 발전시키기 위한 방안을 제시하였다.

2. 데지마의 설립배경

1550년 일본에 포르투갈 배가 처음으로 입항한 항구는 나가사키현의 히라도平戸항이었다. 포르투갈은 당시 인도 고어를 동양무역의 거점지로서 이용했으며 일본과의 무역은 고어에서 마카오를 경유해서 오는 배와 마카오가 기항지로 되어 이곳을 경유하여 히라도에 입항했다. 포르투갈인의 입항목적은 상업적 무역의 확대와 그리스도교의 포교행위였다. 나가사키 항이 개항된 이후 매년 포르투갈 선이 입항하게 되어, 나가사키는 포르투갈 무역항이면서 남만무역의 중심지로서 급속히 발전했다. 나가사키에서 최초의 포교활동을 행한 포르투갈 출신의 예수회 수도사 루이스데・알메이다Luís de Almeida를 비롯한 외국인 선교사의 포교결과 크리스트교 신자 수는 6만 이상이었다. 이처럼, 일본에 전래된 그리스도교는 당시 일본인에게 폭넓게 수용됐지만 기존질서를 유지하려는 세력의 반발도 받았다. 막부는 그리스도교 포교활동을 저지하고 다양한 지역에 거주하는 포르투갈인을 한군데 수용 및 무역을 엄격하게 감시할 목적으로 나가사키를 대표하는 주요상인 25인에게 출자하도록 하여 바다를 매립해 조성한 부채꼴의 인공섬인 데지마가 1634년부터 2년에 걸쳐서 축조되었다. 그 후 데지마와 관련된 주변 지역(나가사키)의 시설확충 등의 조성 및 확충 등의 공사 과정에서도 막부는 자력축조를 주장하고 외국의 기술・자금・노력의 제공을 거절하고 독자적으로 완성한 것이었다.[3]

3 浜口美由紀, 「長崎外國人居留地關係資料に關する一考察－長崎の「國際化」の背景」, 『長崎大學留學生センター紀要』 5, 長崎大學, 1997, pp. 22～23.

그런데, 1635년에 일본의 배와 일본인이 외국에 나가는 것과 외국에 거주하는 일본인의 귀국을 금지하는 쇄국정책을 실시하였다. 또한 백성을 혹사나 과중, 조세부담, 기근의 피해 등의 이유로 1637의 시마바라의 난이 발생되었고, 이를 계기로 1639년에 포르투갈 배의 도항을 전면 금지하는 쇄국령이 내려지면서 데지마 거주의 포르투갈인은 모두 국외로 추방되었다. 그 결과 데지마는 무인도가 되었고 쇄국정책이후 고역이 급속하게 줄어들게 되어 나가사키는 어려운 국면에 처하게 되었으며, 데지마를 설립할 때 투자를 한 상인들이 대지료를 받을 수 없게 된 것에 대한 불만의 요구가 커졌다. 한편, 네덜란드는 1609년 동인도회사의 상선 2척이 히라도로 향하는 도중 나가사키에 들려 네덜란드 배가 처음으로 입항했으며 이후 히라도에 네덜란드 상관이 설치된다. 막부는 같은 크리스트교국가인 네덜란드인에 대한 경계와 통제도 더욱 강화했으며 네덜란드인 및 네덜란드 선박을 나가사키 봉행의 직접적인 감득하에 두어 연안방비체제를 강화하기 위한 군사적인 목적을 고려하여 1641년 히라도에 있던 네덜란드 상관을 데지마로 이전토록 했다. 데지마로 이전된 네덜란드 상관은 히라도 상관[4] 의 환경과는 달리 일본인과의 자유로운 교류는 일절 금지되었다. 네덜란드인의 목적은 무역뿐 크리스트교 포교에는 일절 관계하지 않았으므로 데지마에서의 네덜란드인이 일본에 있어서 유일한 상업기지가 될 수 있었고, 네덜란드 동인도 회사의 상관은 데지마로 이전해서 1856년까지 215년간 이 데지마에 상존할 수 있

4 히라도 상관은 데지마와는 달리 일본인과 네덜란드인과의 접촉을 막으려는 엄격한 규제는 없었고 일본 측 상인의 출입도 자유로웠다. 이것은 상관에 거주하는 네덜란드의 경우도 가찬가지로 자유롭게 외출하여 히라도 주민을 비롯해 같은 지역에 상관을 설치하고 있던 영국인이나 중국인들과도 교류하였다. 위의 글, pp.18~22.

었고 데지마는 1866년 외국인 거류지의 일부로 편입되었다.

다음의 제3장에서는 데지마의 설립배경을 바탕으로 일본 근대화의 계기를 제공한 데지마에서의 네덜란드인의 생활상 및 근대화의 원동력이 된 난학 및 지볼트의 역할, 그리고 동인도회사의 특징에 대해서 살펴보고자한다.

3. 일본 근대화의 계기가 된 나가사키 데지마

1) 데지마의 네덜란드인의 생활상

나가사키 데지마에서는 일본인과 네덜란드인 사이에 이문화 교류가 제한되었지만 에도참부와 함께 주로 네덜란드 통역사 및 상관장에 의해 자연적으로 이문화 교류가 이루어졌다. 상관조직은 상관, 부상관장, 창고장, 지출역, 상무원, 서기, 보조원 및 의사 등으로 구성되었고, 상관장의 재임기간은 1년이지만 재임이 가능하였다. 구성인력은 시대에 따라 인원증감이 있었지만 대략 10명에서 15명 정도로 적은 인력의 네덜란드인이 데지마에 상주하였다.[5] 상관장은 상관을 관리하는 업무도 주요하지만, 연에 1회 에도참부江戸参府행사와 나가사키 봉행소奉行所에 방문하여 원활한 무역행위가 이루어질 수 있도록 현상품을 바치는 등의

5 丹野 勳, 「日本のアジア交易の歴史序説－古代・中世・近世・幕末・明治初期まで」, 『國際経營論集』 48, 2014, pp.14～15.

의식을 수행하는 것이 주요업무 중의 하나였다.

네덜란드 통역사는 통역이나 번역을 수행하였고 네덜란드 무역에 관한 업무뿐만 아니라, 에도참부를 포함한 모든 행사에 네덜란드인과 동행하였으며, 심지어 난학의 연구도 수행하였다. 통역사는 히라도에서는 네덜란드인에게 고용되어 급료를 받았지만, 데지마에서는 나가사키봉행에게 서약서를 제출하고 급료를 받는 관리의 신분이 되었다. 특히 데지마에서는 봉행소의 의향을 전하고 네덜란드인을 감독하는 관리임과 동시에 나가사키의 상인으로서 무역의 수익도 획득할 수 있었다. 네덜란드인들은 연1회 주요행사에 참가하는 시기 이 외에는 데지마에 갇혀 있었고 자유롭게 나가사키의 거리를 활보하는 것은 허용되지 않았다. 한편, 나가사키봉행은 다이묘나 관리, 무역 관계자에게만 자유롭게 데지마 출입을 허용하였고, 데지마 다리 안쪽에 파수꾼의 대기소를 설치하여 네덜란드인의 행동을 감시하였다. 그러나 예외로 유녀 및 스님은 출입이 허용되었으며 그 외 데지마 출입증을 가진 일본인은 출입이 허용되었고 출입자는 엄격하게 관리하였다.

데지마의 운영 및 관리는 나가사키 봉행長崎奉行이 주관하지만, 무역에 대해서는 정년기(町年寄-江戸시대, 주요도시에서 시중의 공무公務를 처리하던 벼슬아치)가 감독하고, 무역의 실무 및 일본인의 통행허가에 대한 관리를 출도을명出島乙名이 담당하였다. 출도을명은 무역기간 중에는 데지마에 대기하면서 짐의 하역과 선적을 비롯하여 상행위를 동반한 모든 장소에 입회하고 또한 짐들의 점검과 봉인 등의 업구를 수행하였다. 기타, 데지마에서 발생하는 범죄나 출입하는 사람들을 감시하는 탐번探番과 매물사買物使가 있었고, 매물사買物使는 외부로의 출입이 금지되어 있는 네덜란드인을 대신하여 네덜란드상관원의 일상생활에 필요한 식료품등을 공급하였다. 이 외에 데지마에는 요리인料理人 급사給仕 선번船番 번인番人 정번庭番 등의 일본인이 출입하고 있었다.[6]

데지마에서의 네덜란드인과 에도참부와의 관계에 대한 주요한 업무에 대한 사료『나가사키 네덜란드상관의 일기長崎オランダ商館の日記』[7]를 소개하면 다음과 같다.

> 상관장이 된 카피탄의 첫 번째 임무는 '여행준비'이다. 설날 전에 에도(江戸)에 가서 장군께 '무역을 하게끔 해주셔서 감사합니다'라고 인사를 하고 공물을 건네지 않으면 안 된다. 이 제도는 '에도 참부'로 불리며 에도까지 가는 데 1개월, 체류 1개월, 귀로에 1개월의 합계 3개월에 걸쳐서 대여행. 에도참부에서 가장 신경을 쓰는 것이 진상물이다. 수중의 물품부터 좋은 물건을 골라내고, 나가사키봉행 등과 논의하면서 공물을 정한다. 1643년 상관장 엘 세락은 진상물 목록을 나가사키 봉행에 제출하고 이 내용으로 좋을지 확인을 받았다. 봉행은 명단에 있던 '동제등롱銅製燈籠'(청동으로 만든 일본의 전통적인 조명기구의 하나)를 보고 "이것은 훌륭한 물건이라 돌아가신 장군(도쿠가와 이에야스)의 묘소에 바치면 기뻐하실 것이다"라고 전했다. 장군 徳川 家光(도쿠가와 이에미쯔)에게는 11종류의 고급직물이 합계 108필, 산호 15개, 장뇌 2근을 비롯한 후사의 이에쓰나(家綱), 마쓰다이라 노부츠나(松平信綱)들에게도 일일이 자세히 26명분의 진상물 명단이 만

6 柴田陽廣,「ケンペル鎖國觀」,『慶應義塾大學芸文學會』86, 慶應義塾大學芸文學會, 2004, pp.90~91.
7 『長崎オランダ商館の日記』1, p.262. http://www.city.nagasaki.lg.jp/nagazine/hakken/hakken1710/index.html 참조. 일본어에서 한국어 번역은 필자가 하였음.

들어졌다. 이 때 보낸 '동제등롱'(銅製燈籠)은 현재도 '네덜란드 등롱'으로 닛코 동조 궁에서 볼 수 있다.

위 일기내용에서 새로운 상관장은 전임자가 탄 배를 보내고 참부의 준비가 우선적으로 수행됨을 알 수 있다. 네덜란드 상관장의 에도참부는 1609에 히라도에서 부터 시작되었으며, 1633년부터는 매년 참부하게 되었고, 특별한 사정이 있는 경우는 제외하고 1850년까지 218년간 116회 참부를 수행했다. 에도참부를 수행하는 이유는 네덜란드가 일본과 무역을 계속할 수 있게 된 것에 대한 감사의 표시를 위해 장군을 배알 및 헌상품을 바치는 등의 의식으로 정례화되었는데, 관련 비용은 모두 네덜란드 측에서 부담하였다. 에도참부 하는 과정에 네덜란드인과 일본인 사이에 서로 다른 이문화를 체험할 수 있는 기회가 되었으며, 특히 상관장은 의사를 대동하고 참부했기 때문에 에도에 머무는 동안 의학을 비롯한 자연과학 등에 대한 문의를 많이 받았고 일본의 이른바 근대화의 원동력의 하나가되는 난학이 시작되는 계기가 되었다. 난학의 발전에 기여한 지볼트는 나가사키 봉행의 허가를 받아 나가사키시에 위치한 난학 학원에서 일본인에게 진료를 하였고 나가사키의 근교에 나루타키鳴滝학원을 개설하여 일본인들에게 정기적으로 강의를 실시하였다.

2) 난학의 시작과 발전 및 지볼트의 역할

난학[8]이란 일본에도시대에 상업적 무역을 목적으로 나가사키 데지마에 위치한 네덜란드 상관에 의해 자연과학 및 의학 등의 네덜란드 지식체계가 일본인에게 전수되어 일본 근대과학기술 및 의학에 크게 영향을 끼친 학문을 의미한다. 네덜란드인은 의학이나 과학기술, 국제정보, 심지어는 서양문명을 일본에 전하는 주요한 역할을 하였다. 네덜란드는 서양국가 중 에도시대의 유일한 교류 상대로, 일본인이 네덜란드어 및 네덜란드인을 통한 서양의 학술지식을 배우고 해외 정보를 받은 것은 일본의 근대화, 서구화를 준비하기 위한 기초가 되었다.

데지마는 에도막부의 쇄국정책으로 나가사키의 바다를 매립해 만들어진 인공 섬이지만, 네덜란드인에 의해 데지마를 통해 들어오는 서양의 최신과학이나 문화를 연구하는 난학은 의학, 수학, 병학, 천문학, 역학 등 여러 분야에 걸쳐서 최신지식이 일본내부로 전파되었다. 난학을 통해 생겨난 합리적 사고와 인간평등사상은 막부말기의 일본사회의 근대화에 큰 영향을 미쳤다고 간주할 수 있다.

따라서 이절에서는 쇄국시기에 난학의 시작 및 발전의 역사에 대해서 분석해 보고자 한다. 서양철학이 수용되기 시작한 이유는 영국군함 페이튼호[9] 나가사키 불법침입 등을 계기로 일본인이 군사적으로 위기

---

8 『江戶時代の日蘭交流』, 國立國會図書館の電子展示會. http://www.ndl.go.jp/nichiran/index.html 참조.

9 영국이 아시아에 파견한 전함(戰艦)중의 하나로, 1803년 이후 아시아에서의 네덜란드, 프랑스 세력의 배를 나포하는 등의 군사 활동을 하던 페이튼(フェートン)호는 곧 일본에 체류하는 네덜란드선을 나포할 수 있도록, 동 중국해를 건너 나가사키항에 침입했을 때 네덜란드 국기를 내걸고 스스로 네덜란드선인 것처럼 위장했다. 페이튼(フェートン)호는 일본 측에 식수와 식량을 요구하고 그 요구가 관철되지 않으면 항내의 왜선과 중국 선박을 불태우겠다고 협박

감을 느꼈기 때문이다. 북쪽으로부터는 러시아, 남쪽에서는 영국, 그리고 동쪽에서는 미국으로부터 군사적 위협을 받았고, 막부나 무사들은 그런 열강과 동등한 힘을 가지고 있다고 생각한 네덜란드로부터 군사 및 건축학적 전문지식을 도입하여 구미제열강의 침략에 대항하고자 했다. 그 당시 막부로부터 유일하게 네덜란드 통역사가 인정된 관계로 서양학술은 네덜란드인 또는 관련 통역사들을 매개로해서 네덜란드의 기술 및 지식에 대한 연구가 시작되었고, 1700년대에는 지리, 과학 등, 여러 가지 분야의 난학서가 번역되었다. 따라서 네덜란드 상관이 위치한 데지마는 새로운 실용적 학문 및 기술의 확보와 이문화 교류가 이루어지는 공간이었으며, 상관에서 근무하는 의사들은 일본 의학 발전에 큰 영향을 미쳤다. 통역사의 주된 업무는 무역협상과 관련된 내용이지만, 의학, 물리학 등의 학술을 습득해 일본인에게 가르치고 네덜란드 서적을 번역 및 저술하는 등 난학 발전의 밑거름이 되었다.

따라서 서양문물의 창구였던 나가사키에 해외의 신지식을 배우기 위해 일본 전국에서 많은 학생들이 유학했다. 그들은 유럽과 아시아의 문물과 정보를 받아들일 뿐만 아니라 의학, 자연과학, 병학사상 외, 네덜란드어, 영어, 중국어 등 언어를 배우고 그것을 보급시켜 그 후 일본의 근대화의 초석을 마련했다.

난학의 발전에 기여한 사례 등을 살펴보면, 우선 8대 장군 도쿠가와 요시무네吉宗를 들 수 있다. 1659년에 도도네우스의 『초목지草木誌』,[10] 1663

했다. 平隆二「日本における英語研究のはじまり(1808~1862)」熊本縣立大學文學部 紀要論文,『文彩』9, 2013, pp.14~15.

10 伊藤 眞實子,「19世紀日本の知の潮流」,『19世紀學硏究』6, 2012, pp.65~66.

년에 욘스톤의 『동물도설動物図説』이 상관장으로부터 헌상되었지만 해독이 불가했던 문고를 요시무네吉宗가 번역을 추진하도록 하였다. 『초목지草木誌』는 서양식물학책의 대표로서 일본 본초・박물학에도 큰 영향을 끼쳤으며 이런 번역 과정은 서양학술이 가속적으로 일본에 전파되는 계기가 되었다. 또한, 요시무네는 마필 개량을 위하여 1725년 등 수차례 네덜란드배로 서양말을 수입, 1720년 책 수입을 완화해 기독교와 무관한 책의 수입을 인정하고, 1740년경부터 아오키곤요青木昆陽, 노로겐죠野呂元丈에게 네덜란드어를 배우게 하는 등 해외지식의 도입에도 적극적이었다. 한편, 마에노료우타쿠前野良沢, 스기타 겐파쿠杉田 玄白, 나카가와 쥰앙中川淳庵에 의한 체계적인 서양 해부학책의 첫 번역인 『해체신서解体新書』의 발간은 일본의 의학기술 발전에 획기적으로 작용하였다.[11] 나가사키의 네덜란드 통역사를 통한 어학학습에서 난학 학원에 의한 네덜란드 서적의 학습으로 나아가고 많은 난학자가 해외지식의 도입과 보급에 공적을 남겼다. 이처럼 쇄국정책의 일환으로 만들어진 것이 데지마 이었지만 일본 근대화의 핵심이 되는 난학이 시작 및 발전하게 된 것은 새로운 지식에 대한 일본인들의 흥미와 관심 그리고 배우고자 하는 노력이었으며 또한, 식민지 정책과 무관한 네덜란드인이 자신의 학문을 전달 및 발전시키려는 양상이 사회 발전에 크게 기여한 것으로 판단된다.

다음은 일본에 의학기술 및 자연과학 등을 전파해서 난학을 더욱더 활성화시킨 지볼트에 대해서 살펴보고자한다.

1821년 당시 네덜란드의 식민지였던 자바 섬에서는 콜레라가 대유

11 『江戸時代の日蘭交流』, 위의 책 참조.

행했으며 의사가 부족했던 관계로 지볼트는 네덜란드령 동 인도(현재 자바섬)에 파견되었다. 그 후 27세로 쇄국기의 나가사키 데지마 네덜란드 상관의 의사로서 일본에 건너와 근대의학을 일본에 전수하였다. 지볼트는 일본방문 초부터 '서양의 명의'로서 그 이름이 알려져 일본각지에서 문인들이 의학을 배우기 위해 나가사키에 모여들었고, 나가사키의 근교에 나루타키鳴滝학원을 개설하여 일본인들에게 의학뿐만 아니라 서양과학, 조사 및 관찰 방법, 기구 사용법 등에 대해서 가르쳤다. 에도 막부말기에 양학이 활발해지자 양학을 배우는 절호의 기회로 이용되었고 지볼트로부터 계승된 난학 및 과학의 보편적 가치는 메이지 이후의 일본근대화의 초석이 되었다. 지볼트가 과학교육에 정열을 들인 것이 각종 자료에서 드러났으며 그것은 과학에 의한 일본의 개국이었다. 19세기 초에는 이미 서구열강이 동아시아로 진출하고 있었으며 지볼트는 무력에 의한 개국은 일본국내에 정치적 혼란이 일어난다는 위기감을 갖고 있었다. 쇄국정책을 계속하는 일본을 자주적 개국으로 이끌어 내기 위해서는 일본인들에게 과학이라는 세계 공통의 보편적 가치를 인정시키고, 과학기술의 도입이라고 생각했다. 그러기 위해서는 과학기술의 유용성에 눈을 뜨고 솔선해서 보급시키는 인재 양성이 필요 불가결이라고 지볼트는 생각했으며, 이와 같은 생각을 가진 지볼트의 노력은 일본근대화의 핵심이라고 간주할 수 있다. 지볼트는 일본의 자연과 문화를 조사하기 시작해 데지마에 작은 식물원을 두어 식물재배를 시도하고 동물의 사육도 해서 '만유학적연구'로 일컬어졌다. 지볼트의 박물학 연구의 대상은 식물과 동물에만 머무르지 않고 민속학적 자료와 문화적 조형물 등을 수집하였고 이것들이 기초가 되어 방대한 일본 관

계 자료집을 작성하였다.[12]

한편, 지볼트는 일본에 관한 연구에 대해서 거액의 조사예산을 네덜란드로부터 획득했고 생물학, 민속학, 지리학 등 다방면에 걸친 사물을 일본에서 수집해 네덜란드에 제공했으며 지볼트 사건[13]에서 추방되었을 때에도 많은 표본 등을 가져갔다. 메이지 유신 후에도 네덜란드의 뛰어난 수리토목기술 등은 중시되어 막부의 기관이나 난학 학원에서 양학을 배운 사람들은 메이지 정부에 봉사하고 혹은 재야의 교육자, 저술가가 되어 새로운 학문기술의 발전에 기여하게 된다.

3) 데지마에서의 동인도 회사의 특징

17세기 네덜란드는 연방공화국체제로서 세계적 중개무역으로 힘을 뻗친 신흥국이었다. 이런 황금기 네덜란드의 대표적기업인 동인도회사는 단순한 무역 회사가 아니라, 무역 독점권, 교전권, 조약체결권을 네덜란드공화국의 연방의회로부터 인정을 받은 기업체이다. 동인도회사는 1602년 다수의 상업적인 회사를 합병해서 네덜란드 동인도회사를 결성하고 동양에 있어서 유일의 정부기관으로 되었으며 현재 인도네시아 수도 자카르트타에 위치한 바타비아에 그 거점이 건설됐다. 아시아에

12 塚原東吾, 「シーボルトは何をした人物なのか?－近年の歴史研究の最前線から」, 『地理』 61-8, 2016, pp.6～11.

13 1828년 8월에 나가사키에 내항한 콜네리우스 하우 토만호는 9월 17～18일에 나가사키를 강타한 폭풍우에 크게 부서졌다. 봉행소 관리들이 현장에 달려갔을 때 지볼트의 짐 속에서 지도와 각종 서적을 비롯한 국외 반출 엄금의 물건들, 일본 예복이나 크고 작은 칼 등이 나타났다. 이것이 사건의 발단이 된 것으로 알려졌었으며 지볼트는 1829년 9월 국외추방 및 재입국 금지 처분을 받고 12월 일본을 떠난다. 槇良生, 「シーボルトの生涯とその實像」 3, 『神奈川歷史研究會(研究發表)』 319 月例會, 神歷硏, 2017, p.1.

서 후추・향신료를 유럽시장용으로 입수하는 것을 목표로 하였고, 후에는 설탕, 면직물, 커피, 차 등이 아시아의 주요 상품이 되었다. 일본의 나가사키에 위치한 동인도회사는 작은 규모의 지사로, 상업적 권리밖에 갖지 않은 상관장을 포함한 사원 11명으로 구성되었다. 일본에서는 금・은・동이 남아시아로, 남아시아에서는 대가로 일본으로 면직물이 수출되었다. 동남아시아는 소목蘇木과 사슴가죽, 교피, 향료 등을 수출하였으며, 일본으로 수입되어 다시 대륙부 동남아시아의 여러 항으로 운반된 인도산의 면직물을 수입하였다.[14]

데지마의 주요수입품은 직물, 향료, 향신료, 약, 설탕, 귀중한 장식품(상아, 유리 제품, 산호 등) 및 서적이나 지구본 등 학술적으로 매우 귀중한 것도 있었다. 이처럼 동인도 회사는 단순히 물류업체로서 아시아에서 향신료, 차, 은을 가지고 돌아가는 것이 아니라, 유럽과 아시아를 잇는 정보교류의 주요역할을 하였다.[15] 네덜란드만이 쇄국시대에 일본과 교역을 계속할 수 있었던 이유는 크리스트교 포교를 목적으로 하는 스페인과 포르투갈과는 달리, 네덜란드는 종교를 강요하지 않고 상업적 무역을 위한 활동에 전념했기 때문에 막부의 믿음을 얻을 수 있었기 때문으로 인식할 수 있다.

네덜란드 상관장으로 있던 니콜라스도 네덜란드는 어디까지나 일본과는 경제적 관계만 잘하고 막부의 요구대로 히라도에서 데지마 이전

14 島田龍登,「18世紀前半におけるオランダ東インド會社のアジア間貿易」, 西南學院大學學術研究所,『経濟學論集』43-1・2, 2008, pp.47～54; 正之,「カンボジア・オランダ東インド會社間通商平和條約締結(一六五六～五七年)－カンボジア王權とオランダ東インド會社の交易獨占の試みをめぐって」,『史苑』74-1, 2014, p.23.

15 越田辰宏 外,『長崎が拓いたアジアとヨーロッパの交流』, 多摩大學インターゼミ アジアダイナミズム, 2017, pp.15～17.

과 데지마에서의 막부 관리하의 조공무역의 형성을 준수하고 있다는 취지를 전했다. 그리고 일본의 주인선 무역朱印船貿易은 해적행위나 종교적인 문제로 일본에서 축출된 스페인・포르투갈의 보복에 대한 위협적인 현실을 근거로 해서 네덜란드 동인도 회사에 대외 무역을 맡기는 게 좋다고 제안했다.[16]

에도 막부는 네덜란드와 수교를 맺고 있지 않았지만, 네덜란드 자본으로 시작된 세계 최초의 주식회사 네덜란드 동인도회사와 무역교류를 실행하였다. 한편, 네덜란드의 상관장은 막부를 위해 1641년부터 1859년까지 200년 동안 매년 세계정세 보고서인 『네덜란드 풍설서』[17]를 제출했다. 1813년 일본과 무역이익이 컸던 네덜란드는 일본과의 무역을 그대로 독점적으로 계승하고 추가개발 진흥을 도모하기 위한 기본 정책의 일환으로 일본의 역사, 국토, 사회제도, 물산 등에 대한 종합적인 자연 과학적 조사를 벌일 방침이었고, 특히 일본에서 환영된다고 생각할 수 있는 의학의 진흥을 위한 정책을 제안하였다. 또한, 동인도 회사는 일본에 대한 자료와 정보를 수집・분석하는 일본 관련 연구소의 역할을 수행할 수 있도록 지볼트에게 경제적 및 인적지원을 하였다.

다음의 제4장에서는, 초량왜관과 일본의 데지마에 대해서 시대의 한계선을 두어서 비교하기보다는 외국인 거류지로서의 유사한 사회적 환

16 寺島實郎, 「腦力のレッスン日本の大航海時代―朱印船貿易から鎖國へ―一七世紀オランダからの視界(その7)」, 『世界』 2012.3, 岩波書店, 2012. 越田辰宏 外, 앞의 글, pp.51~52에서 재인용.

17 『네덜란드 풍설서』는 일본과의 무역허가를 얻는 조건으로 네덜란드 상관장이 막부로부터 요구된 세계정세의 책으로, 특히 스페인 포르투갈 등의 가톨릭 국가의 동향에 대해서 전하는 보고서로서, 주요 내용은 유럽, 서남아시아, 인도, 동남아시아이며 미국 대륙이나 아프리카에 관한 정보도 포함됐다. 현지에서의 전쟁, 왕위 계승, 자연 재해 등 시사적 이슈가 포함됐다. 위의 글, p.17.

경에 대한 특징을 비교하여, 데지마가 일본이 근대화하는 데 핵심적인 역할을 제공한 것과는 달리, 부산 초량왜관의 역사적 사실을 비교분석하여 조선이 식민지화가 된 원인을 분석하고자한다.

4. 데지마를 통한 초량왜관의 특징

1) 초량왜관의 설립, 운영 및 인프라구축 비교

조선 초기 왜구의 노략질로 인해 백성들의 불안이 고조되었던 관계로 정부는 왜구의 효율적 관리 및 해안방어를 강화하기 위한 목적으로 일본인이 거주할 수 있는 공간인 제포, 부산포, 염포라는 곳에 왜관을 각각 만들었다. 그러나 일본인이 별 통제 없이 들어오게 되면서 오히려 국가치안에 문제가 발생하였고 특히 체류비용을 부담하는 조선 정부는 막대한 재정적 부담을 안게 되었다. 임진왜란으로 왜관은 문을 닫았으며 그 이후 조선 후기 부산의 왜관은 절영도 왜관에서 1607년 두모포 왜관으로 이전되었다. 두모포 왜관은 부지가 좁기 때문에 일본 사절이 묵을 공간이 부족하여 가가假家를 계속 늘여 나갔으나, 가가를 세울 곳이 없을 정도로 공간이 부족하였으며 또한, 선창의 수심이 얕으며 남동을 정면으로 받는 등배를 정박하기에 적합하지도 않았다. 이런 난점으로 이해 일본 측에서는 왜관이전을 요구하였고 조선 측에서도 두모포 왜관에서 밀무역, 불법 정보누출 등 사례가 종종 발생하자 통제 시스템을 일신하기 위해서라도 왜관을 옮길 필요성이 있었으므로 왜관의 신축공사를 마치고 1678년 489명의 일본인이 초량 왜관으로 이전하였다.[18] 조선 정부가 초량왜관을 설치한 목적은 도항해오는 일본인들의 통제와 거주지를 일정한 지역에 한정시켜 조일 양국인의 사적인 접촉을 막음으로써 군사적으로 안전을 도모하기 위함이었다. 따라서 초량왜관의 설치목적은 일본인 사절을 위한 접대 장소이자 숙박 장소로서의 성격이 강했다고 생각할 수 있다. 왜관의 일본인 거류지는 대마도인으로서 조선과의 외교 및 무역 업무를 막부로부터 위임받고, 대마도주의 허가를 받은 사람들만 있었고, 가족이나 여성의 동반이 금지되었다. 왜관에서 여성의 동반이 금지된 것은 데지마와 동일한 조건이지만, 데지마에서 허용되었던 승려나 유녀 등도 금지되었다.

1836년 건축완료 후 외국인이 거주하기 시작한 데지마의 경우 외국인의 범죄자의 처벌이 일본국내법에 의거하여 처리되었지만, 초량왜관의 외국인 범죄자의 처벌권은 조선 측에 있지 않고 일본 측인 대마도주에게 있었다. 조선시대 초량왜관을 중심으로 이루어졌던 '자국법에 의한 자국 범죄인의 처리'는 이후 1876년 조선과 명치 정부 간에 맺어진 한일수호조규의 '조선국내에서 일본국민이 범법행위를 할 때는 자국의 영사에게 재판을 받는다'는 항목과 연결되었다.[19] 1876년의 병자수호조규 및 1877년 부산구 조계 조약에 의해 초량왜관 지역에 약 11만평의 일본전관거류지가 설치되어 조선인과 한국인의 교류에 대한 규제가 완

18 http://busan.grandculture.net/Contents?local=busan&dataType=01&contents_id=GC04204125 참조.

19 歷史編纂委員會, 『高宗時代史』 高宗 13.2.3. 장순순, 앞의 글, p.61에서 재인용

화되어 상업무역이 증가하게 되었다. 전관거류지는 일본 측이 경찰권 및 징세권을 가지고 있었기에 사실상 조선 통치권이 미치지 않는 일본 지배영토가 되었다. 더구나, 조선 정부는 전관거류지어 토지의 처분권과 각종 편의시설 등의 건축권리를 일본 정부로 위임하게 되었다.

전관거류지에는 관리관청(1879), 상업회의소(1881), 전신국(1884), 영사관(1884)과 같은 공공기관이 들어서게 되었다. 전관거류지를 통해 근대문화와 문물이 유입되고 이곳은 부산을 대표하는 이문화 교류의 중심지가 되었다. 또한, 일본인들은 개항당시 전관거류지의 공간이 매우 협소하다고 해서 부지를 확보하기 위해 전관거류지 해안을 중심으로 매축 공사를 진행하였다. 조선 지배를 위한 전략을 실현하기 위하여 시작된 북항매축[20]은 오늘날 중앙동 일대를 매립한 공사로서 매측지에는 항만 및 철도시설 등의 공공시설과 해운회사, 운송회사 등 상업적 인프라시설이 대규모 들어서게 되었다. 특히, 부산항이 위치한 중앙동과 경부선의 종착지인 초량을 가로막아 선박과 철도의 연계를 방해했그 초량으로 세력을 확장하려는 전관거류민들에게도 커다란 걸림돌이 되었던 영선산을 평지화 하기위하여 영선산 착평공사(1909)[21]를 통하여 전관거류지 확장과 대륙침략의 교두보 확보라는 일본의 식민지적 정책과 전략을 반영한 공사를 추진하였다. 데지마 및 주변 지역의 시설확충과 관련된 공사에 대해서 외국인의 기술・자금・노력의 제공을 거절하고, 일본 정부인 막부가 모든 것을 독자적으로 추진한 것과는 달리, 부산에서의 매축공사

20 차철욱, 「부산 북항 매축과 시가지 형성」, 『한국민족문화』 28, 부산대 한국민족문화연구소, 2006, 1~3쪽.

21 조성태・강동진, 「부산항 해안선의 변천 과정 분석—근대기 이후 시계열적 접근을 중심으로」, 『한국도시설계학회지』 10-4, 한국도시설계학회, 2009, 256~258쪽.

는 일본인들의 전략에 따라서 공사 및 시설이 축조되었다. 이처럼, 조선 정부가 초량왜관을 설치한 목적은 조・일 양국인의 사적인 접촉을 막아서 경제적 및 군사적 안전을 도모하기 위함이었으나 조선의 군사적, 외교적, 경제적 국가운영의 역량부족으로 일본의 식민지 전략에 적절하게 대응하지 못했다. 이런 이유로 불평등 조건과 강제적으로 부산을 개항시킬 수밖에 없었고, 개항으로 일본 명치 정부의 직접적인 통치를 받게 되는 전관거류지로 전환하면서 일본 정부에 의해서 조선을 식민지화 하려는 전략이 본격적으로 추진되었다.

한층, 근대화에 주요한 역할을 하게 되는 학교의 설립과 운영에 대한 역사적 사실을 분석할 필요가 있다. 대마도의 유학자인 아메노모리 호슈雨森芳洲는 초량왜관에 거주하면서 조선어를 습득하였고 조선어 학습서인 교린수지交隣須知를 편찬하였으며 그의 제안에 따라 1727년 통역 양성기관인 '한어사韓語司'가 설치되었다. 그 후 조선을 침략하기 위한 전략으로서 메이지 정부는 조선어 통역 양성이 필요했고 1872년 이즈하라 광청사光清寺에 '한어학소韓語学所'를 설치했으며 이것이 메이지 정부가 설치한 최초의 한국어 교육기관이었다. 이 이즈하라의 한어학소는 1873년에 부산에 있던 초량공관 내의 첨관옥으로 이전하여 외무성 초량관어학소草梁館語學所로 개칭되었다.

초량관어학소는 약 7년간 운영되었는데 조선어교수는 주로 쓰시마 출신의 부산영사관원들이었고 조선인교원으로 김수희金守喜가 있었다. 초량관어학소의 기능은 일본 정부의 조선 진출에 필요한 통역사를 양성하는 정치적 성격을 띠고 있었으므로 조선의 풍습, 대화와 역술 등에 대한 교육이 이루어졌지만 조선인 사회의 발전을 위한 근대화 교육은

아니었음을 알 수 있다.[22]

이상으로 제2장에서 제4장까지의 근대화의 계기가 된 데지마의 설립 및 난학과 초량왜관의 설립, 운영 및 사회적 인프라 구축에 대한 역사적 사실을 비교분석한 것을 정리해서 나타내면 〈표 1〉과 같다.

2) 초량왜관의 이문화 교류 특징

제3장에서 언급한 것처럼, 데지마의 경우 이문화 교류는 네덜란드 상관에 의해 자연과학 및 의학 등의 네덜란드 지식체계가 일본인에게 전달되는 과정에서 이루어졌고, 이것은 일본의 근대화에 중요한 의미가 있음은 물론, 세계의 역사에서도 좋은 이문화 사례로서 간주된다. 반면에 초량왜관에서는 이런 근대화의 계기가 되는 이문화 교류가 없었고, 이문화 교류를 주관하는 사람의 목적과 의도에 따라서, 사회적 발전이거나 식민지화로 전락하는 결과로 나타남을 역사적 사실을 통하여 확인할 수 있다. 초량왜관에서의 조선인과 일본인 사이에 발생한 이문화 교류 특징에 대해서 살펴보면 다음과 같다.

초량왜관은 외교와 무역의 장소였다. 외교로서는, 일본 측에서 연례송사年例送使나 차왜差倭가 예조참판, 예조참의, 동래부사, 부산 첨사에게 주는 외교 문서를 가지고 왔다. 일본사절은 상경上京이 금지되어 서울에 가서 국왕을 직접 볼 수 없었기 때문에 초량객사에서 조선국왕에

22 제점숙, 「구한말 부산 지역 조선어, 일본어 교육의 전개－이문화 '장(場)'으로서의 교육 공간」, 『일본근대학연구』 39, 한국일본근대학회, 2013, 197～198쪽; 정식, 「구한말 일본인의 조선어교육과 통역경찰의 형성」, 『한국문학연구』 32, 동국대 한국문학연구소, 2007, 16～24쪽.

〈표 1〉 데지마와 초량왜관과의 설립, 운영 및 인프라 구축에 대한 비교

순번	데지마	초량왜관	비교 분석
설치 년대	1636년	1678년 두모포 왜관에서 이전	
설치목적	◯그리스도교 포교활동 저지 ◯상업적 무역활동 목적의 포르투갈인을 한정 지역에 수용 ◯무역을 엄격하게 감시	◯왜구들의 통제 ◯상업적 무역활동의 왜인들을 한정 지역에 수용 ◯조일 양국인의 사적인 접촉방지 ◯경제적 및 군사적 안전도모	양쪽 지역 모두 각자 자국에서의 기존사회 보호를 위한 조취로 사료됨
설치 주체 및 운영	나가사키를 대표하는 주요 상인 25인	조선 정부	◯데지마—네들란드인에 의해 상업적 무역 활성화 및 서양 문화·학문·정보 제공 등으로 일본사회에 기여 ◯초량왜관—일본인과 조선인의 상업적 무역 활동은 활성화 되었지만, 조선 정부의 바램과는 달리 양국 간의 접촉이 잦음으로 인한 밀무역, 매매춘, 왜채 등과 같은 트러블발생으로 사회 발전에 부정적인 요소로 작용하였음
거주지내 외국인의 활동	무역행위	외교의례, 무역행위	
체류비용	네덜란드 상인 부담	조선 정부 부담	
범죄자 처벌	일본 측(長崎奉行)	자국법에 의한 처벌(조선인은 조선 측, 일본인은 일본 측)	초량왜관에서의 일본인범죄자를 일본법에 의해 처벌하는 것은 초량왜관이 식민지화의 전초기지 단계라고 간주할 수 있음
일반인 출입	遊女와 승려의 출입가능	원칙적으로 불가능	기존사회의 전통과 사상적 기준에 따른 차별적 조치

순번	데지마	초량왜관	비교 분석
학교의 설립과 운영	○서양학문을 전수하기 위한 교육은 네덜란드인에 의해 체계적인 교육기관인 나루타키(鳴滝) 학원 등을 통하여 일본인에게 전수 되었음 ○특히 네들란드 학문인 난학(의학, 수학, 병학, 천문학, 역학 등)은 네덜란드인에 의해 일본으로 전수된 대표적 서양학문임. ○난학을 통해 생겨난 합리적사고와 인간평등사상은 막부말기의 일본사회의 근대화에 큰 영향을 미쳤음.	○1727년 통역 양성 기관인 '한어사(韓語司)'가 설치 ○1872년 이즈하라 광청사(光清寺)에 '한어학소(韓語学所)'를 설치 ○1873년에 부산에 있던 초량공관 내의 첨관옥으로 이전하여 외무성 초량관어학소(草梁館語學所)로 개칭 ○초량관어학소의 기능은 일본 정부의 조선 진출에 필요한 통역사를 양성하는 정치적 성격을 띠고 있었으므로 조선의 풍습, 대화와 역술 등에 대한 교육이 이루어졌지만, 조선인 사회의 발전을 위한 근대화 교육은 아니었음	○데지마−네덜란드 상관의 상주 목적은 상업무역이었고, 식민지적 전략은 없었음. 따라서 일본사회의 발전을 위한 목적으로 서양문화를 일본인에게 전수 및 연구 인력을 양성하였던 관계로 근대 일본사회의 획기적 발전의 계기가 되었음. ○초량왜관−일본인에 의해 직접적으로 조선사회의 근대화를 위한 서양학문 전파와 교육적 활동은 찾아보기 어려움
거류지 변경	1866년 데지마가 외국인 거류지의 일부로 편입됨	1877년 일본전관거류지	일본전관거류지로의 변경은 토지소유가 일본인으로 한정되었으며 다른 외국 의교관의 개입도 인정하지 않는 등 일본이 독점권을 행사한 곳으로서 식민지화의 기지단계라고 간주할 수 있음
개항 후 주변 시설 확충 주체	공사권−본국인 일본인	매축권−외국인(일본인)	○데지마−일본의 기존사회를 지키고 자국의 사회적 발전을 위한 인프라 구축 ○초량외관−기존조선사회의 발전을 고려하지 않고 기존사회를 파괴하는 일본의 식민지화를 위한 인프라가 구축되었으므로, 조선 사회 발전을 위한 시설로 평가하기는 어렵다.

게 숙배례肅拜禮를 거행하는 외교의례를 거행하였다. 그 후 연향대청에서 접대를 받고 외교교섭을 진행하였다. 초량왜관에서의 무역은 매월 3일과 8일, 월 6회에 걸쳐 개시대청에서 이루어졌는데 양국거래는 개시開市뿐 아니라 조시朝市도 있었다. 개시는 왜관에 체류하는 대마도인과 조선의 역관, 동래부 관원과 특허상인 등 많은 조선인과 대외 교역이 이뤄졌다.[23] 대마도인들은 주로 면사와 인삼・쌀을, 조선인은 은・유황・서양 물품을 구입했다. 조시는 매일 수문 밖에서 열렸는데 조시에 오는 상인은 왜관과 가까운 곳에 거주하는 부산진과 초량촌 사람이 많았다. 이처럼, 초량왜관은 외교와 무역의 장소로서 일본의 사절과 상인 사이에 이문화 교류가 이루어지는 공간이었지만, 조선 정부는 수문과 설문과 같은 왜관의 경계구역을 설정하고 일반인 출입금지 등으로 조선인과 일본인 사이의 이문화 교류를 제한하였다. 그러나 매일 아침 왜관 정문인 수문 밖에서 열리는 조시朝市나 그 외에도 업무적인 관계로 부산 지역 사람들은 왜관을 일상적으로 출입하였다. 초량왜관이 조성될 때 왜관의 북쪽 지역에 초량객사, 역관건물과 관청을 중심으로 조선인 마을인 초량촌이 형성되었다. 조선인과 일본인이 수시로 만나서 왜관운영에 필요한 업무가 진행되었고, 90가구가 넘는 민가가 조성되어 상업무역 관련 업무 등을 담당한 조선인 역관의 집무소가 여기에 있었기 때문에 업무를 바탕으로 방문하는 일본인이 많았다. 제한된 이문화 교류 지역이었지만, 무역 및 이문화 교류가 이루어지는 데 필요한 사회적 인프라가 구축된 것이다. 따라서 왜관운영에 따른 공식적 및 비공식

23 양흥숙, 「개항 후 초량 사람들과 근대 공간의 형성」, 『한국민족문화』 44, 부산대 한국민족문화연구소, 2012, 5~9쪽.

적 업무가 진행되고 조선인과 일본인 사이에 인적인 네트워크가 형성되는 이문화 교류의 공간이었다.

한편, 초량왜관과 주위 초량촌에서는 교간사건들이 빈번히 발성하곤 했다. 교간交奸은 왜관에 체류하는 대마도 남성과 조선 여성이 성적으로 접촉하는 것을 말하며, 조선 정부에서는 교간을 오늘날의 매매춘에 해당하는 범죄행위로 보고 엄하게 처벌하였다. 왜관의 대마도 남성이 사적으로 조선여성과 접촉할 수 있는 기회는 수문 밖에서 열리는 조시朝市에서였다. 조시는 매일 아침 왜관의 문 밖에서 조선인들이 과일이나 야채·생선 등을 파는 시장으로서 왜관 거류자들은 생선이나 과일의 품질은 불문하고 젊은 여자가 가져 온 것만을 사려고 하여 경향이 커져서 문제가 되었다.

조선 정부에서는 초량촌 주민들과 왜관 거류자의 접촉을 방지하기 위하여 돌담을 쌓기도 하고, 금표禁標를 세워 왜관 거류자의 출입을 통제하기도 하였다. 그러나 왜인과 조선 여성과 매매춘이 발생하였고 왜인과 조선 여성과 접촉하는 것을 근절할 수는 없었으며, 조선 정부는 매춘사실이 발각되면 당사자는 물론 이를 주선한 중개인도 극형을 가하였다. 반면에 일본 측對馬藩은 교간일본인에 대한 처벌이 그리 엄하지 않았다.[24] 대표적으로 1707년의 감옥甘玉사건은 부장部將 송중만宍仲萬이 조선 여인 감옥을 데리고 왜관에 난입하여 대마도인 시라스 겐시치白水源七에게 매춘을 알선한 사건이다. 동래부사는 양자 모두 사형에 처할 것을 요구했지만, 관수는 왜인이 간통을 범한 일이 없는데 조선인이 거짓으로 자백

24 장순순, 「조선 후기 왜관 통제와 교간사건의 처리－1859년 교간사건을 중심으로」, 『한일관계사연구』 54, 한일관계사학회, 2016, 77쪽.

했다고 주장하며 시라스 겐시치의 사형집행을 거부하였다. 권이진은 범간자犯奸者 모두 동률로 처단할 것을 요구했으며 또한, 답서도 발송하지 않은 대마도의 대응에 대하여 외교의례를 무시한 무례한 행위라고 비난하면서 당사자의 심문보다 대마도주의 답서제출을 일관되게 요구하였다.[25] 그 결과, 시라스 겐시치는 1709년 9월 대마도로 조기 송환되었고, 감옥과 송중만은 1710년 7월 왜관의 수문 밖에서 처형되었다.

이상으로 조선보다 일찍이 서양 문화를 받아들이기 시작한 일본과 조선 사이의 이문화 교류는 상업적인 무역을 통한 활발한 교류는 있었지만, 일본으로부터 근대과학기술 전파 등의 조선의 근대화에 직접적인 계기가 되는 이문화 교류는 없었다. 그리고 교간사건 및 개항 후 부산에서의 매축공사, 약정물의 미곡형태 등은 조선의 근대화 발전에 저해되는 요인뿐만 아니라 식민지화의 전초기지가 되었다는 것을 알 수 있었다.

5. 결론

본 연구는 일본 근대화의 계기가 된 나가사키 데지마가 네덜란드인에 의해 서양문화, 학문 및 교육 시스템이 일본으로 전파되는 이문화 교류 관문으로서 잘 알려져 있고, 이와 같은 데지마의 역사를 바탕으로 초

25 국역『전객사별등록』II, 1709년 5월 초7일에서 1710년 6월 14일까지(109~127쪽) 5건의 장계가 실려 있다. 또 국역『유회당집』2, 권5에는 권이진의 장계 내용이 상세하게 실려 있다(5~27쪽). 김강일, 앞의 글, 298~299쪽에서 재인용.

량왜관의 역사를 비교분석하였다. 초량왜관의 역사를 데지마의 역사와 비교분석 함으로서 일본의 불합리한 행위를 보다 명확히 밝혔고 조선의 근대화가 성공적이지 못한 원인과 향후 한국사회 발전을 위한 추진방향을 제시했다.

먼저, 외국인 거류지가 설립된 데지마 및 초량왜관의 설립목적은 양국가 모두 각자 자국에서의 기존 사회를 보호하기 위함이었다. 구체적으로 데지마는 그리스도교 포교활동 저지, 상업적 무역활동 목적으로 포르투갈인의 한정 지역 수용, 무역을 엄격하게 감시하기 위함이었다. 초량왜관의 경우는 왜구들의 통제, 상업적 무역활동의 왜인들을 한정지역에 수용, 조일 양국인의 사적인 접촉방지, 경제적 및 군사적 안전도모를 위하여 설립되었다. 이들 외국인 거류지의 운영에 따라 나타난 결과로서, 데지마의 경우는 네덜란드인에 의해 상업적 무역 활성화 및 서양문화・학문・정보 제공 등으로 일본사회에 기여하게 되었고, 초량왜관은 조선인과 일본인의 상업적 무역활동은 활성화되었지만, 조선 정부의 바램과는 달리 양국 간의 접촉이 잦음으로 인한 밀무역, 매매춘, 왜채 등과 같은 트러블발생으로 사회 발전에 부정적인 요소로 작용하였다.

또한, 개항 후 외국인 거류지의 시설확충은 데지마 주변 지역인 나가사키 등의 경우, 일본인이 주체적으로 공사를 통하여 일본사회적 발전에 적합한 인프라를 구축하였지만, 전관거류지 주변 지역의 경우는 조선인이 아닌 일본인에 의해서 일본 식민지의 전략에 적합한 공사 및 시설이 구축 되었다. 이들 시설에 대해서는 조선사회의 발전을 위한 것이 아니고 또한, 일본인이 서양학문과 기술을 조선인에게 전수한 것이 아니므로 일본에 의해 조선의 사회가 발전하고 근대화가 되었다고 말하기는 어려울 것이다. 반면에, 조선의 근대화의 핵심적 원동력은 일본의 식민지정책 속에서도 조선의 근대화를 위한 조선인의 노력이 크다고 추측할 수 있다.

한편, 데지마에서 개항 전부터 활동한 동인도주식회사는 상업무역 활성화, 정보 교류 및 학술서적 제공 등 일본사회의 발전에 기여하는 역할을 수행했고 또한, 지볼트의 경제적 지원으로 일본 근대화의 핵심적 역할을 하게 된 난학의 발전에 간접적으로 기여하였다고 간주할 수 있다. 그리고 근대화에 주요한 역할을 하게 되는 학교의 설립과 운영에 대한 역사적 사실을 분석한 결과, 데지마에서는 서양학문을 전수하기 위한 교육이 네덜란드인에 의해 체계적인 교육기관인 나루타키鳴滝학원 등을 통하여 일본인에게 전수 되었는데 비해, 초량왜관에서의 초량관어학소의 기능은 일본 정부의 조선 진출에 필요한 통역사를 양성하는 정치적 성격을 띠고 있었으므로 조선의 풍습, 대화와 역술 등에 대한 교육이 이루어졌지만 조선인 사회의 발전을 위한 근대화 교육은 아니었다.

마지막으로 데지마와 초량왜관에서의 이문화 교류 특징을 살펴보면 다음과 같다.

데지마에서는 난학, 서양의 자연과학, 의학, 철학 등이 네덜란드인을 통하여 일본인에게 전달되어 일본의 근대화 발전에 중심적이면서도 역사적으로 중요한 의미 있는 이문화 교류가 존재하였지만, 초량왜관에서는 근대의 자연과학 및 의술의 보급, 학문적인 전파등과 같은 근대화의 계기가 되는 이문화 교류는 없었고, 교간사건 및 개항 후 부산에서의 매축공사, 약정물의 미곡형태 등 조선의 근대화 발전에 저해되는 요인뿐만 아니라 식민지화의 전초기지가 되었다고 말할 수 있을 것이다.

다음은 향후 일본과의 문화교류를 수행함에 있어서 우리가 염두 해 둘 필요사항과 우리의 문화를 지키고 발전시키기 위한 방안을 제시하였다.

첫째, 사회 발전적 측면에서 유용하고 가치가 있는 이문화는 적극적으로 기존사회를 발전시킬 수 있는 방향으로 수용하기 위한 전략을 세우고 추진하는 것이 필요하다. 둘째, 일본인으로부터 간접적으로 서양문화가 전달되는 것의 문제점을 고려하면, 수용 가치가 있는 문화는 대상문화의 발상지로부터 직접적으로 받아들이는 것이 보다 효율적으로 수용, 응용 및 발전시킬 수 있을 것으로 간주된다. 셋째, 과거와 같은 군사적 식민지와 같은 위협이 지금도 되풀이 되고 있는 만큼 언제나 나라와 사회를 독립적으로 지킬 수 있는 군사적 자립화를 바탕으로 한 문화교류가 필요하다. 넷째, 군사적 식민지화는 아니지만 인터넷 및 매스컴의 발달로 인하여 발생할 수 있는 문화적 식민지화를 방지하기 위해, 우리의 문화에 외국문화를 수용함으로써 우리의 문화, 사회 및 경제적 발전을 도모하는 방향으로 이문화 수용이 필요하다. 다섯째, 일본이 일으킨 임진왜란, 일본에 의한 조선의 침략 및 식민지화, 일본군부에 의한 위안부 문제 및 일본 정부의 지속적인 독도영유권 주장 등의 문제를 고려한다면, 이웃나라인 일본과 좋은 관계를 유지하기 위해서는 몇 세대를 고려한 장시간적으로 해결하기 위한 전략을 가지고 일본의 역사를 파악하고 일본을 알기 위한 연구와 노력이 필요하며, 이를 바탕으로 이문화적 교류를 적극적으로 추진할 필요가 있다고 생각한다.

양궈전(楊國禎)_「동북아의 해양공간과 인문 특색」

이 글은 부경대 HK+사업단이 주최한 국제학술회의(제1회 동북아 해역과 인문 네트워크 국제학술회의－동북아 해역 인문 네트워크의 근대적 계기와 기반, 2018.6.1～2)에서 발표된 것으로, 지면상으로는 본 연구총서에 처음 수록되었다.

정문수_「방법론적 해항도시와 해역 연구」

이 글은 Jeong, Moon Soo, "The Maritime Silk Road and the Methodological Seaport City"(Jeong, Moon Soo et al., The Maritime Silk Road and Seaport Cities, Sunin, 2015)의 내용을 수정 보완한 것이다.

강봉룡_「HK사업의 목적과 방향－목포대 도서문화연구원 사례를 중심으로」

이 글은 부경대 HK+사업단이 주최한 국제학술회의(제1회 동북아 해역과 인문 네트워크 국제학술회의－동북아 해역 인문 네트워크의 근대적 계기와 기반, 2018.6.1～2)에서 발표하였고, 이를 기초로 하여 『도서문화』 51(도서문화연구원, 2018.6.30)에 게재한 논문(「HK사업의 성과와 과제－섬의 인문학 : 공간인식 패러다임의 문명사적 전환」)을, 인문한국연구소협의회・교육부・한국연구재단이 공동 주최한 대토론회(2018 정기총회 및 인문학 진흥 특별 대토론회, 2018.8.23)에 발표하면서 재차 수정・보완한 것이다.

조세현_「해양대만론을 둘러싼 역사 갈등」

이 글은 조세현, 『해양대만과 대륙중국－대만을 둘러싼 역사논쟁』, 부경대 출판부, 2017에서 '해양대만론'을 중심으로 편집 정리한 글이다.

서광덕_「동아시아 해역도시의 문화교류와 인적 네트워크－동아시아 개항장의 서양 상인들의 궤적을 중심으로」

「동아시아 해항도시의 문화교류와 인적 네트워크－동아시아 개항장의 서양 상인들의 궤적을 중심으로」, 『해항도시문화교섭학』 10, 한국해양대 국제해양문제연구소, 2014.4.

마쓰우라 아키라(松浦章)_「근대 동아시아 해역의 항운(航運)－시모노세키와 부산 : 『마관물가일보(馬關物價日報)』를 중심으로」

이 글은 부경대 HK+사업단이 주최한 국제학술회의(제1회 동북아 해역과 인문 네트워크 국제학술회의－동북아 해역 인문 네트워크의 근대적 계기와 기반, 2018.6.1～2)에서 발표된 것으로, 지면상으로는 본 연구총서에 처음 수록되었다.

권경선_「근대 산둥인의 노동 이동과 해항도시의 객잔(客棧)」

「근대 해항도시의 객잔(客棧)과 산동인의 동북 이동」, 『해항도시문화교섭학』 10, 한국해양대 국제해양문제연구소, 2014.4.

장칸(張侃)_「근대 아시아 해양 네트워크와 재중(在中) 한국독립운동의 전개」

이 글은 부경대 HK+사업단이 주최한 국제학술회의(제1회 동북아 해역과 인문 네트워크 국제학술회의－동북아 해역 인문 네트워크의 근대적 계기와 기반, 2018.6.1～2)에서 발표된 것으로, 지면상으로는 본 연구총서에 처음 수록되었다.

양민호_「어촌생활어 속에 나타나는 언어 접촉에 관한 연구」

이 글은 부경대 HK+사업단이 주최한 국제학술회의(제1회 동북아 해역과 인문 네트워크 국제학술회의-동북아 해역 인문 네트워크의 근대적 계기와 기반, 2018.6.1～2)에서 발표된 것으로, 지면상으로는 본 연구총서에 처음 수록되었다.

이보고_「19세기 초 중서(中西) 문화 접촉과 *The Chinese Repository*－기독교 전파 과정에서의 중서(中西) 언어문화 접촉을 중심으로」

「19세기 초 중서(中西) 문화 접촉과 The Chinese Repository－기독교 전파 과정에서의 중서(中西) 언어문화 접촉을 중심으로」, 『중국어문논총』 66, 중국어문연구회, 2014.12.

자오청궈(趙成國) · 천나(陳娜)_「하코다테 중화회관과 근대 중일 교류」

이 글은 부경대 HK+사업단이 주최한 국제학술회의(제1회 동북아 해역과 인문 네트워크 국제학술회의-동북아 해역 인문 네트워크의 근대적 계기와 기반, 2018.6.1～2)에서 발표된 것으로, 지면상으로는 본 연구총서에 처음 수록되었다.

공미희_「일본 근대화의 계기가 된 데지마를 통한 초량왜관 고찰」

「일본 근대화의 계기가 된 데지마를 통한 초량왜관 고찰」, 『동북아문화연구』 55, 동북아시아문화학회, 2018.6.

양궈전(楊國禎)_「동북아의 해양공간과 인문 특색」

『明神宗實彔』, 万歷二十五年五月乙巳條.

唐仁粤 主編, 『中國鹽業史』, 人民出版社, 1997.

司馬遷, 『史記』, 中華書局, 1982.

楊國楨, 「論海洋人文社會科學的概念磨合」, 『厦門大學學報』(哲社版) 1期, 2000.

楊國楨 等, 「歷史与現實－海洋空間視域下的海上絲綢之路」, 『广東社會科學』 2期, 2018.

楊昭全・韓俊光, 『中朝關系簡史』, 遼宁民族出版社, 1992.

楊曉梅・劉宝根, 『東北亞海域空間融合信息与態勢－航天遙感, 信息特征, 戰略區位』, 海洋出版社, 2013.

于運全, 「"以海爲田"內涵考論」, 『中國社會經濟史研究』 1期, 2004.

張曉東, 「隋唐東北亞的地緣环境与政治博弈－以隋唐東征軍事活動爲中心的考察」, 『軍事歷史研究』 3期, 2015.

曾仰丰, 『中國鹽政史』, 商務印書館, 1998.

정문수_「방법론적 해항도시와 해역 연구」

노영순, 「초국경 해양실크로드와 코즈모폴리턴 커먼즈」, 『해항도시 문화고섭학』 12, 한국해양대 국제해양문제연구소, 2015.

마이클 새머스, 이영민・박경환・이용균・이현욱・이종희 역, 『이주』, 푸른길, 2013.

박민수, 「지구화시대의 해항도시와 세계시민주의」, 『해항도시 문화교섭학』 12, 한국해양대 국제해양문제연구소 2015.

시라이시 다카시, 류교열・이수열・구지영 역, 『바다의 제국』, 선인, 2011.

이송이, 「소설 「텍사코」에 나타난 문화교섭의 공간으로서의 해항도시」, 한국해양대 국제해양문제연구소 편, 『해항도시의 역사적 형성과 문화교섭』, 선인, 2010.

이수열, 「동아시아 해역의 근세와 근대」, 이수열・현재열・최낙민・김강식 편저, 『동아시아 해역의 해항도시와 문화교섭』 I, 선인, 2018.

정문수, 「이탈리아 역사에서의 지방과 중앙의 관계」, 『서양사론』 86, 한국서양사학회, 2005.

정문수・류교열・박민수・현재열, 『해항도시 문화교섭 연구 방법론』, 선인, 2014.

프랑수아 지푸루, 노영순 역, 『아시아 지중해』, 선인, 2014.

하네다 마사시 편, 현재열・김나영 역, 『17~18세기 아시아 해항도시의 문화교섭』, 선인, 2012.

Arjun Guneratne · Arjun Appadurai · Jacqueline Bhabha · Steven Collins, *Area Studies, Regional Worlds; A White Papers for Ford Foundations*, The University of Chicago, 1997.

Daniel Finamore ed., *Maritime History as World History*, University Press of Florida, 2008.

Garrett Hadin, "The Tragedy of the Commons", *Science* 162(3859), 1968.

International Union for Conservation of Nature and Natural Resources, "Chapter 18, The global commons", *World Conservation Strategy*, IUCU-UNEP-WWF, 1980.

Secretariat of the Antarctic Treaty, *Protocol on Environmental Protection to the Antarctic Treaty*, 1991.

United Nations, "Convention on Biological Diversity", 1992.

Victor Roudometof, "Transnationalism, Cosmpolitanism, and Glocalization," Gerard Delanty · David Inglis eds., *Cosmopolitanism* III, Routedge, 2011.

강봉룡_「HK사업의 목적과 방향－목포대 도서문화연구원 사례를 중심으로」

도서문화연구원 연차보고서 및 단계보고서(2009~2017).

강봉룡,「'섬의 인문학' 담론－섬과 바다의 일체성과 양면성의 문제」,『도서문화』 44, 도서문화연구원, 2014.

_____,「바다로 보는 한국사」,『역사학보』 232, 역사학회, 2016.

_____,「인문도시 목포－다도해의 모항 목포의 희망 만들기 인문담론」,『시민인문학』 33, 경기대 인문학연구소, 2017.

_____,「섬 정책의 미래 비전과 전략」,『해양수산 정책의 미래 비전－발표 자료집』, 한국해양정책학회 제1회 해양수산 전문가대회, 2017.12.15.

김경옥,「'인문도시목포'를 통해 본 대학의 기능」,『인문사회21』 8-3, (사)아시아문화학술원, 2017.

도서문화연구원,『섬 공간의 탈경계성과 문화교류』, 민속원, 2015.

____________,『경제활동 공간으로서의 섬』, 민속원, 2015.

도서문화연구소 편,『국립목포대학교 도서문화연구소 25년사』, 민속원, 2008.

박진경,「주민 삶의 질 개선을 위한 도서개발정책 추진방안에 관한 연구」,『도서문화』 50, 도서문화연구원, 2017.

지방행정연구원,「섬의 인구변화 분석 및 발전방안 연구」, 2016.

최성환,『문순득 표류 연구－조선 후기 문순득의 표류와 세계인식』, 민속원, 2012.

_____,「비금도 천일염전 개발 과정과 사회적 확산」,『도서문화』 40, 도서문화연구원, 2012.

馮定雄,「명청시기 서양열강과 주산군도의 관계」,『도서문화』 42, 도서문화연구원, 2013.

홍선기,「Biocultural diversity and traditional ecological knowledge in island regions of Southwestern Korea」,『Journal of Ecology and Environment』 34-2, 한국생태학회, 2011.

홍선기,「Biocultural diversity conservation for island and islanders－Necessity, goal and activity」,『Journal of Marine and Island Cultures』 2-2, Institution for Marine&Lsland Cultures, Mokpo National University, 2013.

Takahiro Okano · Hiroyuki Matsuda,「Biocultural diversity of Yakushima Island : Mountains, beaches, and sea」,『Journal of Marine and Island Cultures』 2-2, Institution for Marine&Lsland Cultures,

Mokpo National University, 2013.

조세현_「해양대만론을 둘러싼 역사 갈등」

김영신, 『대만의 역사』, 지영사, 2001.
김한규, 『동아시아 역사 논쟁』, 소나무, 2015.
______, 『天下國家』, 소나무, 2005.
마대정 외, 조세현 역, 『중국의 국경 영토 인식－20세기 중국의 변강사 연구』, 고구려연구재단, 2004.
왕푸창, 지은주 역, 『갈등의 정체성－현대 대만사회의 에스닉 상상』, 나남, 2008.
조너선 클레멘츠, 허강 역, 『해적왕 정성공』, 삼우반, 2008.
조세현, 『천하의 바다에서 국가의 바다로』, 일조각, 2016.
주완요, 손준식 · 신미정 역, 『대만－아름다운 섬 슬픈 역사』, 신구문화사, 2003.
최원식 · 백영서 편, 『대만을 보는 눈－한국-대만, 공생의 길을 찾아서』, 창비, 2012.
커즈밍, 문명기 역, 『식민지시대 대만은 발전했는가』, 일조각, 2008.
하세봉, 『동아시아 역사학의 생산과 유통』, 아세아문화사, 2001.
歐陽泰(Tonio Andrade), 鄭維中 譯, 『福爾摩沙如何變成臺灣府?』, 遠流, 2007.
戴寶村, 『臺灣的海洋歷史文化』, 玉山社, 2011.
杜正勝, 『走過關鍵十年(1990～2000)』, 麥田出版, 2000.
______, 『新史學之路』, 三民, 2004.
方眞眞, 『明末淸初臺灣與馬尼拉的帆船貿易(1664～1684)』, 鄕稻出版社, 2006.
雪珥, 『大國海盜』, 遠流, 2013.
薛化元 · 戴寶村 · 周美里, 『臺灣, 不是中國的－臺灣國民的歷史』, 群策會, 2005.
松浦章, 鳳奎 譯, 『東亞海域與臺灣的海盜』, 博揚文化, 2008.
呂秀蓮, 『臺灣大未來－海洋立國世界島』, 知本家文化事業有限公司, 2004.
吳密察, 『臺灣通史－唐山過臺灣的故事』, 臺北 : 時報, 1987.
翁佳音, 『荷蘭時代－臺灣史的連續性問題』, 稻鄕出版社, 2008.
王明珂, 『華夏邊緣－歷史記憶與族群認同』, 允晨文化, 1997.
王晴佳, 『臺灣史學50年(1950～2000)－傳承, 方法, 趨向』, 臺北 : 麥田出版社, 2002.
李若文, 『海賊王蔡牽的世界』, 鄕稻出版社, 2011.
林景淵, 『濱田彌兵衛事件及十七世紀東亞海上貿易』, 南天書局, 2011.
林玉茹, 『淸代臺灣港口的空間結構』, 知書房, 1996.
張海鵬 · 李細珠 主編, 『當代中國臺灣史硏究』, 中國社會科學出版社, 2015.
鄭永常, 『海禁的轉折－明初東亞沿海國際形勢與鄭和下西洋』, 稻鄕出版社, 2011.
鄭維中, 『荷蘭時代的臺灣社會－自然法的難題與文明化的歷程』, 前衛, 2004.
曹永和, 『臺灣早期歷史硏究』, 聯經, 1979.
______, 『臺灣早期歷史硏究續集』, 聯經出版公司, 2000.
______, 『中國海洋史論集』, 聯經, 2000.

周婉窈,『海洋與殖民地臺灣論集』, 聯經出版公司, 2012.
中國海洋發展史論文集編輯委員會 主編,『中國海洋史發展史論文集』(第1輯～第10輯), 中央研究院三民主義研究所, 1984～2008.
中研院人社中心・海洋史專題研究中心,『中國海洋發展史研究的回顧與展望工作坊』, 2008.10.
陳國棟,『臺灣的山海經驗』, 遠流出版公社, 2005.
______,『東亞海域一千年』, 遠流出版公社, 2005.
陳思,『臺灣傳統海洋文化與大陸』, 楊國楨 編,『中國海洋文明專題研究』9, 人民出版社, 2016.
陳宗仁,『鷄籠山與淡水洋－東亞海域與臺灣早期史研究(1400～1700)』, 聯經, 2005.
蔡石山・黃中憲 譯,『海洋臺灣－歷史上與東西洋的交接』, 聯經出版公司, 2011.
湯錦台,『大航海時代的臺灣』, 如果出版社, 2011.
包樂史(Leonard Blusse),『看得見的城市』, 蔚藍文化, 2015.

서광덕_「동아시아 해역도시의 문화교류와 인적 네트워크－동아시아 개항장의 서양 상인들의 궤적을 중심으로」

단국대 동양학연구소 편,『개화기 한국과 세계의 상호 교류』, 국학자료원, 2004.
리궈룽, 이화승 역,『제국의 상점』, 소나무, 2008.
인천광역시 역사자료관 역사문화연구실,『근대문화로 읽는 한국 최초, 인천최고』, 2005.
최성연(1959),『開港과 洋館歷程』, 경기문화사, 1959.
ブライアン・バークガフニ,『長崎國際墓地に眠る人々－時の流れを超えて』, 長崎文獻社, 1991.
______,『蝶々夫人を探して－歴史に見る心の國際交流』, クリエイツかもがわ, 2000.
______,『グラバー園への招待(長崎游學マップ)』, 長崎文獻社, 2011.
______,『グラバー家の人々』, 長崎文獻社, 2011.
泉田英雄,『海域アジアの華人街－移民と植民による都市形成』, 學藝出版社, 2006.
陳舜臣,『實錄アヘン戰爭』, 中央公論新社, 1971.
濱崎國男,『長崎異人街誌』, 葦書房, 1993.
勒費窩, 陳曾年・樂嘉書 譯.『怡和洋行－1842～1895年在華活動概述』, 上海社會科學院出版社, 1986.
羅伯・布雷克・張青 譯,『怡和洋行』, 臺北 : 時報出版, 2001.
浜下武志,『近代中國の國際的契機─朝貢貿易システムと近代アジア』, 東京大學出版會, 1990.

마쓰우라 아키라(松浦章)_「근대 동아시아 해역의 항운(航運)－시모노세키와 부산 :『마관물가일보(馬關物價日報)』를 중심으로」

『메이지뉴스사전』2(제7쇄), 매일커뮤니케이션즈, 1989.3.
『통상휘편』, 외무성, 1881・1882・1886・1887.

『한국재무통계요람』, 度支部大臣官房統計課, 1909・1910.
『西南諸港報告書』, 開拓使藏版, 1882.2.
『下關市史・藩制－市制施行』, 下關市, 2009.3.
牧野隆信, 『(北前船の時代近世以後の日本海海運史)』(5刷), 教育社, 1988.6.
西隅野人, 『關湊繁榮錄』.
原田和作 編, 『大阪商船株式會社航路案內』 駸々堂, 1903.4.30.
長久保赤水, 『長崎行役日記』.
重山禎介, 「赤間關商業慣例取調書」, 『下關二千年史』, 關門史談會, 1915.10.
中川敬一郎, 「兩大戰間の日本海運業－その経營史的考察」, 『中川敬一郎 編, 『兩大戰間の日本海運産業』, 中央大學出版部, 1985.2.

권경선_「근대 산둥인의 노동 이동과 해항도시의 객잔(客棧)」

「支那人勞動者」, 『滿洲日日新聞』, 1919.4.14~24.
高岡熊雄・上原轍三郎, 『東亞經濟硏究』 II－北支移民の硏究, 有斐閣, 1943.
吉田美之, 「山東河北出稼移民發航地事情」, 『勞務時報』 61, 南滿洲鐵道株式會社總務部勞務課, 1934.
大東公司, 『滿洲國內及北支各地に於ける客棧業者調査書』, 大東公司, 1937.
滿蒙産業硏究會編, 『滿洲産業界より見たる支那の苦力』, 滿蒙産業硏究會, 1920.
滿鐵臨時經濟調査委員會, 『山東避難民記實』, 滿鐵臨時經濟調査委員會, 1929.
靑島守備軍民政部, 『山東硏究資料』 1, 靑島守備軍民政部, 1919.
靑島實業協會, 『靑島實業協會月報』 16, 靑島實業協會, 1919.
靑島日本商工會議所, 『山東勞動者の移動狀況』, 靑島日本商工會議所, 1928.

장칸(張侃)_「근대 아시아 해양 네트워크와 재중(在中) 한국득립운동의 전개」

강진아, 『동순태호－동아시아 화교 자본과 근대 조선』, 경북대 출판부, 2011.
최기영, 「李斗山의 在中獨立運動」, 『한국근현대사연구』 42, 한국근대사학회, 2007.
「高人筆談」, 『申報』, 1881.8.7.
「教育代表贊助韓人教育」, 『震壇』 6期, 1920.11.14.
「以柔遠爲防奸之法論」, 『申報』 1894.11.20.
「朝鮮居留民名簿」, 厦門檔案資料叢書編委會 編, 『近代厦門涉外檔案史料』, 厦門大學出版社, 1997.
「陳嘉庚先生在中華俱樂部歡迎林文慶先生之演說詞(一)」, 『南洋商報』, 1926.2.1.
「厦門日領擅捕韓籍黃浦生案」, 『申報』, 1928.3.12.
「厦門學生會總委員會第十七次會議決議案(一九二五年六月)」, 中共厦門市委党史辦 編, 『厦門革命歷史文獻資料選編(1919.5~1927.7)』 1, 1987.
柯瑞佳, 「創造亞洲－20世紀初世界中的中國」, 董玥主 編, 『走出區域研究－西方中國近代史論集粹』, 社會科學文獻出版社, 2013.
岡本隆司, 黃榮光 譯, 『屬國与自主之間－近代中朝關系与東亞的命運』, 生活・讀書・新知三聯書店,

2012.
高秉希,「晚淸中期定期航線的開設背景及其影響」,『史學月刊』8期, 2005.
邱士杰,「日据時期朝鮮与台湾的无政府主義者交流－以申釆浩与林炳文的活動爲中心」,『台湾研究集刊』2期, 厦門大學臺灣硏究院, 2017.
權赫秀,「陳樹棠在朝鮮的商務領事活動与近代中朝關系」,『社會科學硏究』1期, 2006.
______,「近代中韓關系史料選編」, 世界知識出版社, 2008.
杜贊奇,「從東亞看民族國家的全球和區域构建」, 董玥主 編,『走出區域研究－西方中國近代史論集粹』, 社會科學文獻出版社, 2013.
駱文惠,「安那其在閩南活動經過」,『社會』11期, 1948.
梁燕麗,『梁披云評傳』, 三聯出版(澳門)有限公司, 2015.
劉大可,「柳子明先生在福建的活動」,『福建省社會主義學院學報』4期, 2005.
柳樹人,『三十年放浪記』, 國家報勛處, 2010.
柳子明,『我的回憶』, 遼宁人民出版社, 1984.
劉暢,「近代上海与朝鮮的海上貿易1883～1904」,『史學集刊』3期, 2018.
李丹陽,「AB合作在中國个案研究－眞(理)社兼及其他」,『近代史研究』1期, 中國社會科學出版社, 2002.
李碩果,「厦門「民鐘報」創辦始末」,『厦門文史資料』10, 1986.
李丁奎,「中國福建省農民自衛運動与韓國同志的活動」,『又觀文存』, 三和印刷出版社, 1974.
李炫熙,『大韓民國臨時政府史』, 集文堂, 1992.
閔石麟,『中韓外交史話』, 重慶東方出版社, 1942.
費馳,「19世紀80年代中朝日間海上商路的開辟及其對東亞國際貿易格局的影響」, 姜維東主 編,『東北亞研究論叢』, 2014.
濱下武志,『近代中國的國際契机』, 中國社會科學出版社, 1999.
________,「20世紀早期海外華人在仁川, 神戶和上海的銀行网絡」, 复旦大學歷史地理研究中心主 編,『港口－腹地和中國現代化進程』, 齊魯書社, 2005.
________,『中國, 東亞与全球經濟－區域和歷史的視角』, 社會科學文獻出版社, 2009.
斯波義信,「海洋亞洲史的"海事中國"探討」, 何世鼎譯・張偉主 編,『浙江海洋文化与經濟』, 海洋出版社, 2007.
石源華,『韓國獨立運動与中國』, 上海人民出版社, 1995.
蘇秋濤稿・仲實整理,「安那其主義在泉州」,『泉州文史資料』4.
阿里夫・德里克,「東亞的現代性与革命－區域視野中的中國社會主義」, 楊金海主 編,『馬克思主義研究資料』22, 中央編譯出版社, 2015.
吳在环,「朝鮮末期以來在韓華僑社會角色的變遷」, 中國社會科學院近代史研究所 編,『第三屆近代中國与世界國際學術研討會論文集』, 1－政治・外交(上), 2015.
楊昭全,『中國境內韓國反日獨立運動史』, 2－1910～1945, 吉林人民出版社, 1996.
楊昭全 等編,『關內地區朝鮮人反日獨立運動資料匯編』上－1919～1945, 遼宁民族出版社, 1987.
广東革命歷史博物館編,『黃埔軍校史料』, 广東人民出版社, 1982.
如山,「游漳見聞記－漳州文化運動的眞相」,『北京大學學生周刊』14, 1920.
王鐵崖,『中外旧約章匯編 』1, 生活・讀書・新知三聯書店, 1959.
尤淑君,「從〈中朝商民水陸通商章程〉論晚晴宗藩体制之爭議」,『中國邊疆史地研究』, 2016.4期.

魏志江, 「韓國獨立運動與中國廣東關係研究」, 『韓國學論文集』, 中山大學出版社, 2010.5.
轉見石源華, 『韓國獨立運動与中國』, 上海人民出版社, 1995.
情報總署 編, 『南朝鮮人物介紹』, 1950.
秦望山, 「我与自治軍及討賊軍的關系」, 福建省泉州市鯉城區地方志編纂委員會 政協泉州市鯉城區委員會文史資料委員會 編, 『泉州文史資料』 1～10, 福建省泉州市鯉城區地方志編撰委員會, 1994.
崔起榮, 「20世紀二三十年代柳樹人的在華獨立運動与无政府主義」, 金俊主 編, 『東亞視野中的東亞』, 浙江工商大出版社, 2014.
崔鳳春, 「國立中山大學韓籍學生考實－以20世紀30年代爲主」, 中國朝鮮史研究會・延邊大學朝鮮韓國歷史研究所, 『朝鮮韓國歷史研究』 11, 2011.
巴金, 「黑土」, 『巴金全集』 13, 人民文學出版社出版, 1993.
厦門大學校史編委會, 『厦門大學校史資料(內部資料)』 1, 厦門大學出版社, 1987.
韓國獨立運動史研究所 編, 『韓國獨立運動的歷史』, 韓國獨立紀念館, 2013.
朝鮮總督府警務局, 「華中, 華南, 北中美洲朝鮮人概況」, 1940.
Takeshi Hamashita, "Competing Political Spaces and Recreating Cultural Boundaries in Modern East Asia : Regional Dynamism and the Maritime Identity of Asia", Melissa Curley・Hong Liu eds., *China and Southeast Asia : Changing Social : Cultural Interactions*, Hong Kong : Center of Asian Studies, University of Hong Kong, 2002.

양민호_「어촌생활어 속에 나타나는 언어 접촉에 관한 연구」

『국립국어원 민족생활어 자료총서』 1～10, 역락, 2016.
김영운・김용복, 「어선에서 사용되는 일본식 용어에 관한 실태 조사 (I)」, 『수산해양교육연구』 14-1, 한국수산해양교육학회, 2002.
김영운・김용복・김종화, 「어선에서의 일본식 용어 사용에 관한 실태 조사 (II)」. 『수산해양교육연구』, 22-1, 한국수산해양교육학회, 2010.
김영운, 「어선에서의 일본식 용어 순화에 관한 연구」, 『수산해양교육연구』 25-4, 한국수산해양교육학회, 2013.
김지숙, 『동해안 어촌 생활어에 나타난 바람 명칭 명명법 연구」, 『한민족어문학』 71, 한민족어문학회, 2015.
김지숙, 「바람 명칭 '새'에 대한 재고찰」, 『어문학』 132, 한국어문학회, 2016.
양민호, 「시대구분을 통해서 살펴본 일본어 외래어 수용에 관한 연구」, 『인문과학연구논총』 39, 명지대 인문과학연구소, 2014.
梁敏鎬, 「日本の船舶用語に見られる外來語方言の使用に關する研究－三陸南部地域の調査を中心に」, 『日本言語文化』 16, 韓國日本言語文化學會, 2013.
______, 「外來語の歷史と政策から見た日韓對照研究」, 『일본문화연구』 30, 동아시아일본학회, 2009.
______, 「外來語の使用實態に關する社會言語學的な研究－2006年宮城縣氣仙沼市調査を中心に」, 『日本語文學』 38, 韓國日本語文學會 , 2007.
홍기옥, 「경남 남해군 어촌 지역 생활어휘 연구」, 『한민족어문학』 58, 한민족어문학회, 2011.

_____,「바다 생물어 명명 기반 연구」,『어문학』 122, 한국어문학회, 2013.

이보고_「19세기 초 중서(中西) 문화 접촉과 *The Chinese Repository*-기독교 전파 과정에서의 중서(中西) 언어문화 접촉을 중심으로」

The Chinese Repository

심태식,「뒤 알드의『중화제국과 중국 타타르의 지리, 역사, 연대기, 정치, 자연(물리)에 대한 서술』小考」,『중국학논총』 30, 중국학연구소, 2010.

오사와 마사치, 김선화 역,『내셔널리즘의 역설』, 어문학사, 2014.

차태근,「19세기 전반 동아시아 담론과 지식망-『중국총보(The Chinese Repository)』를 중심으로」,『중국현대문학』 32, 한국중국현대문학학회, 2005.

周嚴厦,「早期新教傳教士以教育,知識傳播與醫務活動促進傳教事業述論-「中國叢報」爲中心」, 浙江大 博士論文, 2006.

曹飛霞,『阿片戰爭前後美國對華認識-以1832~1851年的「中國叢報」爲研究中心』, 四川師範 碩士論文, 2013.

周密・陳君靜,「美國傳教士的中國研究的特點及其影響」,『寧波大學學報』 19-3, 2006.5.

卞浩宇,「晩淸來華西方人漢語學習與硏究」, 蘇州大 博士論文, 2010.

張西平 編, 顧鈞・楊慧玲 整理,『中國叢報篇名目錄及索引』, 廣西師範大 出版社, 2008.

許愼 撰, 段玉裁 注,『說文解字注』, 上海古籍出版社, 2003.6.

Hillemann Ulrike, *Asian Empire and British Knowledge : China and the Networks of British Imperial Expansion*, Palgrave Macmillan, 2009.

자오청궈(趙成國)・천나(陳娜)_「하코다테 중화회관과 근대 중일 교류」

『하코다테화교관련자료, 하코다테중화회관기부장부』.

『홋카이도입지편』, 홋카이도 도서출판, 1904.

나황조,『일본화교사』, 광주 : 광동고등교육출판사, 1994.

송월륜,『일본화교개황』, 타이베이 : 정중서국, 1988.

시바요시노부,『하코다테 화교 관련 자료집』, 오사카 대학문학부, 1982.

이헌장,『마조신앙의 연구』, 태산문물사, 1979.

장존무・탕희용,『해외화교연구논집』 2, 화교협회총회, 2002.

절강성문사자료위원회 편,『절강근대인물록』, 절강인민출판사, 1992.

허숙진,「홋카이도화교에서 일본화교사회의 특색에 대한 탐구」, 장존무・양희용,『해외화교연구논집』 2, 화교협회총회, 2002.

하국충,『문화기억과 화교 사회』, *Institute of China Studies*, 2008.

허금정,『도쿄 외교 사료관에 있는 근대 전기 일본의 재일화교관리 규칙자료7칙』, 광동 : 화교대학 화교화인자료센터소식 , 2008.3期.

羅森,『日本日記・至箱館』, 見鐘叔河,『走向世界叢書』, 湖南 : 岳麓書社, 1985.
山脅悌二郎,『나가사키의 당인무역』, 요시카와(길천)홍문관, 1995.
斯波義信,『明治時期旅居日本的華僑』, 庄景輝 譯著,『泉州港考古与海外交通史研究』, 長沙 : 岳麓書社, 2006.

공미희_「일본 근대화의 계기가 된 데지마를 통한 초량왜관 고찰」

姜泰景,「東洋拓殖株式會社의 朝鮮經濟 收奪의 金融業經營」,『經營史學』8, 한국경영사학회, 1993.
양흥숙,「개항 후 초량 사람들과 근대 공간의 형성」,『한국민족문화』44, 부산대 한국민족문화연구소, 2012.
장순순,『근세 동아시아 외국인 이주지의 특징－부산의 초량왜관과 나가사키의 데지마를 중심으로」,『全北史學』27, 전북사학회, 2012.
장순순,「조선 후기 왜관 통제와 교간사건의 처리－1859년 교간사건을 중심으로」,『한일관계사연구』54, 한일관계사학회, 2016.
정근식,「구한말 일본인의 조선어교육과 통역경찰의 형성」, 한국문학연구』32, 동국대 한국문학연구소, 2007.
제점숙,「구한말 부산 지역 조선어, 일본어 교육의 전개－이문화 '장(場)'으로서의 교육 공간」,『일본근대학연구』39, 한국일본근대학회, 2013.
조성태・강동진,「부산항 해안선의 변천 과정 분석－근대기 이후 시계열적 접근을 중심으로」,『한국도시설계학회지』10-4, 한국도시설계학회, 2009.
조장옥,「거시경제학의 눈으로 본 식민지 근대화론」,『경제학연구』65-1, 한국경제학회, 2017.
차철욱,「부산 북항 매축과 시가지 형성」,『한국민족문화』28, 부산대 한국민족문화연구소, 2006.
황수환・김기수,「近代期 日本人 移住農村의 形成과 移住農村家屋－釜山 江西區 大渚地域을 中心으로」,『석당논총』51, 동아대 석당학술원, 2011.
杉山あかし,「ダーウィニズムと社會進化論」,『理論と方法』4-2, 1989.
浜口美由紀,「長崎外國人居留地關係資料に關する一考察－長崎の「國際化」の背景」,『長崎大學留學生センター紀要』5, 1997.
丹野 勳,「日本のアジア交易の歷史序說 －古代・中世・近世・幕末・明治初期まで」,『國際経營論集』48, 2014.
柴田陽廣,「ケンペル鎖國觀」,『慶應義塾大學芸文學會』86, 2014.
平岡隆二,「日本における英語研究のはじまり(1808～1862)」,『熊本縣立大學文學部 紀要論文 文彩』9, 2013.
松尾龍之介,『長崎蘭學の巨人一志筑忠男とその時代』, 弦書房, 2007.
伊藤 眞實子,「19世紀日本の知の潮流」19,『世紀學研究』6, 2012.
宮坂正英,「シーボルトと日本の近代科學」,『Civil Engineering Consultant』272, 2016.
塚原東吾,「シーボルトは何をした人物なのか?－近年の歷史研究の最前線から」,『地理』61-8, 2016.
越田辰宏 外,『長崎が拓いたアジアとヨーロッパの交流』多摩大學インターゼミ アジアダイナミズム, 2017.
島田龍登,「18世紀前半におけるオランダ東インド會社のアジア間貿易」,『經濟學論集』43-1・2, 西南學院大學學術硏究所, 2008.
遠藤正之,「カンボジア・オランダ東インド會社間通商平和條約締結 (一六五六~五七年)ーカンボジア王權とオランダ東インド會社の交易獨占の試みをめぐって」,『史苑』74-1, 2014.
寺島實郎, 「腦力のレッスン日本の大航海時代―朱印船貿易から鎖國へ― 一七世紀オランダからの視界(その7)」,『世界』2012.3, 岩波書店, 2012.
杉本和宏 外,「長崎出島の植栽に關する硏究」,『南九州大學硏報』44A, 2014.
ヴォルフガング・ミヒェル,「近世日本の医學・医療と異文化交流」,『日本医史學雜誌』60-2, 2014.
『江戶時代の日蘭交流』, 國立國會図書館 デジタルアーカイブ名.
http://www.city.nagasaki.lg.jp/nagazine/hakken/hakken1710/index.html
http://busan.grandculture.net/Contents?local=busan&dataType=01&contents_id=GC04204125

양궈전 楊國楨, Yang, Guo Zhen

1940년 출생, 샤먼대학(厦門大學) 사학과를 졸업하고, 1985년부터 2006년까지 샤먼대학 사학과 교수와 역사연구소 소장을 역임했다. 학술지 『中國社會經濟史研究』 주편과 『史學月刊』, 『海交史研究』 편집위원을 맡았다. 저서로 『明清中國沿海社會与海外移民』(1997), 『閩在海中』(1998), 『東溟水土』(2003) 등이 있다.

정문수 鄭文洙, Jeong, Moon Soo

한국해양대학교 국제해양문제연구소 소장, 인문한국 해항도시문화교섭학(2008.11 1~2018.8.31) 연구책임자를 역임하였으며, HK+사업 바다인문학(2018.9.1~2025.8.31) 연구책임자로 활동 중이다. 관련 연구로는 『해항도시 문화교섭 연구 방법론』(공저, 2014), 『발트해와 북해』(공역, 2017) 등이 있다.

강봉룡 姜鳳龍, Kang, Bong Yong

1960년 출생. 서울대학교 사범대학 역사교육과를 졸업 후 같은 대학교 인문대학 국사학과 대학원에서 석사・박사학위를 받았다. 1995년 목포대학교 사학과 교수로 부임한 이후 한국해양사에 전념하여 『장보고-한국사의 미아 해상왕 장보고의 진실』(2004), 『바다에 새겨진 한국사』(2005), 『해로와 포구』(공저, 2010), 『섬과 바다의 문화읽기』(공저, 2012), 『섬과 인문학의 만남』(공저, 2015), 『바닷길로 찾아가는 한국고대사』(2016) 등 다수의 논저를 냈다. 역사문화학회 회장, 동아시아도서해양문화포럼 회장 등을 역임하고, 현재 목포대 도서문화연구원장, 장보고해양경영사연구회 회장, 문화재청 전문위원 등을 맡고 있다.

조세현 曺世鉉, Cho, Se Hyun

1965년 출생. 서강대학교 사학과 학부와 석사 과정을 졸업 후 북경사범대학 대학원 박사 과정을 졸업했다. 저서로는 『清末民初無政府派的文化思想』(中國, 社會科學文獻出版社」(2003), 『동아시아 아나키스트의 국제교류와 연대』(2010), 『부산화교의 역사』(2013), 『천하의 바다에서 국가의 바다로』(2016), 『해양대만과 대륙중국』(2017) 등이 있다. 현재 부경대학교 사학과 교수로 재직 중이다.

서광덕 徐光德, Seo, Kwang Deok

1965년 출생. 연세대학교 중어중문학과를 졸업 후 연세대학교 대학원 석사・박사 과정을 졸업했다. 저서로는 『루쉰과 동아시아 근대』(2018), 『중국 현대문학과의 만남』(공저, 2006) 등이 있고, 역서로는 『루쉰』(2003), 『일본과 아시아』(공역, 2004), 『중국의 충격』(공역, 2009), 『수사라는 사상』(공역, 2013), 『방법으로서의 중국』(공역, 2016) 등이 있으며, 『루쉰전집』(20권) 번역에 참가했다. 현재 부경대학교 인문사회과학연구소 HK연구교수로 재직 중이다.

마쓰우라 아키라 松浦章, Matsuura, Akira

1947년 출생, 간사이대학(關西大學) 문학부 사학과를 졸업 후 간사이대학 대학원 박사 과정을 졸업했다. 저서로는 『近世東アジア海域の帆船と文化交涉』(2013), 『汽船の時代－近代東アジア海域』(2013), 『近世中國朝鮮交涉史の研究』(2013), 『汽船の時代と航路案內』(2017), 『江戶時代唐船による日中文化交流』(2016) 등이 있으며, 1988년부터 간사이대학 교수를 역임했다.

권경선 權京仙, Kwon, Kyung Seon

1980년 출생. 한국해양대학교 동아시아학과를 졸업 후 동대학원 석사 과정, 일본 고베대학(神戶大學) 사회학과 박사 과정을 졸업했다. 저서로는 『단절과 이음의 해항도시 단둥』(공저, 2018), 『다롄, 환황해권 해항도시 100여 년의 궤적』(공저, 2016), 『칭다오, 식민도시에서 초국적도시로』(공저, 2014)이 있다. 현재 부경대학교 인문사회과학연구소 HK연구교수로 재직 중이다.

장칸 張侃, Zhang, Kan

1972년 출생, 중국 근현대경제사, 지역사회사를 연구하고 있으며, 저서로 『簡明中國經濟通史』(공저, 2005), 『鄕土中國－培田』(공저, 2005) 등이 있다. 현재 중국 샤먼대학(厦門大學) 사학과 교수로 재직 중이며, 샤먼대학 역사연구소 소장을 맡고 있다.

양민호 梁敏鎬, Yang, Min Ho

1972년 출생. 전주대학교 일어교육과 졸업 후, 동국대학교 대학원 석사, 도쿄(東京)외국어대학 석사 과정을 거쳐 도호쿠(東北)대학 문학 연구과 박사 과정을 졸업하였다. 저서로는 『소통과 불통의 한일 간 커뮤니케이션』(공저, 2018), 일본에서 출판된 『일본어 어휘로의 어프로치』(공저, 2015) 『외래어 연구의 신전개』(공저, 2012) 등이 있고, 역서로는 『경제언어학-언어, 방언, 경어』(공역, 2015) 『3.11 쓰나미로 무엇이 일어났는가－피해조사와 감재전략』(공역, 2013)이 있다. 현재 부경대학교 인문사회과학연구소 HK연구교수로 재직 중이며 국립국어원 공공용어 번역 표준화 위원회 일본어 자문위원으로 활동하고 있다.

이보고 李保高, Lee, Bo Go

1972년 출생. 연세대학교 중어중문학과를 졸업 후 연세대학교 대학원 석사 과정, 중국 칭화대학(清華大學) 중국어언문학(中國語言文學)학과 박사 과정을 졸업했다. 저역서로는 『동서양의 경계에서 중국을 읽다』(공저, 2018)이 있고, 논문으로는 「5·4 전후 새로운 과학 담론 공동체의 형성과 세계관의 전환－1920년대 중국의 상대성 이론 수용과 그 이념적 배경을 중심으로」(2016), 「「귀츨라프의 중국연안 탐사기」로 통해 본 문화 접촉지대의 횡단자들」(2018) 등이 있다. 현재 부경대학교 글로벌자율전공학부 교수로 재직 중이다.

자오청궈 趙成國, Zhao, Cheng Guo

1966년 출생, 베이징대학(北京大學) 사학과를 졸업 후 베이징대학 박사 과정을 졸업했다. 저서로 『中國渤海湾民俗研究』(공저, 2005), 『中國舟山群島島嶼民俗研究』(공저, 2006), 『中國海洋文化史長編(宋元卷)』(2013) 등이 있다. 현재 중국해양대학 교수로 재직중이며, 해양문화연구소 부소장을 맡고 있다.

천나 陳娜, Chen, Na

중국해양대학교 박사 과정 재학 중.

공미희 孔美熙 Kong, Mi Hee

1969년 출생. 부산외국어대학교 외교학과를 졸업 후 부경대학교 일어일문학부 대학원 석사. 박사 과정을 졸업했다. 저서로는 『PERFECT 일본어 문형』(공저, 2017), 『일본어 유의표현 연구』(공저, 2018)이 있으며, 논문으로는 「日本語依頼表現とポ

ライトネスとの關係－テレビドラマ「家政婦のミタ」を中心に」(공저, 2015), 「ドラマを活用したリスニングとスピーキングの向上の爲の授業活動研究」(공저, 2016), 「韓國人日本語學習者の動詞類義表現における使用實態と意味考察」(공저, 2016), 「일본어 배려표현에 관한 고찰－TV드라마 분석을 통해서」(공저, 2017), 「근대 이문화 교류 공간으로서의 항구도시 부산」(2018)등이 있다. 현재 부경대학교 인문사회과학연구소 HK연구교수로 재직 중이다.